# 青年爱情美学

郭定国◎著

辽宁大学出版社

图书在版编目（CIP）数据

青年爱情美学/郭定国著. ‑‑沈阳：辽宁大学出版社，
2010.6
ISBN 978‑7‑5610‑6101‑5

Ⅰ．①青… Ⅱ．①郭… Ⅲ．①爱情‑美学‑青年读物
Ⅳ．①C913．1‑05

中国版本图书馆 CIP 数据核字（2010）第 107519 号

出 版 者：辽宁大学出版社有限责任公司
　　　　　（地址：沈阳市皇姑区崇山中路 66 号　　邮政编码：110036）
印 刷 者：朝阳铁路印务有限公司
发 行 者：辽宁大学出版社有限责任公司
幅面尺寸：148mm×210mm
印　　张：13.875
字　　数：400 千字
出版时间：2010 年 6 月第 1 版
印刷时间：2010 年 6 月第 1 次印刷
责任编辑：刘东杰
封面设计：邹本忠　韩　实
版式设计：冬　仁
责任校对：齐　悦

书　　号：ISBN 978‑7‑5610‑6101‑5
定　　价：38.00 元

联系电话：024‑86864613
邮购热线：024‑86830665
网　　址：http：//www.lnupshop.com
电子邮件：lnupress@vip.163.com

# 内 容 提 要

　　本书填补了美学研究领域的一项空白，开创了人文科学的一门新学科。所谓青年爱情美学，讲的是今天的青年人应如何学习探索和追求创造爱情之美。年青的朋友，如果我问你，爱情是什么？从理论上你可能一时说不出来，但从个人审美心理和生活实践出发，你可能觉得爱情之美很神秘而不可捉摸。然而，如果你深刻解读并驾驭了爱情之美，她会给你的人生带来无限的快乐和幸福。爱情是男女相爱之情，是一男一女互相吸引、互相欣赏和互相喜乐爱恋，是对人生之美的共同探索、共同追求和共同创造。爱情婚姻是个人的终身大事，如果处理不好，则可能一失足成千古恨。老子说，孤阴不生，独阳不长，阴阳和合，万物生矣！因此，男大当婚，女大当嫁。如果男女都不婚不嫁，"地球村"的人类就将走向自我灭亡。男人的一半是女人，女人的一半是男人，男人离不开女人，女人也离不开男人。男女恋爱，就是千方百计地努力追寻属于自己的"那一半"。模范夫妻的定义是，一男一女从肉体上到精神上的"合二而一"。爱情离不开性的互相吸引，但绝不能离开美的先导、指引和支配。性和美，两者缺一不可。爱情之美在哪里？在于老子所说的"阴阳和合"，也即男女相依为命和谐发展美。爱情有一种超级魅力，她可以伴随你的人生给你带来美的无限的快乐和享受，推动你的一生所追求的光辉的事业走向成功，也可以使你投入人生的苦海而自我沉沦而灭亡……问题在于你如何解读和驾驭爱情之美！一书在手，心中有底，与美同行，其乐无穷！

# 目　录

# 自　序

　　人类因爱而美丽，地球因爱而精彩！

　　古今中外，人们对爱情是什么，爱情之美在哪里这类对人的灵魂生命和肉体生命至关重要的命题有各种各样不同的解读。本书认为，爱情是男女相爱之情，是一男一女相互吸引、相互欣赏、相互喜乐爱恋，是对人生之美的共同探索、共同追求与共同创造。对人生来说，爱情是一个人走向成功的人生之旅的精神原动力之一。

　　老子说，孤阴不生，独阳不长，阴阳和合，万物生矣！因此，男大当婚，女大当嫁，如果男女都一律不婚不嫁，人类社会就不可能生存和可持续发展。爱情离不开性，也离不开美，如果离开了性和美，爱情就不存在或自我灭亡了。男人的一半是女人，女人的一半是男人。男人离不开女人，女人也离不开男人。男女恋爱，就是千方百计地努力追寻属于自己的"那一半"。

　　爱情是怎样产生的？爱情产生于人性之美的需要，包括肉体生命生理需要与精神生命审美心理需要。爱情的生理基础是男女双方性爱的互相吸引。荀子说，"性者，天之就也；情者，性之质也；欲者情之应也。"性欲是男女之间一种强烈的生理上肉体上互相吸引而产生的快感与快乐享受。它同精神之爱、精神之快乐享受有明显的不同。人到了青春期，性的发育成熟使少男少女产生了性爱，产生了一种追求爱情之美的特别需要。

　　世界上几乎没有一个人不考虑自己的爱情，几乎没有一个人没有受过爱情的痛苦折磨或体验过爱情的快乐幸福。假如没有爱情，生活会黯然失色。爱情对人的生命至关重要，许多人由于对爱情的无知而走上迷途，或者一失足成千古恨。爱情的魅力是难以想象和难以估量的，它甚至可以决定或左右一个人的命运。爱情的无知或悲剧可以毁灭一个人的生命，而爱情的成功喜剧可以使你创造生命的辉煌，使你的灵魂生命永生不死。薄伽丘说，真正的爱情能鼓舞人，唤醒他内心沉睡着的力量和潜藏着的才能。爱情能改变一个人的人生，能使你在人生道路上，在美的光辉照耀下追求创造快乐幸福的生活。托尔斯泰说过，爱情使人变得聪明，热恋者的疯狂是合乎情理和逻辑的。一个与人热恋着的人，比一个孤独缺爱的人显得格外地不同。在人生旅途上，没有一个心爱的女人做伴的男人是不幸的男人；而没有一个心爱的男人做伴的女人，也是不幸的女人。

爱情不仅仅是一种性爱的本能的反映，它是生物关系和社会关系、生理因素和心理因素的综合体，也是性和美的融合而高度集中的体现。人和动物毕竟不同，人不仅有兽性与自然属性，而且有人性与审美的社会属性。性是人类生活中的一件大事。长期以来，由于人们青春期性教育的失误，有些人把性看成神秘的甚至是污秽不洁的事，致使许多少男少女失去了接受性健康与爱情美的教育，甚至接受了一些不正确、不科学的性知识，造成种种的性困惑和疑虑。青少年的思想状况，在性健康与爱情美方面许多人还是一张白纸，染之红则红，染之黑则黑。他们在青春期的生理变化和心理变化都很大，因此，对他们抓住时机进行性健康与爱情美的教育是十分必要的。

某天，北京——青春期性教育健康咨询热线接到电话称，广东某城的一个女孩声音充满了惊恐和慌张："帮帮我，怎样剪断孩子的脐带……"这是一个意外怀孕的少女，怕事情败露不敢到医院，在与男友同居的单元楼里独自生下了孩子。

北京市的一个中学生男孩，电话里泣诉："我砍掉了自己的一只手指，但还是抑制不了想她。"这个男孩品学兼优，但一个女孩闯进了他心里。他想起了武侠小说中砍指发誓，以为这样做能够坚决了，然而，他不中用，仍然忘不了他的可亲可爱的女孩。

北京有一位17岁的女高中生，上课时候肚子痛，到校医室看病，医生给她几片止痛片让她回家休息。晚上她忽然生了一个女孩，而她的男友，是一个十七岁的男同学。记者采访了他们，问："你们发生关系的时候，知道避孕吗？"他们都说："不懂得怎样避孕。"记者问那位女孩："你知道自己怀孕吗？"她回答道："不知道，只有我妈有一次在我洗澡的时候说，可不能再吃那么多了，你可都这么胖了！"

这几个事例使我们感到十分惊骇。青春期的少男少女，他们表面单纯，但内心却正经受着惊涛骇浪，而这一切都是来自青春期的困惑。仅仅是中学的一些孩子就已经尝试了性，但尝试了性并不意味着就懂得了性。我国现在是一个改革开放的社会，西方国家的什么性自由与性开放，他们有的，我们都有了，甚至他们没有的，我们也有了。在我们中国，专家们在清华大学、中国人民大学和首都师范大学抽样进行调查，只有38.8%的学生对婚前性行为持否定态度。据专家调查发现，某市的高中生与职业中专学生大约有35%有过性行为。根据中国人民大学的一项抽样调查，29岁以下男性有70%以上，29岁以下女性有近一半对婚前性行为可耻的道德观念嗤之以鼻。当前我国青少年爱情美教育面临三大问题：婚前性行为泛滥、性病和艾滋病蔓延以及少女怀孕剧增。北京市挂牌开业的大医院"少男少女门诊"的就诊中，有20%是少女怀孕，其中一位少女怀孕时只有13岁。据调查，全国少女怀孕最小年龄是9岁，可说是打破了纪录。据医生说，这么小的年龄怀孕是非常危险的，她们发育尚未成熟，可能造成身体严重伤害或终身不育。

目前国际上联合国卫生组织为什么把性健康教育提到重要议事日程，而且提得非常迫切。原因之一是，在上世纪末（100年前），性成熟期是16～17岁，而100年后的今天，少男少女性成熟期提前到12～13岁。另一原因是，青年人选择结婚的平均年龄大大地推迟。100年前是20岁，而今天则提高到26～27岁以上，随着城市婚姻观念的改变，很多人男大不婚、女大不嫁。专家们把从性成熟到结婚这一段时间称之为"性待业期"，当今社会人们的"性待业期"已达10年以上。这是造成青年男女婚前性行为的一个客观因素。如何让青少年平稳地度过"性待业期"，这是摆在青年爱情婚姻研究的专家面前不容回避的问题。

大概没有一个时代像今天爱情婚姻那么受重视，爱情婚姻的方式与内涵被无限地重组与解读。人们在性自由（实质上是动物主义的自由）性解放的口号下，物化了爱情。文字上口头上说爱情神圣，实质上真正神圣的爱情失落了。据专家们调查，美国城市的离婚率高达70～80％，中国城市的离婚率也在60％以上。某些美男美女口头上所说的爱情实质上是把美的灵魂本质的东西抽出来而变成性爱的化名词，成为口蜜腹剑的情殇之果，成为一种肉欲享受的恶之花或婚姻坟墓的毒剂。男人有钱就变坏，女人学坏就有钱。这两句话虽然有片面性，但却反映了动物主义性爱的现实。许多人由于不能以审美主义视角解读爱情，失去了灵魂生命的原动力，坠入了苦海而醉生梦死，在强作欢笑中把爱情的玫瑰花朵变成纵欲的肉体美的罂粟之花。他们醉生梦死并公开而直言地说，他们所追求的爱情，不在乎天长地久，只在乎"一夜情"、"第三者"、"露水鸳鸯"、"一杯水主义"那样地"曾经拥有"。

上述说明人类爱情婚姻存在危机，这个问题是全球化问题。这种危机是人类生存危机与教育危机所造成的，也是人类几千年来的教育，包括学校教育的严重失误所造成的。看传统的教育学、伦理学与人生哲学以及其他研究如何做人育人的科学，它们有一个共同的特点是只讲做人，不讲审美；重视德育，忽略美育；只讲以现代科学技术教人成才而忽视审美做人教人成人，忽略以审美做人为核心的美之所以为美和人之所以为人这种最根本的生命素质教育。在爱情婚姻问题上讲性知识与性健康的生理卫生教育的多，而不讲什么是性和美、什么是爱情之美，最可悲的是不讲青年男女最迫切需要的如何追求和创造爱情之美的青年爱情美学。因此，针对上述危机与失误，应该努力开展青年爱情美学的科学研究，应该努力地在美学美育研究和学校教育方面，特别应该在我们高等院校和中等学校（包括初高中在内）开设爱情美育课程。

对青年男女进行爱情美的教育是一个迫切的国际性全球化问题，不但落后的发展中国家需要大力提倡与发展，即使是在性观念上比较自由开放的发达国家也需要加强。如何正确引导青少年正确认识性和美的问题，树立正确追求和创造爱情美的性理念性行为，是我们青少年研究工作的当务之急。当今世界各国由于国情民情的不同，青少年的性健康与爱情美教育的重点与走向是不同的。

美国是性教育开展得较早的发达国家。由于性自由性解放带来了性泛滥的严重现象，尽管美国未婚少女怀孕率近年来有所下降，但仍排在西方发达国家的最前列。在不到 20 岁的少女中，40％怀过孕。在所有艾滋病毒感染者中，有 50％是 25 岁以下的青少年，面对这一严峻的形势，越来越多的美国公立学校采取了"禁欲"教育措施。"禁欲"教育要求青少年禁绝一切非婚姻的性活动，而只作道德上的正确选择，避孕只作为禁欲失败的补救。1996 年，美国国会通过了一项立法，并拨款进行节欲教育。目前，美国未婚少女怀孕率已有所下降，最近的调查显示，17 岁以下的未婚少男少女，已有一半人未发生过性关系，这是美国性健康教育的成绩和进步。然而，美国的性教育专家认为，他们的性教育在普及性生理和预防性病知识、宣传避孕等方面不可谓不努力，然而，一直无助于缓解性泛滥带来的社会问题，实行"禁欲"也不是万全之策，应该求助于伦理道德，求助于爱情美的教育与科学，才是唯一正确的出路。

在我们中国这块古老的土地上，在几千年漫长的封建社会里，性成了不可谈论的禁忌的话题，曾出现性神秘、性禁锢的现象。这种现象本身又成为一种无声的性教育。然而，每当一个人开始意识到性的存在时，就十分渴望了解它。所以，进入青春期的少男少女想了解性冲动、性意识的发生是一种很正常的现象。有的国家性开放思潮是从 19 世纪 60 年代开始的，当时的性解放性革命使许多少女怀孕，那时所流行的思潮是性不必在婚姻中进行。我们中国当时正在进行"文革"，性的问题相对比较禁锢，没有那么多的问题。改革开放的今天，性解放的思潮泛滥起来，问题也多且严重了。现代的全球化的传媒把性自由、性开放思潮传遍全世界的每个角落。我国过去只在中学开一点生理卫生课，目前才开始进行性健康教育。这仅仅是望梅止渴的试验阶段，这是落后于形势的。我国有两亿多青少年人口，他们的成长决定了他们未来的命运，他们的命运又是我们这个国家民族未来的命运。他们是未来的夫妻和父母，还有他们未来的子女……从这种审美的深远的眼光来看，我们搞性健康教育或进一步提高为爱情美的教育，这项工作是多么任重而道远啊。

性和爱是不能忘记的，也是不能禁止的。我们学校的老师应该对青少年学生讲青年爱情美学，应该指导学生们如何追求和创造爱情之美。我们只能从审美主义出发给青少年因势利导，应该让青少年男女正常交往，让他们互相读懂自己，应该讲少男少女怀春，讲初恋早恋要注重什么。我们主张少男少女之间应建立可贵的异性友情，主张讲友谊美与爱情美的相互关系，应该讲如何追求和创造美满幸福的爱情婚姻生活。我们主张做父母的应该给他们的子女言传身教，应该给自己的子女讲明爱情是怎么一回事。做父母的应该学习青年爱情美学，应该身教重于言教。有一位14岁中学生对他的老师说，"我爸爸有两个情人，我才只有一个，还是说说他自己吧！"专家调查了1000名大学生，他们与自己的父母在爱情婚姻生活中两颗心能坦诚相通的只占5％而已。现代婚姻不像旧时代老辈人所说生儿育女那么简单，许多青少年抱怨自己父母老师以及老一辈长者不仅对他们性健康知识保密，而且想尽办法束缚妨碍他们自由恋爱。这是我们今天这个时代绝对不能容忍的。

有人说，性的问题难以启齿，时到花就自然开，一男一女上了床，可以无师自通。这种想法是极其幼稚与极其糊涂的，"无师自通"实际上是不可能的，懂得了性技巧不等于懂得了性爱与爱情，更不可能懂得爱情之美在哪里。据专家的抽样调查，当今我国社会失败的婚姻占60％以上。这是值得警惕的。面对许多失败的婚姻，我们无法去分析与谴责谁对谁错，实际上是他们没有学会做女人或男人，他们不懂得美是什么和夫妻之道，特别不懂得美之所以为美和人之所以为人这个人生真谛。他们在结婚之前也没有认认真真学习过性健康与爱情美的理论知识。某人平均每两年结一次婚离一次婚，16年离了8次婚，不仅没有"无师自通"，没有懂得爱情是什么，而且饱尝了爱情悲剧给他带来的伤害和痛苦，最终没有寻觅到爱情之美所带来的快乐幸福。他不懂得爱情离不开性，也离不开美，性和美两者缺一不可。请问每位青年读者，今后数十年，你准备做夫妻做父母，你今天学过了什么，看过了什么爱情与婚姻的书？我可以说，你并没有看过一本关于爱情美学的书。只有通过学习与实践，再学习与再实践，才有可能获得真正的爱情和它所带来人生之美的快乐幸福！

综合上述现状，世界上发达国家正在开展性健康教育，而我国目前仍停留在中学生进行由上一点生理卫生课（其中包括一些性知识而已）向性健康教育过渡（北京市海淀区正在试点，在中学进行性健康教育）这种落后现状，对我们搞美学美育研究的科学工作者和教育工作者来说，是不能容忍的。我在《论地球村人类的生存危机和教育危机》的系列论文中指出，当今地球村人类面临生存危机及挑战，而这种生存危机是人类自己信仰危机与精神危机造成的，进一步说，是人类自己的教育的失误与危机造成的。因此，为了人类发展的必先拯救教育。

国家的未来在青年。青年，承担着光耀祖国，昌盛祖国的重任，这也是每个公民义不容辞的责任和义务。如何使青少年走上正确的兴国之路，是非常重要的环节。在这个环节之中，教育就成了关键。现在有的青年人，脑袋中装的不是国家，而仅仅是个人的安逸，真正的国家主义并不多。青年的未来直接影响着国家的兴衰，我们要把教育这个问题，认真地关注一下。我们青年一代，在爱情婚姻方面，要追求至真、至善的爱情生活。只要不断地增长自己的德才学识和心灵之美，就必然能创造出至善至美。当你站在爱情大门前，一定要认真地思索一下什么叫爱情，正确对待恋爱问题，树立正确的恋爱观。

我们必须从理论到实践，在批判今天西方资本主义发达国家所继承的人类负面传统教育的基础上，创造出有中国特色的社会主义新教育的新理论和新路子。以人为本，以美育人。教育是立国之本，而以美育人是教育之本，是教育的根本规律，通过这个规律决定了教育的其他一切规律，也决定了爱情美育的规律。爱情美育是以美育人的教育的组成部分，如爱情生命是人的生命的重要组成部分（而且是绝对不可缺少的部分）一样。可是，人类经历了几千年来的传统教育，直到今天现代的学校教育，爱情美育不能被拒之门外，这是我们教育工作者的义务和责任。我们要向国家教育部提出建议，在我国大学和中学开设爱情美育课，填补我们教育在这方面的空白。

我们必须开展我为人人、人人为我、以人为本、以美育人为中心的对人的德智体美劳全面发展进行素质教育的改革，我们必须从人类的生存和可持续发展的审美高度重新认识与解读教育的本质目的与价值定位。依我个人之见，教育不仅是一种上层建筑，也不仅是第一生产力，而更加重要的是，教育是立国之本，是经济发展的先导，它是研究人、拯救人、教育人、改造人与创造人，塑造和美化人的思想灵魂，培养和提高人的生命素质的一种崇高的美人育人的社会活动和精神生产活动。

我为什么写《青年爱情美学》？

所谓科学与真理，指的是现实世界——既包括地球村人类的生存和可持续发展规律的第一个世界，也包括人和大自然宇宙的关系及其发展互动规律所构成的第二个世界和这两个世界在人脑中的真实正确的反映。任何一门人文科学的新学科的创立与构建，都必须同人类生存和可持续发展的需要、同美这种人类所信仰追求和劳动创造的人的灵魂生命最需要的而又能唤起人们心中喜乐爱恋的人生最可贵的东西相结合起来，同美的生命原动力结合起来，方能显示出它的崇高伟大的无穷无尽的生命力。

半个世纪以来，许多美学美育研究专家和教育工作者发出了一个共同的呼吁，希望有一部专门研究青年爱情的美学美育专著，来填补国内外美学美育研究和以美育人研究的这项空白。这是现代青年男女的迫切需要，是今天全球化的新时代新思潮新追求的迫切需要，也是人类为了拯救自己和驾驭自己未来命运的迫切需要。当前，有关人类爱情婚姻的科学研究的走向经历了三个阶段：

第一阶段——性知识教育研究阶段，这是初级的性爱教育研究阶段；

第二阶段——性健康的教育研究阶段，这是中级的性健康教育研究阶段；

第三阶段——爱情美学美育研究，这是作为一门新开创的走在人文科学前沿的理论学科的教育研究，也是完美的高级教育研究阶段。

我国学术界教育界对爱情婚姻的教育研究应该跨越第一个阶段和第二个阶段，直接进入青年爱情美学这个教育研究的最高阶段。为了上述三个"迫切需要"，为了同美学界教育界的同仁一起共同构筑青年爱情美学这门新学科而共同努力探索。

就目前国内外有关爱情婚姻的学术研究和出版趋向来看，从什么视角来研究和解读爱情婚姻这个对人的灵魂生命及肉体生命都至关重要的根本命题，有以下几种不同视角、不同命题以及不同研究趋向：

有的从心理学视角来解读并写成《爱情婚姻心理学》；有的从哲学视角来解读并写成爱情婚姻哲学；有的从艺术视角来解读并写成爱情艺术学；有的从夫妻关系的视角来解读并写成一本《夫妻关系学》，其中心主题是夫妻应如何相亲相爱，共同创造生命的辉煌和永恒，等等。

上述各种视角和各自的立论主张都各有千秋。而我的立论主张，则从审美主义的视角与高度来完成这本《青年爱情美学》。

如果用通俗的话来回答，青年爱情美学是研究青年谈情说爱的审美科学。这么说，有点轻松，甚至是轻描淡写了。实际上青年爱情美学并非一门轻松的科学。因为它研究的是有关爱情之美和人的生命之美的关系的科学。爱情之美是什么，人的生命之美是什么，两者的关系又是什么。性爱之爱与爱情之爱两者的区别与联系是什么。青年人应如何学习探索和追求创造爱情之美。等等，这都是爱情美学应该认真解读和探索研究的根本命题。

请让我再重复说一遍，生命因爱而美丽，世界因爱而精彩。

人非按照美的规律活着不可。一个人活着，灵魂应该往哪里去？首先应正确解读爱和美的关系问题。孔子说，"君子成人之美，不成人之恶"。作为一个仁人君子，一个高尚的人，在处理人与人之间关系的时候，应该尽自己的可能给人之所爱的美，而不是给人之所厌恶的丑。一个人的美有外在之美、外貌之美，也有内在之美、灵魂之美。孔子认为，"里仁为美"。（《论语》里仁篇第四）"仁者，爱人"。"仁"就是爱人，就是拥有一颗爱心，从爱出发，正确处理人类社会中人与人的关系，从而追求和创造人类社会中人际关系的和谐之美。应该指出，孔子所说的爱，是包括男女爱情之爱在内的广义之爱（博爱），也包括了亲情之爱、友谊之爱、师生之爱、同志之爱、对祖国人民之爱以及全人类之爱等在内。人的生命需要爱，既需要爱人，也需要被爱。只有你的生命拥有了爱，你的生命才有可能因爱而美丽，因爱而发出美的光辉。

爱的本质是什么？爱是人的生命（包括灵魂生命以及在灵魂生命先导、指引和支配之下的肉体生命）所需要的人生最可贵的东西，是一种人生至高无上的美，也是一个人的灵魂生命的立足点。人的灵魂生命最需要美的同时也最需要爱，如果地球村人人都拥有一颗爱心，我爱人人，人人爱我，大家都觉醒并行动起来，进行一场触及人类思想灵魂的以人为本、以美育人的改革，进行美战胜丑、人性战胜兽性、审美主义战胜动物主义、审美的人的自我战胜动物的人的自我的论争，最终在地球村消灭了因人类缺爱缺美而互相仇视互相残杀的情况，实现世界的永久和平而快乐生存和可持续发展，到了那个时候，大家都过着美好快乐幸福的生活，整个人类世界就必定因爱而精彩起来。

我反复说过，一个人有两条生命，一条是肉体（物质）生命，一条是灵魂（精神）生命。虽然肉体生命决定与制约灵魂生命，但是灵魂生命却先导、指引和支配肉体生命。一个人从大自然走来，活了大约 100 年走完人生之旅人的肉体生命必定走向死亡。这是生命的自然规律，然而人的灵魂生命却可以而且应该争取做到永生不死。一个真正的高尚的人死了以后，只要他活着时候把自己一生所追求创造的美永远活在人们心中，他就创造了自己生命的辉煌和永恒。

人总是爱美的，爱美是人的天性，是人不同于动物的最根本特质，如果离开了美，离开了美的灵魂生命，人和动物就没有本质的区别。一个人如果离开了美或背叛了美，这个"人"就不是人，而是一个披着人皮的动物。

美是人创造的，劳动创造了美。人创造了美，然后用美教育人、改造人、美化人的思想灵魂，也就是说，美创造了人。这个人创造美与美创造人的规律，就是人类快乐生存和可持续发展的规律。美和人类相结伴而产生，同步而发展，相亲相爱，永不分离。美离不开人类，人类也离不开美，离开了人类，就没有美的存在，如果离开了美，人类就不可能生存和可持续发展。

美是人不同于动物、人性不同于兽性、审美的人不同于动物的人的特质。我们应如何解读和判断一个人的本质是好人或是坏人，是审美的人或是动物的人？审美主义认为，只有一种解读和判断标准，就是看以谁为主导和谁战胜谁。只有以美为主导战胜丑，以人性为主导战胜兽性，以审美主义为主导战胜动物主义，以审美主义的人的自我为主导战胜动物主义的人的自我，那么，这个人就是好人，就是一个审美的人，一个高尚的真正的人；反之，他就是一个坏人，一个动物的人，一个没有摆脱动物性低级趣味的卑贱的人。

爱情是有生命的，爱情生命是人的生命的重要组成部分。美是人类所信仰追求和劳动创造的人的灵魂生命最需要而又能唤起人们心中喜乐爱恋的人生最可贵的东西，也是人的生命原动力。美对人的生命至关重要，没有美，就没有人的生命原动力，就没有人的真正生命；进一层来说，没有美也就没有真正的爱情生命。

归根到底，爱情是人的生命的一种美的需要，是一种人生至美。爱情不仅是生理上性爱的需要，而更重要的是灵魂生命的需要，是美之所以为美、人之所以为人的必然需要。这种需要表现为孤独需要交流，悲哀需要安慰，愤怒需要思考，委屈需要诉说，痛苦需要流泪，人生最终需要有一个美的归宿。爱情就是一男一女互相之间的毫无保留的美的自我奉献。真正的夫妻是什么？是一男一女从肉体生命到灵魂生命的合二而一，是两个生命你中有我，我中有你的合二而一。爱情是一男一女互相吸引、互相欣赏与互相喜乐爱恋，是对人生之美的共同探索、共同追求与共同创造。

检验真假爱情的审美标准是什么？是看你所追求的是兽性之爱，还是人性之爱；是动物的人之爱，还是审美的人之爱；是离开了美的性爱，还是在美的灵魂生命先导和指引支配下的美和性的完美结合。

一男一女恋爱的时候，总是互相欣赏，你认为我是美的，对我欣赏，我也认为你是美的，而对你欣赏起来。这就是我们中国人所说的"情人眼里出西施"。汕头特区有一个40多岁死了老婆的长得又丑又矮又胖的男人，娶了一个20多岁漂亮大方的姑娘。爱情一定是一男一女之间的互相欣赏。他和她能相互欣赏吗？我说，能！

对人类社会来说，假如没有爱情，人类就不可能生存和可持续发展。没有爱情的人类社会是不可想象的，那种社会是根本不存在的。爱情虽然是以动物的性爱为生理基础，但从本质上说，它从属于人性的东西，从属于人生之美的东西，也从属于人类审美的高级感情的范畴。动物和人一样，虽然也有性爱，动物进行两性交配虽然也可以一代代生存下去，但动物由于没有美的生命原动力，由于没有美的灵魂和美的爱情，因之，动物不可能离开动物世界而走向人类文明世界。

对每个人来说，人的生命需要爱情，没有爱情的生命，像是没有灵魂的躯壳。爱情是生命的火花，生活的盐，生存的水。假如一个人活着，既不爱人，也不为人所爱，那么，从爱情美学的视角来看，这个人的生命也就缺欠了一半。我们的诗人、作家、艺术家常用艺术语言解读爱情：男人的一半是女人，女人的一半是男人；男人需要女人而离不开女人，女人需要男人而离不开男人。恋爱就是找回生命的一半。对一个女人来说，找到一个好男人，就是找到自己宝贵生命的一半；反之，对一个男人来说，也同样是尽最大努力，找到自己认为最美的生命的一半。难怪法国作家福楼拜说，真正的爱情是双方的"无条件投降"。爱情所追求的审美的最高目标是自己的灵魂生命无限美好。对成功的人生来说，爱情是一个人走向成功的人生道路上三大精神原动力之一。人的生命的精神原动力是什么？我在《青年人生美学》一书中说过，是审美原动力。审美是人类快乐生存和可持续发展的最根本的原动力。审美的活动是人类最高的社会活动，它先导、指引和支配其他一切社会活动，也包括男女爱情活动。审美的规律，即美的规律，是人创造美和美创造人的规律，也是人类快乐生存和可持续发展的最根本的规律。审美的活动规律主宰和支配其他一切人类社会活动的规律，包括经济、政治、教育、文化、艺术、道德、宗教以及男女爱情等社会活动规律。人类的审美原动力先导一切、指引一切和决定一切。因此，美是人的生命原动力。我在上文说过，人的精神（灵魂）生命先导肉体（物质）生命，精神能造化一切，又能毁灭一切。一个人醉生梦死，则万念俱灰；一个人精神毁灭，则不打自垮。因此，人活在世上，需要有一个精神制高点，需要拥有一点美的动力精神，即需要一点主宰和支配人的生命过程的至高无上的美的动力精神，才能活得有质量，活得快乐幸福。如果缺乏这点动力精神或离开了这点动力精神，他就不是一个真正的人，不是一个脱离了动物性卑贱的低级趣味的高尚的人，而是一个回到 100 万年之前的动物世界的人形动物。

一个人走向成功的道路上，有三大美的精神原动力（有人称之为三大精神支柱）——生命健康美、理想事业美和婚姻爱情美。生命健康是第一位的，没有生命的健康美，就谈不到事业与爱情。理想事业美，是走向成功人生所追求的为人类社会做出美的奉献，是最崇高的生活目标，也是爱情的纽带与源泉。男女双方如果不是植根于对人类社会的共同信心和理想事业的共同志趣上，那种爱情是一种浮萍的爱，极易随风飘去。如果离开理想事业这个美好的生活目标，即使你的身体健壮如牛并获得快乐的爱情，那么，你虽然可以衣冠楚楚，作为人形的动物一样活着，但你的人生有何价值和意义。婚姻爱情美和生命健康美两者是相互依存的，又是推进理想事业走向成功的动力与源泉。

一个事业成功的男人，背后总是找到他美的生命的一半，有一个真心爱他的女人在关心和支持他的一切。难怪美国人竞选总统、州长或者聘请一位大学校长都把婚姻爱情美作为竞选重要条件之一。这是可以理解的。爱情能点燃人的灵魂生命的火花，给她所爱的人增添新的力量，这就是诗人所歌颂的"爱情出英雄"。然而爱情并非人生唯一的生命内容。我们只是说，爱情与人的生命息息相关，在一定条件下，爱情甚至可以决定人生的命运。一个人当他对爱情的需要得不到满足并受到压迫束缚或抑制虐待时，往往会造成惨痛的悲剧，在监狱里不是关着因不幸的爱情婚姻酿成悲剧的男女杀人犯吗？爱情可以使你走向成功完美，也可以使你走向失败而死亡。问题在于你自己如何审美做人，如何驾驭爱情这种生命之舟，也在于你如何懂得美之所以为美和人之所以为人这个人生真谛，如何在爱情的十字路口上进行美和丑的选择与抉择。

我们青年人应该追求和创造爱情之美。爱情之美的价值定位是什么？应该指出，作为爱情美的生理基础的性，不仅在爱情生活中占据着重要地位和作用，而且在人类社会生活中包括物质生活与精神生活在内也占据着重要的地位和作用。不仅如此，由性和美水乳交融为源头而产生的爱情之美，不仅决定和制约着每个人包括爱情在内的生命素质，而且决定制约着地球村人类的自身再生产——生儿育女，繁衍下一代，促进子子孙孙千秋万代的生存和可持续发展。进一层说，我们研究青年爱情美学，特别是研究爱情之美在哪里这个命题太重要了，它不仅关系到人类自身的再生产，而且关系到人类为了生存和可持续发展，不仅需要物质生产和精神生产，而且需要进行人类物种自身繁衍后代的再生产。正因为如此，爱情美学的核心理论研究——爱情之美在哪里这个命题研究的重要意义，不仅决定与制约每个人的人生命运，也决定与制约每个国家民族的未来发展和命运，还进而制约与决定地球村人类未来发展的命运。

最后一点要说明的，我写此书所追求奋斗的审美终极目标是什么？

让我们年轻人的生命因爱而美丽起来！

让地球村的人类世界因爱而精彩起来！

**解读与思考一**

1. 爱情的本质、价值定位和社会作用是什么？你知道爱情的魅力吗？书中说，爱情的魅力是难以想象和难以估量的，它甚至可以决定或左右一个人的命运。爱情悲剧可以毁灭一个人的生命，而爱情喜剧可以使你创造生命的辉煌，使你的灵魂生命永生不死。你对这些理念思维是怎样解读的？

2. 爱情是如何产生的？为什么说爱情产生于人性美的需要，包括生理上性爱需要和审美心理需要？老子说，孤阴不生，独阳不长，阴阳和合，万物生矣！你对老子的理论观点是如何解读的。为什么说男大当婚，女大当嫁，今天社会出现男女不婚不嫁的一类族群，他们或者抱着独身主义，或者按照情人自由主义快乐活着，你对他们的看法如何。

3. 书中说，从全球化的视角来看，人类爱情婚姻存在危机，而这种危机是教育危机造成的，也是我们人类几千年来的教育包括学校教育在内的严重失误所造成的。因此，针对上述的危机与失误，应该开展青年爱情美学的科学研究，特别应该在我们高等学校与中等学校（包括高中初中在内）开设青年爱情美学美育课程。对上述这段话语，你是如何解读的？

4. 什么是性？性爱说到底是美的，还是丑的？什么是美？美和性有什么关系？为什么说，爱情既离不开性，也离不开美。真正的爱情，是美和性的水乳交融。在人类社会里，男女之间的性爱和动物之间的雌雄交配的性爱有什么共同点和不同点。我们检验真假爱情的审美标准是什么？你自己是如何解读的？

5. 青年在人生道路上，必定碰撞爱情婚姻、理想事业和生命健康这三大永恒主题，请问这三者的关系和互动规律是什么？你是如何解读的？

6. 什么是青年爱情美学？我们为何要对青少年开展青年爱情美学的教育？你是否喜欢这门新兴的爱情科学？有人说，一男一女只要上床，性就可以"无师自通"，因而不需要学习什么爱情理论和什么爱情科学。这话对吗？请你说一说。

# 第一章　美, 爱情和人的生命

　　本书填补了美学研究的一项空白, 它是努力创新和构建人文科学的一门新学科——青年爱情美学。它所追求的审美的终极目标是正确引导今天新时代的青年人应如何学习探索和追求创造爱情之美, 尽其所能帮助读者驾驭爱情和享受爱情, 获得快乐幸福的爱情婚姻生活。爱情之美, 有一种超级魅力, 她伴随你的人生之旅, 成为你不可缺少的快乐的旅伴, 帮助并推动你的一生所努力追求和创造的光辉事业走向成功。

　　这是全书的第一章, 讲的是这门新学科的立论主张, 讲这本书的立足点、出发点和制高点。这章有三个中心词(关键词语)必须点明, 同时也非讲深讲透并进入深层研究不可。美是什么? 美对爱情和人的生命为何至关重要? 美, 爱情和人的生命的关系以及三者的互动规律是什么? 这是本章所讲的重点难点和主要线索。

## 1956年, 新中国掀起了以讨论 "美是什么"为命题的第一次美学热

　　回忆1956年, 我是个青年学生, 在辽宁大学中文系读书, 幸运地碰上新中国掀起的第一次美学热。当时全国高校师生们几乎都卷进了这场美学热, 我更加兴致勃勃地参加了以"美是什么"为中心命题的大辩论。什么主观派、客观派、主客观统一派, 还有神秘派、缘分派、情感派、移情派以及可遇不可求等形形色色五花八门的中西美学学派……全国的专家学者以及高校师生们都争得面红耳赤, 公说公有理, 婆说婆有理……其结果并没有得出大家一致公认为正确的科学的结论。

　　然而, 那热火朝天的场面使我兴奋不已, 我被这场以"美是什么"为

中心命题的美学热深深地吸引住了，非常乐意接受这场美学热的启蒙教育并生吞活剥地啃下中国古代传统美学和从国外引进的西方美学的许多书籍。记得当时我这个懵懵懂懂的青年学生写下了人生第一篇小文章，我当时简单朴素地认为，美是生活中一种能唤起人们心中喜乐爱恋的人生最可贵的东西。经过了半个世纪的流水年华，今天看起来这种观点何其天真幼稚，就像一棵小草，然而，我自己又觉得她很可贵，好像是我自己的血肉生下的孩子。更加值得我庆幸自己人生机缘的是，从那个时候开始，我爱上美学并从事美学研究，永不分离地同她结下了不解的人生之缘。

这场"热"，对我的人生信仰追求和价值取向，对我这一辈子的人生实践和生命活动的心路旅程至关重要，对确立我的审美主义的世界观、人生观和价值观有里程碑式的重要意义。从此以后，我爱上了以美育人的研究笔耕工作，同时也爱上了我为人人、人人为我、以人为本、以美育人的人类最崇高最壮丽的教育事业。在大学毕业时，我自觉自愿地选择和抉择，走上了教师的职业岗位——在人类思想灵魂中播种美的种子。

## 美是什么？美对人的生命、对人类生存和可持续发展为何至关重要

美是什么？这是人类几千年来古今中外美学家、哲学家、思想家、政治革命家以及人文科学家们孜孜不倦地进行艰苦卓绝的探索研究而难以解读却又非正确解读不可的一个神秘的理论之谜。我本人从1956年到今天经历了半个世纪对"美是什么"的学习研究和艰难探索最后得出今天的结论。我对美的定义如下：美是人类所信仰追求和劳动创造的人的灵魂生命所最需要最本质的能唤起人们心中喜乐爱恋的人生最可贵的东西。这是对美的本质所概括的科学的定义。在这个人类世界上，假如失去了美，人类就回归到100多万年前的野生动物世界去，人类也就等于灭亡。这是从人类的社会整体来说的。就一个人来说，这个人如果失去了美，或者说离开了美，这个"人"就失去了人的真正意义。

有人反对给美下一个定义，理由是美这种东西很神秘，它只可意会，不可言传。他们又说，理论家站在美的事物面前是无能为力的，要给美下一个定义是徒劳无功的。这种观点是错误的。只要人们普遍公认现实生活中存在着美的东西，科学家就应该义不容辞地对美的事物进行研究，给美下一个科学的定义。事实上，爱美是人的天性，是人的灵魂生命最需要的最本质的东西。在人类审美的社会实践活动中，只要你是一个真正的人、一个崇高的审美的人，而不是一个虚伪的人、一个还没有离开野生动物世界的人，也即一个尚没有摆脱动物性的低级趣味的卑贱的动物的人，也就是说，只要你不是一个披着人皮的动物，那么，你就懂得美是什么和如何审美，懂得在人生实践中应如何去热爱美、追求美和创造美。

美是什么？虽然，普通的人们，特别是那些没有读过美学理论的人，对美是什么不一定能说清楚。可是，他们心中都很明白什么东西是美的，什么东西是丑的，很少有人把美丑颠倒过来。例如，美的太阳、美的月亮、美的鲜花、美的鸟儿、美的姑娘与美的孩子等，对于这些有益于人类的事物，人们都会一致认为是美的。又如，苍蝇或毒蛇、强盗或杀人犯，对于这些对人类有害的动物或作为社会的败类的人形动物，都会一致认为是丑的，决不会美丑颠倒。

车尔尼雪夫斯基说，美的事物在人心中所唤起的感觉，是类似我们当着亲爱的人面前时洋溢于我们心中的那种愉悦和喜乐。中国古代的美女西施和丑女东施，给人们的审美效果就截然不同。前者给人美感，后者给人丑感。潮汕人在某些农村正月元宵夜有喜看新娘的传统。全村各家各户凡是有新婚的娘子，都要参加这种新娘竞美盛会，让观众评价美丑，饱尝一餐精神美食。记得我小的时候就非常喜欢和大人们一起参加这种看新娘的审美欣赏活动，觉得伯母叔婶们对每位新娘的评头品足都十分有趣，而且喜笑颜开。大概是获得了美的享受吧！究竟谁美谁丑，大家的审美感受并不强求一致，但似乎有一个共同的审美标准，总是不会把美丑颠倒过来的。我这个天真幼稚的孩子，却听得津津有味，也参加七嘴八舌的评说，玩得不亦乐乎，如今虽到了老年，却没有忘记。

说到这里，我可以把各种各样形形色色的美分成大美和小美。一般来说,对人类社会整体来说,大美指美的规律,也即人类应如何快乐生存和可持续发展的规律;对每个人来说,大美指人的生命素质之美或思想灵魂之美,它必定是人类所信仰追求和劳动创造的人的生命特别是灵魂生命所最需要、最本质的而又能唤起人们心中喜乐爱恋的人生最可贵的东西;小美,指的是现实生活中那些能唤起人们心中喜乐爱恋的人生可贵的东西。这是指一个非科学的定义,是有关美是什么的狭义的概念。然而,它却是普通老百姓在现实生活实践中约定俗成的概念。小美比起大美来说,它虽然少了一个"最"字,但也是人的生命所需要的人生可贵的东西,如上面说的一朵小小的鲜花,一颗闪闪发光的红宝石。就一个人来说,他的内在之美、思想灵魂之美是大美,而他的外在之美、相貌之美是小美。前者是高级的美、本质的美;后者是初级的美、形式的美。大美包容了千千万万丰富多彩的形形色色的小美,对小美起着决定和制约的作用;小美从不同的角度和不同的形式集中体现了大美的本质,是大美的集大成,对大美起着影响作用。一个人在人生之旅程中,必须正确认识和处理这种大美与小美的关系。

拿鲜花为例子来说,鲜花之美在哪里? 我们可以从不同的时间、场合、氛围和不同人际交往中表现鲜花不同之美。鲜花自己可以在人们面前表现出形象美、形式美、色彩美、造型美以及生命力之美等,这都属于小美而不是大美;然而,在人际交往中,如果用鲜花来表现它所象征的人生意义,鲜花却可以由小美升格为大美。例如,一双正在初恋热恋中的青年男女,用奉上一束鲜红色的玫瑰花来象征表示双方关系由朋友关系升格为情人(夫妻)关系,由友谊美升格为爱情美,由小美升格为大美。再举一个例子,一位大学老教授因病住院,一群男女大学生到医院去探望老师,一位女同学代表手捧一束鲜花,带头向老师鞠躬行礼说:"我代表全班同学祝愿我们敬爱的老师早日恢复健康出院并走上大学讲台!"老教授被感动得老泪纵横说:"谢谢你们!"这束鲜花所象征之美,是人的灵魂生命之美,是大美而不是小美。

有一位同学对我说:"老师,我认为人生最可贵的东西不是美,而是人的生命。"我回答说:"你这句话表面似乎有点道理,但我不以为然,匈牙利诗人裴多斐说过:'生命诚可贵,爱情价更高,若为自由故,两者皆可抛。'在诗人裴多斐看来,人生最可贵的东西,不是生命,不是爱情,而是自由;而我个人看来,生命是可贵的,但不是最可贵的。你说如果没有美,人还能够活下去,这句话从表面上来看,并没有错,不过,这种人不是一个审美的人,一个高尚的真正的人,而是一个动物的人,一个还没有摆脱动物低级趣味的卑贱的人。从严格意义来说,这种'人'已不是人了。人类的生命有两种:一种为人类社会、为祖国人民作出伟大奉献的人,他的生命是美的生命,他的精神之美,是永生不死的;另一种人不顾他人的死活,只顾自己的享乐,拼命地非法地向社会索取财富,给社会造成祸害,如强盗流氓、贪官污吏、杀人放火的犯罪分子等。他们是一种人形动物,他们的生命是毫无人生价值的,是极其丑恶的。这种人的生命,难道是人生最可贵的东西吗?"

生命的美和丑,引起了我对人性的思考,美是人性的灵魂和精华,是对人生有肯定意义的最可贵的东西,它标志着人性的美好光明并走向新生的发展趋向;丑是人性的糟粕,是人们在生活斗争中所唾弃的厌恶的对人生有否定意义的最可恶的东西,它标志着人性的丑恶黑暗并走向死亡的可悲命运。从人性的范畴来说,人们正是通过审美活动,通过美和丑的矛盾统一和对立斗争,促使人类由野蛮的低级兽性向文明的高级人性不断升华与发展。

人是一种美的社会动物。没有美,就没有人类;没有人类,也就没有美。美是人类的命根子。美和人类相结伴而产生,同步而发展。美是人的生命原动力,也是人类生存和可持续发展的最根本的原动力。一个人有两条生命,一条是决定和制约精神生命的肉体生命,也称物质生命;一条是先导,指引和支配肉体生命的精神生命,也称灵魂生命。对一个人的生命体来说,精神能造化一切又能毁灭一切。一个人醉生梦死,则万念俱灰;一个人精神崩溃,则不打自垮。因此,人活在世上,需要有一个精神制高点,需要拥有一种美的精神原动力,即需要拥有一种主宰和支配人的生命的至高无上的审美原动力精神,才能活得有质量,活得快乐幸福。如果缺乏这点原动力精神或离开了这点原动力精神,他就不是一个真正的人,不是一个脱离卑贱的动物性低级趣味的高尚的人,而一个回到100多万年前的动物(野生)世界的人形动物。人的这一点精神,我把它称之为人的灵魂生命的原动力,即美的精神原动力,也就是主宰和支配人的生命活动过程和人类生存和可持续发展的内在的最根本的精神原动力。

上述说明，美对人的生命至关重要，美是人的灵魂生命最需要和最本质的东西，没有美，就没有人的灵魂生命。那么，什么是人的生命，美和爱情以及人的生命的关系及其互动规律是什么？

## 生命是什么？生命属于我们只有一次，我们应该热爱生命珍惜生命和享受生命，应该创造生命的辉煌和永恒

生命是什么？这个问题对人类来说至关重要，一个人如果对自己生命的本质和特征没有很好的认识和把握，就不懂得人是什么与如何做人，不懂得如何安排自我人生，也就不懂得追求和创造人生真正的快乐和幸福。这样，就会使自己每天的生命处在缺乏一个美的灵魂来指引和支配的茫然无所依附的"无政府状态"；反过来，这种"无政府状态"又会危及你的生命，使你的生命走向沉沦与灭亡。因此，人的生命是什么？我们很有必要对它进行一番探索研究。

人的生命只有一次，好似一江春水流向大海，没有回头。每天都很重要，每个人都应珍惜自己的生命。生命是永不停止的矛盾运动，是一种人生走向。运动停止了，人生结束了，生命就完结了，死亡也就到来了。托尔斯泰说："对幸福的渴求就是生命。所有人的过去、现在和将来都这样理解生命。"[①] 人的生命有两种含义：一是指动物性，即兽性的感性的生命，这是低级生命；一是指审美性，即人性的精神生命，也即灵魂生命，这是高级生命。托尔斯泰指出："只要认识到动物性的生存的空洞和虚幻，把唯一真正的爱的生命从自身解放出来，人就得到了幸福。"[②] 只是为动物性的感官上的享受而活着的人，即使你的身体像水牛一样健壮又有何用？人只有从动物世界、动物性的生存状况解放出来，才能获得真正的生命——摆脱了动物性低级趣味的人性的真正的快乐幸福！

---

① 托尔斯泰：《人生论》，四川人民出版社 1999 年版，第 114 页。
② 托尔斯泰：《人生论》，第 175 页。

生命是一种人生走向。人的生命体就是美和丑、人性和兽性、审美主义和动物主义、审美的人的自我和动物的人的自我的对立斗争和矛盾统一体。生命的意义在于它的走向,一个真正的人,高尚的人,有所作为的人,总是美战胜丑、人性战胜兽性、审美主义战胜动物主义、审美的人的自我战胜动物的人的自我,并自我创造了生命的永恒与辉煌!

"人最宝贵的是生命。生命属于我们只有一次。人的一生应该这样度过:当回忆往事的时候,他不会因为虚度年华而悔恨,也不因为碌碌无为而羞愧;在临死的时候,他能够说:'我的整个生命和全部精力,都已经献给了世界上最壮丽的事业——为人类解放而斗争。'"[1]应该特别指出,奥斯特洛夫斯基所说的生命指美的灵魂生命。

"人生最美好的,就是在你停止生存时,也还能以你所创造的一切为人们服务。"[2]

生命属于你的只有一次,你应当珍惜。记得雷锋说过,人的生命是有限的,但是,为人民服务是无限的。我应该把有限的生命,投入到无限的为人民服务之中。古今中外一切有成就的伟人哲人,都很严肃地善待自己的生命,当他活着一天,总是尽可能多学习、多劳动、多工作,尽可能追求和创造更多的美,永远活在一代又一代的后来者心中,从而追求创造了自己生命的永恒和辉煌!

人是动物的灵长,是爱美的有理想希望的能懂得追求快乐幸福生活的社会动物。人的生命最可贵,作为一个人,就应该热爱生命、珍惜生命、追求和创造自己的美的生命。

人的生命是永不停止的矛盾运动,也是永不止息的人生走向,它的走向和流逝构成了人生的全过程。然而,人的生命是有限的,人生是无常的。郑晓江教授说:"人生无常之叹,首先是感慨时光流逝得快。古人云,人之一生,如白驹过隙,忽然而已。不是吗?人由出生的婴儿,到初涉人世的童年少年……再由跳入社会旋涡的青年,到老于世故的中年,最后进入了耄耋老年,最多也只有一百年的时光,还常常会被一些突发的灾难所打断,展望世界,这世上夭折者实在有很多。人生无常之

---

① 奥斯特洛夫斯基:《钢铁是怎样炼成的》。
② 奥斯特洛夫斯基:《钢铁是怎样炼成的》。

叹,还在叹人生中困难、挫折与痛苦太多,而幸福和快乐的时光却太少……""人生无常,还在于我们想留住的东西总也留不住,我们想避开的事情却总是会降临。我们多么想留住青春与活力,可它们偏偏溜得那么快;我们多么想沉浸在幸福之中永远不出来,可是我们感受更多的却是难熬的人生苦难……既然人生是无常的,就没有必要去恐惧变化,要主动去促进变化和掌握变化。"①

"既然人生必然是无常的,我们就不要徒然地去感叹了。我们应该做的,只在于牢牢抓住今天的生活,努力做到不浪费宝贵的生命时光,不要过后悲叹时光过得太快。我们要意识到,既然人生是无常的,就没有必要去恐惧变化,相反,我们要主动地去掌握变化,从而做人生无常的主人而非只是摇头叹息的被动者。"②我们应该热爱生命、珍惜生命和享受生命。生命属于我们只有一次,决没有第二次,因而我们应该珍爱它、运用它、创造它和发展它,去获得包括爱情生命在内的最大的成功和最高最美的享受!

爱情是有自己的生命及其动力的,爱情生命和人的生命的关系和互动规律是什么?就一个人的生命来说,爱情生命是人的生命的一部分,而且是一个不可缺少的重要组成部分。美是爱情的灵魂和统帅,爱情离不开美,特别地离不开美的人的灵魂生命,离不开美这种人的生命的原动力;爱情也离不开性(动物性的性),特别离不开性这种人的肉体生命的原动力。爱情产生于男女之间美和性这两种生命动力水乳交融的互相吸引而最终的合二而一,从而追求和创造了一种至高无上的人生之美。

正因为如此,我们才把爱情作出如下的科学的定义:爱情是男女相爱之情,是一男一女互相吸引、互相欣赏和互相喜乐爱恋,是对人生之美的共同探索、共同追求和共同创造。

---

① 郑晓江:《穿透人生》,上海三联书店 1999 年版,第 97—99 页。
② 郑晓江:《穿透人生》,第 99 页。

# 爱情与人的生命、人生命运息息相关

爱情与人的生命、人生命运息息相关。它从情感上、精神上给人美的感受、美的希望、美的快乐以及美的享受。爱情对人生有极其重要的意义，一个人如果没有爱情，或者理想中的爱情得不到实现，受到打击或者压抑，就往往导致惨痛的个人悲剧。爱情上的不幸会妨碍一个人的智慧的施展或事业的成功。在现实生活中，爱情的力量在某种人生境遇中可以决定他的个人命运。

我说，美是人的生命原动力，指的是人的灵魂生命的原动力。美的素质是人的灵魂生命的一种最根本的素质，它从属于人的灵魂生命最本质的东西，但又离不开人的肉体生命。德国的哲学家叔本华说过，缺乏美的青春仍然有诱惑力，但缺乏青春的美却什么也没有了。这是说，美离不开人的生命。我们对人的生命体所欣赏的价值取向不仅是有精神的肉体，而且是有肉体的精神，肉体和精神二者缺一不可。生命是审美之根，审美如果离开了人的生命，就像失去了源泉与土壤的植物一样。一个人的生命体内部，除了灵魂生命的原动力，还有肉体生命的原动力，这就是男女相爱的性爱的性动力。印度圣雄甘地说过："性是人的生命的本质。"应该指出，它不是人的精神生命的本质，而是人的肉体（物质）生命的本质。中华古代医学认为，性是人的生命体物质动力器官，包括作为一种人类动物物种生殖繁衍下一代的生育器官和作为男女性爱性欲的性动力器官。中医认为，"肾"是这种性动力的发动机。"肾"是人体先天之本，生命之源，其主要功能为藏精，主水，主骨生髓，而髓通于大脑。所谓精，就是构成人体最基本的精微物质，是人体各种机能活动的物质基础和物质动力。

人的大脑的实质，是指挥和调控人的精神生命和肉体生命的一个至高无上的审美的司令部。精神变物质和物质变精神是人脑最深的奥秘和最神奇的功能。我这样认为，对人脑科学的研究如果获得全面彻底的最后的成功，可以引发人类灵魂的伟大而深刻的革命。我们应该学会用脑。如果你拥有一颗爱心，我爱人人、人人爱我，我为人人、人人为我，你总是向美思考，心想好事，对人生充满美好的希望和追求，那么你的大脑就会分泌出一种美质的善性的荷尔蒙,这种由精神变物质的能量可使你免疫疾病,心灵快活并创造美好幸福人生;如果你心中没有了爱,不爱别人,只爱自己,我为自己、人人为我,你总是向丑思考,想干坏事,对人生悲观消极与绝望厌世,那么你的大脑就会分泌出一种丑质的恶性的荷尔蒙,这种由精神变物质而来的有毒的物质会使你致病衰老,人生失败并走向自我死亡。我完全相信,一个审美的人,一个善良而快乐的人,一定能最后作出最佳的选择和抉择!

审美的需要是人生的第一需要,也是人类生存与可持续发展的最高需要。一个人如果离开了审美,就不懂得人是什么和如何做人。没有美就没有人的真正生命,没有审美,就没有人类的生存和可持续发展。一个伟大人物是由于他的心中拥有了美,也是他在自己生命过程中不断地追求美、探索美和创造美,把他活着的时候所创造的美留在后来者的心中永远地活着,发射着美的灯塔光辉,照耀着后来者前进的道路!

性是男女爱情的生理基础,爱情离不开男女双方性的互相吸引,爱情离不开性这种物质(生理性)生命的原动力,也离不开美这种精神的生命的原动力。性和美,两者缺一不可。如果离开了美的先导、指引和支配,这种性(爱)就不是审美的人性,而是动物生理性的兽性的"性"了。人的生命体内部,是美和丑、人性与兽性、审美主义和动物主义、审美的人的自我和动物的人的自我两者既对立斗争而又矛盾统一,从而驱动了人的生命的活动和可持续发展。

## 人为何审美?对每个人来说,审美是人生第一需要;对地球村来说,审美是全人类快乐生存和可持续发展的第一需要

人之审美为了什么?对每个人来说,审美是人生的第一需要,对整个地球村来说,审美是全人类生存和可持续发展的第一需要。应该先回答什么是审美的问题。审美这个概念,指人们对美的发现、美的认识、美的欣赏、美的信仰、美的追求、美的创造以及美的探索研究等的一切过程,也是人创造美和美创造人的一切过程。真善美和假恶丑是相

比较而存在、相斗争而发展的，人类审美的过程，是美和丑既矛盾统一而又对立斗争的过程。美是人性的精华、人性的灵魂与统帅，也是地球村人类走向光明和不断前进的旗帜，它代表人们努力创造的正确的新生的健康的光明的进步的革命的并走向美好明天的社会力量和发展趋向；丑是美的反面与对立面，它是人性的糟粕，是在人生实践中使人厌恶、反感和憎恨的事物，也是人们所否定的排斥的和唾弃的人生最可恶的东西，它集中代表反面的腐朽的黑暗的反动的并走向没落死亡的社会力量和发展趋向。由于美和丑各自代表的两种对立社会力量和两种相反的发展趋向的矛盾冲突（实质上也是审美主义和动物主义这两种全球化的理论思潮的矛盾冲突）和对立斗争，推动了人类生命、人类社会的进步和可持续发展。正如马克思所指出的，人类社会的进步，是追求美和创造美的结晶。正因为如此，审美原动力不仅是人的生命原动力，也是人类为了快乐生存和可持续发展的最根本的原动力。

人的生命体是美和丑、人性与兽性、生理性和心理性、审美主义和动物主义、审美的人的自我和动物的人的自我的对立斗争与矛盾统一。由于这种对立斗争与矛盾统一，推动了人的生命的快乐生存和可持续发展。

人为什么审美？为什么说审美是人生第一需要，也是地球全人类如何生存和可持续发展的第一需要？我可用最简单最高度概括的话语做如下的解读：由于审美，人和动物才能够区别开来；由于审美，人才有可能走出野生动物世界，向人类文明世界开始最神圣最崇高最伟大的浩浩荡荡的进军和长征；由于审美，才有可能人创造美和美创造人，因而人类才有可能按照美的规律活着；对一个人来说，由于审美才可能发生本质性的转化，才有可能在一个人的生命体内部进行美战胜丑、人性战胜兽性、审美主义战胜动物主义、审美的人的自我战胜动物的人的自我；对一个国家的领导人或政党的领袖来说，如果你不知道美为何物，不懂得美是什么和如何审美这种美的规律，不懂得人是什么和如何做人，不懂得美之所以为美和人之所以为人这个人生真谛，那么，你就不可能正确领导这个国家人民或这个政党的全体党员走向胜利，而必然走向黑暗和死亡！

马克思说过，劳动创造了美，这是一个颠扑不破的人生真理。例如,农民种植农作物,创造了农作物之美;工人开动机器,创造了工业产品之美;医生给病人治好了病,创造了治病救人之美;政治家从事政治活动,创造了为人民大众服务之美;科学家从事科学研究,创造了为人类造福的科学之美;艺术家进行艺术创作,创造了反映人们现实生活之美和灵魂生命之美;教师进行教学活动,不仅给学生传授科学文化专业知识,教育学生成为祖国现代化建设的有用人才,而且教育学生如何审美做人,成为一个既掌握现代科学文化专业知识而又对人类社会拥有一颗爱心的"二律合一"的审美的人,因而创造了人才之美,等等。

## 何谓美的规律? 美的规律和其他 各种社会发展规律的关系是什么?

人创造了美之后,反过来又用美来教育人、改造人和创造人,塑造人的美的灵魂,美化人的生命,由此得出一个结论:人创造了美,然后又用美来教育和创造人,这个人创造美和美创造人的规律就是马克思所发现和提出总结的美的规律。美的规律从实质上来讲,就是人类为了快乐生存和可持续发展的最根本的规律。人类为了生存和可持续发展而必须遵循各种各样形形色色的许多规律,其中有经济(基础)发展规律,也有上层建筑发展规律,如政治规律、文化规律、教育规律、宗教规律、道德规律、文学艺术规律以及各种意识形态的发展规律。除此之外,还有一个建立在经济基础发展规律和上层建筑发展规律之上的人类至高无上的社会实践活动规律的总根子规律——审美活动规律,马克思称这个总根子规律为美的规律。美的规律是总根子(命根子)规律,它对其他各种各样形形色色的发展规律起着先导、指引和支配以及最终的决定性作用。

我们应如何深刻解读和正确处理美的规律和经济(基础)发展规律以及各种上层建筑的发展规律,如政治、文化、教育、道德、宗教以及文学艺术等的发展规律的关系,这是美学研究也即审美主义理论研究的至关重要的根本命题。

自古以来,关于人类应如何生存和可持续发展,无论是美学家、哲学家、政治家、思想家或者历史文化名人等,都作了两种本质不同的对立斗争的解读和回答：一种是动物主义的弱肉强食论，一种是审美主义的和谐发展论。当今世界任何一个国家民族的崛起和发展，都离不开这两种崛起和发展作为理论指导：不是以动物主义的弱肉强食论为指导，就是以审美主义的和谐发展论为指导，两者必居其一。中间道路是没有的。

据我个人对马克思提出的美的规律的探索研究，有两点看法：其一，美的规律就是人创造美和美创造人的规律；其二，美的规律不仅是人创造美和美创造人的规律，也是人类生存和可持续发展的命根子规律——和谐发展美的规律。人类有两种生存发展状况：一种是痛苦生存和难以持续发展的状况，一种是快乐生存和可持续发展的状况。前者本质是动物主义的弱肉强食丑的我为自己、人人为我、以物为本、以钱育（诱）人的走向黑暗和死亡的恶性的生存发展状况；后者的本质是审美主义和谐发展美的我为人人、人人为我、以人为本、以美育人的走向光明和新生的良性的快乐生存发展状况。

人类审美的本质活动及其活动路线是什么？古今中外的美学研究领域，曾出现过两种错误的传统的理论公式：一种认为，美来源于人类社会实践，实践是一种不以人的意志为转移的纯客观的物质活动，因而美是纯客观的，是一种客观的物质存在；另一种则认为，美是来源于人的主观世界，实践是一种变主观为客观的纯主观的精神活动，因而美是纯主观的，是一种纯主观的精神存在。这两种审美实质论，都是各执一种极端偏向，都是极其片面的与反科学的。

人类的审美活动，既是一种扎根于生活土壤的人生的实践活动，也是人类独有的一种至高无上的精神活动。但是，它既不是离开主观的纯客观的物质活动，也不是离开客观的纯主观的精神活动，而是客观和主观互相渗透、互相结合的物质变精神与精神变物质的一种社会人生的实践活动。在人类社会实践过程中，物质可变为精神，精神可变为物质，在这两者互变的过程中，在发挥主观能动作用的过程中，审美起着先导、指引和支配的作用。

当你在黑夜荒野迷路的时候，你巧遇发现由七颗闪闪发光的星星按烟斗造型组成的北斗星，在北方的天空微笑着向你招手，指明了你行进的方向，这时，你会欣喜若狂，感到北斗星是世界上最美的东西，因为北斗星是你此刻人生最可贵的东西。这一审美活动过程就是物质变精神,物质美转化为精神美的过程。

任何一位建筑工程师都是按照人类审美的目的和美的规律来设计和构筑每座房屋的。在房屋尚未动工建筑之前,房屋就已经在他的头脑里先导设计并完美地构成了。他的审美活动过程是一种由精神变物质,由精神美为物质美的过程。

由此我们可以得出结论:人类的审美活动,是以人为中心的人的生命体的一种最高社会实践活动。它既是一种精神变物质的活动,也是一种物质变精神的活动。人类的审美原动力,不仅是一种伟大的精神动力,而且经过它的转化,可以转化为一种伟大的物质动力。

人世间一切物质财富和精神财富都是人创造的,以人为本,就是要特别强调和突出人的因素第一。财富是思想的产物,不仅人们看得见的有形的金钱物质是财富,而且人们看不见的无形的思想精神,是更加重要的(精神)财富。在一定条件下,一个人所创造的思想精神质量,可大大地超过成千上万人所创造并拥有的金钱物质财富的数量。所谓现代化,归根到底,是人的现代化;社会的发展,归根到底是人的发展。当今世界各国之间的经济竞争,都是为本国人民的生存和可持续发展的竞争,实质上也是人才的竞争。而人才的竞争首先取决于对人才的培养和教育,特别是取决于对人的生命包括灵魂生命和肉体生命全面发展的素质教育,包括美育、德育、智育、体育以及劳动实践的五种素质教育,其核心是审美做人,即人是什么和如何做人的素质教育。以上所说的,不仅是中国教育成败关键的一个根本问题,也是中国社会主义现代化事业成败关键的一个根本问题。

综合上述证明,审美对于每个人来说,是人生第一需要,对地球村人类的生存和可持续发展来说,也是第一需要。由于审美,人和动物才区别开来;由于审美,才创造了人,创造了一个高尚的真正的人;由于审美,才有可能人创造美和美创造人;由于审美,才有可能产生人性并使人性同兽性区别出来;由于审美,才有可能使一个动物的人转变为一个审美的人;也由于审美,人类才有可能走出野生的动物世界,向文明世界开始最神圣、最崇高、最伟大的浩浩荡荡的进军和长征……

我反复说过,审美主义科学(简称审美的科学,也即美学)是专门研究人创造美和美创造人的地球村人类最高的科学。有的专家学者说，美学是人学，它必须对人的生命体作全方位的研究，我十分赞同这种理念思维。

在人的生命体中，有一对矛盾而又统一的两极相反的东西，这就是人性与兽性。两者好像双胞胎兄弟，有时候相亲相爱，融为一体，有时候相互厮杀，你死我活。人的生命体是美与丑、人性与兽性、审美主义和动物主义、审美的人的自我与动物的人的自我的矛盾统一。

在现实生活中，我从没有看见过一个十全十美的人，也从没有看过一个完美的人的人生过程自始至终都表里一致，都千篇一律地以美战胜丑、以人性战胜兽性、审美主义战胜动物主义、审美的人的自我战胜动物的人的自我而告终。而经常看到的是许多人的生命过程的表（外表）里（内在）存在着许多不调和的特征。我时常问自己，与外表不相称的许多特征怎么能存在于同一人身上？例如，在现实生活中，我见过某些为人民做过许多好事的贪官腐败者，也见过平日性情善良因生活贫穷而产生贪念的小偷。在汕头特区，有许多外省来的为了谋生的打工者，他们找到了一份每月800～1000元的工资收入的工作做就心满意足了，其中有些头脑聪明文化较高工作能力较强的人，从蓝领阶层上升为白领阶层，每月收入一千多元至三四千元，过着快乐的生活。然而，在外来的打工族中，有少数人因找不到工作，又想吃好的喝好的而走向堕落。这些堕落者，都自知违背良心，但为了生存不得不如此所为。人心总是向美爱美的，他们都是人，也不可能例外。然而，他们的行为却是丑恶而危害社会的，因而成为犯罪的人。有人因此发出了奇思妙论，说贫穷是犯罪的源泉。这是站不住脚的奇怪的逻辑，专家们经过社会调查证实，在经济上极其贫穷的社会群体中因贫穷而犯罪的只占少数而已。而监狱里关着的绝大多数人并非因贫穷而犯罪。我的结论是，贫穷不是犯罪的唯一根源。从国家法律出发应对他们进行惩治，然而，我个人灵魂深处却可怜他们，认为应该宽容他们。我主张，只要不是杀人放火犯或无恶不作的重罪犯，尽可能应宽恕他们，对他们进行审美做人的灵魂素质教育，千方百计地帮助他们就业，使他们从动物的人转化为审美的人。

# 人的生命体是美和丑、人性和兽性、审美主义和动物主义、审美的人的自我和动物的人的自我的对立斗争和矛盾统一

在人的生命体中，为什么有两种对立的两极相反的水火不相容的东西在厮杀着？首先，人是一种大自然物质存在物。人从大自然走来，终又回归大自然去，作为大自然的一种动物的人的生命体上必然和别的动物一样保留着兽性动物性的本能及其发展趋向，这是毫不奇怪的。再加上现实世界人与人之间的金钱关系和物欲势力所决定和制约影响，因之使人贪欲妄想、自私自利、损人利己与胡作非为，引发了个人与社会集体的矛盾，破坏社会秩序，扰乱社会治安而犯了罪。人的这种兽性行为逐渐发展为群体行为、民族国家行为，就产生了人类互相仇视相互残杀并升级为群体与群体、民族与民族、国家与国家之间的大规模的战争灾难。人类的这种动物主义的兽性行为如果不制止，让它自由地恶性循环发展下去，那么，其恶果只有自取灭亡而已。因此，我在《论审美主义全球化的理论思潮》一文中提出：今天全球化的人类的生存危机应如何拯救？由谁来拯救？是以神为本，依靠神来拯救，还是以人为本，人类应该自己拯救自己。以上说的，是人性的负面的一极，即兽性的一极。

其次，人的生命体存在着两极：除了兽性这个负面的一极，还有占主导地位的人性的正面这一极。人从大自然走来，是大自然物质的存在物，进一步说，也是一种动物，因之天生带来了兽性动物性。人又是爱美的社会动物，是一种社会的精神存在物，因之有了以人性、审美性、审美主义与审美的人的自我为主导的正面的一极，同时也因之有了兽性、动物性、动物主义与动物的人的自我的负面（反面）的一极。人的生命就是这两极的对立斗争的矛盾统一体。

人性和兽性，两者的关系及其发展规律是什么？一个人活着，有两种需要：一种是从动物性的本能规律出发的人的物质（包括生理感官上的）需要；一种是从人性的审美社会性规律出发的人的精神需要。对人的生命过程来说，两种需要缺一不可，物质需要决定和制约精神需要，

精神需要指引和支配物质需要,两者互相依赖,永不分离。在人的生命体中,人性、审美性必须以兽性、动物性为物质基础,如果离开了这个物质基础,人性、审美性就无所依附,而成为虚无缥缈的东西;而兽性、动物性必须以人性、审美性为主导、指引和支配,如果离开了人性、审美性的主导、指引和支配,这个"人"就不称其为人,而成为一种人形动物了。

人的生命体是人性与兽性、审美性与动物性、审美主义与动物主义、审美的人的自我与动物的人的自我两者的对立斗争和矛盾统一。我们区分好人或坏人唯一正确的审美标准,是看在一个人的生命体中谁战胜谁,谁在生命体中占主导地位。

我们非正确认识解读人性、审美性、审美主义与审美的人的自我在人的生命体中的主导作用不可。在现实生活中,不存在十全十美的人性审美性的人,也不存在着百分之百的兽性动物性的人。人性与兽性、动物性与审美性在一个人身上的集中体现是极其复杂多样的。它们既对立斗争而又矛盾统一。即使是一个伟大人物,一个审美的人,他为祖国人民作出了伟大的奉献,他的一生所追求和创造的美永远地活在人们心中而永生不死。然而,很难说在他的人生过程中没有说错话、做错事或没有犯过错误。而一个披着人皮的动物,一个动物性的人,如一个被判处死刑的贪官污吏,你很难说在他的人生道路上没有为祖国人民、为他的亲人朋友也曾经做过一些好事。我们说,一个好人,一个审美的人,通常指这个人的灵魂素质是美的,或者说,他在自己生命过程中总是以美为主导(或先导),以审美指引一切支配一切,主观上努力进行兴美灭丑的斗争而最终达到了审美做人的目标;反之,他就是一个坏人,一个动物性的人,一个灵魂素质极其丑恶的人。

例如,美国著名的国际金融抄家索罗斯这个风云人物,你说,他到底是好人,还是坏人?是儒商,还是奸商?是金融大鳄,还是大慈善家?前几年他在欧洲公开炒外汇,刮走了数十亿美元,在亚洲金融风暴中也卷去数十亿美元。我看了报纸,印象中他是个投机取巧的金融抄家而成为国际顶级的金融巨富。最近,这位被称为"金融大鳄"的索罗斯,因行善捐了一笔巨款而获得了第三届"代顿和平奖"。这笔巨款为的是给波斯尼亚地区的人民在战争灾难后重建生活并成立量子基金支持社会慈善事业。德国《明镜周刊》一位记者采访了他,他回答了记者提出的一些问题说:"在世界一些地区,我以迫使英格兰银行屈服和迫使马来西亚的人破产而出了名,即行为投机者和魔鬼而出了名,但在世界其他地区我被视作开放社会的捍卫者。"索罗斯在世界许多地方都有捐款,他表示过,在他80岁前,会将自己财富全部捐出。不久前,他来中国访问,有记者问:"你怎么能把慈善家和鳄鱼的形象结合在一块? 一只口袋挣钱,一只口袋给钱?"他回答说:"在金融运作方面,说不上有道德或无道德,金融市场是不属于道德范畴的,它有自己的游戏规则,我按照这些游戏规则操作,并没有违规,我绝对遵守这些规则。我不觉得自己有什么不道德的行为。"到目前为止,还没有人找到证据说明索罗斯是为"收买人心"而行善……基于上述理解,我对他作出结论:索罗斯是一个美战胜丑、人性战胜兽性、审美主义战胜动物主义的人。

## 人是什么,如何做人? 一个人活着,应如何活得有质量意义而又快乐幸福?

人是什么? 如何做人? 我从哪里走来,将往哪里去? 我希望把自己塑造成什么人? 一个人活着,应如何活得有质量意义而又快乐幸福,如何珍惜生命、热爱生命与美化生命,创造自己生命的辉煌和永恒,把自己一生所追求和创造的美永远留在人们心中……以上这些话语表述了一个中心命题——如何审美做人的命题。

我记得有一位大诗人说过,美这个东西有一种魔力,有一种使其他东西望尘莫及的超级魔力,那就是使每一个人忘掉了他自己的局限,向无限的崇高美的未来生活进军。你如果饿了吃东西,它不能使你产生美感而只能产生同动物一样的快感和感官上的享受。它并不涉及你的人格,也不是一种心灵活动和享受。只有美,才是最高尚的人性的东西,才涉及每个人的人性人格,才是人的心灵活动和心灵享受;也只有通过审美活动,通过人创造美和美创造人的社会实践,你才有可能懂得人是什么和学会如何做人,才有可能逐渐完成了从一个动物性的人到一个审美性的人的转变的过程。之所以提出审美做人的理论主张,就是为了促进这种有伟大意义的转变。

中国人自古以来很讲究审美做人,都很注重追求崇高美的人格。

即使是对梅兰竹菊的审美欣赏，也称它们为"四君子"，用之象征人们对崇高正直、纯洁的人格美的追求。所谓人格，就是审美做人的个人素质与品格。古人把审美做人叫做"修身"，就是自我修养、自我教育与自我改造的意思。审美做人的问题是人生的最根本问题。美学美育研究应如何继承我国自己的民族传统并做到古为今用？如何为今天正在建设有中国特色的社会主义的13亿人民服务？我想最实际的行动是研究新世纪的人们，特别是新世纪的青年应该如何学会审美做人，我们的美学美育应该研究如何审美做人这种人的生命素质的培养、提高和发展的教育。

我赞成和拥护这个观点：人世间一切物质财富和精神财富都是人创造的。人的因素第一。所谓现代化，归根到底，是人的现代化。社会的发展，归根到底，是人的发展。当今世界各国之间的经济实力和综合国力竞争，实质上也是人才素质的竞争。而人才素质的竞争首先取决于对新世纪青年的培养和教育。我国社会主义精神文明建设的中心任务是对全民进行人的生命的全面发展的素质教育，包括科学文化、思想政治、道德情操、人文艺术以及身心健康等的素质教育，其中最重要的，对人的全面发展的素质教育起着指引和支配的决定性作用的是以美育人的人的生命（包括精神生命和肉体生命）素质的教育，其核心是审美做人的素质教育。以上所说的，不仅是中国教育成败关键的一个根本问题，也是中国社会主义现代化事业成败关键的一个根本问题。

有人说，人的审美是为了获得人生的快乐和享受，包括精神方面（主要的）和感官方面（虽然是次要的，但也不可否定）的快乐和享受。如读一部你最喜欢的小说，出席你最喜爱的抒情的音乐晚会，欣赏一幅世界名画，参加一次快乐的旅游。或者你作为一个足球迷，观看一场精彩的足球比赛，或者在你的好友结婚大喜那天，你出席了他和她的婚礼宴会，对新郎新娘进行审美的评头品足、又喝酒吃东西，这都能获得一种美的快乐和享受，是审美的目的吗？是的。不过，应该指出，这是一种审美的最低目的，不是审美的最高目的。

审美的最高目的是什么？是为了做人，为了人类的生存和可持续发展。对每个人来说，审美是为了做人。只有自觉认真学会正确地进行审美，你才有可能做一个审美的人、一个高尚的真正的人、一个完全脱离了动物性低级趣味的现代文明人。否则,离开了审美,你只能回到动物世界去,只能是一个动物的人,一个卑贱的人,一个尚未脱离动物性低级趣味的原始野蛮人。因此,审美是人的生命原动力,是人的思想灵魂的最高信仰和最高统帅。

审美的需要,是人生最高需要。一个人如果离开了审美,他就不懂得人是什么和如何做人。一个人之所以成为伟大人物,他死后灵魂获得了升华而永生不死,是因为他心中拥有了美,也是他在自己生命过程中不断地追求美、探索美和创造美的结果。

对人类社会整体来说,审美是为了人类的生存和可持续发展。从这个审美的视角来看,审美的科学即美学是研究人类如何快乐生存和可持续发展的科学。人类的产生和发展都离不开审美。人类的发展史证明:只有审美,才是人类生存和可持续发展的最根本原动力。审美原动力的理论是审美主义科学的核心动力理论。这是美学研究非突破不可的一个难题。

一个人活着,在他的生命的全过程中,审美和做人两者是水乳交融地结合在一起的。审美是为了做人,而做人又离不开审美,离不开美的规律。审美是人生第一需要,如果离开了审美的指引和支配,你就走不出动物世界的怪圈子,你就不知道人是什么和如何做人,就不知道自己如何去爱人和被人所爱,更不知道自己应该信仰什么、追求什么和为他人奉献什么? 这是一个方面。从另一个方面来看,如果离开了做人,你就不知道审美的崇高目标是什么,就不知道审美的人和动物的"人"有何本质的区别,也更不知道美之所以为美和人之所以为人的价值和意义。

一个人活着,不仅要使自己活得有质量,活得快乐幸福,也要尽自己的一切可能,千方百计地使别人也活得快乐幸福。然而,只有首先尽自己力量使别人活得快乐幸福,才有可能让自己活得有质量、活得快乐幸福。为此,人非按照美的规律活着不可。

对个人来说,美的规律,就是如何审美做人的规律。人是什么和如何做人,都离不开审美的指引和支配。只有审美,才有可能使你由一个动物性的原始野蛮人转变为审美性的现代文明人。做人不可离开审美。一个人在自己人生的道路上探索人生、选择人生与抉择人生,又如何对待金钱与人格、灵魂与肉体、信仰与追求、顺境与逆境、幸福与痛苦、爱情与友谊、婚姻与家庭、学习与创新、生命与健康、道德与本能以及生与死、爱与憎、善与恶、义与利、公与私、荣与辱以及生与死等,这如何做人的一切具体问题都是离不开审美的指引和支配的。人是什么,如何做人的教育,也就是美之所以为美和人之所以为人的教育,实质上就是审美做人的人的灵魂素质的教育。

只有学会审美做人,才能走向人生高处,才能克服自己生命的有限而向无限进军,归根到底,是为了创造自己生命的美的辉煌和永恒。

读者朋友们,您希望自己成为什么人?上面的话题还没有说完。怎样才能做一个真正的人?是做一个审美的人,一个高尚的人,一个完全脱离了动物性低级趣味的现代文明人,还是做一个动物的人,一个卑贱的人,一个尚未摆脱动物性低级趣味的原始野蛮人?我相信您自己能作最佳的选择和抉择!审美做人的问题,是关于人的生命素质的根本命题,也是美学、哲学、人文社会科学以及人类生命科学不可回避的至高无上的命题。

## 人,既是被创造的,也是自我创造的结果

我在上文说过,一个人有两条生命:一是物质(肉体)生命,一是精神(灵魂)生命。人从大自然走来,走完了人生旅程,又回归大自然去。你的父母两人相爱,创造了你的肉体生命,而你的灵魂生命,既是由别人为你创造的,也是你自我创造的结果。

教育的本质是什么?我个人认为,教育不仅是一种上层建筑,而且更加重要的,教育是立国之本,是经济发展的先导。它是研究人、改造人、创造人、塑造和美化人的思想灵魂,是培养和提高人的生命素质的一种崇高的美人育人的社会活动。如果说上帝造人,那么,教育家就是上帝,是搞创造人的伟大工作。一个人从娘胎生下来之后,父母是你的最初的启蒙老师,对你的灵魂生命进行第一次塑造和创造。人们常说,教师是塑造人类灵魂的工程师,当你进入学校接受从小学、中学到大学的教育,对你的灵魂生命进行极其重要的塑造和创造。这是人的灵魂生命的第一种创造,我把它叫做被动式创造。

然而,对人的灵魂生命的创造过程,起着主要的决定性作用的不是这种被动式创造,而是主动式创造,即灵魂生命的自我塑造和自我创造。从人的生命创造过程来看,被动式创造是外因,主动式创造是内因,而外因必定通过内因起作用,在两种因素相结合的过程中,内因起着主要的决定性作用。中国有句古话:心想事成,或者说有志者事竟成,就是这个道理。日本有一个著名的棒球运动员村田兆治,他1949年生于广岛县,读小学四年级时,父亲带他去看棒球赛,棒球选手的超级球技和魄力使他非常吃惊,一下子使他成为棒球球迷。从此,他立誓一辈子打棒球,经过长期的艰苦奋斗,终于成为著名的职业棒球运动员,1989年取得参赛以来的200场胜利。村田兆治所走的人生成功之路,同他父亲,他的棒球教练师父有关,但最重要的、起着决定性作用的是他对自己精神生命努力自我创造的结果。

　　人类为了自己的生存和可持续发展,应该努力建设两个家园——物质家园和精神家园。为了在物质生活方面解放自己,人类必须正确处理人和大自然的关系,努力构筑一个来自大自然的以满足人类自己的物质生活需要的富裕的物质家园,这是一个方面。另一个方面,人类为了满足自己不断提高的审美追求和精神生活需要,必须正确地处理人与人之间的关系,也非构筑一个使自己身心健康并获得快乐幸福的美的精神家园不可。就一个人的人生过程来说,也应该努力构筑这两个家园。

　　就目前现实生活来说,为了个人的生存发展的物质生活的需要,人们都比较注重构筑一个供自己物质享受的个人物质家园,但构筑一个美的个人精神家园却往往被大家忽略了。

　　为什么提出要努力构筑一个使你的一生获得快乐幸福的美的个人精神家园?对每位青年来说,这是我们国家进入社会主义新时代的需要,是为了学会审美做人实行生命素质自我教育的个人迫切需要,从本书的主题来说,也是为了追求创造快乐幸福的爱情婚姻生活的需要。

# 审美主义和动物主义谁战胜谁，是推动
# 人类历史的进步和可持续发展的原动力

当今在地球村人类为了生存和可持续发展而斗争的历史进程中，出现了形形色色千奇百怪的矛盾冲突，其中最主要的有人和自然的矛盾冲突、地球村各国家民族之间的矛盾冲突、每个国家内部人和人之间的矛盾冲突、物质生产物质文明建设和精神生产精神文明建设两者之间的矛盾冲突、人的灵魂生命和肉体生命的矛盾冲突。此外，还有一种矛盾冲突在人类历史进程中，对上述五种矛盾冲突以及地球村人类的其他一切矛盾冲突进行先导、指引和支配，并最后起着主要的决定性作用的矛盾冲突，这就是审美主义和动物主义的矛盾冲突。审美主义和动物主义谁战胜谁，推动了人类历史的进步和可持续发展。

审美主义和动物主义，是今天由于人类历史发展在全球化运动中必然出现的两种既对立斗争而又矛盾统一的理论思潮，这两种理论思潮相比较而存在、相斗争而发展，是推动人类历史进步和发展的最根本的原动力。

什么是审美主义？我们所说的审美主义（也称人性主义），不是美学研究的某一种学派，也不是历史上某种艺术思潮，而是一种拯救人类和拯救教育的最高理论学说，是一种"修身、持家、治国、平天下"的人类为了快乐生存和可持续发展的最高理论学说，是人类为了驾驭自己的命运而发明创造的战无不胜的最高精神武器。这种精神武器，比起包括核武器在内的一切杀人的物质武器的威力要强大成千上万倍。这种精神武器不可能杀人，但它能够以美育人，能够通过我为人人、人人为我、以人为本、以美育人为中心的对人的生命全面发展和谐美进行素质教育，消灭包括核武器在内的一切杀人武器，能够消灭人类互相仇视互相残杀的一切战争的根源——发动战争的狂人头脑里的动物主义精神黑洞。审美主义也是地球村人类一种最高的社会思潮，一种浩浩荡荡、顺之者昌、逆之者亡、与时俱进的全球化运动社会思潮。它顺应新世纪新时代的历史潮流，听从实践的呼唤，反映和体现了全人类的美的希望和明天的快乐！我们只有信仰审美主义，才能战胜动物主义，创建一个和谐发展美的人类新世界;只有信仰审美主义,人类才能解放自己和拯救自己,获得快乐生存和可持续发展。目前,就全世界来说,审美主义能否成为我们新时代的主流,我不敢判断,然而,我完全相信,审美主义今后一定战胜并取代动物主义而成为新时代的主流。

人,自从走出弱肉强食、你死我活的自由竞争、天然抉择的野生动物世界,向审美主义和谐发展美的人类文明世界进军,最少也有 100 多万年的历史了。然而,许多人仍然没有摆脱动物性的低级趣味,没有走出动物主义的物质圈子和精神圈子,死抱着动物主义的精神枷锁不放。人应该如何对待生命? 有两种不同的主义和不同的解读:动物主义认为,人的生命与其他一切动物的生命并无本质的不同。当他判断两个生命中哪一个生命对自己的生存发展不利而必须杀掉,以牺牲别人生命为代价以保全自己生命的时候,他便会行动起来,残杀他人生命。这便是动物主义者的生存发展的人生逻辑。动物主义认为,人到了饥饿的时候,人吃人也不算罪恶。其实,这是披着人皮的动物所说的鬼话,远古野蛮时代的确存在人吃人的历史事实这是一回事,然而,人吃人算不算罪恶,则又是一回事。然而,按照这种人吃人的动物主义逻辑,人类自己就不能拯救自己了,而只有回到远古时代野生动物世界去互相残杀而自我灭亡了。按照动物主义的奇谈怪论,人与人之间的关系不是金钱物欲关系,就是狼与狼之间互相厮杀以及狼吃狼、狼吃小羊、大鱼吃小鱼、小鱼吃虾米之间的关系。从动物主义的视角看来,人与人生命之间的游戏规则只能是弱肉强食、你死我活、胜者为王、败者为寇、自由竞争、天然抉择。

说到这里,可以给动物主义下一个定义,动物主义也称兽性主义,是同审美主义相对立斗争而又矛盾统一的全球化的一种消极理论思潮,它主张按照动物主义的人的生命需要而活着,主张我为自己、人人为我、以物为本、以钱育(诱)人、人不为己、天诛地灭。动物主义认为,人和动物没有本质的不同。为了自己的生存而争夺金钱物质,拼命追求自己动物性的感官享受而互相仇恨互相残杀,最终必然导致人类走向自我灭亡。他们只承认动物性的肉体生命而否认审美性的人的灵魂生命。他们只顾自己活着,只顾动物性的吃喝玩乐和两性交配并繁育动物的人的后代,而不顾别人能否活着,不顾地球村人类能否生存和可持续发展。动物主义主张我为自己、人人为我、以物为本、以钱育（诱）人，以金钱、物质财富作为自己生命发展的唯一动力。他们把人与人的关系看成是赤裸裸的金钱关系与物质财富的关系。如果问什么是金钱主义、物质主义、个人主义、自我主义、自由主义、利己主义、索取主义、享乐主义、玩命主义、性感主义、经济主义、军国主义、霸权主义、帝国主义、殖民主义、民族主义、民粹主义、单边主义、大国沙文主义、强权政治主义、国家利益至上主义、爱情一杯水主义和一夜情主义等，可以用一句话解答，上述种种主义的老祖宗就是动物主义。我完全自信以上的概括是一种科学发展观的概括。

人是爱美的超级的有文化的社会动物，同大自然动物世界的野生动物对比有不同的本质特点，这是很容易说清楚的，然而，同披着人皮的动物进行对比，你即使是高明的理论家，也很难说清楚了。当今世界这些有文化的披着人皮的动物（动物的人），他们不知道美为何物，不知道美是什么和如何审美，不知道人是什么和如何做人，他们完全不懂得美之所以为美和人之所以为人这个人生真谛。然而，他们毕竟是一种有文化的披着一张人皮的动物，虽然他们同动物世界的野生动物，从本质上来说并没有区别，但从表现形式来看，却有了明显的特点：他们是有文化的社会动物，而动物世界的野生动物并没有文化。因此，区别就在这里，野生动物只有低级的神经系统（条件反射），而没有高级神经系统（无条件反射）。它们没有意识，没有文化，不会说话，也不会理念思维做文章，它们只按照大自然的狼吃狼、狼吃小羊的丛林法则互相残杀、弱肉强食、自由竞争与天然抉择而已。然而，有文化的披着人皮的动物就不同了，他们打着文化的旗号，歌唱什么民主、自由与人权的赞歌，实际上干着狼吃狼、狼吃小羊的动物主义弱肉强食的勾当。

以上狼吃狼和狼吃小羊的故事的真实性在于它说明了今天的世界仍然是动物主义的弱肉强食论占主导地位的你死我活、弱肉强食、胜者为王、败者为寇、自由竞争、天然抉择的世界。

在当今世界上，审美主义与动物主义，这两种全球化的理论思潮，是相比较而存在、相斗争而发展的。它们以经济全球化为龙头，带动着政治军事、文化教育等全球化运动，正以排山倒海之势、雷霆万钧之力，磅礴于全世界，被世人所普遍关注。审美主义和动物主义谁战胜谁，推动了人类历史的进步和发展。美战胜丑、人性战胜兽性、审美主义战胜动物主义、审美的人的自我战胜动物的人的自我,这是人类历史的必然规律和必然走向。

我信仰审美主义,也希望地球村的人们都信仰审美主义。在人生旅途中,信仰和追求是快乐幸福的动力源。动物只是为了生存需要而只有低级神经系统和低级感情,也只能为了适应大自然环境生存而按自身的动物性的生理本能而活着,所以,动物没有什么信仰,也没有什么精神追求,这是由于动物没有灵魂生命。对比动物,人和动物有一个共同的特点,为了生存的需要而按动物性生理性的本能而活着,然而,人又不同于动物,人不仅为了生存需要,而且为了发展需要和灵魂往哪里去的需要,人不仅有低级神经系统和低级感情,而且有大脑高级神经系统和高级感情,因而人不可没有美的信仰,也不可没有美的精神追求。

人必定有信仰,人生离不开信仰,所谓信仰,是人们对某一种至高无上的事物、某一伟人圣人或某一理论学说的极其敬仰、极其崇拜和极其信服,并把它信奉为自己一切精神生活、物质生活的思想指南及行为准则。信仰是人生中至高无上的最美最重要的东西,它像日月星辰一样照耀着前进的道路,它比自己的生命重要得多,因而人可以为信仰而活着,甚至必要时为信仰而献身。如果进一步寻根,信仰,就其本质来说,是人们对一种人生至高无上的美的无限崇拜、无限信奉和无限敬仰。人们有各种各样的信仰,如对某一种科学理论的信仰,称之为科学信仰;对某一种神的信仰,称之为宗教信仰。古今中外,有许多名家伟人或圣人超人,他们为人类谋幸福作出伟大贡献,把自己在人生道路上所追求创造的美永远留在人们心中,为后人所崇拜和敬仰。

人是有审美思维能力,有信仰追求的超级的高等社会动物,人人都有信仰,活着的人必有信仰,人是靠理想希望、靠信仰追求活着的。无论有文化或无文化的人,有神论者或无神论者,大人物或小人物,好人或坏人,都不可能没有信仰。即使是小偷、强盗、贪官、走私贩毒犯,他们也有信仰,只不过他们"信仰"的是自己,"信仰"金钱和感官上的快乐享受,"信仰"拜金主义、享乐主义与物欲主义等,一句话,他们"信仰"动物主义,他们所"信仰"的实质上只不过是一种错误的迷信而已。

是审美主义,还是动物主义? 审美主义和动物主义谁战胜谁,不仅主宰和决定了地球村全人类的前途命运,主宰和决定了全世界二百多个国家和国内各族人民的生存发展和前途命运,而且也主宰和决定了每个人所走的人生道路和前途命运。

## 审美主义和动物主义谁战胜谁, 主宰和决定了一个人的爱情生命

　　特别应该指出的,审美主义和动物主义谁战胜谁,主宰和决定了一个人的爱情生命。

　　最近,在我们汕头特区,随着经济的高速发展,某些人先富起来,流行着这两句时尚话语——男人有钱便学坏,女人学坏便有钱。如果实事求是地说,这两句话所表达的事理并不十分准确。说句公道话,并不是所有的先富起来的男人就一定学坏,就一定"好色",就一定追求不正当的男女性关系;也不是所有的女人为了金钱而"学坏",而出卖自己的肉体和灵魂。然而,这两句时尚话语,如果给动物主义者的贪官来说,恰好是"对号入座"了。"金钱+美女",是大多数贪官所追求的作为人生快乐的(动物主义)性享受的目标。例如,全国最高级别的贪官成克杰,就是一个大贪官和好色之徒。经法院审理查明,成克杰和她的情妇李平接受贿赂款物合计人民币四千多万元。贪官贾某某——前某市法院院长,这个好色的贪官包养了七个情妇。一个贪官养了七个情妇,每周性享乐日程表不知应如何分配和安排。好心的读者为这个好色的贪官发愁。

　　读者! 贪官好色,你可能司空见惯,觉得平淡无奇,然而,女贪官也好色,甚至比男贪官更加好色,你觉得很奇怪吧,我看了一本书,名叫《中国第一女贪官——蒋艳萍》。书中的主人公蒋艳萍是一个动物主义者,更准确地说,是一只披着人皮的母性动物。她是一个离开了美、离开了审美人性的具有疯狂兽性的出奇的女人。她有一段流传出名的话语:"男人当权的社会,只有懂得充分开发利用男人价值的女人,才能算是会享受人生快乐的真正高明的女人。"蒋艳萍正是以这种"座右铭""名言"在官场瞄准对她有经济利用价值的做官的男人,先后同40多名

厅级领导干部发生肉体的性关系,用"女色"和"钱财"两者进行交易,最终达到自己的目的——色与财双丰收。在短短十年间,她从一名仓库管理员(普通职工),爬升为省副厅级领导干部。是什么力量使这样一个女人从生活的最底层一步步地登上权力宝座?又是什么力量使这样一个女人——一个卑贱的没有摆脱动物性低级趣味的女人从本该光彩照人的事业巅峰突然跌下并滑入罪恶的深渊⋯⋯是疯狂的丑恶的兽性,归根到底,是动物主义爱情的精神黑洞也!

读者!年青的朋友,读了这一章之后给你留下了什么值得深思的东西?这就是本文开头所提出的你应该审视自己的心灵,你是如何解读美和爱情以及人的生命三者的互动关系的,你自己应该如何追求和创造爱情之美,享受爱情的快乐幸福?归根到底,问题在于审美主义和动物主义谁战胜谁?在于你的主观努力奋斗!如何进行美战胜丑、人性战胜兽性、审美主义战胜动物主义、审美的人的自我战胜动物人的自我。

古希腊的哲学家美学家亚里士多德说过:"人在最完美的时候是动物的佼佼者,但是,当他与法律和正义隔绝以后,他便是动物中最坏的东西。"举两个例子来说,李大钊和鲁迅,这两位都是我国五四时代著名的大学教授,都是知识分子与文化名人,这是他们的共同点,但他们对爱情婚姻的追求、创造与驾驭却截然不同。

李大钊,河北乐亭县黑陀村人,是我国五四时代著名的革命家、理论家和专家学者,也是信仰共产主义的第一代共产党人。他的妻子赵韧兰,是个乡下妇女,缠着小脚,目不识丁,而且比大钊大八岁,别人甚至不敢相信她就是一个著名教授的夫人。他们夫妻之间,却相敬如宾,患难与共。

1916 年,他从日本留学回国后,才华初露,但他对自己的妻子一如既往,相亲相爱,从来没有嫌弃过。在北京居住期间,常常有很多男女知名人士,到大钊家中拜访。每当客人光临,大钊同志总要把他的妻子请出来,同客人见面,还帮妻子换衣服,扣扣子,细心拉平衣襟。

人常说:"男子 30 一枝花,女子 30 老人家。"那时的李大钊同志,刚刚 30 出头,风华正茂,而妻子年已四旬,红颜衰老,但他对妻子的体贴,却未减半分。回到家中,他不是帮妻子做饭,就是照料孩子,忙个不停。

他说:"两性相爱,是人生最重要的部分。应该保持它的自由、神圣、崇高。不可强制它,侮辱它,屈抑它,使它在人间社会丧失了优美的价值。"——这是他所奉行的审美主义爱情观。李大钊同志言行一致,在爱情这个衡量人心的天平上,他无愧于良心。李大钊同志的品德学识,在当时的知识界影响极大,就连同他持有不同政见的人,也不得不称赞他:"为人又热情勇敢,有气节操守。燕赵自古多慷慨悲歌之士,李大钊适其人也。"

革命先驱李大钊同志和妻子的纯真爱情,是极其发人深省的。在现实社会中,有一些人一旦自己的环境、地位发生变化,哪怕是一点点变化,就认为原先的配偶与自己不相配了,逼对方离婚。为逃避社会舆论的谴责,他们还引经据典,为自己的私欲辩护。这种恋爱、婚姻问题上朝秦暮楚,喜新厌旧,甚至道德沦丧的人,还是用李大钊同志的这面镜子,照照自己的行为吧![1]

鲁迅是我国五四时代伟大的文学家,他高举反帝反封建的旗帜,以他所写的杂文及小说,作为投枪匕首刺向文化战线上敌人的心脏。那时候,鲁迅是北平女子师范大学的教授,是当时五四运动和北平学生运动的领军人物。而许广平是鲁迅的学生,是北平女师大学生运动的先锋和骨干分子。鲁迅和许广平,他们在新文化运动中共同战斗并建立亲密的友谊,并在这个基础上由师生情发展为爱情。老师和学生相爱而结婚,享受着甜蜜和谐而又快乐幸福的夫妻生活。他们虽然结婚了,由师生关系发展为夫妻关系,并生下了孩子(海婴),但许广平仍然不自觉地同鲁迅保持师生关系,仍然把鲁迅看成是自己的严师益友,自觉学习鲁迅为祖国人民的献身精神。除了日常生活对丈夫无微不至的关怀之外,还主动向鲁迅学习外语,帮助鲁迅抄写文稿,全心全意地支持鲁迅的革命文学事业。他们相爱在事业中,成为我国五四时代知识青年广为传颂的家喻户晓的一对模范夫妻……

然而,读者你可知道,在鲁迅这位著名作家的美丽的爱情故事的背后,在他头顶上的光环照耀下,却掩藏着一个鲜为人知的隐私。在鲁迅和许广平洞房花烛之夜,在鲁迅的家乡浙江绍兴乡村,有一位极其可怜

---

① 引述自《当代名人爱情珍闻录》,中国妇女出版社 1987 年版,第 23—24 页。

的缠足(三寸金莲)的小脚女人,得知鲁迅同许广平办喜事结婚的消息,这个寒夜,她痛苦极了! 面对着孤灯血泪,泣不成声。这个生于清朝末年的缠足的女人叫朱安,是鲁迅的结发(第一个)妻子。这个被封建礼教的"三从四德"吞噬了灵魂生命的女人实在太可怜了,她受封建礼教的传统教育,心里只知道所谓"三从四德"就是说应该"嫁鸡随鸡,嫁狗随狗",她的灵魂深处爱着她的丈夫,她想的是一辈子全心全意地顺从和侍候丈夫,用她的爱和一切为丈夫服务。可是,青年的鲁迅并不想爱她,他和朱安结婚只是为了孝顺母亲,为了不违抗母亲叫他完婚的命令,也为了年老的母亲有一个年轻的媳妇在身边伺候她,鲁迅说,他与朱安结婚,是母亲导演的戏,是母亲自己在娶媳妇。鲁迅在文章中说:"我只有好好地保养她供养她,爱情是我所不知道的。"当夜进了洞房,鲁迅坐到天亮,不碰妻子的玉体。婚后第四天,青年的鲁迅到日本留学去了。……此后数十年,也不回家乡与朱安同居,作为女人的可怜的朱安由于嫁了鲁迅而一辈子再也没有权利得到自己生命的"那一半",也没有得到作为一个女人生命所需要的男人的爱,也理所当然地没有生过孩子。由于时代的悲剧性和局限性,她不可能想到离婚或改嫁。我们非常同情可怜朱安,特别地同情和可怜她那种害怕孤独和忍受孤独的不幸的血泪生活……

朱安从 24 岁嫁给鲁迅,数十年一直守着空房,一年又一年地盼望着丈夫回家团圆,到了 50 岁人老珠黄,才知道她的丈夫在城里娶了时髦的年轻女人。她失望而痛苦地说:"我现在人老了,没有力气了,我待他再好也没有用了。"她面对孤灯血泪和灵魂生命被伤害的极端深沉的痛苦……临终之前有气无力地仍坚持着说:"我生为周家(鲁迅姓周)的人,死为周家的鬼。"之后,闭上了眼睛而灵魂飞上了天……

鲁迅从日本留学回来,在北平女子师大教书。他的学生许广平,勇敢地闯进了鲁迅的爱情生活的圈子。当时文坛上鲁迅与许广平的桃色新闻已闹得沸沸扬扬。鲁迅为了掩人耳目,让许广平居住三楼,自己居住二楼,对外声称广平是自己工作的助手,直到广平怀孕,真相掩盖不住了才宣布正式结婚,才从秘密同居走向公开……

上述鲁迅、许广平和朱安三者的三角关系所展现的爱情婚姻生活给我们提出了一个值得讨论和研究的命题:什么是爱情的自由? 如何正确解读和驾驭爱情的自由？自由是什么？自由就是认识了的人类历史进程的必然规律。我个人认为，所谓自由，既是有限度的，也是有相对性的。世界上不存在无限度的绝对性的自由。自由这个概念范畴非常广泛，不仅包涵爱情婚姻追求奋斗的自由，也包含政治生活、物质生活、精神生活以及你接受文化教育等的追求奋斗的自由。自从人类走出野生动物世界向文明社会伟大进军以来，审美主义和动物主义谁战胜谁，推动了人类历史的进步和可持续发展，从这种审美的视角和高度来看，地球村里只存在两种自由，不是审美主义的自由，就是动物主义的自由。人类世界上不存在第三种自由。

　　基于以上对爱情自由的解读，我个人认为，鲁迅和许广平他们的相爱在事业中，相爱在人生之美的共同追求和创造中，这一点是值得肯定的。然而，由于他们的爱情婚姻所获得的快乐幸福是建立在朱安受到严重伤害而进行痛苦挣扎的孤灯血泪生活的基础之上。因此，归根到底，他们所追求奋斗的爱情自由不是审美主义的真正的爱情自由。

### 解读与思考二

　　1. 爱情是什么？美对爱情及人的生命为何至关重要？美，爱情和人的生命这三个中心词贯穿了全书，你对这三个中心词是如何解读的？它们三者之间的关系和互动规律是什么？

　　2. 人是什么？人和动物有何共同点和不同点？为何说，人是一种热爱美、追求美和创造美的社会动物？"一个真正的人，一个崇高而又伟大的人物，他总是把自己一生所追求和所创造的美永远地活在他所爱的人们的心中，从而创造了自己生命的辉煌和永恒。"你对书中这段话语是如何进行认真阅读和解读的？

　　3. 何谓审美？人之审美为了什么？书中说，美是人的生命原动力，审美是人类为了快乐生存和可持续发展的最根本的原动力。你对上述书中这个结论是怎样领会和解读的？

　　4. 在人类世界上，人世间一切财富都是人创造的和为人类服务的。人创造了两种财富——物质财富和精神财富。请问，从审美主义视角来看，人为何创造这两种财富？这两种财富有什么不同的本质特点？人们创造这两种财富的审美目标是什么？

5. 生命是什么？如何正确解读人的生命？书中说，美是人的灵魂生命最需要最本质的东西。没有美，就没有人的灵魂生命。爱情是有自己的生命及其动力和特点规律的。爱情生命和人的生命的关系及其互动规律是什么？请你就以这个命题写一篇小论文！

6. 在人的生命体内部，有美和丑、人性和兽性、审美性和动物性、审美主义和动物主义、审美的人的自我和动物的人的自我，它们每对矛盾内部的对立斗争和矛盾统一，特别是审美主义和动物主义的对立斗争和矛盾统一，它们之间两种力量谁战胜谁，推动了人类历史的进步和可持续发展。请谈谈对上述的理论思维，你是否能够接受？你自己的学习体会、感受和解读是什么？

7. 人是什么，如何做人？一个人活着，应如何活得有质量意义而又快乐幸福？在他的生命进程中，审美和做人，两者是水乳交融在一起的，审美是为了做人，做人又离不开审美，离不开美的规律。只有自觉认真学会正确地进行审美，才有可能做一个审美的人，一个高尚的真正的人，一个完全脱离了动物性低级趣味的现代文明人。请你结合自己人生的实践，谈谈自己对书中的这段话语的学习体会！

8. 审美主义和动物主义谁战胜谁，不仅主宰和推动了人类社会的兴亡进步和可持续发展，而且主宰和推动人的爱情生命的兴亡进步和可持续发展？请结合书中举出的例子，最好是你从自己的生活实践中找出典型的事例说明你自己是如何进行深刻解读的？

9. 一个人的生命是如何产生和被创造出来的？书中说，人既是被创造的，也是自我创造的结果。你的父母相爱生下了你，创造了你最初最原始的生命，当你进了学校读书，从小学到大学，老师和书本继续帮助你创造你的灵魂生命，而对你的灵魂生命的创造过程起着主要决定性作用的，不是这种被动式的创造，而是你自己主动式的创造，也即你的灵魂生命的自我塑造和自我创造。请你自己结合并反思自己的人生旅途，谈谈自己是如何解读上述这些有关人的生命（包括爱情生命在内）的创造的基本原理！

# 第二章　爱情之美在哪里？

　　法国的文学大师巴尔扎克说，人到青年，只要是人，第一个念头总是要找一个共命运的伴侣。这种心情是生命的表现。人的生命为何需要爱情并离不开爱情？爱情如何产生的，它的本质是什么？爱情为何既离不开性，又离不开美，真正的爱情是性和美的水乳交融。假如离开了性，就没有爱情和爱情之美；假如离开了美，性就因失去了美的光辉照耀下的人的灵魂生命回归到赤裸裸的同动物没有本质不同的性。本章的主要内容讲爱情之美在哪里？我们青年人应该如何识别真假爱情，应该到哪里去寻找、追求和创造爱情之美？

## 人的生命需要美和爱

　　生命是可贵的。人的生命的本质是什么？我在上文说过，生命是永不停止的矛盾运动，是一种人生的走向。运动停止了，人生结束了，生命就完结了，死亡也就到来了。好似一江春水流向大海，没有回头。我们应该热爱生命，珍惜生命和享受生命，追求和创造生命的辉煌和永恒！一个人有两条生命，一条是肉体（物质）生命，一条是灵魂（精神）生命。虽然肉体生命决定和制约灵魂生命，但是灵魂生命却先导、指引和支配肉体生命。人从大自然走来，活了大约100年之后必定回归大自然去，人的肉体生命必定走向死亡。这是生命的自然规律。然而，人的灵魂生命却可以而且应该争取做到永生不死。一个成功的人，一个真正高尚的人，死了以后，只要他活着的时候把自己一生所追求和创造的美，永远活在人们心中，他就创造了自己生命的辉煌和永恒，他的灵魂就获得永生不死。

　　人的生命最需要什么？我肯定回答，最需要美。美是人生第一需要,是人类所信仰追求和劳动创造的人的灵魂生命最需要最本质的能唤起人们心中产生喜乐爱恋的人生最可贵的东西,是人的生命原动力。马克思说,劳动创造了美。人经过劳动实践创造了美,如原始初民集体群策群力打死了老虎,老虎是他们的劳动成果,老虎肉可以当饭吃,虎皮可以当衣服穿,是他们原始初民的生命最需要的人生最可贵的东西,因而他们创造了体现劳动成果之美的老虎之美。从审美的视角来看,老虎是能吃人的凶猛野兽,但他们战胜了老虎,他们勇敢打虎的英雄精神之所以是美的,是由于它充分体现人的灵魂生命最需要最本质的人生最可贵的东西。

美是人类所信仰追求和劳动创造的人的灵魂生命所最需要的人生最可贵的东西,人们经过劳动实践创造了美,如农民种植庄稼,创造了农作物之美;工人开动了机器,创造工业产品之美;科学家搞科学研究,创造了为人类谋幸福的科学之美;革命家不怕流血牺牲,创造了为人民服务之美;教育家搞教书育人活动,创造了现代化建设人才之美;医生为病人看病治疗,创造了治病救人之美,等等。人们先创造了美,然后,用美来教育人、改造人与解放人,塑造和美化人的思想灵魂,概括地说,美也创造了人。这种人创造美和美创造人的规律,用马克思的话来说,就是美的规律。美的规律,也就是人类生存和可持续发展的规律。因此,人非按照美的规律活着不可。如果离开了美的规律,他就不是一个审美的人,不是一个脱离了动物性低级趣味的真正的崇高的人,而是一个动物的人,一个还没有走出野生动物世界的披着人皮的动物而已。

人的生命不仅需要美,而且需要爱。爱是什么?爱和美的关系又是什么?孔子说,"仁者,爱人"。"仁者",指的是"仁人"和"君子",指的是那些崇高正直的真正的人,我们俗称的好人。孔子说,仁,就是爱人,就是拥有一颗爱心,首先是我爱人人,然后才人人爱我。就是从爱出发,正确处理人类社会人与人之间的人际关系,从而追求和创造了人类社会人际关系的和谐之美。人的生命不仅需要美,也需要爱,既需要爱人,也需要被爱。首先是我爱人人,然后才是人人爱我。只有你心中拥有了爱,你的生命才有可能因爱而美丽,因爱而发出美的光辉。爱是一种人生至关重要的美,也是一个人灵魂生命的立足点、出发点和制高点,人的灵魂生命最需要美,同时也最需要爱,两者缺一不可。孔子说,

"君子成人之美,不成人之恶"。作为一个仁人君子,一个高尚正直的人,在处理人与人之间人际关系的时候,应尽自己的可能,给人之以美,而不是给人之以恶。孔子又说,"里仁为美"。一个人有外在之美、外貌之美,也有内在之美、灵魂之美,而应该以"里仁为美","仁"就是人的内在之美和灵魂之美,也就是人的灵魂生命之美。

今天,我们要构建一个和谐发展美的人类新世界,首先,要消灭人与人之间互相仇视互相残杀的动物主义式的战争,实现全世界的和平与发展;其次,要在地球村里实行我爱人人、人人爱我,我为人人、人为我,以人为本、以美育人,对全体人民进行爱和美的素质教育,只有这样,人类才有可能快乐生存和可持续发展。

诗人说,如果你呵护一只蜜蜂,蜂箱里就会多一份蜂蜜;如果你种下一棵玫瑰,花园里就会多点芬芳;如果你点燃一堆篝火,冬夜里就会多几许温暖;如果你努力付出了爱,你的灵魂里就会增多了一分火焰。如果你为人类世界不断奉献爱和美,你就会发现自己正在改变地球村这个人类世界。

爱的本质是什么?爱是人的灵魂生命所最需要的人生最可贵的东西,是一种人生至高无上的美,也是一个人的灵魂生命的立足点、出发点、中心点和制高点。人的灵魂生命需要爱,同时也需要美。如果地球村人人都拥有一颗爱心,我爱人人,人人爱我,大家都觉醒并行动起来,进行一场触及人类思想灵魂的以人为本、以美育人的大改革、大革命,进行美战胜丑、人性战胜兽性、审美主义战胜动物主义、审美的人的自我战胜动物的人的自我斗争,最终在地球村消灭因人类缺爱缺美而互相仇视互相残杀的战争,实现了世界的永久和平而快乐生存和可持续发展,到那个时候,大家都过着美好快乐幸福的生活,地球村人类世界就必定因孔子所创造和提倡的仁爱学说而更加精彩起来!

## 人类之爱与爱情之爱

孔子是我国古代伟大的教育家和文化大师,是儒家学说的创始人。儒家学说有两个理论核心:一个是"仁爱论",另一个是"中庸之道"——和谐发展美(平衡美)的理论,所谓仁爱论,包含了"仁"和"爱"的理论。

也就是如何"做人"和如何"爱人"的理论。中国古代所谓"仁人"和"君子",指的是如何做一个"好人",做一个高尚的真正的人,一个有爱心的脱离动物性低级趣味的人。孔子从我爱人人、人人爱我的和谐关系,从金钱与做人的审美关系去论证了什么是"仁"。他说:"己所不欲,勿施于人。""君子成人之美,不成人之恶。"就是说,作为一个仁人君子,在如何处理人际关系的问题上,应尽自己的可能给他人所喜爱的最需要的美,而不是给他人所厌恶的丑。他认为,一个人之美有外在之美、外貌之美,也有内在之美、灵魂之美,而人的内在之美、灵魂之美是起着主要的决定性作用的。孔子明确地指出,"里仁为美"①所谓"仁",指的是一个人的内在之美、灵魂之美。从表面上来看,孔子所说的"里仁为美",是说如何正确处理人际关系,包括邻居关系在内都应该以仁为美。但从审美主义的视角来看,在如何正确处理一切人际关系的问题上,都应该解读为以仁为美。孔子特别强调,"人而不仁,如礼何?人而不仁如乐何"?他特别赞赏人的灵魂生命之美,说"有如周公之美也"。

我们学习孔子的"仁爱"理论,努力追求和创造灵魂生命之美。孔子指出,最重要的就是把"仁"解读为人们内心情感上的自觉要求,而不是靠来自外部的强迫管制,他说,"知之者不如好之者,好之者不如乐之者"。这就是说,只是为了追求知识而解读什么是仁的,不如对仁所喜爱的,而对仁所喜爱的,不如以追求和创造仁为人生最大快乐幸福的。孔子给"仁"下了一个明确的定义,"仁者,爱人"。"仁"就是爱人,就是说,你应该拥有一颗爱心,从爱出发,正确处理人类社会中人与人的关系,从而追求和创造人类社会中人际关系的和谐之美。应该指出,孔子所说的爱,是一种学术界称之为"博爱"的爱,是包括男女爱情在内的广义的爱,也包括了亲情之爱、友谊之爱、师生之爱、同志之爱、对祖国人民以及全人类之爱等在内。人的生命需要爱,既需要爱人,也需要被爱,只有你的生命拥有了爱,你的生命才有可能因爱而美丽,因爱而发出美的光辉。

人类之爱指的是地球村全人类之爱,学术界称之为"博爱",是一种广义之爱。爱情指的是男女相爱之情,是一男一女相互吸引、相互欣赏

---

① 《论语》里仁篇第四。

与相互喜乐爱恋,是对人生之美的共同探索、共同追求与共同创造。从学术研究的审美视角来说,从爱情之爱同全人类之爱(广义之爱)对比来说,爱情之爱是一种狭义之爱。两者的关系是整体与部分的关系,虽然作为整体的全人类之爱决定和制约了爱情之爱,但是爱情之爱却是全人类的核心部分。它先导、指引和支配了全人类之爱,促进了地球村人类的生存和可持续发展。

请读者参看下面这个产生于五千年前,象征着我中华民族最古老最神圣最权威的《易经》的阴阳和谐发展美的理论学说的八卦牌的艺术图像:

从《易经》的象征性的"八卦"图像,可以看到阴阳学说的理论核心与精髓——要构建一个阴阳和谐美的人类新世界。就"八卦"的艺术形式来说,"八卦"由八个等边角所包容的八个抽象符号来构成;就其思想内容来说,这八个卦分别象征着天地风雷水火山泽八种自然现象,以推测大自然和人类社会的关系及其发展变化规律。"八卦"所环绕的核心是太极圈。太极圈内以黑白两个鱼形图像互相拥抱组合的圆形的图像,俗称为阴阳鱼,用之象征男女阴阳拥抱交合情形。太极是五千年前中国最古老的哲学术语,本意为派生万物的本原。之所以称太极,是因为大到了极点。而物极必反,太极了,就会出现分化,故阴阳分离,形成天地、水火、风雷等的分离,等等。太极和八卦有机构成一种抽象美和形象美相结合的审美意蕴,它表现了以人的生命为核心主体(阴阳鱼)的天地万物阴阳变化无穷而又对立统一的法则。阴阳鱼不仅体现了任何事物都拥有阴阳两个方面,还体现了任何一种事物中阳中有阴、阴中有阳、我中有你、你中有我这样一个对立统一的唯物辩证法的基本原理。就人类来说,男人为阳,女人为阴;就天地来说,天为阳,地为阴;就太阳与月亮来说,太阳为阳,月亮为阴;就阴阳鱼两鱼相拥抱来说,上面白鱼象征男人为阳,下面黑鱼象征女人为阴,等等。关于"八卦"中阴阳符号,以"—"代表阳,以"——"代表阴。学术界有两种解读:一说是取材于象征男女生殖器的代表符号,以"—"为阳,以"——"为阴;一说是取材于古代占卜的竹节,一节为阳,两节为阴。我认为,第一种说法正确。

自古以来,八卦图像被称之为是无字天书,在人类历史上是史无前例的。它既是《易经》的象征性艺术形象,是一种艺术形象美,又是一种神奇而奥秘的科学理论,是一种概括性的科学抽象美,"八卦"是形象美与抽象美的完美结合的典型艺术形象。从表面上看八卦图像,很抽象很难解读,其实它很精简明了,能够为广大人民大众所接受。它能够总结过去人类所走过的道路,得到宝贵经验,还能够帮助你预测未来、避免凶险、走上成功之路,向着美好的人生前景昂首阔步前进!

从《易经》的象征性的"八卦"图像,可以看到阴阳学说的理论核心与精髓——要构建一个阴阳和谐发展美的我爱人人、人人爱我的人类新世界。这八个等边角组成的八个卦,分别代表天地水火山泽风雷八种自然现象。按照阴阳四对矛盾的组合,如天和地,天为阳,地为阴;火和水,火为阳,水为阴;山和泽,山为阳,水为阴;风和雷,雷为阳,风为阴。每一对阴阳既对立斗争而又矛盾统一。这八个卦又环绕着圆形太极圈里的阴阳鱼,上面白色的是阳鱼,下面黑色的是阴鱼。阳鱼为男,阴鱼为女。阴阳鱼一男一女拥抱一起,象征着男女拥抱与交合(夫妻合二而一)。这是阴阳和谐发展美的学说的中心主体。正如老子所说的,"孤阴不生,独阳不长,阴阳和合,万物生矣"。因此,男大当婚,女大当嫁。如果男女都一律不婚不嫁,人类社会就不可能生存和可持续发展而会走向自我灭亡。由此,可以得出结论,太极圈里的阴阳鱼,不仅象征和表现人类自身的男女阴阳和谐发展美,而且象征和表现了人与人之间的人际关系美,也包括以爱情美为中心的各种人际关系美,如亲情美、友谊美、人性美、人情美、祖国人民之美以及地球村全人类之美。而太极圈里的阴阳鱼和太极圈外的八卦,则象征和表现了人和大自然关系的和谐发展美。

2008年5月12日,四川汶川突然爆发了八级地震,这时天崩地裂,飞沙走石,乾坤动摇起来。中国像一位沉睡的东方巨人被这场空前的灾难唤醒,国家主席胡锦涛,国务院总理温家宝闻讯立即奔赴灾区,动员领导全国13亿人民进行一方有难、八方支援的抗震救灾的斗争。灾情就是命令,为了拯救人的生命,与时间进行赛跑,调动了全国的人力物力,十多万解放军战士神速到达灾区,从祖国的四面八方赶来不计其数的救灾勇士和志愿者。

在人类世界,再没有比爱的力量更伟大的了。有一种悲痛叫力量,有一种倒下叫站起,丧失亲人的悲痛,同时也变成凝聚中华民族强大的精神力量。中国人在这场众志成城抗震救灾的伟大斗争中继承发扬了热爱祖国、互助互爱、救死扶伤、团结抗灾的崇高而深沉的民族精神。更加令人欣慰和敬佩的是,残酷的自然灾害,家破人亡的世纪惨剧,血浓于水的骨肉同胞的亲情与友情,将全国人民紧紧地凝聚在一起,地震过后,无数人自觉地投入到了抢救生命的战斗中,他们毫不计较地付出,无论是献血、出力、捐钱,甚至付出自己的生命。中国人在面对灾难那一刻,表现出那种我为人人、人人为我、我爱人人、人人爱我的爱心以及五千年来的审美主义传统优秀文化和中国精神。

四川汶川特大地震发生后,特别地牵动了海外华人的心,他们纷纷向灾区人民捐款,表达他们对祖国灾民的一片爱心。例如,5月13日,也就是汶川大地震后的第二天,在比利时中国大使馆,一个华人家庭全家父母兄弟姐妹六口人一起到中国使馆捐款救灾。他们一共捐了2.1万欧元。记者采访了他们,他们起初不想说,只想低调捐款帮助灾民们重建家园而已。他们不想让记者宣传,当记者向他们宣传解读,敞开心扉,传达了汶川灾民的现实惨状之后,那位年轻的小妹妹说:"每个有良知的中国人都应该捐款帮助他们救灾和重建家园。"经过双方交谈,才知道他们一家人以开中餐馆谋生,生活水平属于中等,平时挣一点钱并不容易,这次他们向地震灾区人民慷慨解囊的义举令我们为之感动,到5月28日为止,不论中国人或外国人(包括外国政府),向中国汶川抗震救灾重建家园献爱心捐赠款物折合人民币308.76亿元,创造了地球村捐款救灾的历史最高记录。

　　我们应该特别指出,爱,特别是地球村的全人类之爱,是绝对不能忘记的,也是没有国家民族界限的。"我们素不相识,我和你们中国灾区人民素不相识,但你们的痛苦我感同身受。"这是5月19日下午我驻英国使馆在为四川地震遇难者举行默哀仪式的现场,一位英国女教授赶到,拿出她的捐款时表达出的她的心声!其实,这次的大灾难对英国的广大民众来说,精神震撼力是极大的。有一位中国记者每天出门采访时,几乎所有的出租车司机,在得知他是中国记者的身份时,都对中国发生的灾难表示难受痛苦。最令人感动的是,有一位出租车司机非常准确地说出我们中国这场灾难的伤亡人数,还说你们中国政府反应的速度很快,又说你们的国家主席和总理都在灾难发生后的第一时间赶到汶川领导救灾去了!

## 天若有情天亦老,人间正道是沧桑;自然无爱人有爱,我爱人人人爱我

　　请读者看一看和想一想,到5月28日为止,中国"5·12"汶川大地震的一些惊人数字:死亡65080人,失踪23150人,伤残360058人,累计受灾人数45509241人,紧急转移安置人数14382414人。汶川大地震对地球村人类之爱、对中华民族大家庭之爱来说是一次严峻的大考验。有的丈夫失去了妻子,有的妻子失去了丈夫,有的孩子失去了父母之爱而成为孤儿,有的原来数口人快乐幸福的家庭只剩下一个伤残的人活下来,还有的家庭数口人全部被活埋在废墟里……有一位英勇无畏的铁汉子(教师)在学校楼房倒塌危急关头,不顾自己生命的安危,一共抢救了24名师生的生命之后从正在倒塌的教学大楼逃命出来之后回到自己家里一看,家中的房子已成一片废墟,他的妻子、孩子和老母亲都被活埋在废墟之中。铁汉子看着这片废墟,欲哭无泪……

　　汶川大地震使我们看到了人类之爱的伟大力量,看到了亲情、友情和爱情以及人间的一切真情,看到了我们伟大的中国人民和全世界人民的美的希望和明天的快乐!

# 动物的人之爱与审美的人之爱

爱情是一种精神文化,在金钱与物欲横行的资本主义时代的商品社会里,许多人把爱情当作一种富有性感①吸引力的交换的商品。对一个男人来说,对他有吸引力的女孩,对一个女人来说,对她有吸引力的男子,就是他或她所追逐的商品。所谓有吸引力并坠入爱情情网的感觉,仅仅是一个人对用来交换的人体商品的价值权衡而已。你想娶一个女人结婚,跟想做一笔交易一样,从经济价值的视角来考虑并决定取向,男女双方都要衡量对方公开的和隐秘的金钱财富以及发展潜力,最后才进行判断是否可以。男女双方在周密考虑到这笔交易对自己有利可图的情况下,当他或她或者已经意识到自己在爱情婚姻市场上已经找到自己最合意的"商品"对象的时候,那么,他和她很自然地坠入了情网,并走向婚姻的殿堂。上述这种所谓爱情,实质上是一种商品的爱,也是一种在资本主义时代非常流行的人形动物的爱。这种爱(情),我称之为动物的人之爱或动物主义之爱。

男人有钱便学坏,女人学坏便有钱,但并非所有的有钱的男人都学坏,也并非所有的女人学坏便有钱。改革开放后的中国社会的确变了,爱情婚姻的"变"更值得爱情美学研究工作者的关注。有一位中年大富商,向他自己的知心朋友吐露过真情夸耀自己,说他发财之后,跟许多年轻美丽的女人上过床,据不完全统计,有 100 个以上。金钱和爱情,是一个老了又老的话题,金钱能买到真正的爱情之美吗?我的回答是否定的!然而,民间俗语说,没有钱万万不能,这句话表达了一个道理。现代的爱情婚姻也同过去时代一样,一男一女恋爱结婚,是需要花一点钱的,没有一定的经济物质基础,是很难结婚建立小家庭的,即使结了婚也很难长久维持下去的。鲁迅的爱情小说《伤逝》,描写了涓生和子君两位青年主人公的爱情悲剧。他和她生活在旧中国的五四时代,为了爱情的自由解放,子君反对封建父母包办婚姻而离开家庭出走,勇敢

---

① 所谓性感就是对异性美的吸引力的一种感受,如男人对女人的异性美的吸引力的感受或女人对男人异性美的吸引力的感受。

地同涓生同居结合在一起,过着自生以来从没有过的自由自在的短暂的快乐幸福的爱情生活。可是不久,子君从家庭出走带来的一点钱用完了,涓生也寻找不到谋生的职业。金钱不是万能的,但没有钱实在也万万不能。没有米可做饭,把饲养的几只鸡杀了吃,把心爱的小狗阿随放逐到野外去,最后无法忍饥挨饿的恩爱夫妻也只能分手了。子君带着饥饿的肚子无可奈何地回到父母家去,向权威地主父亲投降并走进了悲惨的坟墓。涓生带着悲剧的深沉痛苦走向渺茫无望的前途!这个悲剧表明:金钱扼杀了爱情。然而,金钱绝对不是万能的。一个有钱的男人虽然可以跟一百多个年轻美丽的女人上床,但买不到有美的灵魂生命、有知识才干的真正可爱的女人的心,这个爱情的真理,对被金钱迷了心窍的男人来说,是永远读不懂的。

动物的人之性爱与审美的人之性爱有本质的区别。黑格尔说:"爱情要达到完美的境界,就必须联系到这个人的全部意识,联系到全部见解和旨趣的高贵性。"[1]"爱的最高原则是把自己抛舍给对方,在抛舍或牺牲里感到了自己,在对方的意识里获得对自己的认识。"[2]"爱情里有一种高尚的品质,因为他不只停留在性欲上,而是显出一种本身丰富的高尚的优美的心灵,要求生动活泼、勇敢和牺牲的精神和另一个人达到统一。"[3]综合黑格尔的观点,真正的爱情是美和性的结合,生理的动物的性和心理的人性之美两者相结合。

俄国现实主义的文学大师托尔斯泰的长篇小说《复活》描写了一对青年男女主人公的爱情悲剧。男主人公聂赫留道夫公爵从城市到农村住在姑母家里,结识了姑母家里年轻美丽的女佣玛丝洛娃,感到她如仙女般的惊人的美,她的心灵的纯洁如白玫瑰花。这时的聂赫留道夫非常喜欢她、迷恋她,不但在肉体上没有占有她的动机,而且一想到性爱他心里就很害怕。然而,当他们三年之后再次喜相逢时,他已经变成另一种人了,从审美之人的自我变成动物之人的自我了。他向她求爱,她已经受不起动物的性的诱惑而上了床。从此之后,他逃之夭夭,杳无音

---

①　黑格尔:《美学》第一卷,第267页。
②　黑格尔:《情书漫识》,第21页。
③　黑格尔:《当你步入人生》,第269页。

信。玛丝洛娃怀了孕,生了孩子,被雇主(聂赫留道夫的姑母)赶出家门而到处流浪,为了生活和孩子,她打短工、当洗衣妇,还被迫当了妓女……最后被当成"罪犯"拉上了法庭。在法庭上,同她不辞而别几年后又再次惊喜相逢的聂赫留道夫以法官的身份坐在审判台上,他和她都惊呆了,最后,玛丝洛娃被判刑到西伯利亚流放。这时候的聂赫留道夫受到审美的道义的良心的谴责而觉醒了,认识到他自己原来是一个有罪的人。为了赎罪,他辞掉自己法官的职务,到西伯利亚同玛丝洛娃相伴一起流放……最终悲剧的结尾是,玛丝洛娃拒绝了聂赫留道夫第二次爱情,而作了新生的美的选择与抉择,她爱上了一位同是天涯沦落人的革命者并同他结婚。托尔斯泰是世界级的现实主义小说大师,在他笔下的玛丝洛娃是一个著名的成功的典型的光辉的艺术形象,这个典型人物的创作最成功之处是写这位女主人公玛丝洛娃的结局——找到了终局人生并有一个美的归宿——体现了一个审美的人的自我!

这个悲剧的爱情故事集中反映了在聂赫留道夫身上两个"自我"——一个是动物的人的自我,一个是审美的人的自我的矛盾统一与对立斗争,而最终审美的人之爱战胜了动物的人之爱、审美的人的自我战胜了动物的人的自我。

世界级的大音乐家贝多芬说,"没有和灵魂结合一起的肉体享受是兽性的,且会始终是兽性的。事过之后,这个人所体验到的不是许多高贵的情感,而是悔罪感"。[①] 贝多芬所说的灵魂指的是美的灵魂,贝多芬自己的爱情的亲身经历,就是他上述这段关于爱情之美在那里的深刻的解读。这位音乐大师的每个乐章都震撼人心,每个音符都令人迷醉。按照我的"想当然",他一定是一位高大魁伟、潇洒倜傥的艺术家吧?可是错了,贝多芬貌不惊人,躯体短小臃肿,硕大的头,头发浓密、粗壮、根根逆立,面色大红,额角隆起,配上他那个又短又方又宽的鼻子,你会想到一头雄狮,而且这狮子的脸还因为在左下巴有深陷的小窝而失去对称。然而,正是这个外形丑陋的人,却使年轻美貌的勃仑施维克小姐神魂颠倒,她的心被他的音乐渗透和征服了,感到了生命的丰满

---

① 《贝多芬语录》,第199页。

所集中体现的爱情美的亲和力与吸引力。①

难怪音乐家都说,爱情之美是一首仙女之歌。莎士比亚说,当爱情发言的时候,就像诸神合唱曲,使整个天界陶醉于仙乐之中。英国诗人雪莱对爱情之美进行了深刻的解读。他说:"我们称之为爱这种深刻而复杂的感情就是对结合的一种无处不在的渴望,这种结合不仅是感官上的,而是包括智力、想象力、感受力等在内的我们整个天性的结合。性冲动只是这些要求之一,且所占比例很小,而且从其明显的外表的特征来看,只是表达其他方面的作用,因而只是一种共同的基础,一条公认的且可见的系带。"②爱不能简单地解读为动物性的交配,而是在这个基础上升华为性和美的水乳交融的结合,也只有这样,才有可能产生真正的爱情。如何追求真正的爱情,关键在于走出野生的动物世界的圈子,向人类文明和谐发展美的世界进军,从此在美的灯塔光辉指引下,再也不走回头路了。

爱情由于创造了美,才产生了真正神奇的魅力。上文说过,人创造了美,美也创造了人。爱情创造了美,使人对美的感悟能力敏锐起来,促进了人类世界的美化,并通过美和性的结合,从而美也创造了爱情。动物不懂得爱情魅力,不懂得创造美,对人类世界的精彩既无动于衷也一窍不通,因而动物的性爱不会产生美感,也不可能升华为人类爱情之美。

## 爱情的源头与流向

爱情从何而来,又往哪里去? 关于爱情,过去一直是诗人艺术家的永恒主题,到了今天,美学家、教育家与人文科学家也进入了爱情研究的领域。爱情的魅力究竟从何处来? 又是什么神秘力量让两个人相爱一生? 人们正在寻找爱情魅力这个令人费解的源头,对人的生命至关重要的这个命题有各种各样的不同解读。

由于爱情是美的,所以各种宗教都认为,爱情是神赐给的。几乎所

① 转引自汤祷著:《婚姻心理学》,上海人民出版社 1985 年版,第 50 页。
② 转引自[美]安东尼·华尔士著:《爱的科学》,团结出版社 1999 年版,第 7 页。

有的宗教都把爱情是什么作了神化的解读。打开基督教《圣经》旧约中首篇"创世纪",它告诉读者:上帝不仅创造天地万物,而且创造了人世上第一对青年男女——亚当与夏娃,然后对他们说,你们结合吧!生育吧!于是产生了一代接一代的人类和人类的爱情。

爱情在古希腊的神话中占有重要的地位。不过,古希腊的神都是人化了的神,他们都有人的性格感情和人的七情六欲。神和人不同之处是神不但是永生的,而且主宰着人类的祸福,也包括主宰人类的爱情和婚姻。古希腊众神都居住在古希腊最高的奥林匹斯山上。众神仙和人间一样都有自己的世系和家谱,如宙斯为万神之王,阿波罗为太阳神,雅典娜为智慧女神,阿瑞斯为战争之神,九个缪斯为文艺女神,三个摩伊拉为命运女神,等等。而主宰人世间的爱情婚姻的是阿佛罗狄斯女神,她是爱与美的女神。

古希腊神话里还有一位专管人类爱情之神丘比特,丘比特是美神维纳斯的儿子,他的手中握着神奇的爱情之箭,他能够按照神的旨意准确无误地射出百发百中的爱情之箭,每次必射中一双青年男女的爱情之心,那对中箭的青年男女就必定发生了爱情,相亲相爱地结为夫妻,过着快乐幸福的生活。

我在上文说过,神是人创造的,人先创造了人格化理想化与审美化的神,这个神是崇高的圣洁的,而且能够主宰人的命运的。然而,人们又用神来教育人、改造人、美化和拯救人的思想灵魂,归结为一句话,神创造了人。依此推理,神为人类创造了爱情,实质上是人创造了爱情,爱情也创造了人。一男一女恋爱结婚,生儿育女,繁衍后代。只有这样,人类才有可能生存和可持续发展。

老子说,孤阴不生,独阳不长,阴阳和合,万物生矣!这不仅是天地万物产生和可持续发展的根本规律,也是人类爱情生命的产生和可持续发展的根本规律。男大当婚,女大当嫁,如果男女都一律不婚不嫁,人类社会就不可能生存和可持续发展。爱情是怎样产生的?爱情产生于人性之美的需要,包括肉体生命生理上的需要与精神生命审美心理需要。爱情的生理基础是男女双方性爱的互相吸引。荀子说,"性者,天之就也;情者,性之质也;欲者,情之应也"。所谓性爱(性欲),是男女之间一种强烈的生理上肉体上互相吸引而产生的快感与快乐享受。它同精神之爱、精神之快乐享受有明显的本质不同。人到了青春期,性的发育成熟使少男少女产生了性爱的需要,产生了追求爱情之美的需要。

人们常说,男人的一半是女人,而女人的一半是男人,男人需要女人,女人也需要男人。爱情之所以是美的,是因为你已经找到了这一半,使你成为一个完美的人。因此,当一个男人找到一位心灵美的好女人相结合,与她相伴一起,与美同行,永远是鼓舞他在人生道路上奋勇前进的精神生命原动力。反之亦然,一个女人找到了一位心灵美的好男人,也同样获得美好幸福的夫妻生活的精神原动力。人总是靠美的理想希望活着的,青年人盼望着自己拥有美满幸福的爱情婚姻,这是很正常的和可以理解的,是应该得到父母长辈和学校老师大力支持的。然而,在社会剧变、人心叵测的今天,婚姻关系显得格外脆弱,一不小心,原本美好的婚姻就可能受到伤害。婚姻是人生的一条漫长道路,快乐幸福的婚姻生活是每个人所希冀的,但婚姻之舟不可能一帆风顺,中途难免碰到险滩、旋涡与巨浪,关键在于我们要有信心并努力当好舵手,把婚姻之舟,驶向快乐幸福的彼岸!

爱情的美丽之花是怎样结果的?有的爱情之花凋谢了,造成爱情悲剧无果而终。爱情是需要培养,需要承诺和付出心力的。梅尔·塞恩说:"一个男人的价值在于他付出多少承诺,又为他的承诺付出多少心力……而那些能够付出爱心的男士们才能使他们心爱的女人出落得更美丽动人。因为爱情就像种花莳草一样,园丁付出愈多的心力进行呵护,花就长得愈美。如果你不肯去灌溉和呵护这块园地,你就没有玫瑰花可去爱了。能够了解这一点的男女能得到最多爱的回馈,由于爱的男女双方本是相辅相成的。"①

爱情的美丽之花是怎样结果的?也可以不用理论总结而用文学作品来解读。请看下面这篇小小说:

我的外婆 18 岁就嫁给了外公。一顶花轿把外婆抬了过来,而之前,外婆曾有个男子,只不过,那个男子当兵去了,去之前,曾对外婆说,你等我,我回来娶你。但外婆的父母是不等的,于是外婆只有嫁给外

① 转引自大卫·维斯寇著,黄章译:《同居乐无穷》,吉林人民出版社 1998 年版,第 4页。

公。

　　他们结婚前从没有见过面,两个人几乎是在陌生的情况下结了婚,然后一天天过下去。所以,有争吵是在所难免的,因为那时的贫穷,争吵是几乎每天都有的。在母亲的记忆中,她的父母几乎是在吵嘴中度过了一天又一天。

　　在很小的时候,我就常常听外婆提起那个当兵的人,那个男人,几乎是她对爱情全部美好的想象。她对我说起过他的英俊、善良、多情,还有,他还会唱很多民歌给她听,但最后,传来的消息却是让人伤心的,有人说他在打仗中阵亡了,有人说他去了台湾娶了一个有钱的女人,反正一句话,我外婆的初恋情人已经是不可能再回来娶她了。

　　那时,她已和外公过了 30 多年,但是他们在一起谈心的时候极少,外公总是吸着一管烟,很少说一句话,而外婆手里总是有针线,给我们做着棉衣或者绣个肚兜。

　　后来,我渐渐长大了,我对母亲说,这样的婚姻多可悲啊!母亲却说我太小,根本不知道爱情是怎么一回事。我笑着说,反正我外公和外婆永远不可能有爱情,他们才不知道爱情是怎么一回事呢!

　　有一天,我忽然心血来潮想给外公外婆照相,因为他们一生一张合影也没有照过,这一发现让我大吃一惊。

　　他们居然不好意思,拘谨、羞涩超乎了我的想象,他们的椅子离得很远,我为他们搬到一起,外婆的脸居然红了。

　　外公说:"玉兰,坐过来一点。"

　　我目瞪口呆地看着外婆,而外婆的表情更是惊讶,因为没有人知道外婆叫这个名字的,平时外公喊她的时候就是一个字——哎。后来外婆说,这是她的小名,知道的人极少,我母亲也不知道,所以,让外公忽然叫出来,震动可想而知。

　　那年,外公外婆已经 70 岁了。照片洗出来以后我差点流了泪,两个不安的老人很局促,像是被别人发现了秘密,而那眼神流露出来的东西却看懂了,那里面只有两个字:爱情。

　　外婆终于病倒了,而倔强的外公不听别人的劝告,始终在外婆身边守着,一天又一天,外公几乎坚持不住了,但他还是坚持自己照看外婆,外婆昏迷过去的时候,外公就把那张长满皱纹的脸贴近外婆的耳朵,我们听不懂他说什么,但是外婆的名字总是若隐若现地飘进我们的耳朵里。

外婆走的时候外公流了眼泪,他一边抚摸着外婆的脸一边说:"玉兰,你慢走啊,你等等我啊!"——在场的人无不动容,而我,终于知道有些爱情是不必用嘴每天说出来的。

外婆走后半年,外公辞世,去的时候,很安详。①

请看下面这首诗《执子之手》:

亲爱的,当你渐渐老去:
你那曾为多人奔跑的腿今已放慢
你那安慰过别人的嗓音今已嘶哑
你那惯于帮助别人的手已渐下垂
你那分担别人担子的肩今已微倾
我们曾经一起并肩作战
我们曾经一起进退同步
我们曾经一起建立家园
我们曾经一起养育儿女
高山低谷我们相伴走过
春夏秋冬我们刻苦耕耘
相守越久我们相爱越深
贫苦富乐我们彼此相依
岁月在你的脸庞留下画笔
雪花在你的鬓角留下痕迹
风风雨雨使你沉稳和宽容
奔奔波波让你更增多阅历
在人看来,你如遮阴大树
在我看来,你是我天路的良伴
在人看来,你的所有不多
在我看来,你是我心中的英雄

---

① 转引自雪小婵:《爱情无言》,《秋光》杂志 2004 年 12 月号。

在你日渐年老的脸庞上
我看到的仍然是你年轻的朝气
在你日渐蹒跚的背影里
我看到的仍然是你年轻的英挺
如果你一生牵着我的手，我会一生跟随你[①]
再一次选择，我还是会选择你
亲爱的，当你渐渐老去
我应许，我会服侍你

　　这首诗描写了一对白头偕老的夫妻感情生活，他们的爱情玫瑰花是如何付出心血精细培养爱护才获得结果的？全诗是对爱情之美在哪里的深刻解读。

　　读者！您看过电影《泰坦尼克号》所描写的轰动人类历史的沉船事件吗？男女主角杰克与罗丝，如何在泰坦尼克号开始下沉时，爱情故事情节反而步步升高。罗丝在救生艇即将开走的片刻，宁可放弃逃生的权利，又跳回泰坦尼克号，宁愿与杰克拥抱一起沉沦海底。而杰克在最危险的一刻猛然感到了爱情之美的巨大力量。他拉着罗丝的手，动情而感伤地说："在船上遇见你，是我生命中最美好的时刻！"这就是对爱情之美的故乡在哪里的最集中最深刻的解读。

## 文学艺术对爱情之美的解读

　　自古以来，诗人与艺术家的生花妙笔对爱情的人生真义作具体描写，那就更加丰富多彩和千姿百态了。中国古代第一部诗歌总集《诗经》（孔子修订）的 305 首诗中的第一首诗便是写爱情的：

关关雎鸠，
在河之洲。
窈窕淑女，

---

① 　引自章路德：《执子之手，与子偕老》，加拿大《号角》月报 2005 年 10 号。

君子好逑。

这位君子对那位美丽的"淑女"的爱情追求,不但"寤寐求之",而且弄得他"寤寐思服"和"辗转反侧"。既在白天追求她,也在晚上想念她,简直到了神魂颠倒的地步。这是男对女的爱情追求!在我国古代诗歌中也有不少写女大胆追求男的,如下面这首《竹枝词》:

> 杨柳青青江水平,
> 闻郎江上唱歌声。
> 东边日出西边雨,
> 道是无晴却有晴。

女主人公是一位如花似玉正处热恋中的姑娘,来到江边闲情散步,看到翠绿的杨柳迎风袅娜,江水静静地流着,也正陶醉在一片美丽的景色之中,忽然听到了她心中喜乐爱恋的情郎的快乐歌声,回忆反思起过去那热恋初恋的情景,正如眼前的天气一样,"东边日出西边雨,道是无晴却有晴"。这个"晴"字是双关语,"晴"和"情"又是同音词,既指天气晴朗的晴,也指男女爱情之情。全诗四句既写景,也抒情,情景交融而产生美的意境,突出的主题是,表现正在初恋热恋中的花季姑娘对美好幸福爱情的追求和那种风风雨雨捉摸不定的"道是无晴却有晴"的矛盾心态。

我是在青年学生时代(大学中文系专业)读了这首诗的,深感到它是中国古代爱情诗中写得惟妙惟肖最精彩的一首诗,因而铭刻在我脑中永远不能忘记。

在人类文学史上,反映爱情生活、表现爱情于人生之旅中的重要意义的文学作品非常突出并占有至高无上的地位。我国唐代的伟大诗人白居易写的叙事长诗《长恨歌》,描写杨贵妃(杨玉环)和唐代皇帝唐明皇的爱情悲剧。这首长诗的开头讽刺了唐明皇的荒淫误国,"汉皇重色思倾国","春宵苦短日高起,从此君王不早朝",因之安史之乱不能及时平息,几乎走到了国破家亡的尽头。《长恨歌》虽然写了造成爱情悲剧的"长恨"在哪里,但是诗人所着重表现和歌颂的是杨贵妃和唐明皇的坚贞专一的爱情,是爱情高于生命、高于一切的爱情至上主义。当年安禄山叛军打到唐朝首都长安,兵临城下,一场保卫京城的战争已经打响,这时作为一国之君的皇帝是爱美人而不顾国家灭亡,还是爱江山而放弃美人?唐明皇面临最后的也是最艰难的选择与抉择,结局是他错拥美人杨贵妃逃离长安。这时保卫京都的将军和士兵们都被激怒了,大家放下武器不打仗了,一致要求唐明皇非杀死杨贵妃不可,否则只有让国家灭亡,这时为了对唐明皇的至死不渝的爱,为了国家免于灭亡,她上吊自杀于马嵬坡的一颗古松树上。这是历史的真实。今天,我们到西安市(古称长安)旅游,还可以看到一千多年前贵妃洗澡的华清池,也可以看到这位中国古代四大美女之一的杨贵妃为爱情而献出生命的山坡——马嵬坡。什么是爱情之美,爱情的人生定位是什么?白居易写杨贵妃与唐明皇的爱情故事,集中表现了这位诗人的爱情至上主义思想。杨贵妃为了对唐明皇的爱而舍弃了自己宝贵的生命,而唐明皇为了对杨贵妃专一的爱,可以"君王不早朝",可以不顾国家的兴亡。

在文学史上表现爱情高于生命、爱情至上主义的作品多得不胜枚举。我国古典小说《红楼梦》是一部典型的代表作品。请听林黛玉流着眼泪唱着《葬花词》:

花谢花飞飞满天,
红消香断有谁怜?
……
未若锦囊收艳骨,
一杯净土掩风流;
质本洁来还洁去,
不教污淖陷渠沟。
……
一朝春尽红颜老,
花落人亡两不知。


这首《葬花词》,可以看成是《红楼梦》这部长篇小说的主题歌。在大观园里,姑娘们都高高兴兴地欢度"送花神"的节日,可是唯独不见林黛玉,原来林黛玉孤独一人在园中最偏僻的角落处,一边扫起落花,把残花落瓣掩埋入土,一边呜咽哭泣唱着她的葬花词。这时,她想到自己的父母双亡,来到外婆家里过着寄人篱下的生活和孤单寂寞的身世。在林黛玉看来,爱情就是她人生唯一的美的希望与美的追求,爱情就是她的最高生命。她与表哥贾宝玉相爱,两情依依到了难解难分的地步,可是中间杀出了一个表姐薛宝钗来,形成一场三角形的爱情战争。《红楼梦》虽然通过一个封建大家庭分崩离析的描写反映中国封建社会必然走向灭亡的社会现实和不可挽回的历史命运,但它的基本主题和主要线索乃是写三角恋爱的爱情悲剧。在封建社会里,爱情婚姻因受封建等级制度支配,必须门当户对,贾府的当权者贾政(宝玉之父)、老祖宗贾母以及凤姐们是决不容许贾宝玉娶林黛玉为妻的,因为黛玉同宝玉是远亲外亲,家境贫寒,而宝钗同宝玉是近亲嫡亲,且出身豪门贵族。因此,他们坚决主张宝玉和宝钗结亲。他们扼杀了青年男女的婚姻自由,这一点黛玉心中看得十分清楚,她预感到她和宝玉的爱情必定以悲剧告终。因此,面对残花落叶,不免勾起她伤春愁思,把自己的审美感情移到落花身上。她面对残花哭泣着:

尔今死去侬收葬,
未知侬身何处丧?
侬今葬花人笑痴,
他年葬侬知是谁?
试看春残花渐落,
便是红颜老死时。
一朝春尽红颜老,
花落人亡两不知。

多愁善感的林黛玉,吟罢悲痛欲绝,泣不成声!爱情的末日终于来了,那边是热热闹闹锣鼓喧天的怡红院,贾宝玉和薛宝钗正在举行婚礼,这边是林黛玉冷冷清清孤独寂寞的潇湘馆,林黛玉欲哭无泪,孤独无援地听到宝玉那边举行婚礼的锣鼓声。她的心被撕裂开了,她一口口地吐出鲜血,闭上眼睛离开了人间……

其实,宝玉的婚礼是一个骗局,宝玉心中只爱黛玉而不爱宝钗,这是贾府大观园中人尽皆知的事实。有一天宝玉因丢失了从娘胎生下来就带在胸口的"灵通宝玉"而疯疯癫癫丧魂失魄,于是,贾母和凤姐就设计这个骗局,说是同意宝玉和黛玉结婚,只要婚礼来"冲喜",宝玉的心病就自然会好起来的。可是,当新郎宝玉拉开新娘的红绸面纱一看,新娘却是宝钗而不是黛玉,于是宝玉疯狂地跑出家门而失踪了!后来才知道他到深山里当和尚去了!这就是三角恋爱悲剧的结局。

《红楼梦》是世界级伟大文学名著,当今世界上许多国家高校都由专家们组成了专门研究红楼梦的学术研究会(简称"红学会"),而曹雪芹是世界级伟大的文学家、思想家。《红楼梦》揭露批判中国的封建礼教封建专制社会对青年男女追求婚姻爱情自由的束缚与扼杀,宣传与鼓动后来的青年男女应该勇敢地站起来,为争取婚姻爱情的自由和快乐幸福而斗争到底!

然而,爱情的本质和价值定位是什么?由于曹雪芹所处的中国封建时代的局限性,必然影响了曹雪芹的美学观爱情观的局限性。

记得1956年,我在东北辽宁大学中文系读书,当年从苏联来了一个莫斯科大学的学生代表团,其中有两位学生(一男一女)代表是莫斯科大学中国语言文学专业的四年级学生,由于我同他们有共同的学习专业,对曹雪芹研究也有共同兴趣,因而被我校派为学生代表参加这个专业对口的座谈会。我们双方都非常高兴,友好而热烈地交谈着,那位男的名叫伊凡诺夫,他的毕业论文的题目已定为:《红楼梦的三角爱情悲剧的根源是什么》。他说:"如果我是贾宝玉,我一定会爱薛宝钗而不爱林黛玉。因为薛宝钗身体健康、性格乐观、端庄大方、能言善辩,而且从外貌来看,宝钗比黛玉长得美;我之所以不爱林黛玉是因为黛玉多愁善感,悲观消极,兼之生了肺病,终日哭哭啼啼,我认为林黛玉不可爱也。"这一席话引起大家哈哈大笑。我说:"您不能用你们今天苏联现代青年审美爱情观出发,要求我们中国古代封建时代的青年男女也按你们今天的爱情的生活模式活着,何况中国人有中国人自己的国情,以贾宝玉的审美视角看来,情人眼里出西施,林黛玉虽然脸色苍白,身体有病,却没有失去爱情的吸引力,在宝玉心目中,那是一种病态之美也!"座谈会上又爆发了经久不息的笑声。

"好一个病态之美！请你解释一下什么是病态之美,有肺病的林黛玉,在中国人心中为何是美的而不是丑的?"提问题的是一位女学生代表,名叫娜塔丽娅,也是莫斯科大学四年级学生。她的毕业论文题目也选定了《林黛玉之死》。

我作了解答:"林黛玉之所以病态美,这种美是由贾宝玉'情人眼里出西施'而移情到林黛玉身上所决定与制约的。"娜塔丽娅听了我的解答,笑得腰弯弯的直不起来,并给我送来一个"飞吻"。然后她发言:"如果我是爱着贾宝玉的林黛玉,我就坚决打退薛宝钗那种咄咄逼人的进攻,也一定不会去扮演那个骗局婚礼的可怜的悲剧角色,我就在众人面前,公开拥抱宝玉接吻,然后拉着宝玉的手,雄赳赳气昂昂地走出大观园!"我批评了她的上述观点,这是既脱离中国人的国情,又脱离中国封建时代的社会现实去评价《红楼梦》的爱情悲剧。我问娜塔丽娅:"您的论文写林黛玉之死。请问林黛玉的爱情悲剧的根源是什么?也就是说,林黛玉死因是什么?"她答:"林黛玉是中国封建礼教和封建专制主义杀死的,林黛玉追求爱情自由,代表封建统治者的贾政、老祖宗贾母及凤姐之流不给林黛玉自由,林黛玉是受他们迫害致死的。"我补充说,"林黛玉之死,即林黛玉悲剧的根源是什么?你只说对了一半,只说对了悲剧的社会根源,即林黛玉之死的外因,对林黛玉之死的个人根源即内因是什么?您并没有说出来,您可以补充吗?"她答:"是多愁善感的性格和悲观消极的人生观。"我说:"还不太准确,我个人认为,最准确最科学的说法是这样:林黛玉把爱情看成比生命还重要,她希望找到一个好男人,也就是找到她生命的那一半,结为夫妻,过一辈子美满幸福的生活。找到了一个好男人,她的生命有了依托,也就等于找到了生命的一半。在她看来,贾宝玉就是她希望找到的那个好男人,就是她的美的希望和明天的快乐。失去了贾宝玉就等于失去了生命的一半,那么也就失去了美的希望和明天的快乐,那么即使能够活下去,她的生命又有何意义?因此,她不得不吐出鲜血,闭上眼睛走向另一个世界去!"这就是林黛玉之死的最根本内因。

林黛玉之死,体现了作为世界级文学巨人曹雪芹的审美观和爱情观。最近,我看了电视剧《曹雪芹》,该剧活现了这位文学大师的悲剧人生。曹雪芹说他的《红楼梦》集中写一个字,这就是"情"字。对爱情的本质和价值定位是什么？他由于时代的思想局限性而没有找到合乎科学的解说。爱情对人的生命过程是极其重要的，爱情有爱情的生命，是一个人生命的重要组成部分，但爱情不等于一个人的全部生命，也不可能高于生命。人，首先得有健康亮丽的生命和崇高伟大的事业，其次才是婚姻爱情。正如俄国别林斯基所说，爱情是生活的诗歌和太阳。但是，在我们的时代，如果把幸福只是建立在爱情上，那将是不幸的。以上说的，就是曹雪芹审美观爱情观的局限性。

## 爱情的本质和价值定位

爱情是生命的火把，照耀着人生的希望和前途。许多作家、诗人与艺术家，都力图对爱情的本质和价值定位作完美的解答：

英国的悲剧大师莎士比亚说，爱情是生命的火花，友谊的升华，心灵的吻合。如果说人类的感情能区分等级，那么，爱情是属于最高一级。

俄国的现实主义文学大师托尔斯泰说，爱情就是从众多的人当中，选出一个男人与一个女人，然后绝不再理会其他异性的行为。

法国的现实主义小说大师巴尔扎克说，爱情是我们心中一种无限的感情和外界一种美好理想的结合。

法国的小说作家福楼拜说，真正的爱情是双方互相"无条件投降"。

德国诗人海涅说，爱情就是笼罩在浓雾中的一颗星。

我国当代文学家姜滇说，爱情是多么难以驾驭啊，人们也许把这种感情藏得很深，所以不容易流露；也或许，只是一种怜悯；再不，一半是同情，一半是爱。

俄国的作家伊萨科夫斯基说，爱情不是一颗心去敲打另一颗心，而是两颗心共同撞击的火花。

英国诗人高尔斯华绥说，观察一个人的本质，最好观察他怎样恋爱。

俄国著名的小说家屠格涅夫说，爱情，这是最高贵的最特殊的感情。别一个的"我"，深入到你的"我"里，被你扩大了，同时被你突破了；现在从肉体上说你很超然了，而且你的"我"被消除了。可是，正是这个消除,使一个有血有肉的人愤恨,让一切不朽之神复活它。

中国著名的美学家朱光潜说,本来爱情全是一种心灵的感应,其深刻处是老子所谓不可道不可名的。

前苏联作家苏霍姆林斯基说,真正的爱情,意味着不仅对美的享受,而且要去创造美。

保加利亚作家瓦西列夫说,爱情是作为男女关系上的一种特殊的审美感而发展起来的。爱情创造了美,使人对美的领悟能力敏锐起来,促进对世界的艺术化认识。

以上引用了十多位作家、诗人与艺术家对爱情的本质特点与价值定位的解读。他们都从个人独特的审美视角用生动的艺术语言对爱情进行认真解读,但都没有全面地科学地对爱情的本质、价值定位作出科学的结论。

下面,我再介绍古今中外世界级的美学家、哲学家与理论家对爱情最流行下列种种说法:

※爱是大自然的第二个太阳。

※爱是人类最崇高、最强烈、最美丽、最妙不可言的一种体验。

※爱使人们心中永远是春天。

※爱使一男一女结合,并带来了无限生命力。

※爱能使太阳运行和星星移动。

※爱是威胁人类生存的众多问题中最后一线希望。

※爱是生活中的诗和艺术。

※爱是宇宙的终极法则。

※爱是能使伟大的灵魂变得更伟大。

以上对爱情定义提出了种种说法,但没有一种说法能被人们公认为是准确的全面的科学的概括。基于以上情况,有人反对给爱情下定义,说爱情是什么? 只可意会,不可言传,爱情无定义。我反对这种说法。地球村的人类的每个角落的青年男女天天发生着爱情,这是客观事实,为什么就不能给爱情这种客观存在的事实下一个科学的定义? 邻居有一个读小学一年级的女孩来我家,看到电视中一男一女拥抱接吻,觉得好笑而问我:"伯伯! 什么叫爱情?"问得我的全家人都哈哈大笑,这么小的年纪、刚刚学习识字的女孩居然对爱情二字发生兴趣,我不得不帮她解读。我说："爱情就是一男一女拥抱一起的相爱之情。你现在年纪还小，还不懂，等将来你长大成人，你一定会找到一个男人，和他相亲相爱并生了你们的孩子。那时候，你就懂得什么是爱情了。"她听了我的话，立刻反驳道："我现在就懂了！我姑姑（年轻的中学教师）去年和我姑丈相好（爱），今年生了孩子，这就是爱情！对吗？"

对没有亲身体验过爱情的人来说，对爱情是什么，当然不可能说清楚。然而，对爱情有过亲身体验的人来说，对爱情是什么也不一定人人都能说清楚。正如音乐大师柴可夫斯基所说的，爱情是无言可述的，一旦能够说出来，已经不是原来的爱了……

年轻的读者们，爱情对人的美的生命是至关重要的。你们想，连小学一年级的女孩都对爱情是什么发生兴趣，何况你们已经到了人生最美好的青春时代，到了应该谈情说爱的时候，你们应该对爱情是什么进行探索研究。我已经人到老年，年青时代也经历过爱情酸甜苦辣与暴风骤雨，现在回过头来和你们在一起也变得年轻起来了，让我们共同探讨爱情这个对人的生命之美至关重要的命题。

我在上文说过，爱情就是男女相爱之情，是一男一女相互吸引、相互欣赏与相互喜乐爱恋，是对人生之美的共同探索、共同追求与共同创造。这就是我对爱情的定义努力进行的科学概括，是否正确，请读者和研究爱情的专家们共同讨论。人生需要爱情。一个人活着需要爱情的快乐幸福，特别地需要爱情之美的追求创造。一切正常的人都极需要爱情，都幻想如饥似渴地得到爱情的快乐幸福，但如果审视现实世界，并非所有的人的爱情都是幸福的。青年男女到了性成熟的青春期才开始感到极其需要爱情，爱情是建立在性爱的互相吸引的基础之上的，但爱情不等于性爱，也不仅仅是性爱的互相吸引。瓦西列夫说："爱情把人的自然本质和社会本质联结在一起，它是生物关系和社会关系、生理因素和心理因素的综合体，是物质和意识多面的、深刻的有生命力的辩证体。"（瓦西列夫《论爱情》第42页）以上说的是爱情美的本质。

为什么恋爱的男女要互相欣赏？因为爱情是一种人生至美，何况情人眼里出西施，你认为我是美的，我也认为你是美的，一个热恋着的人不仅为自己活着，而且也为自己心爱的最亲近人活着，因而男女双方必定互相美化，互相合二而一。美是人的灵魂生命最需要最本质的能唤起人们心中喜乐爱恋的人生最可贵的东西,因而美有了最高的人生价值,特别要指出的是,热恋着的男女双方互相美化互相欣赏的人生价值是一种爱情之美不可缺少的价值。

爱情是人生的一种美的需要,不仅仅是生理的需要,肉体生命的需要,而更重要的,也是精神的需要,灵魂生命的需要。美之所以为美,人之所以为人,是因为人有这种美的灵魂生命需要。这种需要表现为,孤独需要交流,悲哀需要安慰,愤怒需要呐喊,委屈需要诉说,痛苦需要流泪,人生最终需要归宿。爱情就是一男一女互相之间的毫无保留的美的自我奉献!我在上文说过,人创造了美,美创造了人。爱情创造了美,使人美丽,使人温柔,更使人懂得如何实现人生价值;美也创造了爱情,使人对美的领悟能力敏锐起来,感奋起来,为创造一个人类新世界而拼搏不息!

以上仅仅说明爱情的本质,爱情之美的价值定位是什么?应该指出,作为爱情美的生理基础的性,不仅在人们的爱情生活中占据着重要地位和作用,而且在人类社会生活中,包括物质生活和精神生活在内也占据着重要的地位和作用。不仅如此,由性和美的水乳交融为源头而产生的爱情之美,不仅决定和制约着每个人的生命(包括爱情生命在内)素质,而且决定制约着地球村人类自身的再生产——生儿育女,繁衍下一代,促进子子孙孙千秋万代的可持续发展。进一层说,我们研究爱情之美这个命题太重要了,这是关系到人类繁育下一代、关系到人类自身的再生产、关系到人类的生存和可持续发展的重要命题。人类为了生存和可持续发展,不仅要进行物质生产和精神生产,而且要进行人类物质自身繁衍下一代的再生产。因此,"爱情之美在哪里"这个命题研究的重要意义不仅决定与制约每个人的人生命运,也决定和制约每个国家民族未来的发展和命运,也进而决定和制约地球村人类未来发展的命运。

爱情之美在哪里?这个命题对我们正处在青春期的每位青年人来说,是更加至关重要的。最近看网上消息,2005 年上半年,某市高校100 多万在校大学生,据统计已有 14 名自杀身亡,其中有各种杀手,有经济困惑杀手、心理残疾杀手,其中值得我们特别关注的是爱情困惑杀手。今天又看到网上一条消息,北京理工大学博士生殷兆辉,曾参与多次国家级科研课程研究,并获得多项奖励。2004 年 11 月 28 日晚,他将女友王某掐死并把她抛下高楼……呜呼!造成这种爱情惨剧的根源在哪里?是在殷兆辉头脑里的动物主义的精神黑洞。如果殷兆辉生前懂得爱情之美在哪里,我想,他决不至于为了得不到一个女人的爱而毁灭博士生自己的宝贵生命。

爱情之美在哪里?也就是说,检验真假爱情的审美标准是什么?是看你所追求的是兽性之爱,还是人性之爱?是动物的人之爱,还是审美的人之爱?是离开了美的性爱,还是在美的灵魂生命先导、指引和支配之下美和性的完美结合?我们青年人应该追求和创造真正的爱情之美!

# 爱情之美的十大特点

据我个人对爱情美的探索研究,总结起来,爱情之美有以下十大特点:

其一,性爱吸引性。男女两性的互相吸引,是爱情的生理基础。爱情的产生与发展都离不开这个性爱的生理基础。赵鑫珊说:"爱情的秘密说到底是雄性荷尔蒙和雌性荷尔蒙的互相吸引的秘密。这是两种微量的生物化学物质,但作用很大,而且是决定性的。男人长得高大,肌肉发达,有力量,有速度,勇敢,声音低沉且洪亮,都是雄性荷尔蒙这一体内生化物质造成的结果。同样,女性的一切特征(包括丰乳)则是雌性荷尔蒙所为。""在我们这个地球上,哪里有男女哪里就有如胶似漆的黏着的性爱。这是一种相互吸引的力。两种物体相互之间也有引力。这便是万有引力。两性之间的引力不属于万有引力。它不是物理学范畴,而是生物学范畴,是男女荷尔蒙之间的互相吸引。"[①]完美的性爱是灵魂与肉体的结合,是审美性与动物性的结合。

其二,审美情感性。爱情是男女相爱之情,这是人类不同于动物的一种人性的审美的高级感情。人有性爱,动物也有,性爱不是人的专利。动物的性爱是一种低级的动物性感情,因之动物并不懂得爱情,也

---

① 赵鑫珊著:《99 封未寄出的情书》,上海文艺出版社 2000 年版,第 203、335 页。

没有爱情,而人除同动物一样有性爱所体现的低级动物感情之外,还拥有一种建立在性爱基础之上的人性的审美的高级感情,这就是爱情。真正的爱情是两个美的灵魂生命的结合,这一点正是爱情的审美性,也是爱情的灵魂生命。因此,真正的爱情是天长地久的。爱情的情感性的集中体现是对崇高美的生活目标的追求并为之而奋斗。没有崇高美的生活目标的人生是可悲的,这种人不可能创造真正快乐幸福的爱情生活。尽管他们过着优游的物质生活,但精神生活却是空虚失落而可悲的。

其三,专一排他性。人类的性行为与动物不同,最明显的是专一排他性。人类未走出野生动物世界的时候,同动物一样,实行群婚制,那样的男女性游戏、性行为只是一种发泄,也不必隐蔽,性爱也不存在专一排他的问题。随着人类文明的发展,从群婚制发展为一夫一妻制,要求夫妻爱情与性行为只能在夫妻之间进行,而且用国家法律的形式予以认定。今天的社会,不论你是男人或女人,能找一个专一的情人的是聪明人物,找两个不专一的情人的是丑恶动物,找不着情人的是傻瓜废物。真正的爱情是一男一女相结合的专利品,是专一排他的,不容许第三者介入。性爱,指的是一男一女之间的性爱,按其本质来说是排他的。德国的戏曲家思想家席勒说,真正的爱情是专一的,爱情的领域非常的狭小,它狭小到只能容许下两人生存;如果同时爱上几个人,那便不能称作爱情,从审美的视角来看,它只是动物的低级感情上的一种性的游戏。专一性排他性是爱情特点之一。如果有第三者第四者或第五者的介入,往往酿成爱情悲剧。现实生活中有一种爱情悲剧的公式:爱情→快乐→第三者第四者或第五者介入→产生了嫉妒→动了杀机→走向死亡。在监狱里可以看到这种爱情悲剧公式的杀人犯!

其四,理想憧憬性。爱情之美在哪里?德国大诗人歌德指出,爱情最大的快乐幸福在于憧憬,而真正的憧憬是以那些当前得不到的东西为对象的。上文说过,爱情是男女双方对人生之美的共同追求和共同创造。爱情的憧憬性,其实质就是恋爱中的一男一女共同的对未来理想的美的希望和明天的快乐。许多名家伟人的爱情之所以崇高美好,都体现了对未来美的理想目标的共同追求奋斗,如马克思与燕妮、彼埃尔与居里、孙中山和宋庆龄、周恩来与邓颖超。

其五，自由创新性。爱情是人性自由之美的集中表露。真正高尚美好的爱情是自由平等和不断创新的一男一女相爱并结为夫妻，双方都应该是爱情自由的创造者。爱是自由之子。只有自由平等，才能产生真正的爱。自由是什么？黑格尔说，自由就是对必然的认识。我的进一步的解读是，自由是人们正确认识了的人类快乐生存和可持续发展的必然规律和必然走向。地球村里有两种爱情自由：一种是动物主义的爱情自由，那些自私自利损人利己的爱，如色狼、嫖娼者与强奸犯，或者通过金钱与物质的引诱占有人家的老婆老公的，把所谓自由的性快乐建立在别人痛苦基础上的所谓爱情；一种是审美主义的爱情自由，这是一种建立在双方互相尊重、互敬互爱的基础上对人生至美的不断追求和自由创造。婚姻的最大悲剧是双方失去了美的原动力，再也没有恋爱的心理状态。幸福的婚姻不是听其自然就能得到的，而是需要双方共同努力不断创新和不断创造而得来的。爱情需要创造创新，它不像传宗接代的本能那样可以遗传和继承。婚姻生活特别需要不断创造创新，如果结婚之后经过了一段甜蜜幸福的生活之后，双方再也没有恋爱的心理状态，失去了新鲜感，也就有可能产生婚姻爱情悲剧的萌芽。这是应该引起警惕的。如何不断创新？如何创造恋爱的心理状态？你自己应该独立思考，如"久别胜新婚"，久别营造了空间距离，营造了思念和新鲜感，人是需要新鲜感来滋养的。新鲜包含思想的充实，否则，生命就会萎缩。

其六，神秘战栗性。人类在前期的进化过程中为了适应直立行走和保护性器官免受外来袭击伤害，用树叶或兽皮遮住阴部，这是人类从野生的动物世界走向文明世界的一种进步表现。随着人类文明的进步发展，从性器官的隐蔽发展到性行为的隐蔽，人们不敢在公开场合谈"性"的话题，即使在文学艺术中也只能采取隐喻的方式来谈性，如把男女双方的性行为说成"同房"、"房事"或"云雨"等。随着现代文明的发展，今天大学生谈恋爱变得公开而大胆起来，他们手握手、肩并肩，形影不离，甚至在校园幽静处互相拥抱、接吻、合二而一地相爱在一起。然而，爱情是一种富有神秘的自然的魅力，愈是神秘愈能引起你去破解它，去揭开神秘的面纱。从审美视角看来，神秘是一种美，愈是神秘的角落就愈有吸引力。恋爱的审美心理营造了一种神秘感。初恋的青年男女，一张美丽的嘴巴嫣然一笑，对某个人来说，却可以引起他发起狂来！爱情的力量是一种神秘的社会力量，它能够帮助人们攀登自己人生的最高峰。"在一对恋爱的男女或夫妻之间，留有一寸神秘的心理距离，会产生一种新鲜感，一种'柳暗花明又一村'的心境，当然是件好事。""有一段心理距离的爱情更加有吸引力。""把头枕在爱人酥软的胸脯上，永远感到它的悠缓的波动起伏。"①这是一种性感之美与神秘之美。"恋爱的最大魅力在于它是战栗的。只是战栗的恋爱才是纯洁的、神圣的。即便是双方的手碰在一起，也会令男女双方战栗，如同触电一般，更不用说相互在梧桐树下的第一次拥抱和接吻了。那战栗是心的颤抖，当然也是灵感的冲动和诗句的创作。如果婚后 10 年夫妻的拥抱再没有了战栗的感觉，这是一件很悲哀的事。如何重新找回这种神秘的战栗感是值得探讨的一个课题。""战栗感成分越多，爱情的魅力就愈大。初恋之所以刻骨铭心的难忘，主要就是它的战栗含量特别多。即便是她或他上楼的脚步声传来，也会让对方心跳、战栗。没有战栗的恋爱是平淡的，没有色彩的。这种恋爱对人生没有很大的营养。偷情的战栗含量成分最多，所以自古以来屡禁不止。

其七，纯洁甜美性。英国诗人雪莱说，爱情是一串甜美的葡萄，自发地难以解释地成熟了。人的生命因爱而美丽，美是爱的亲和力，是爱情的灵魂和统帅。爱情之美必定是纯洁的高尚的，而且是甜美至极的。黎巴嫩大哲人大诗人纪伯伦说，爱情是纯洁的，那是多么甜美。只有追求精神上至高无上的纯洁的美，才能实现男女心灵上的结合，也只有心灵上的真正合二而一，才能使男女间的相互倾慕体现为美的快乐、美的幸福和美的享受。英国诗人拜伦说，爱情是纯洁的、美好的，只要爱得不越轨……

其八，互爱互美性。互相敬爱、互相美化、互相补充、互相尊重是爱情的基础。如何爱一个人？就是希望并努力使对方幸福。奥地利作家茨威格指出："冰火两极，只要互相补充，配合得当，才会产生完美的和谐。"（茨威格《爱与同情》）幸福的婚姻家庭总是以夫妻双方互敬互爱互相补助为前提条件的。男女本有先天差别，发挥各自的优势，对各自的

---

① 赵鑫珊著：《99 封未寄出的情书》，上海文艺出版社 2000 年版，第 199、316 页。

缺陷进行填补,改正自己的缺点错误,男女夫妻才有美的和谐。优势互补是追求婚姻爱情的美的规律之一。赵鑫珊说:"夫妻往往是配搭好了的。夫妻最理想的状态是互补。'互补'是双关语,深刻得很,阴阳互补是核心。"[1]以你之长,补我之短;以我之长,补你之短。如果说在青春时期的婚姻主要是快乐的生活,那么在成年时期的婚姻主要是相互友爱的生活。特别要指出的,是互相美化,这是爱情之美最突出的特点,所谓"情人眼里出西施",我认为你很美,我中有你;你也认为我很有魅力,是由于你中有我的结果。有人说,老实的女人不一定可爱,可爱的女人不一定老实。只要你觉得她可爱,无论她说的话是真是假,你都应该相信。否则,你就不是个聪明的男人。热恋中的青年男女总是互相美化对方,并透过美棱镜看待对方。无论看到什么或觉得什么,对方一切都好都美,甚至是神圣的。在莎士比亚笔下,罗密欧与朱丽叶见面后就惊叹地说:"我从前的恋爱似假非真,今晚才遇见了绝世佳人。"费尔巴哈说,爱情双方所追求的对象,既可升到天空也可以回到地面。易卜生笔下的温柔美丽的女主人公索尔菲格长久等待她的恋人老是不来,当她的恋人来了之后向她忏悔并请她原谅的时候,索尔菲格却笑着回答说:"我的宝贝,你没有错!因为你给我的生命带来了欢乐之歌!"

其九,家庭责任感。爱不仅是男女双方两情相悦,而且是一种责任和奉献。婚姻爱情的目的不仅是追求人生的快乐幸福和美的享受,也不仅是追求金钱和物质生活享受,或某些个人利益,而更加重要的是应该挑起和创造建设一个小家庭,为培养下一代(孩子)而勇挑重担,这是对我们人类社会的义务和责任,为了这个目的要付出很大的努力和必要的牺牲代价。恋爱,结婚,生小孩,创立家庭,这意味着对人类社会承担责任。苏霍姆林斯基认为,爱情就是责任,首先是责任,其次,才是快乐。"从一人觉察到对异性产生恋爱的时候起,他已经不仅是一个要求受别人尊敬的人,而且是一种能够承担义务,即对另一个人负责的独立自主的力量了。"[2]

其十,义务道德性。苏霍姆林斯基说:"爱情的道德力量使人变得

---

① 《99封未寄出的情书》,第334页。
② 《世界名人论爱情》,农村读物出版社1987年版,第327页。

高尚,在人的身上树立起最美好的品德:人性富于人情、富于同情心、对污辱人格丝毫不妥协的精神和准备把自己的精神力量奉献出来,以缔造共同的幸福——我的幸福和我所爱的人的幸福。"[①]瓦西列夫说:"只有人才把道德带进了两性关系,他一旦爱上了一个人,就承担了尊重这种亲昵的友谊,并且要把它看成最大的幸福而珍惜它的义务。当一个人体验到真正的爱情时,他就会表现出自我牺牲的精神和巨大的道德力量。"[②]爱情的道德性和义务性是密切相连的。爱情的义务性是道德性的集中表现,爱情是男女相爱之情,其中也包容了一种道德感情。人们在恋爱过程中,我中有你,你中有我,一定会为对方的一切着想,急对方之所急,想对方之所想。双方喜乐爱恋,结果都合二而一了。

**解读与思考三**

1. 什么是爱和美? 人的生命为何需要爱和美? 爱和美的关系是什么? 孔子对爱和美以及"仁"三者的关系是如何论述的? 你自己又是如何解读的?

2. 简述什么是人类之爱与爱情之爱(广义之爱与狭义之爱),你对各种各样的爱是怎样认识和理解的? 它们之间的联系和区别又是什么? 请看书中的象征着《易经》阴阳和谐发展美的理论学说的"八卦"艺术图像,对人类之爱和爱情之爱两者的互动关系,你是如何解读的?

3. 什么是性和美? 为什么说爱情既离不开性,又离不开美,爱情是性和美的水乳交融? 对于动物的人之爱和审美的人之爱,这两种爱有什么不同的本质区别?

4. 当今社会流行着"男人有钱便学坏,女人学坏便有钱"的看法,金钱与爱情的关系又是什么? 这个婚姻爱情的敏感话题,你自己是如何解读的?

5. 书中有两个例子,一个是俄国托尔斯泰的小说《复活》中的男女主人公聂赫留道夫和玛丝洛娃两人相爱并上了床发生了性关系,一个是外表长得丑的世界级音乐家贝多芬和一位长得像红玫瑰花一样年轻

---

① 《世界名人论爱情》,第321页。
② 《世界名人论爱情》,第322页。

美丽的勃仑施维夫小姐恋爱结婚,对上述两种本质不同的爱情,你是如何评价的?

6. 爱情的源头从何而来? 老子说,孤阴不生,独阳不长,阴阳和合,万物生矣! 今天的人们常说,男人的一半是女人,而女人的一半是男人,男人需要女人,女人也需要男人。爱情之所以是美的,是因为找到了这一半,使你成为"完美"的人。对上述观点,你是怎样理解的?

7. 请你解读书中关于《红楼梦》所描写的宝玉、黛玉与宝钗三角恋爱的悲剧,指出宝玉和黛玉爱情悲剧的根源在哪里? 同时也指出曹雪芹写《红楼梦》的审美观和爱情观的时代局限性。

8. 请你指出爱情之美在哪里? 检验真假爱情的审美标准是什么? 同时也请你说说爱情之美的价值定位和我们提出研究爱情之美在哪里这个命题的极不平凡的重大意义!

# 第三章　爱情之美的生理基础

　　歌德在《少年维特的烦恼》中说,"哪个青年男子不善钟情,哪个妙龄少女不善怀春"。爱情的生理基础是男女双方性爱的互相吸引。赵鑫珊说:"男女性爱的秘密说到底是雄性荷尔蒙和雌性荷尔蒙这两种生物化学物质的相互吸引。"[1]"在我们这个地球上,哪里有男女,哪里就有如胶似漆的黏着的性爱。这是一种相互吸引的力。两个物体相互之间也有引力。这便是万有引力。两性之间的引力不属于万有引力。它不是物理学范畴,而是生物学范畴,是男女荷尔蒙之间的相互吸引……这是造物主的最后的秘密。"[2]我国古代哲人荀子说:"性者,天之就也;情者,性之质也;欲者,情之应也。"(《荀子·正名篇》)清代康有为说:"夫天生必有情欲(性欲)圣人只有顺之而不绝之。"(康有为《礼运注》)什么是性? 性与美、性与爱情婚姻、性与人类的生存及可持续发展的关系如何,以及中国自改革开放以来性自由、性解放的现状如何? 是本章的主题与重点。

## 关于性的本质的讨论

　　大约在两千五百年前,我国春秋战国时代就开始了关于人的性的本质的讨论研究。孟子说,"人之初,性本善"。孟子是孔子儒家学说的第一继承人,他认为,人自从娘胎生下来,他的本性是善良的,便有仁、义、礼、智、信等天赋的善良的本性。孟子所说的"性",既包含了人的本性(本质)的性,也包含了人和动物共有的性爱的性。而站在孟子对立

---

　①　赵鑫珊:《99封未寄出的情书》,第55页。

　②　赵鑫珊:《99封未寄出的情书》,第335页。

面说话的荀子则认为"人之初,性本恶"。人自娘胎生下来,他的本性是邪恶的。那么,性爱把两个人的"恶"结合起来,就成了双倍的"恶"了。作为第三派的学者庄子(老子所创立的道家学说的第一继承人)则站出来说话,他认为,"性"这种东西,既无所谓善,也无所谓恶,它存在于人的生命发展过程中。男女有了性爱,才能生儿育女,人类才有可能生存和可持续发展。

性说到底是美的还是丑的? 古今中外学者争论不休。奥地利心理学家弗洛伊德认为,性是丑的,他把"人的心理分为三个部分:意识,前意识与无意识。意识是人的一种自觉性的心理活动。无意识,也称潜意识,是一种不受意识控制的完全不自觉的动物性的本能活动。前意识,也称下意识,是意识与无意识的中间状况。其中,无意识是关键的一环,无意识在盲目地满足'快乐的原则'时,表现为性的原始冲动。这种冲动同社会和道德是背道而驰的。如果人的心理中只有无意识,文明就会成为一句空话。人类文明之所以能够发展,就因为'快乐原则'受制于'现实原则'的人的自我满足的动物性需要,也受制于建立在现实生活基础之上的理念思维。正是由于这种制约力,人的无意识逐渐转化为前意识(也称下意识)——无意识与意识的中间状态……然而,无论现实的制约力有多大,人的无意识也不会完全被扼制,它是坚不可摧的。最原始、最具有能量的性冲动始终支配着人们的行为……不难看出,弗洛伊德的观点说到底是可悲的。他把人生看成是一场悲剧。一方面,人的动物性的原始欲望蠢蠢欲动,另一方面,却是现实和意识的管束,于是,人永远处在自我分裂的状态中,人所能做到的,只是认识自己的原始冲动而最大限度地控制它们(其实,这就是精神分析疗法所要达到的目的)。因此,弗洛伊德认为,无意识是文明社会的灾难,而性则是万恶之源"。① 在弗洛伊德看来,无意识即人们生活中经历而被压在意识之下的潜意识,它不为人们明显感觉到,而被深深地埋在心灵深处。当你偶尔见到一个异性,你可能被他(她)美的形象所产生的魅力吸引住了。这种吸引是非理性的,无逻辑推理过程的一触即发的启动。例如,黛玉见到宝玉,大吃一惊,心中暗叫:"好生奇怪,好像在哪里见

---

① 转引自[英]劳伦斯:《性爱之美》,时代文艺出版社1998年版,前言第2页。

过,何等眼熟!"就这样,爱情的性吸引力的神秘的锁被打开了。弗洛伊德发现并分析了这种潜意识的理论并得出一个错误的结论:对人来说,性是可怕的,可悲的,也是丑的。

弗洛伊德的性爱观是片面的,不科学的,他只看到了性的负面影响,而看不到性的积极的正大光明的一面。弗洛伊德的观点之所以是错误的,是由于他看不到人性之美能战胜兽性之丑,看不到美德能指引并调控性爱的本能。在我们这个时代,认为性欲是有罪的思想已经永远被人们抛弃了。人的灵魂与肉体是作为统一体而存在的,它并不使人感到有什么罪过,而是合情合理的完美的统一,由于统一而产生了男女和谐的爱情之美。

弗洛伊德的性爱观是一种极端,而劳伦斯的性爱观又是另一种极端。劳伦斯与弗洛伊德是同时代人,他是英国的著名的性文学小说家,也是世界级性文学描写有独特见解的作家。他批判了弗洛伊德的"性丑论"的性爱观,提出了"性美论"的性爱观;劳伦斯认为,性是美的,"性和美是同一回事,就如同火焰和火一样。如果你憎恨性,你就是憎恨美。如果你爱活生生的美,那么,你就会对性报以尊重"。他又说:"性与美是不可分的,如同生命与意识,那些与性和美同在、源于性和美的智慧就是直觉。我们文明的最大灾难,就是对性的病态的憎恨。举个例子说,弗洛伊德的精神分析法恶毒地仇视性,它同样恶毒地恐惧美……性是根,根之上,直觉是叶子,美则是花朵……性的吸引,就是美的吸引。"①

集中体现劳伦斯"性美论"的性爱观的代表作是他的最后一部小说《查泰莱夫人的情人》。在这部性爱代表作里,主人公是查泰莱夫人。她的丈夫克利弗·查泰莱爵士是个大富翁,有钱有势,是英国某矿场和森林的拥有者,因参加战争受重伤,他的下半身瘫痪、丧失了性的功能,每天闭门在家,写点故事以自娱。查泰莱夫人因失去了夫妻性生活的快乐享受而红杏出墙,寻找新的刺激,与外面的情人私通,她找到的第一个情人是爱尔兰的剧作家,第二个情人是她丈夫的雇工看林人。她与看林人甜蜜地相爱在一起并相约出走。她的丈夫拒绝了她提出的离

---

① 〔英〕劳伦斯:《性爱之美》,时代文艺出版社 1998 年版,第 2～3 页。

婚要求,这使得她和看林人的性关系得不到法律的公认。劳伦斯的爱憎十分鲜明,把坐在轮椅上的克利弗——为祖国正义战争献出了宝贵的健康生命的残废人当作因性无能而精神枯萎的象征来进行否定和批判,而查泰莱夫人和她的情人则是作者热情歌颂的理想人物。劳伦斯认为,查泰莱夫人抛弃了失去了性能力的丈夫,同强壮的有性活力的看林人的结合,这种选择与抉择是"人类自我觉醒的一大进步,是人性再生的关键。她与看林人的结合,是小说中最完美的结合,是美的体现"。①

劳伦斯的性爱观,归结为一句话:性就是美,性和美是同一回事。查泰莱夫人的丈夫因战争失去了性,因而也失去了美,所以她抛弃了他。查泰莱夫人之所以追求第一个情人——爱尔兰剧作家和第二个情人——她丈夫的看林人,是由于这两个情人都有性的活力,都能为她提供性享受和性快乐,在她看来,这两个情人都是美的。而她的丈夫,由于失去了性,不能为她继续提供性爱的快乐享受,因而不管过去夫妻生活如何恩爱,不管她丈夫为保卫祖国而付出生命健康的代价,不管她的丈夫尚保存一个美的灵魂,也不管她丈夫是残废人极需要妻子与他相濡以沫……这一切她都不顾了。只要谁有性的活力,她就跟谁做爱,享受性的快乐幸福,这就是查泰莱夫人所追求的"性是美的"的生活唯一的目的。在查泰莱夫人身上所集中体现的劳伦斯的性爱观,是十足的损人利己的动物主义的性爱观。劳伦斯的性就是美的性爱观是违背现实生活中人是什么和如何做人的美的规律的。在现实生活中,性和美并非同一回事,性并不等于美,美也不等于性。人非按照美的规律活着不可。只有合乎美的规律的男女两性关系的性才是美的;而违反美的规律的男女性关系,像查泰莱夫人同她的两个情人那种把自己的性快乐建立在伤害别人,使别人无限悲伤无限痛苦的基础之上的动物主义的性关系,这种性理念则是极其丑恶的。

上文说过,所谓美的规律就是人的规律,是审美做人,即美之所以为美与人之所以为人的规律,是不同于动物的人类的生存和可持续发展的规律。美是人类所信仰追求和劳动创造的人的灵魂生命最需要最

① 见《劳伦斯的性爱观》,转引自《性爱之美》,时代文艺出版社 1998 年版,第 6 页。

本质的能唤起人们心中喜乐爱恋的人生最可贵的东西,美的规律也是人创造美和美创造人的人性不断发展的规律。不论性爱也好,爱情也好,都非受制于美的规律不可。

性不等于美,美也不等于性,美和性又有着紧密的关系。动物的性与人类的性有一个共同点:性是一种动物性本能,是自然界两个生命纯生理的交配来实现两者结合和受精的,是为了繁衍后代的物种的生存和可持续发展的需要,这是动物的性和作为一种高等社会动物的人类的性的共同点。而人类的性与动物的性有一个最根本的不同点,人类的性是爱情的生理基础,它同美这种人的灵魂生命所需要的能唤起人们心中喜乐爱恋的人生最可贵的东西结合起来而产生并升华为人类的爱情。人类的爱情婚姻,就是建立在性和美的水乳交融的基础之上的。然而,长期以来,人类的性却被蒙上了神秘的色彩,仿佛是肉体和灵魂上演的一出优美的戏剧的同时又把它披上了一件文明的绚丽外衣。

人类的性的本质说到底是什么?

性,大概是世界上最常见而又最神秘的一种现象。人们都有性,人人都知道性,但是人人又都无不感受到性的神秘与玄妙。性,也称性欲、性爱,是男女双方做爱的生物性本能活动,它既是一种人的生命源头与繁育下一代的生殖活动,是人类生命延续的基本纽带,又是一种快乐享受的特殊的生理的感性活动,性快乐是一种最集中最强烈最激动人心的肉体上特殊的快感,它同美感、同精神之爱、精神上的快乐享受有着明显的不同。性是人类生活中一件大事,是客观存在的,任何人都无法回避,然而,许多人由于缺乏性健康知识,不懂得性与美、性与爱情婚姻的关系,不懂得审美做人的美的规律,因而造成了爱情悲剧与人生惨剧,有的人一失足成千古恨,有的无可奈何地饮恨走向死亡。因此,正确解读有关性的基本原理和理念思维,对于追求与创造美好快乐幸福的爱情生活,具有极其重要的现实意义。

综合以上论述,应该特别指出,同样是性爱,人类的性爱与动物的性爱有着本质的不同。就地球村人类的范畴来说,性爱的爱和爱情的爱,两者又有本质的不同:性爱的爱指男女做爱相结合所产生的从感官到肉体上的快乐的爱;而爱情的爱,指男女相爱从肉体上到精神的"合二而一"所产生的美的快乐和美的享受。

专家调查研究表明,性生活给人们带来快乐幸福,促进生命健康美。结婚的人比单身者长寿,而且婚姻幸福者活得最长久。那些进入老年仍能维持夫妻正常性生活的人,对彼此的关系和生活满意度都比较高。如果没有性爱,人类自身就不可能生存和可持续发展下去。积极主动和充满激情的性生活可以使人们从消极情绪中解放出来,还能延年益寿,强健心脏,消除疼痛,增强免疫功能,甚至有的还能保护人们因性的健康快乐而免受癌症的侵扰。什么人感觉最幸福?在美国有两位专家对1.6万各式成年人进行调查研究的答案证实:正常的有激情的性生活可以令人感到非常幸福。

媒体报刊常提到性感的话题,所谓性感,有两种含义:一种指对异性之美的强烈集中又带亲近性启发性的感受;一种是指一个人对性爱的整体表达,包括性的内心感受、身体语言、对性的欲望和追求。这种毫无自尊或羞愧尽情融入身体及官能触觉的体验,本身就是一种感觉世界的音乐!痛快与尽情,是一种奔放与一种从肉体到精神的交流,甚至是一种死而后已的慷慨奉献。

## 性 与 爱 情 婚 姻

讲一个故事,佛寺里有老和尚抱养了一个娃娃,从孩子刚懂事起就用正统的佛家思想教育他,以极严格的佛家修身之道训练他。十几年未出山门,想来这个被师傅视为最纯洁的徒弟是不会有半点淫欲之念的。有一天,师傅首次带徒儿下山,在山下忽然遇见了一位妙龄美丽的女郎,小和尚惊呆了,竟目不转睛地盯着她看出了神。老和尚发觉而面露愠色地喝道:"阿弥陀佛,那是老虎,要吃人的,不可再看!"小和尚仍恋恋不舍,被师傅斥回寺中。进得大殿,师徒打坐已定,师傅问道:"此番下山有何收获?"不料小和尚不假思索,脱口而出:"我最喜欢老虎!"①这个生动故事说明,求偶是性成熟的青年人的正常欲望,是不可压抑的不可逆转的自然规律。不仅动物如此,人类也如此有性的欲望。

但人毕竟不同于动物。"性本应是很自然而纯美的健康而又高尚

---

① 转引自汤祷著:《婚姻心理学》,上海人民出版社1985年版,第2页。

的,因为性作为一种本能,贯穿于人类发展的全过程,性作为生命延续的手段,完成着人类物种的繁衍;性作为两性结合的方式,维系着每个家庭的夫妻关系;性,作为一种欢愉形式,使千千万万夫妻获得快乐幸福;性,作为青年异性交往的引力,塑造着健全人格和性别角色;性作为两性交往的纽带,使千千万万青年男女沐浴在爱情的海洋里,为实现各自的理想与抱负产生着巨大的鼓舞和力量;性作为衡量文明的标准,体现着人类社会的文明程度。"[1]

在远古时代,人们把以性爱为基础的男女爱情看成是神赐之物,看成是最为令人肃然起敬的观念,这足以说明远古时代的人们就认为爱情是多么重要和多么宝贵的了。印度的圣雄甘地说过:"从根本上来说,(性)爱并不是一种情感,而是一种本体性的力量,它是生命的本质,也就是说,是与被分离开的那一半重新结合的原动力。"[2]康德认为,性结合是"男女之间一切感情的基础"。黑格尔在批驳禁欲主义的性爱观时指出,男女两性关系体现了"有生命自然界的最高点"。[3] 人类性爱不仅是一种动物性的雌雄交配,而且是在这个基础上升华为审美性的男女爱情的结合。性,作为爱情的生理基础是不可缺少的,就像盖一座楼房离不开地基一样,爱情的花朵永远不能离开性爱的土壤而悬在半空里。

我在上文说过,爱情是一种人性至美,请看爱情的起源就知道了。大自然喜欢对称的东西,它对万物的安排都是一对对的。而且,一对称平衡就产生了美。为什么人要成双成对,因为男人的一半是女人,女人的一半是男人。作为一个人,为什么还是不完整呢?性爱也好,爱情也好,既是生理需要,也是审美需要,就是无论如何即便经历了千辛万苦,也非找到你所需要的那一半不可。这种"合二为一"的爱的原理,在基督教《圣经》里"创世纪"中得到充分的描述:上帝从泥土中创造了人世上第一个男人亚当,上帝喜爱他的造物,认识到亚当极其需要一种肉体上的爱(性爱),因为"人不应当独居",于是上帝用亚当的肋骨创造出夏

---

① 摘自俞平著:《我想牵你的手》,上海人民出版社 2001 年版,第 127 页。

② 转引自《爱的科学》,团结出版社 1999 年版,第 27 页。

③ 转引自《爱情面面观》,新世纪出版社 1986 年版,第 13 页。

娃(人世上第一个女人),于是亚当和夏娃便"合二而一"地结为夫妻,成为人类的始祖。圣经里这个神话故事象征性地说明一个原理:男人离不开女人,女人也离不开男人。

老子说,孤阴不生,独阳不长,阴阳和合,万物生矣! 这就是男女爱情婚姻生活优缺互补的规律。生育后代虽是大自然的使命,但却不是人类性爱唯一的目的。当然,人类性爱也包容实现大自然生育后代的使命,而男女交合的方式却是令人十分快乐的。其中快感和美感是水乳交融地结合在一起的。能不能这样用语言文字解读:

> 男大当婚,女大当嫁;
> 一男一女,合二为一。
> 阴阳和合,互补互爱;
> 你中有我,我中有你。
> 喜乐爱恋,相互欣赏;
> 人生至美,共同创造。

人类从走出动物世界到今天的文明社会,经历了100多万年历史。直到现在,男女配偶之间仍然由这种以性为纽带维系着。原因就在于这种配偶婚姻家庭的社会组织形式给男女双方都带来好处,不仅生儿育女,创建温情脉脉快乐幸福的家庭生活,而且对人类社会来说,使人类得以生存和可持续发展。

人通过实践经验发现,性爱能给他带来最大的满足和快乐。中国古人云,"食色性也"。在人们的所有自然需要中,继饮食的需要之外最强烈的就是性的需要了。这种需要深深地埋藏在每一个正常发育的人身上,到性成熟成年时,满足这种需要是保证人的身体和精神健康的重要条件。

爱情的生理基础是性的需求和男女之间性的互相吸引,如果失去了这个生理基础就不可能产生爱情。性生活是正常人不可缺少的生理需要。正常的性生活可以兴奋内分泌腺的活动,镇静神经,改善睡眠,兴奋精神,提高生命的活力,抑制忧郁情绪,促进身体健康长寿。许多未婚晚婚的青年人或中年人患有癔病、贫血、神经衰弱等,一旦结婚,很快不治自愈。依据医学研究统计资料表明,结婚的人比独身者寿命长。有人说,成年男女禁欲或节欲对身体有益,在科学上是站不住脚的。随着性的成熟,青年男女的相互爱慕突然强烈起来,也开始了对生命奥秘的追求和解读。性欲的饥渴是爱情花朵开放的自然前提和动力因素。然而,性欲性爱作为生命的本能虽然是爱情的生理基础,但并不一定同人类的爱情同步相伴或并行发展。爱情有爱情自己的特点和规律。性欲与爱情都离不开审美的正确精神指引,否则就会出现乱子,就会投进人生悲剧的苦海而沉沦下去!

两个人(一男一女)坠入爱河的不仅是心灵的碰撞,或者被神话里丘比特的爱情之箭射中了一对男女相爱的心,而是遗传的生物基因在其中起到了重要作用。人们对爱情之美的欣赏、追求和创造,实际上是两个人(一男一女)的生物基因在做有效延续下一代的工作。也即从两个人相见并发生初恋之后,接下来的爱情游戏都在寻找生命的"那一半",在寻找最有利基因的结合,延续改善基因以及繁育作为人类物种后一代的工作。

性是爱情之美的生理基础,对人类来说,性爱活动有两种社会功能:一种是繁育后代,使人类得以生存和可持续发展;一种是男女做爱,双方互相满足,从肉体上到精神上获得美满幸福的快乐享受。野生动物的性爱求偶交配的行为是野蛮行为。两只大角羊为了求偶而争风吃醋,进行你死我活弱肉强食的战斗。狮子、老虎在交配之前往往进行生死搏斗,甚至造成流血死亡。在对"异性"的追逐中,不仅要同对手决斗,而且用野蛮手段征服"伴侣"之后才获得"交配权"。

人类的性爱不同于动物的性爱,审美的人的性爱不同于动物的人的性爱,审美主义性爱观不同于动物主义的性爱观。人类的性爱不同于动物的性爱,有以下四大特点:

其一,专一排他性。人类的性爱是情有独钟的,是一男一女通过做爱从肉体上到精神上的"合二而一",绝对不容许第三者介入。这是作为一个审美的人不同于动物的人在性爱问题上最根本的本质特点。"专一"指专利性,是一男对一女或一女对一男的专利——情有独钟,你深爱一个人,你就应该全身心投入地爱他(她),就应该千方百计地努力使对方由于你的爱而感到快乐幸福。所谓排他性,指一男一女构成的一双相爱的夫妻或情人,坚决地排斥或抗拒其他人对自己的性爱对象予以任何的性亲近性交欢或性干扰的心理倾向。人类性爱的专一排他性是人类走出野生动物世界向文明社会伟大进军的结果,也是审美主义文化战胜动物主义文化的结果。在远古时代,原始社会的初民和野蛮人,和其他野生动物一样实行着群婚杂乱男女交配制度,不分什么父母子女兄弟姐妹亲戚朋友都实行男女性乱交的社会婚姻制度。随着文字的产生而产生了文化,特别是产生了审美主义文化和动物主义文化,这两种文化谁战胜谁,推动了人类历史的进步和可持续发展,也推动了爱情婚姻社会制度的变化和发展。人类的爱情婚姻制度由动物主义的原始社会的群婚制度发展演变为一夫多妻制,再到今天成为地球村人类社会的主流的"一夫一妻"制。以上说的就是今天地球村人类(审美主义的)性爱不同于动物(动物主义)的性爱的最根本的本质特点。

其二,冲动亢奋性。作家罗曼·罗兰说,"爱是生命的火焰,没有它,一切变成黑夜"。性爱发生的时候,就像生命(潜意识)之火在燃烧所产生的冲动性和亢奋性。所谓冲动亢奋性,是指性爱发生之时你对性爱对象所产生一种强烈的亲热拥抱的欲望和随时可激起的不顾一切的行为的那种像燃起来的爱火所引起的驱动力和亢奋精神。

托尔斯泰小说《复活》就描写了这种性爱特点。小说的男主人公涅赫留道夫从城市来到农村姑母家里,正热恋着一个美丽的女仆玛丝洛娃。他"从门廊上走下来,踩着结了冰的雪走过泥塘来到女仆房间的窗子跟前。他的心在胸膛里跳得那么响,他自己都听见了。他时而屏住呼吸,时而费力地深深吐一口气……""当涅赫留道夫溜到玛丝洛娃的卧室门外求她开门时,玛丝洛娃虽然意识到开门的结果将是如何不得了,但这时她的心扑扑地跳,她已经无法控制自己。于是,他听到了一只手摸索着找到门拴的声音,咔的一声,门终于打开了。当他把她拥抱起来的时候,她虽然嘴里说,哎! 别这样,放开我吧! 可是她的身子紧紧地偎着他了……"①这就是人类性爱不同于动物性爱的一个特点——冲动亢奋性。

---

① 转引自汤祷著:《婚姻心理学》,上海人民出版社 1985 年版,第 36、40 页。

其三。形象直觉性。如何选择恋爱（性爱）对象，第一次见面很重要，很多人往往从外貌形象的直接感知入手，因为性感的吸引力总是通过一个人的外貌形式之美和言谈举止以及生活细节之美体现出来，如果对方在你心目中的形象直接感知失败，就很难唤起你心中对他或她的喜乐爱恋。常常听初恋的人这样说，"这人我一见就觉得很讨厌"。这就是对形象直觉的判断。当然，这种第一次见面的判断未必正确，而且这最初的第一次判断也不一定不可改变，但不论如何在选择性爱对象的初恋第一次见面时的"形象直觉"印象是很重要的。因之似乎有点神秘，按中国人自古以来传统的爱情婚姻观念，把这种形象直觉性（特点）称之为"千里姻缘一线牵"的一种"缘分"；在西方文化的神话里，把这种形象直觉性的神秘现象说成是爱神丘比特用"爱情之箭"射中了一男一女的心，因之他和她就恋爱起来并结为夫妻。这虽然是爱情的神话，却有一点生活现实作为基础供我们今天读者进行解读。

其四，神秘隐曲性。人类性爱不同于动物性爱的特点之一是神秘隐曲性。远古时代的初民，男女相爱实行大自然世界的群婚制，不论时间、地点和场合，不论父母兄弟姐妹亲戚朋友，一律都是绝对自由地进行公开的性爱活动，没有什么隐蔽，也没有讲究什么礼义廉耻的道德理念……

自从人类发明了文字，用文字来记录和总结自己劳动创造的历史，从此加速了人类自己向文明前进的步伐，从动物主义的兽性的野蛮世界向审美主义的人性的文明世界伟大进军。先有了文字，后才有文化。文化，也称文明，它是人类为了生存和可持续发展所进行的生产劳动、发明创造与生活斗争及其发展规律进程的文字总结。人类由此进入了文明社会，从一个卑贱的没有摆脱动物性低级趣味的野生的动物的人向一个逐渐摆脱了动物性低级趣味的崇高的真正的人，也即一个审美的人进行转化。从此，人们的性爱活动从野生动物性爱公开化自由化的性乱交走向神秘化和隐曲化。人们开始树立性文化观念，对赤身裸体把性器官暴露在光天化日之下感到难为情，他们用树叶或兽皮来掩饰自己身上的性器官，开始用树叶与兽皮做成衣服穿。这是人类文明史上一大进步，他们开始树立性文化、性道德观念，讲究礼义廉耻，把性爱活动推向神秘化和隐曲化。

其实神秘化隐曲化更含蓄更富有诗意,它是一种美。美是人的灵魂生命最本质的东西,它是人类所信仰追求和劳动创造的人的灵魂生命最需要的能唤起人们心中喜乐爱恋的人生最可贵的东西。神秘隐曲性,是人类不同于动物的性爱特点,自从人类破解了神秘隐曲之美以后,就开始去追求和创造这种美的境界,男女做爱的时候,找一个地方隐蔽起来,不让人知,不让人见,千方百计地不让他人看见他们性爱活动的亲昵行为。西方国家一对情人可以在众目睽睽下拥抱接吻。然而,就亲吻者这双情人文明的审美心理活动来说,总不如在秘密幽静之处悄悄地进行更加感到安全和心满意足。

以上讲的是人类的性爱与动物的性爱的四个特点。除此之外,千万不可忘记人类性爱活动离不开美的灯塔光辉的指引和照耀,人的性爱活动离不开美这个精神的制高点,离不开美的先导、指引和支配,性爱的满足不仅是男女肉体生命健康快乐的需要,也是人的精神生命健康快乐的需要。人类不是禽兽,肉体的性爱的满足,绝不能离开美的精神先导、指引和支配。真正的爱情既离不开性,更离不开美。在人的生命体身上,性和美两者缺一不可。美是爱情的精神动力,性是爱情的物质动力,只有把美和性、精神动力和物质动力两者完美结合起来,才是人类爱情的本质和最根本的原动力。

# 少男少女青春期的性成熟和男女不同的性角色

人到了青春期,这是人生最富有活力最美好的时光,生机勃发,春意盎然。"那份对美好人生的憧憬,对纯真情爱的激情,那份执着,那份稚嫩,令人回味无穷。""青春期是从儿童向成人过渡的时期。它是人生生理和心理发展变化剧烈的时期。在各种变化中性机能的变化和生殖能力的发育成熟是最为核心的变化内容。青春期前的他(她)还是一个孩子,度过青春期后,他们就能生育孩子了。"青春期从年龄上说,是指10~20岁这十年。其中10~14岁为青春前期;15~20岁为青春后期。青春期和青年期有很大一段重合,青年期指15~16岁到25岁这一年龄段。""青春期性机能的发育成熟催促着性意识的觉醒,年轻人在与异性接触中心理上产生了许多微妙的变化,少男少女'钟情'、'怀春'的纯真情感开始萌动。青春期两性间朦胧的爱意令人激动,并与生命增添了无穷的活力"。①

性的发育与成熟是在青春期中完成的,其过程经历了第一性征和第二性征。"生理上的性,在卵子受精就已经决定了。在胎内形成的遗传上的生殖器官,出生时男子便有阴茎和睾丸,女子便有卵巢和子宫,这种构造上的特征便称为第一性征。随着青春期的到来,性腺功能开始显化,男女生殖器官发育并趋成熟。与此同时,男女形态上更加性别化。男子身材高大,体格魁梧,喉结突出,音调变低,阴毛、腋毛、胡须出现,并开始遗精;女性皮下脂肪增多,乳房变大,音调变高,月经初潮。这种在第一性征影响下产生了青春期的男女身体形态上的特征称为第二性征。"②

"月经初潮和首次遗精是男女性成熟的标志。一般情况下,女性初潮年龄在 12～15 岁之间,男子首次遗精在 14～16 岁之间。近些年来,由于社会经济的飞速发展,文化观念的巨大变化,青少年身体发育和性成熟出现了提前 1～3 岁的现象。"③初中男女学生提前谈恋爱并发生性关系的现象不时有所发生。这就为青年爱情美的教育提出严肃的紧迫感和崇高的重要任务。

我在上文讲到弗洛伊德的性爱观的非科学性的消极的一面。其实,弗洛伊德的性爱观也有合乎科学发展观的正确的积极的一面,他肯定了性爱对人的生命、对人类生存和可持续发展进程中的推动作用。弗洛伊德认为:"一个人若能对性爱对象锲而不舍,我们便不难相信他在追求别的东西时,也一样成功。反过来说,不管为了什么,一个人若禁绝其性本能的满足,他的人生态度便难免趋向消极而缺乏一种积极进取精神。"④

弗洛伊德坚决反对禁欲,认为禁欲绝对不能培养和造就富有创造

① 引自李德顺主编:《身与心》,河北人民出版社 1996 年版,第 115、116、136 页。
② 引自《大学生心理健康与发展》,清华大学出版社 1997 年版,第 194～195 页。
③ 引自《大学生心理健康与发展》,清华大学出版社 1997 年版,第 195 页。
④ 转引自《论爱情》,农村读物出版社 1987 年版,第 115～116 页。

力的思想家。他说："禁欲不可能造就粗犷、自负、勇于行动的人；它只能造就'善良'的弱者……只能听任那些凡事自我主张的强者来摆布。"①"人通过经验发现，性爱能给他带来最大的满足，对于人，性爱实际上成为一切幸福的原型，因而为寻求幸福，他必须沿着性关系的道路走下去……"②弗洛伊德又说："我们知道，青春期会产生一种新的、非常强烈的、直接指向性目标的倾向。"③

请听一个中学生的自述："不知道为什么，这个时期我变了，好像有魔鬼附了身。前几天我看了《泰坦尼克号》，那回肠荡气的爱情真是让我陶醉、痴迷，还有里面的一组半裸镜头，虽然只有短短的几秒钟，却一直让我难忘。回来以后，我吃饭想、走路想、白天想、晚上想。于是又偷偷地再去看了电影。我们班有个女同学长得和罗丝有一点像，身材也很丰满，我一看到她那隆起的胸部，心跳就加快了，有时很想不顾一切地去爱抚她、亲吻她。有时看她穿着白纱长裙，我的脑子里就会出现那半裸的镜头。我也知道这样想、这样做的后果是什么。于是，我拼命地控制自己，努力不去想这种事，可是又禁不住还是去想；我想控制自己不去想她，可还是禁不住要去看她一眼，以致有时连听课都没心思。我不知道这样下去怎么办。老师，我好害怕……"④这段话语准确地描述了少男少女性成熟之后的性意识的萌动和觉醒的表现。

正是上述这种性意识的萌动和觉醒，才使少男少女们在困惑与骚动中苦苦挣扎。其实，性的萌动和觉醒是进入青春时期少男少女产生的一种生理和心理的正常表现，不必大惊小怪。能否正确处理好性萌动和性觉醒的问题，是我们判断一个人性心理是否成熟的一个重要标志。对于进入青春期的少男少女来说，产生性萌动和性觉醒，这是一种很正常的事，并没有什么奇怪或可怕的，然而，有了性萌动和性觉醒而不能自我调控，甚至发生了一种动物主义的性骚扰性乱交的错误行为，这是很不应该的。在日常生活细节方面，特别是女性的着装有一条很

---

① 转引自《论爱情》，农村读物出版社 1987 年版，第 115 页。
② 转引自《论爱情》，农村读物出版社 1987 年版，第 116 页。
③ 转引自《论爱情》，农村读物出版社 1987 年版，第 261 页。
④ 引自俞平著：《我想牵你的手》，上海人民出版社 2001 年版，第 26 页。

重要的原则,这就是宁"露"勿"透"。新时代的女性普遍认为,在衣着上大大方方通过"露"来展现女性优美的身材和人体健康美,这是一种美和健康的自我展示。那么,如果单纯追求"透"(性的透明)和性的全露就不能被认可了。除了在某种特殊场合,如作为画家艺术家的人体美的模特儿或者性教育所必需的示范人物,除此之外绝对不可把"透"作为女性美的商品进行错误的展示。

一个婴儿降临到人世上,作为父母第一眼最关心的是孩子的长相如何,是男的还是女的。关于男女性别的辨认并不困难,只要一看男女生殖器的不同构造便一目了然了。然而,一个婴儿要真正成长为一个男人或女人,并使他或她从婴儿、孩童到少男少女青春期,让他们进学校通过读书学习文化进一步弄明白男女不同的性角色和应承担的家庭和社会责任,则需要一个艰辛的过程。

所谓性角色,"就是意味着某个人在人类性别的两极中处于哪一极——是男还是女;同时也意味着他(她)应当具有的社会所认可的男性或女性的合适的秉性和行为模式。性角色是他(她)逐渐学会的以确定身份去同社会交往,逐渐成为社会所容纳、所尊重的男人或女人的一条路径"。①

"人们以不同的性角色出现在社会当中,社会对不同的性角色有不同的期望和要求。例如,男孩要勇敢坚强,女孩要温文静淑;丈夫要保护妻子,妻子要体贴丈夫;丈夫应主要承担养家糊口的责任,妻子要把家庭管理得有条不紊等。这形形色色的性角色规范,实际上强化了两性的差异和分工合作。而这些差异和分工合作是从幼儿开始的,也是经过家庭教育点点滴滴的灌输而成的。例如,孩子的服饰和玩具也表现出不同的性别差异。在穿衣服方面,女孩多被艳丽的颜色、花边、蝴蝶结等装扮着;而男孩常穿深褐色或方格条纹的衣服。在所给予的玩具上,常常给女孩玩洋娃娃或模拟的烹饪用具等;而常给男孩玩刀枪、小汽车等。女孩玩洋娃娃是为将来当母亲作准备,男孩玩刀枪和小汽车是为将来从事男子汉的职业作准备的。在做家务事的问题上,女孩总是被安排做饭、洗碗等,男孩则被分派进行户外劳动或体力活等,家

---

① 引自俞平著:《我想牵你的手》,上海人民出版社 2001 年版,第 25 页。

庭内部男女不同性角色的分工合作是为将来进入社会的男女不同性角色的分工合作作准备的。所有这些男女的社会分工,都是由男女不同的性角色的特点和客观规律所决定的。我们人类不能回避,也不必回避。因为人类从来就生活在一个性的世界里。"①

## 性待业期与性的困惑

少男少女到了青春期一定会产生性的困惑,这是人的生命过程必然经历的必然规律。孩子到了青春期肯定会产生对性的好奇和需要,压下来只有坏处没有好处,要不就产生精神忧郁症,要不就会扭曲人性,如同性恋或恋物癖(例如偷看异性的隐私地方或衣物)。青春期的孩子因荷尔蒙的激增而情绪躁动,因逆反心理而反抗,沉于幻想,比较极端。这时的孩子大多数是孤独的。他们处于逆反期的逆反心理,导致他们同父母家长的矛盾往往激增。性教育的专家们说,家长和学校老师应该理解孩子们青春期性的困惑。有一位中学老师谈到这方面的工作体验。她说,她的班曾有一位女生不爱女孩子而专爱男孩子,引起同学们哄笑她,而她一点也不知道害羞为何物,其实,这是不必大惊小怪的,也是很正常的。如果青春期的孩子对异性不感兴趣,那倒是要进医院找心理医生看病的。一个女孩在日记里秘密倾诉对一个男同学的爱慕,那是一种很正常不过的——一位性发育正常的女孩的青春梦。作为老师和家长,应该会心微笑,应该保护这种追求美和创造美的青春梦。切不可随便地给他或她乱扣上"早恋"的帽子。

孩子们青春期的困惑直接来源于身体出现的变化,比如女孩对自己的月经感到害羞,对乳房的发育增大感到新奇而产生怀疑,而有的男孩到公共厕所公共浴室,看自己发育的生殖器似乎比别人小,就以为自己不是男子汉,回家不敢问父母,也不敢去问医生,越是怀疑,越自卑,越自卑心理压力越大,甚至不敢上公共厕所或公共浴室,自己去找书或上网又得不到解读而越来越神色恍惚。这如果是对成年人来说,那是简单容易的一件小事,而对孩子来说,却是一件痛苦至极甚至是无法摆

---

① 俞平著:《我想牵你的手》,上海人民出版社 2001 年版,第 25～26 页。

脱的大事和难事。以上说明，对中学生来说，对上述少男少女的青春期的性的困惑，应该通过爱情美的性教育的唯一正确途径来解决。老师在讲台上大大方方地公开地讲，学生坐在课桌椅上认认真真地听，我们相信任何有关青春期性困惑的问题都可以通过正确的途径获得解决。

我们坚决反对禁欲主义，那是违反美的规律和爱的规律的。法国大思想家狄德罗"在《修女》一书中令人信服地描绘由于力图保持贞洁而引起的这种精神变态和失常。他的结论是：'这就是修道院与世隔绝的结果。人是生来就需要伴侣的，夺走他的伴侣，把他与世隔绝起来，那他的思想就会失去常态，性格就被扭曲，千百种可笑的激情使得他歇斯底里，不知所措。'"①"在我们这个时代，认为性爱仿佛有罪的思想已经被人们永远地抛弃了。人的精神是同肉体作为统一体而存在的，它并不感到有什么罪过（而是一种审美的人性应该得到的快乐享受），它是合情合理的综合体。统一产生了和谐，和谐又要求更加强烈的统一。"②

人到了青年时代，在性发育成熟之后，为了找自己生命的"那一半"，为了找到一位心爱的配偶经历了甜酸苦涩的恋爱过程，终于找到了自己的性伴侣，双双步入快乐幸福的婚姻殿堂。从少男少女青春期性成熟到青年时代找到配偶结婚之前，这段时期专家称之为性待业期。在 19 世纪末（一百年前），性成熟期是 16～17 岁，而一百年后的今天，性成熟期少男少女提前到 12～13 岁。另一方面，青年人选择结婚的平均年龄则大大地推迟。一百年前是 20 岁，而今天则提高到 26～27 岁以上，随着城市婚姻观念的改变，很多人男大不婚、女大不嫁。当今社会人们的性待业期已达到 10 年以上。这是造成青年男女婚前性行为的一个客观因素。如何让青少年平稳地度过"性待业期"，这是摆在青年爱情婚姻研究专家面前不容回避的问题。

随着今天新时代物质文明和精神文明的发展变化，少男少女性成

① 引自［保加利亚］瓦西列夫著，王永军译：《爱的哲学》，国际文化出版公司 2004 年版，第 200 页。

② 引自［保加利亚］瓦西列夫著，王永军译：《爱的哲学》，国际文化出版公司 2004 年版，第 202 页。

熟期(平均年龄)愈来愈早,而恋爱结婚(性就业)的平均年龄又愈来愈晚。很多高学历高文化的白领阶层到了 30 多岁以上才找到配偶结婚。有的甚至找不到合适的配偶而一辈子不结婚。由此,身处此情此景的大龄青年的他和她所面临性的困惑和挑战更加严峻。有些离婚者或死了配偶的独身者,也参加和壮大了性待业(或称之为性失业)的社会群体。

青年人应如何面对性待业期性的困惑和挑战?我们中国有几千年的文明史,也是一个古老的有自己的审美主义优秀文化的传统国家,特别是在爱情婚姻问题上,在婚前性行为待业期,特别注重和强调爱情专一性,自始至终只爱一个人甚至爱他(或她)一辈子。中国人还特别地关注和强调青年男女婚前性贞洁观念,在婚前性待业期间,绝对不容许他和她发生性关系。如果某人在婚前与他人发生性关系,就会被社会舆论批评并认定为不贞洁的人或作风不正派的人。如果你为了选择配偶,谈恋爱同时有几个恋爱对象,你就有可能受到社会舆论的批评,特别是一男一女谈恋爱期间发生性关系,那就要受到父母或老师的严肃批评了。

在改革开放之前,我国政府明文规定,不准大学生或中学生在校学习期间结婚(生孩子),如果有学生婚前发生性关系生了孩子,那就明令劝他或她退学。

自从 1978 年开始改革开放以来,西方的性文化——特别是性自由、性解放的文化思潮传入中国,冲击和改变了几千年来中国人的爱情婚姻传统,凡是外国人有的东西,我们中国人都有了,甚至外国人尚未曾发生的东西,我们中国人已经发生了。男女之间性思潮性文化的发展正如雨后春笋日新月异地发展变化着,什么一夜情和一杯水(主义)、性服务和性商品交易、性网恋和性旅伴,什么二奶和三奶,什么第一老公和第二老公,什么试婚试性和非婚同居,什么只要同居而不登记结婚,什么第三者和第四者,什么性朋友和性情人,什么性骚扰和性乱交,甚至更加骇人听闻的是最近在韩国,警方破获了一桩在网上(提供情报信息)交换妻子(性伴侣),以赚钱为目的把性关系当作一种商品交易的性服务公司,等等。

下面,讲一个在性待业的社会群体中普遍关注的问题——手淫的

问题。对性待业的青年人来说,手淫是相当普遍的,只是你不好意思说出来而已。有一位中学生写信向老师请教:

"很久了,大约三四年前开始的,我一直想克服它,我想我是很无耻的人,可就是无法戒掉,尽管我知道这样很无聊。高中时曾不小心第一次手淫过,之后断断续续有过好几次。进入大学后,由于父母亲戚对我的压力很大,内心总有一种承受不了的感觉,又孤独,所以又有了手淫的习惯,一直到今天。最近经常头痛,腰酸,龟头旁边则出现了小丘疹。我问过同寝室的同学,他们说这是性病的疹子,是不会好的,对将来夫妻家庭生活会产生终身不良的影响。我很紧张,也没有心思学习,常常去书屋或地摊上翻看这方面的书。有的书我只能偷偷摸摸地溜看一眼,不好意思去买。况且,书中大多没有这方面的知识,心里恐慌极了。我恨我自己不应该手淫。老师,我怎么办,这种毛病能治好吗?"①

所谓手淫,是性待业者,特别是未婚青年男女为了满足性饥饿的需要而不得不采取的一种用手自我抚摸或自我玩弄生殖器,或者到夫妻性用品商店购买使用人造的性工具以达到模拟男女做爱为目的的一种自慰手段。有的性教育专家把"手淫"叫做"自慰"。据专家们调查统计,对青年未婚者来说,手淫是相当普遍的,而且男的比女的多。正确解读和对待手淫,对性待业性饥饿的人群,特别是大学生、中学生、未婚青年来说,是极其重要的问题。

上文所说的中学生例子,由于对手淫问题很不了解,既缺乏这方面的知识,又没有得到老师及时正确的指导,兼之同学之间的误传误导结果,出现了某种误区误解以及恐惧心理,这是很不应该的。例如,上面这位同学提到自己生殖器出现龟头冠状边缘的内侧黏膜出现了某些小丘疹,医学上称之为"包皮腺",是男性生殖器的某种形状特点,并非什么病态,只不过是你自己缺乏这方面知识不懂而已。如果你平时不太

---

① 转引自俞平著:《我想牵你的手》,上海人民出版社 2001 年版,第 192—193 页。

注意这方面的清洁卫生,长一些发痒的湿疹是有可能的。总的来说,对手淫的问题不必恐惧,不要大惊小怪。除了过度的手淫对身体的确有害,一般来说,适度的手淫,满足性饥饿的需要并不伤害身心健康。

关于手淫的利弊,医学界历来说法不一,说好者不少,说坏者也多。据专家们抽样调查,有80%的性待业者,其中特别是青年学生,有自慰行为。中国生殖健康网每天8点到10点进行网上健康知识直播,星期二和星期六是给青少年的时间。每天青少年点击的约有6000人,据该信息部主任说,经常"把网都点爆了"。这时你只要点击中国生殖健康网,就可以看到节目主持人与性健康教育专家。专家是公开的,提问题的青少年当事人及其姓名是隐秘的,特别对性的问题大胆袒露。记者访问发现,对网上提问题回答主要集中在性待业性饥饿引起的一系列的性困惑问题,特别使人吃惊的是手淫带来的困惑问题。

我们的学校老师从来就很缺乏对学生进行有关如何正确解决青少年学生性待业期的性困惑问题。特别应该指出的是,我们的老师从来就不大注意指导青少年学生应如何正确对待手淫(特别是手淫的细节)的性健康教育。而问题往往就出现在这里,如长期以来"手淫有害"论,手淫"可耻"不可告人,有的学生认为,"这是一种肮脏的事"而过度自责自卑。有的青少年学生因过度沉湎于手淫而患了精神忧郁症而不能自拔,甚至到了休学的地步。

从现代医学的角度来看,特别是从青年爱情美学的视角来看,手淫并不是一种见不到美的灯塔光辉的阴暗角落的一种可怕的怪物,而"是一种可解除男女因性压抑、性紧张而引起不安和躁动的自慰行为。它给一些人带来性满足,又可避免因性引起的感情纠葛,还可避免性强迫、性攻击、性骚扰以及性犯罪的发生,确实具有正面的现实意义。性医学专家认为,积欲好比积薪,解欲好比积薪点燃后火焰的升腾,会一触即燃。如不能正常发泄解欲,紧绷的性神经无法得到缓解,多会产生种种不良的后果。手淫则是一种宣泄性能量的方式。手淫也是一种个人的安全的和卫生的行为,可免除不正常性交引起的意外受孕、性病传播以及各种生殖道疾病的发生。更有国外研究称,手淫可防止精液积于输精管处,减少致癌物的产生,降低前列腺癌发生的风险。然而,手淫如果过度频繁则害处很大。这个'度',就是要靠个人根据事后是否有心理和体力疲惫来判断。无论男女,若手淫过度都会造成各种性病,或诱发其他严重疾病而损害身体健康……"①由此可见,我们学校的老师或学生家长,有必要对青年学生进行如何正确对待手淫问题的教育。

同手淫问题紧密联系在一起的是性梦问题。性待业期的少男少女常发生性梦——在梦里与异性发生性关系。这是一种正常的青春梦。性梦也称梦遗。

每位男性都有过梦遗,其中有 85% 左右的男子在梦遗中达到性高潮。

性学专家认为,同男性一样,女性也会梦遗,并且多与性梦有关。女子成年后,性生理与性心理逐渐成熟,对异性产生一种倾心与爱慕,有时会出现性冲动。由于这种性冲动在人清醒状态下可以被理智所抑制,到了梦乡,这种性冲动便可通过大脑皮层的兴奋而活动起来,因而便会在梦中出现与异性拥抱、亲吻、性交的幻觉。

女性梦遗不像男性那样明显,多数梦遗过程富有诗情画意,如与异性朋友交谈、亲吻、抚摸等,之后可出现乳头及阴蒂勃起、阴道分泌物增多、心跳加快、呼吸急促。此时如从睡梦中惊醒,发现全身发烫、冒汗。

心理学家认为,性梦是在潜意识中被压抑的性欲望冲动的自我暴露,是性心理、性生理发育正常的标志。性梦的自然宣泄,类似一种安全阀的作用,可以缓和累积的性张力,有利于性器官功能的完善与成熟。所以,对女性来说,梦遗也是一种宣泄,并非病态。

女性梦遗频发期在 20~30 岁期间,女性婚后梦遗少,这是因为常有性接触的原因。女子梦遗是正常的,但过于频繁的梦遗可能是某种不适的表现,如过度劳累、内裤太紧、手淫太频、太强烈,少数人也可能是生殖器不正常地充血刺痒,或泌尿系统有杂症。一旦发现有病要及时就医。

## 没有爱情的性爱和没有性爱的爱情

男女之间,假如没有性爱的交流和结合,爱情能不能存在,能不能

---

① 转引自肖奇国:《手淫利弊谈》,《医学养生保健报》2008 年 4 月第 471 期。

成活？我的回答是，假如没有性爱的结合，爱情既可以存在也可以成活，然而，这种爱情对全人类来说，不具有代表性及普遍意义，是属于人性发展过程非主流的东西。

据我个人所知，没有性爱的爱情有以下几种情形：

1. 柏拉图式的精神恋爱。两千多年前古希腊著名美学哲学家柏拉图提出一种理论学说，主张男女双方进行一种离开性爱的纯洁的高尚的精神恋爱。柏拉图说，爱是众神的第一种创造，是第一种纯精神的美的享受。后来的柏拉图的信徒们提倡禁欲，反对性爱，主张一男一女的灵魂（精神生命）只能在太空云雾中畅游，男女双方的肉体及嘴唇不能接触。这种爱丝毫没有介入性欲并超然于婚姻范畴之外，其目的是追求一种崇高的至纯至美的精神之爱。在现实生活中，没有性爱结合的柏拉图式的精神恋爱又可分为两种情况：一种是自愿接受柏拉图精神学说的自觉的实践者，他们只是恋爱，而不发生性关系，不结婚，不生孩子，不建立家庭；一种是不知道柏拉图精神恋爱为何物，由于人生之路的某种遭遇的特殊原因，导致他和她都在实践着这种没有性关系的精神恋爱。

2. "丁克"式的精神恋爱。某些残废人因身体有病或某种原因失去了性的生理机能。他们也希望并努力寻找自己生命的"那一半"，他们也谈恋爱、同居或结婚，生活上精神上互相照顾、互相帮助与互相关爱。这种没有性爱的夫妻称之为"丁克"式夫妻，奥地利心理学家弗洛伊德对此所下的定义是没有性行为的爱抚。从审美的视角与人伦关系来看，这些性残碍者是有爱和被爱的权利的。他们也有同正常人一样的人性之美的心理活动。他们也同样是人，同样是需要爱情的权利。

3. "胡适"式的精神恋爱。胡适（1891—1962）是我国五四时代北京大学教授，留学美国的博士，也是世界级著名的学术大师。然而，在婚姻爱情生活方面，他却经历了悲剧性的欢乐与痛苦。青春时代的胡适，男女双方的父母正准备为胡适和小脚女人江冬秀举行订婚仪式时，他却像逃跑似的离开家庭求学去了。到美国不久，一位美丽的美国姑娘韦莲司对胡适的爱慕吸引了他，这是胡适的初恋，胡适在日记中，将韦莲司描写成了一个新女性的理想典型的代表。胡适与韦莲司的没有性爱的爱情与友谊并不止于胡适留学美国的那几年，而是风风雨雨继续了半个世纪。直到胡适逝世之后,台北"中央研究院"胡适纪念馆收集的胡适的函电信件中,有 200 件左右是胡适致韦莲司的。而北京社科院近代史研究所整理出韦莲司致胡适的函件 100 多件。韦莲司与胡适相爱数十年终身未嫁。由此可见,他和她之间的精神恋爱是如何刻骨铭心的。胡适与韦莲司初恋时,曾写信回国给他的母亲,请母亲代他废除父母包办婚姻的未婚妻江冬秀的婚约。胡母坚决不答应,并写信告诉美国的韦莲司及她的母亲说:胡适家中已有妻子。胡适回国后,服从母命与江冬秀结婚。胡适这一生中不仅与韦莲司有过初恋和数十年的精神恋爱,而且在国内跟陈衡哲也有过精神暗恋,而他的波涛起伏的刻骨铭心的恋爱,应该是他跟曹诚英的关系。在当年胡适与江冬秀的结婚典礼上,新娘的小伴娘曹诚英给胡适留下了美好的印象,之后胡适在杭州偶然与曹诚英邂逅。他和她双双喜登飞来峰,泛舟西湖,有说不尽的恩爱情话。由此,胡适第一次产生了与江冬秀离婚的念头,但江冬秀决不答应,胡适爱惜自己的名声,只能抑制住自己的感情而仰天长叹。曹诚英一生为胡适而终身不嫁,生活十分凄苦。最后,她孤身一人上峨嵋山剃光头发当尼姑。胡适的一生,过着悲剧性的爱情生活。他与妻子江冬秀的婚姻是一种没有爱情的婚姻;而他与韦莲司、陈衡哲与曹诚英这三位女人的爱情却是一种没有性爱没有婚姻的爱情。我之所以提出"胡适"式的精神恋爱,是因为这种精神恋爱与"柏拉图"式的精神恋爱有鲜明的不同特点——悲剧性的精神恋爱。而且,这种悲剧性的精神恋爱,在我们现代中国的高层知识分子中有一定的代表性和典型性。

4. 当今的西方社会,出现了一种同性恋,也可以说是一种没有性爱的特殊的爱情。说它特殊,是因为它不符合爱情的历史定义。爱情指的是一男一女之间相爱之情,而同性恋指的是一双男人之间或一双女人之间相爱之情。从严格的意义来说,同性相爱并非男女爱情之爱,而至多可能是一种朋友之爱或亲情之爱而已。从人文科学严格的定性定义来说,同性恋并非一种爱情婚姻,可是,它流行于现代西方社会,特别是美国社会,有不少同性恋群体的组织活动,美国有个别州议会正在讨论给同性恋人群立法,能否从法律上承认同性恋是一种合法婚姻。在巴西的商业中心圣保罗,2008 年 5 月 25 日,有 100 万支持同性恋者举行大游行。在拉丁美洲,2008 年 4 月 17 日,乌拉圭公布了一项国家法律,成为世界上承认同性恋者婚姻为合法婚姻的第一个国家。关于同性恋专题,我把它放在本书的后面再谈。我个人认为,所谓同性恋是两个女人或男人同居一起,既不可能发生性关系,也不会生孩子,最大的可能仅仅是互相拥抱、互相抚摸性器官或其他肉体接触,仅此而已。离开了爱情之美的生理基础和审美心理导向来谈所谓爱情婚姻和所谓夫妻家庭生活,一切都无从谈起,都是纸上谈兵而已。也正因为如此,本书只把同性恋归纳入没有性爱的所谓爱情,实质上仅仅是一种"空洞的爱情游戏"而已。

在人类爱情婚姻的历史上,除了上述种种没有性爱的爱情之外,还出现同它相对应的各种各样形形色色的没有爱情的性爱。正如上文所说的"一夜情艳遇"、"萍水性相逢"、"一杯水主义"、"买春与嫖娼"、"金钱换美女"、"性买卖服务"、"包二奶"、"养情妇"、"性滥交"、"性骚扰"以及"交换性伴侣"等,都从属于动物主义性爱观家族的子子孙孙。

曹雪芹是我国伟大的批判现实主义小说大师,也是一位世界级的文化名人。他的长篇小说《红楼梦》,描写了贾宝玉、林黛玉和薛宝钗一男两女的三角恋爱关系。其中既描写了贾宝玉和林黛玉那种没有性爱的纯真的爱情悲剧,也描写了贾宝玉(少爷)和袭人(婢女)偷吃禁果的那种没有爱情的动物主义的性爱关系。

在中国文学史上,有一部专门描写男女性爱的非常著名的长篇小说叫《金瓶梅》,此书写于明朝,作者兰陵笑笑生。这很明显是笔名,是个人创作或者是几个人合著,也无从查考。书名的由来取之小说中三个主要人物:"金"是潘金莲,"瓶"是李瓶儿,"梅"指的是春梅。这部长篇小说的中心人物是宋朝时代的一个无恶不作的大恶霸官僚西门庆。此人妻妾成群,原配夫人陈氏去世,继娶吴月娘为妻,又纳李妖儿、孟玉楼、孙雪娥等一大群女人为妾。西门庆看中了春梅和李瓶儿,就千方百计把她们弄到手,私通后并娶之为妾。西门庆最看中的美女是潘金莲,与潘金莲私通,又两人合谋毒死潘金莲的丈夫武大,武大之弟武松为其兄复仇,杀死了潘金莲。西门庆最后因纵欲过度,服用过量的春药死于淫乱的女人祸水之中……

《金瓶梅》自明代问世四百多年来,历代被评为"淫书"和"禁书"。新中国成立初期也被我国高校列为"淫书"和"禁书"。之所以因"淫"而

"禁"，是因为它离开了爱情之美、离开了审美主义而从动物主义的视角来写性。《金瓶梅》写性(写的是动物的性)，可谓惟妙惟肖和入木三分了，特别是处在青春期的青少年看了《金瓶梅》会触发一种"性春潮"和"性冲动"，它会触动和引发读者的性神经而想入非非……综合以上论述，我得出一个结论，《金瓶梅》是一本专门描写没有爱情的性爱小说。自从社会主义改革开放以来，我国文化图书市场也比过去自由开放，我们在图书市场可以买到《金瓶梅》，在大学图书馆也不再把《金瓶梅》列为"淫书"和"禁书"。虽然如此，这并不等于说可以给《金瓶梅》摘掉"淫书"的帽子，它仍然是一本专门描写没有真正爱情的动物主义性爱的小说。我们必须从审美主义的爱情观来评价这部长篇小说的思想价值和艺术价值。

《金瓶梅》一书对研究明末政治、经济、文化和宗教艺术等方面提供了极其丰富的真实的历史资料。书中描写了我国古代城市的商业繁荣、商品交流、金融货币、钱庄当铺、金融信贷、茶楼酒店、宗教艺术、青楼娼妓以及各种各样的民情风俗习惯等，于今来说，都是很有价值的人文历史资料。《金瓶梅》在文学史上有重要的地位，它在中国小说史上有里程碑意义。它是以普通小市民为主要人物和反映小市民性生活为主题和情节线索的长篇小说。今天，《金瓶梅》已经被翻译成十几种文字并成为国际上广为流传的有影响的作品。

**解读与思考题四**

1. 爱情之美的生理基础是什么？爱情离不开性，又离不开美，性和美，两者的本质区别及其互动关系是什么？阅读本章之后，请你评说一下奥地利心理学家弗洛伊德的性爱观和英国著名的性文学小说家劳伦斯的性爱观。他们两人谁是谁非？请你说出自己的见解。

2. 人和动物都同样的有性爱，然而，人类的性爱和动物的性爱有何本质的不同？人类性爱活动的两种社会功能和四大特点是什么？你自己是如何解读的？请举例说明之！

3. 人到青春期，这是人生最富有活力最美好的时光，生机勃发，春意盎然。请问少男少女到了青春期，从生理到心理上的变化和表现特点是什么？请你想想自己在青春期性成熟之后性意识的萌动和觉醒的各种表现,这是一种很正常的生理现象和心理现象,然而,有的少男少女对这种性萌动和性觉醒惊惶失措而不能自我调控,产生两种极端的错误偏向:一是禁欲主义,把自己的性欲强行压制下去;一是任其自然发展,实行动物主义的性骚扰和性滥交。请你从审美主义出发对上述性现象进行点评!

4. 少男少女到了青春期以后的性待业期,一定会产生性的困惑,这是人的生命过程的必然经历和必然规律。在青春期和性待业期,你应如何正确对待性的困惑?请谈谈你自己的学习体会和亲身经历!

5. 对性待业的青年男女来说,为了解决性饥饿和性困惑的需要,手淫是相当普遍的,只是你不好意思说出来而已。就大多数青年男女来说,对手淫问题很无知或知之甚少,因之受到这个难题的困扰,而父母和学校老师对这方面往往又忽略了,不好意思说出并给予具体的帮助和指导。读了这本书之后,你是否感到有收获?还有哪些性困惑问题没有解决?

6. 男女之间,假如没有性爱的交流和结合,爱情能不能存在?也就是问:人世间是否存在没有性爱的爱情和没有爱情的性爱?请你针对这个专题谈谈你对本书的学习体会!

# 第四章 爱情之美的心理导向

　　爱情是什么？我们应如何解读爱情？

　　爱情，世人对它能准确全面理解的甚为稀少。爱情之爱是人性之爱，它与兽性之爱有何不同？兽性之爱只是一方为了占有另一方，为了自己一方获得性感的快乐。而人性之爱是男女双方"合二而一"而产生的美，是把爱的双方互相神化与互相美化，用忠诚和热情维持"我中有你、你中有我"的生命。在他和她的人性看来，为爱情作出最大的牺牲就是最甜美的幸福。车尔尼雪夫斯基说："爱情不就是因为所爱的人的快乐而快乐，因为所爱的人的痛苦而痛苦吗？"（车尔尼雪夫斯基《怎么办？》）

　　爱情是男女双方思想上感情上的和谐完美一致，是心理活动上审美的相互满足与相互补充。两性缱绻的幸福欢乐使这种心理转为生理上的反应，从而使双方体内分泌一种有益于健康的良性物质；反之，双方互相嫌弃、讨厌，甚至互相敌视则会分泌出一种有害的物质，从而损害身体健康。由此得出结论：美好的爱情能促进身心健康！

　　爱情之爱，与性爱之爱有何不同？日本作家武者小路实笃说："恋爱与性欲不是一码事，两者的不同在于：性欲不需要尊重对方，不必为对方的命运担忧；恋爱则是崇拜对方，为对方的命运着想。恋爱有理想的对象方会产生，而性欲的对象也可以是自己所鄙视的人。"[1]

　　爱情是什么？世人对爱情有种种的解读。我国诗人赵鑫珊说：

　　　　　　　　这是一个古老的话题
　　　　　　　　回答起来不容易

---

　　① 转引自《世界名人论爱情》，农村读物出版社 1987 年版，第 163 页。

也许

最好的答案

是自己有过这样一次经历

我只知道爱情善于

把原先没有支撑的生命

变得有支撑

把无精打采的世界

变得振作生机勃勃

把没有意义的人生

变得有意义

这就是爱情

既简单又神秘①

　　"人们普遍认为,爱是人类最崇高最强烈最美丽最妙不可言和最富意义的一种体验。我们因爱而得以生到这个世界。我们通过爱而使生命得以延续,我们为了爱而乐于牺牲生命本身。爱围绕着孩子,使他们无忧无虑,爱给年轻人带来快乐,爱给老年人则送来安逸以安度晚年。爱能治疗疾病。爱能使跌倒者重新站立起来,爱能给波折者带来安慰,爱能激动音乐家和诗人的灵感。爱是大自然的第二个太阳。爱能使人们心中永远是春天……"②

　　"爱对人类来说,就像雨水对干春草,阳光对于玫瑰花一样地重要。当我们献身于爱,我们就不会失去自我,反而能发现一个包容更大、更美丽和更完整地享有自我。"③人们的生命需要爱,没有爱,我们便是不完整的人。人是一种爱美的社会动物。爱情的重要意义,远超于其他一切事情之上。对爱情的渴求不但涵盖了我们作为个人的、生物意义

　　① 引自赵鑫珊著:《99封未寄出的情书》,上海文艺出版社2000年版,第352～353页。
　　② [美]安尔尼·华尔士著,郭文斌、李文译:《爱的科学》,团结出版社1999年版,第4页。
　　③ 同上书第332页,第13页。

的、性方面的和社会意义上的需要,而且涵盖了我们在审美精神生活上的需要。爱情之美是人的生命,包括灵魂生命和肉体生命的两者合二而一的原动力之一。

结合以上论述,我在上文给爱情下了一个定义:爱情是男女相爱之情,是一男一女相互吸引、相互欣赏、相互喜乐爱恋,是对人生之美的共同探索、共同追求与共同创造。上一章讲的是爱情之美的生理(动物性)基础,讲男女两性之间有关性爱的基础知识,这一章讲爱情之美的心理导向,其重点突出讲作为一个审美的人、一个高尚的真正的人、一个摆脱了动物性低级趣味的人应该如何从审美主义的高度和视角去追求和创造自己美好、快乐、幸福的爱情生活。

## 为什么爱,爱什么人?

爱情是一种什么美的神秘力量,将一男一女吸引在一起? 使他们从肉体生命到精神生命"合二而一",获得人生的快乐幸福。请听下面讲一些美国人的有关爱情的故事①:一对看似毫不般配的夫妇却有着美满幸福的婚姻,你碰到过这样的人,而且知道这是为什么吗?

我认识这样一对夫妻:男的强壮结实,曾当过运动员,现在不仅是个成功的推销员,也是一个儿童垒球队的教练,还是"扶轮国际"地方分社的活跃分子,每周六下午必和朋友一起打高尔夫球。而他的妻子则娇小玲珑、温和文静,整个一个以家庭为生活中心的人,甚至连外出吃饭也不愿意。

究竟是怎样一种神秘力量驱使我们投入一个人的怀抱,而远离另一个在公正的旁观者看来同样有吸引力的人呢?

在许多影响我们选择最佳配偶的因素之中,最重要的一个就是美国医学心理学和儿科名誉教授约翰·蒙尼提出的所谓"爱情地图"——它是预先编设在我们大脑中的一组描述我们好恶的信息。这组信息显示我们对头发和眼睛的颜色,对声音、气味和身材的偏好,也记录了吸引我们的个性是热情友好型的,还是坚定安静型的。

---

① [美]蒙奇:转引自《读者》杂志 1999 年第 5 期,第 48~49 页。

总之,我们会爱上和追求那些最符合我们大脑中"爱情地图"的人,而这张图在儿童期就大致确定了。到 8 岁,理想的配偶类型已开始在脑海里浮动。

我在讲学时期常常问听众中的那些夫妇,是什么将他们吸引在一起。他们回答各异,有的说:"她性格坚强,很有独立性。"有的说:"我喜欢红头发的人。""我喜欢他的幽默感。""他那歪着嘴的微笑勾引上我了。"

我相信他们说的话。但我也知道,假如我请这些人描述他们各自的母亲,那么,他们的母亲与其理想的配偶必有许多相似之处。的确,母亲——我们生活中的第一个真正的爱人——为我们绘制了"爱情地图"中很重要的一部分。

年幼时,母亲是我们关注的中心,我们也是她关注的中心,所以母亲的性格给我们留下了抹不掉的印象,因而我们长大以后总是被像母亲这样的人所吸引。这些人有她的脸部特征、身材体型、个性特点,甚至有她的幽默感。如果母亲热心体贴,那么成人后的我们会被热心体贴的人所吸引;如果母亲性格坚强、性情平和,我们会被配偶的公正无私所吸引。

母亲对儿子的另一个影响是:她不仅为儿子在择偶时暗示出配偶的可爱之处,而且也影响他们对一般女性的看法。这样,假若母亲热情善良,那么儿子就会认为女性就应该这样。长大后他们自己也很可能是热情和反应迅速的爱人,而且在家庭生活中很合作。

反之,如果母亲性情压抑,时而友善,时而忽然变得冷漠固执,那么儿子也会成为一个性情乖戾的人。因为他对来自母亲的爱非常惧怕,所以也害怕给别人爱的承诺,并且可能由于上述原因而离开女友。

虽然主要是母亲决定了配偶中吸引我们的品质,但是父亲——我们生活中的第一个男性——却影响我们如何与异性接触。父亲对孩子的个性发展和婚姻幸福,起着巨大的作用。

正如母亲影响儿子对女性总的看法,父亲则影响女儿对男性总的看法,如果父亲将赞扬慷慨地给予女儿,并且认为她是一个有真正价值的女孩子,她会在以后与异性的交往中充满自信;但是,如果父亲冷漠挑剔,或者漠不关心,那么女儿会感到自己不够可爱或缺乏吸引力。

是否存在配偶特点恰好相反的情况呢？他们是否也相互吸引呢？也是也不是。在许多方面，我们都会寻求一个自我镜像，如长得漂亮的人常常被同样长得漂亮的人所吸引。

另外，大部分人与类似自己社会环境的人一同长大。同一个城镇的同乡常聚集在一起，朋友之间受过几乎同等的教育，有着同样的职业目标。和他们在一起，我们会觉得最舒服。因此，人们常常与那些家境类似自己的人结合在一起。

罗伯特·温奇，美国西北大学一位长期从事社会研究的教授，在他的调查中表明，我们在择偶时考虑了许多社会背景的类似性。但是，他同时也强调，择偶还有互补需求的一面。喜欢说的人被喜欢听的人吸引；性格冲动的人会寻找性情温顺的配偶。

这很像那句古老而有洞察力的格言："人们在择偶时，要注意一个人头上的坑要对得上对方头上的鼓包。"或者正如温奇所说的那样，似乎是社会学上的相似和心理学上的差异之间的平衡，才导致最坚固的终身浪漫史。

然而，也有不同社会背景的人最终成了伴侣而且婚姻十分幸福的。我认识这样一个人，他是个出身于传统爱尔兰家庭的美国工人，却爱上了一个非洲裔的美国新教徒。在他们结婚时，亲朋好友预言他们的婚姻不会长久，但二十五年过去了，他们仍旧相爱如初。

原来，这位妇女很像她的婆婆——一个亲切而富有爱心的人，一个会挽起衣袖，自愿去教堂工作或帮助穷人的人。这就是她丈夫喜欢的品质。这个品质使肤色、宗教和其他社会因素变得对他来说不太重要。

正如与爱尔兰天主教徒格雷西·艾伦结婚的犹太喜剧演员乔治·彭斯所说：他的婚姻是他的得意之作，即使是格雷西获得了所有的笑声。他们俩确有某些类似的社会环境——生活在城市，生长在人口多而贫穷的家庭。然而，当他俩第一次在舞台上合作时，是什么东西真正使他们相互吸引就很清楚了。他们取长补短，互补得当：他是对口相声里的配角，而她则讲那些使人哄笑的警句。

当男人或女人拥有一项特殊的本钱，如高的智商，不凡的美，令人神魂颠倒的个性，或者具有同样作用的巨大财富，那么，有些人会决定拿他们的本钱和别人的强项进行交换。美人可能拿她的光彩换取富豪所能给予的权力和保障；出身高贵、才气平平的人，可能用他的门第换取一个才华横溢的穷女子。

事实上，任何一种搭配都有可能生存和兴旺。有一次，一些邻居来我家友好聚会。那天晚上，50来岁的罗伯特突然冒出一句："假如我的女儿打算与一位扎马尾辫并坚持要由他做饭的男人结婚，我怎么办？"

"除非你女儿喜欢烹调，"我回答说，"否则我得说她很幸运。"

"的确如此，"他妻子赞同道，"这实在是你的问题，罗伯特，你那个大男子主义又抬头了。关键是他们两个相爱。"

我尽力让罗伯特放心，指出他女儿选的这个年轻人看来是一个随和而无偏见的人——这个特征与她自己的母亲非常相似。

真有一见钟情的事吗？怎么会没有呢？当人们被爱情魔棒击中后，那瞬间发生的是这对男女大概发现了他们共有的一种独特东西。它可以是普通的一件事，如他们正在读同一本书，或者他们出生在同一个城市。同时，他们也注意到了对方身上弥补自己个性的某种品质。

我正巧就是被这个魔棒击中的人之一。那个命中注定的周末，当时还是康奈尔大学二年级学生的我得了重感冒，正犹豫着要不要同家人去卡茨基尔山度假。最后我决定，做什么总比独自呆在寝室里强。

那天晚上，我正准备出去吃饭，姐姐冲下楼来对我说："今天你进饭厅时会遇到一个将与你结婚的人。"

记得当时我说了句类似"去你的吧"之类的话，可姐姐真是太正确了。从看到他那一刻起，我就知道这是命运。每次回想起这件事，我还觉得挺难为情的。他也在康奈尔大学读书，是医学院预科班的学生，当时恰巧也得了重感冒。我一见密尔顿立刻就爱上了他。

密尔顿和我结婚39年，直到他1989年去世。39年中我们一直相亲相爱，正如埃里克·弗罗姆所说："两个人已融为一人。"即使在那些年中我俩都在变化，都在成长，实现着我们的生活价值。

下面再讲第二个美国故事，美国人很重视爱情之美的心理导向，他们很重视少男少女青春期的爱情美的教育。请看下面这篇文章①：

中美两国在对青少年性教育的观念和方式上有着天壤之别。六年

---

① 转引自美芳：《感受美国性教育》，《恋爱·婚姻·家庭》2008年第8期，第54页。

前,她带着刚满九岁的儿子移民到美国纽约。每天放学回家儿子总是兴高采烈地对她讲述学校里的所见所闻。看见儿子能迅速融入人地生疏的美国社会,她很欣慰。

生性活泼的儿子对陌生的西方社会充满了新奇感,而纽约是一座特别充满性色彩的城市。不用说曼哈顿四十二街有臭名昭著的红灯区,就是儿子每天上学要经过的那些性用品商店就足以让她担心:橱窗里的展示一览无余,赤裸裸的男女亲昵画面令她这个过来人都脸红心跳。

她的担忧或许不无道理。儿子进中学后不久性格就有了明显的变化。他不仅言谈举止变得比以前深沉,一向不注重外表的他还开始认真拾掇自己,每天都要用洗面液涂抹脸部的痘痘。显然,步入青春期的儿子开始在意自己在女同学眼中的形象了。她早就听说美国中学生"早恋"现象司空见惯,从老师到家长均不干涉孩子的恋爱自由。但她仍时不时提醒儿子,现在是读书的年纪。

一天,儿子带回了一份学校给家长的通知,说周末学校有一堂性知识教育课。通知上注明,如果家长不同意孩子听课,必须在回执上签名,将来孩子如果发生了堕胎、艾滋病等,家长不可指责学校教育不力。通知末尾说欢迎家长到校旁听性教育课。早就想到儿子学校"侦察"情况的她自然不会错过这个机会。

原以为性知识教育课的气氛会严肃而拘谨,可事实并非如此。上课开始,那位漂亮的年轻女教师就在黑板上写了一个大大的"SEX(性)",然后面带微笑地问大家:"同学们,当你看到'性'这个字时,你们想到了什么?"她没料到老师会对涉世不深的孩子提出这样的问题。

一个满头卷发的男生第一个发言:"'性'让我想到了遗精。"立刻就有人笑出声来。一个略带羞涩的女生轻声说:"'性'让我想到了怀孕。"她看见好些同学都在窃笑。一个黑头发的亚裔男生冷不丁冒出一句:"'性'让我联想到做爱!"教室里马上骚动起来,好多女生的脸都红了。

这时,一个体魄健壮的黑肤色男生瓮声瓮气地说:"'性'让我想到了一丝不挂的女人……"话音刚落,同学们顿时哄堂大笑,有几个同学将笔和本子朝他扔了过去,教室里像开了锅,她瞥见儿子也笑得十分开心。

接下来,孩子们继续无所顾忌地发言,他们的想象力是那样丰富,年轻女教师不停地在黑板上写着:做爱、姿势、流产、接吻、性感……一些平时大人都觉得难以出口的词被孩子们说出来,完全没有羞涩和龌龊的意味。

教室安静下来后,女教师看了看满满一黑板的词汇,皱着眉头说:"你们说了这么多,唯独漏掉了一个与'性'有千丝万缕联系的东西……"

孩子们窃窃私语地猜测起来。这时,女教师转过身,一言不发地在黑板上用力写下了"LOVE(爱)"!教室里顿时变得鸦雀无声,"爱情!"女教师的声音充满感情。"'爱情'是两性之间最圣洁最崇高的感情,缺少爱情的'性'是最没有灵魂的躯壳!人们在大谈性感、快感时,却忽视了'性'是要以'爱'为前提的。生活中的早孕、堕胎、性病等,往往是由不负责任的性行为导致的……"

女教师的话极富感染力,刚才还嬉皮笑脸的孩子都变得庄重起来。接下来,女教师告诉孩子们,性爱没有下流之说,也没有罪恶性,它是自然的、美妙的,但中学生过早涉足性生活对身体和学习都不利,发生意外妊娠和堕胎是十分痛苦的。

最后,女教师播放了一张介绍避孕方式的碟片,孩子们看得格外认真,那种专注的神情就像在看一幅数学三维图。

课后,她与儿子的班主任聊了一会儿。当她向老师打听儿子在班上是否交了女朋友时,那位高鼻凹眼的洋老师有些吃惊:"很遗憾,我从不过问学生的隐私。您儿子很优秀,如果有女孩爱上他是很正常的事。"

离开学校回家的路上,在地铁车厢里,她又看到了一则广告宣传画,画面上是一群天真烂漫的少男少女,上面的广告词却令人费解:"If you do,do it right."(如果你要做,就要做得正确)再往下看才恍然大悟,一行小字是:"请别忘记使用安全套。"

如果说她曾经担心儿子会迷失方向,那纯粹是杞人忧天。经历了性启蒙和青春期性教育的儿子对"性"已能够泰然处之。

"性爱"在儿子心目中是自然而美妙的,毫无神秘羞耻可言。在充斥着诱惑的西方社会里,儿子以一颗平常心理解了"性",就能以成熟健康的性意识克制青春期的生理躁动。

　　读完了上述这篇文章,我了解到美国中学生的性健康教育的现状。美国是性自由性解放的国家,但他们并不放任自流,让少男少女们从动物主义的性自由性解放的自发方向发展,而是以审美主义的性自由性解放的理念思维为出发点、立足点和制高点,对学生进行性健康教育。性是爱情的生理基础,爱情离不开性、离不开男女双方性的互相吸引,离不开作为动物的人的动物的生理的性感、性快乐的需要;但爱情又离不开美的先导、指引和支配,离不开作为审美的人(一个真正的崇高的人)的人性的心理性的人的灵魂生命的需要。正因为如此,我赞赏美国人对中学生进行性健康的教育,这种性教育,合乎爱情之美的心理导向!

# 两种相反的爱情心理导向

　　人类的爱情婚姻生活,存在着两种相反的心理导向:一种是动物主义的人的自我心理导向,也即动物主义的心理导向;一种是审美的人的自我心理导向,也即审美主义的心理导向,这两种心理导向的对立斗争和矛盾统一,推动了人类的生存和可持续发展。人性的爱(情)与兽性的爱的本质不同。就爱情婚姻的范畴来说,有两种生命的快乐和享受:一种是审美的人性的高尚的快乐享受,另一种是动物的兽性的卑贱的快乐享受。

　　那些动物主义者对待爱情的最根本的特点是把自己人生最大的快乐幸福建立在别人痛苦的基础之上。这是一种违反人性之美的不道德的野蛮行为。远古野蛮时代的国王或强盗抢劫美女为自己占有并作为性奴隶。在现代,勾引人家老婆供自己通奸享乐,一个男人(贪官)用权与钱收买了七个情妇,一个坏女人同样为了权和钱而勾引七个情夫,他们为了自己兽性疯狂之乐,破坏人家快乐幸福的婚姻家庭,等等。爱情是专一的、排他的,绝不容许第三者插入,我们应该努力防治爱情悲剧的产生。

　　请看下面一则美国新闻:

　　美联社佛罗里达州 2008 年 9 月 12 日电,一名因与 14 岁中学生发生性关系而被判本宅软禁的中学女教师在接受记者采访时承认,自己"越过了永远不应该越过的界限"。

德布拉·拉法弗今年 25 岁,自从 2004 年被捕以来,她的行为就成为报纸追逐的热门话题。在美国全国广播公司今天公布的对她的采访录像中,拉法弗承认,那位受害者"今后可能难对女人产生信任感"。

拉法弗于 2004 年 6 月与这名男孩在一间教室里和她的家中发生性关系。认罪之后,她被判本宅软禁 3 年,缓刑 7 年。事后,拉法弗表示了道歉,她还说,她当时精神有问题。

拉法弗在接受全国广播公司记者采访时说,当她与那位男孩发生关系时,她根本没想过那是一种强奸行为。但是,她现在认识到,自己"作出了一个非常非常坏的选择"。她还说,人们对这起案件的关注度如此之高,而其他的类似案件却很少或根本没有引起关注,这是因为她很漂亮。

再讲发生在美国某个家庭内部的一个乱伦故事。弗罗姆出生于一个艺术之家,"12 岁那年,弗罗姆目睹了一件终生难忘的故事。这件事使年轻的弗罗姆变成人类心灵秘密的探究者。有一位年轻美丽的女子,是他们这个绘画之家的朋友。这位漂亮的富有魅力的年青女郎,芳龄大约 25 岁,擅长绘画艺术,是他所认识的第一个画家。她常到他们家做客。她订婚不久就解除了婚约。弗罗姆发现,这位娇美女郎每次上他家来,总是伴着她那位丧妻的父亲,而她父亲则是一个索然无味、其貌不扬的老人。她父亲逝世后一天,忽然传来一个令人震惊的消息,女艺术家自杀了,并且留下遗嘱,希望将她同父亲合葬在一起。消息传来,弗罗姆百思不解。他说:'我非常喜欢这位妙龄女郎而讨厌她的那位其貌不扬的父亲。在这以前,我不知道人还会自杀。于是,一种想法便油然而生:这一切又是何以可能呢? 一位年轻漂亮的姑娘怎么可能如此爱恋着她的父亲,以致她宁愿和她的父亲合葬在一起,也不愿意活着享受爱情人生和绘画的乐趣呢?'"[①]

艺术家弗罗姆提出的问题,其实并不难解答,这是一个伦理道德的

---

① 引自[美]弗洛姆著,赵正国译:《爱的艺术》,国际文化出版公司 2004 年版,第 143~144 页。

问题,一个乱伦的爱恋问题。大约在100多万年前,人和其他野生动物之间并没有什么区别。那时候的"人"只不过是一群披着人皮的动物而已。他们不懂得美是什么和如何审美,不懂得人是什么和如何做人,他们更加不懂得美之所以为美和人之所以为人这个人生的真谛。他们根本就不知道有一种正确处理人与人的关系的伦理道德。大家在一起过着野蛮时代的我们今天看来是一种乱伦的性爱生活。那时男女做爱不分什么同胞兄弟姐妹,不分什么母子父女,不懂什么亲情友谊及爱情,不分什么时间地点场合,只要双方动物性的生理上需要而相互吸引,就可以在一起做爱。虽然人类从走出动物世界向文明世界伟大进军,已经有100多万年的历史了,但是应该指出的是,人类自己从发明了文字并产生了文化以及用文字来记录人类文化的历史却只有数千年的历史。人类有两种文化,一种是推动人类历史进步和不断前进的审美主义文化,一种是把人类历史拉倒车的动物主义文化。这两种文化谁战胜谁,推动了人类历史的进步和可持续发展。上文所说的那位年轻漂亮的女画家和她的父亲那种父女乱伦的性爱关系,是一种被扫进历史垃圾堆的没落的动物主义文化。

## 美的规律与爱的规律

美的规律是伟大的马克思发现和提出的。所谓美的规律,就是人的生命发展的规律,是人类应如何快乐生存和可持续发展的规律。对一个人来说,美的规律是如何审美做人的规律也即美之所以为美与人之所以为人的规律。美是人类所追求创造的人的生命最本质最需要的能唤起人们心中喜乐爱恋的人生最可贵的东西,美的规律也是人创造美和美创造人的人性不断发展的规律。不论性爱也好,爱情也好,都非受制于美的规律不可。

爱的规律指男女相爱的爱情之美的规律,说到底,就是老子所说的阴阳和合发展美的规律。一男一女相恋结合一起,是否融洽,是什么程度的融洽?是否甜蜜,是什么程度的甜蜜?不论从爱情的生理基础来看,如体质、长相、性机能、健康状况与神经特点,或从审美心理来看,如精神境界、文化素质、理想情操、志趣才能等,无不涉及男女双方的阴阳和合发展美这个规律性问题。那些美满幸福的夫妻生活总是那么美妙,充分地体现了阴阳和合身心平衡这个爱情之美的规律。

美的规律先导、指引和支配了爱的规律。男女相爱的双方应该互相美化,这是爱情之美的原动力。要明白爱情有一个美的规律:只有付出爱,才能得到爱。歌德说:"人生在世,爱情比任何东西少不得。"(歌德《少年维特的烦恼》)泰戈尔说,爱就是充实了的生命。人的生命离不开美。爱情之爱,被界定为是一男一女之间互动的爱;爱情之情,也是一男一女互动的情。如果男女双方少了一方,爱情便不能产生和发展。正如老子所说的,孤阴不生,独阳不长。那么,自爱,自己爱自己能形成爱情么? 不能。有被动式的爱,"因为他爱我,所以我也爱他";也有主动式的爱,"因为我爱她,所以她也爱我"。真正的爱情常常是主动的爱,即两颗心同一时刻被爱神丘比特的爱情之箭射中了。然而,在现实生活中恋爱的青年男女不懂得在互动的热恋过程中有一个鲜为人知的规律,那就是爱情是需要付出的,你只有付出爱,才能获得爱。正如刘墉所说的,"人付出爱,才会快乐","人的可爱,正在这里。我们不是只为活着而活着,是为了奉献自己而活着。愈能奉献,愈能活得充实;愈快乐,也愈能肯定自己的存在"。①

上文说过,审美,是人的生命的原动力,也是人类生存和可持续发展最根本的原动力。什么是动力,动力,指的是推动人类社会发展的力量。爱情之美是人的生命原动力之一,即使是有关爱情的一种梦想,也是一种力量。记得有一位诗人说过,如果在你的心里给爱情的美梦留下一个神秘的角落,并像种花一样小心翼翼地给它呵护——除草、松土、浇水与施肥,那么,梦想的种子就一定会开花结果。甚至她会把你当作恩人一样给你报恩,爱情之美梦如果变成现实,她会给你带来无限的快乐幸福!

如果爱情失败,她会给你带来无限的痛苦。爱情上的苦闷不仅仅是心理层面的。这种痛苦在肉体上也可以感觉到。它比慢性的精神压力还危险,因为它不会停顿,也不能很快消除。它会使像例如皮质醇和肾上腺素这样一些荷尔蒙上升到生病的程度,并且使心跳不规则,血压

---

① 刘墉:《在生命中追寻的爱》,漓江出版社 2000 年版,第 176—178 页。

升高，免疫系统受到损害，从而使致病的病菌进入体内攻击虚弱的身体。

不久前医生发现，爱情上的苦闷甚至是致命的。自 2006 年 2 月以来研究人员一直在研究这种现象，他们把它称作相思病或心碎综合症。他们惊奇地发现，爱情上的苦闷所表现出来的症状与身体上的许多疾病相同。美国的一个研究小组在失恋者的血液中测量到了令身心紧张高浓度的荷尔蒙。

男性和女性遭受的痛苦相同吗？维也纳的心理学家格尔蒂·森格尔试图搞清楚这一点。她询问了对怀有失恋伤痛的 30 名男性和 30 名女性，并就此写了一篇博士论文。她断定，女性和男性遭受的痛苦相同，但感受痛苦的时间不同。有 93％的女性向别人诉说自己的痛苦，而向别人诉说痛苦的男性只占 30％。

遭受爱情痛苦的男性从表面上看比女性多。例如，米兰的里扎研究所向 1000 名 24 岁到 65 岁的意大利人提出下述问题："您是否由于爱情上的苦闷而真正生过病？"1/3 以上的男子作出肯定的回答，但只有 1/5 的女性承认，由于爱情上的苦闷而生过病。心理学家森格尔发现，男性和女性摆脱失恋痛苦的时间不一样，男性平均需要 11 个月，而女性平均需要 15 个月。

爱情有一种超级魅力，与人的生命、与人生命运息息相关。在一定条件下，爱情甚至可以决定一个人的前途命运。当一个人对爱情的需要得不到满足并受到强迫虐待或抑制时，往往会造成惨痛的悲剧，在监狱里不是关押着因不幸的爱情婚姻酿成悲剧的男女杀人犯吗？爱情可以使你走向成功完美，也可以使你走向失败或死亡，问题在于你自己如何驾驭爱情这种生命之舟，如何正确处理美的规律和爱的规律两者的互动关系，如何在爱情的十字路口上从审美主义的高度和视角进行正确的选择和抉择。

# 灵魂之美与肉体之美

我们应该认真学习和正确解读爱情美学的一个基本原理：对一个人的生命体来说，什么是灵魂之美和肉体之美？两者的关系和互动规律是什么？首先，我们要懂得爱情之美的一个真理：肉体享受和美的欣赏两者缺一不可。然而，灵魂之美比肉体之美更可贵。郁达夫说，肉体的美是不可靠的，人格的美才能永久，才是伟大。歌德说，外貌的美只能取悦一时，内心的美方能经久不衰。不能否定外貌之美是选择爱人的一个重要条件，但心灵与思想的美丽，才是真正爱情之美的最牢固的基础。

异性的吸引力是从哪里来的？由内在之美和外在之美两者相结合而来的。异性之间的互相吸引，除此之外，还有性感问题，所谓性感，其核心是对异性吸引力的启动性亲热性的美的感受，也即能给异性以强烈集中的美的感受。

年青的朋友，请让我讲个故事给你听，题目叫做《土拨鼠的青春事》①：

凯西是我的同屋兼死党。历史书上解释：朋党，意气相投者。我也没有料到，在我波澜不惊的教书生涯中会有一个来自美利坚的曼妙女子和我称兄道弟形影不离。

凯西是学校请来的美籍教师，一个典型的金发美女，白皮肤，蓝眼睛，秀挺的鼻子，丰满的胸脯，一见人就笑，无论老人小孩，良民色狼——当我在这里历数她的优点时，真恨不能钻进我妈的肚子里重新投胎一次。我长得不美，借用一个网络词汇叫"恐龙"，皮肤黑，鼻子扁平，眼睛下面还有两块"雀斑农场"，因为太瘦，无论多昂贵经典的衣服穿到我身上都显得滑稽可笑。

有好几次，我对凯西说："凯西，这太不公平了！"她瞪着一双漂亮深邃的眼睛说："什么意思？"我委屈地说："每次出门总有无数人看着我们指指点点，我让你更美，你却让我更丑！"我本是开个玩笑，凯西却用不太流利的中文一本正经地解释道："不，苏珊，我和别人走在一起时人家老是看我，但和你走在一起，大家都是看你。"我几乎气晕："因为我太吸电！""什么吸电放电，因为你走路的样子神采奕奕，看上去像一只自信而漂亮的孔雀。"

天啊！长到 24 岁，凯西是世界上第一个说我漂亮的人。

---

① 转引自《恋爱·婚姻·家庭》，2008 年第 8 期，第 13～14 页。

我和凯西每天出双人对，像一对反义词，相随相伴，成为外语系一道风景。她是美女，我是土拨鼠，灰土豆。久而久之，我的"抗挫"能力日益加强。毕业前夕，我们四处求职，四处抛媚眼，同寝室的女孩子每天早出晚归，回来碰头的第一句话通常是：卖了吗？离校前夕，寝室里的姐妹或"高攀"或"下嫁"，反正都有"主儿"了，只有我一个人左冲右突，毫无战果。最后一次应聘，那个人事部经理直言不讳地对我说："你的外语水平不错，性格也开朗，可是如果是你这副样子代表公司去谈业务，或者作为总经理的翻译出席各种谈判，怕让人觉得有些突兀。"这就是血淋淋的伤害，好像合情合理，实则凌厉如刀。

　　走出那扇玻璃门时，我差点被一辆疾驰而过的出租车刮上，本来想追上去和他寻个你死我活，转头一想，不行啊，我全身不少一个指甲盖儿，不缺一根神经，我妈怀足了月生下我好端端一个外语系的才女，我就这么耍赖算什么孝顺女儿啊！

　　大学里，有一个模样不错学习不错的男孩子想追我，他借一瓶二锅头的热量跑到女生宿舍楼下喊我的名字，我说："你脸红什么？怕我不出来？"他说："不是，我其实是怕别人听见我喊你的名字。"我大跌眼镜。果然，他陪我吃了若干次饭、看了若干次电影以后就自作主张结束了我的初恋。后来有人告诉我他在他的兄弟们面前说："苏珊绝对是一个开心的妹妹放心的老婆，可是现在我还不想找老婆，只想先找一个女朋友。"我听了，心里大笑，看来长得丑的人，想上当受骗或练习练习爱情都不行，看来日后若有人追我撵我，八成是想把我要回家去，都用不着我睁大慧眼去辨别他是真是假爱我几分，多省事。

　　凯西说："我很奇怪，你这样可爱的女孩子没有人追，如果在美国，你的男朋友都有一打了。"我前俯后仰："凯西，我哪儿可爱？"凯西眨着一双妙目说："你连你自己的优点都不知道，真是遗憾。你聪明、幽默、善良、乐观、自信、善解人意——哦，太多了，我数不过来了。""可是，如果可以选择，我宁愿乏味无比，也不愿走在街上影响市容。"我心里想。

　　好在，我还有工作和一大群"咿呀学语"的学生，我一个星期要上30多节课，是外语系课时最多也最疯狂的老师。我不愿走下讲台，讲台就像我的舞台，虽然我不美，但站在讲台上时，我是一个传播知识和智慧的人，我是一个精神富有的人。我连续上四节课还是一副意犹未尽的样子,让同事们大喊佩服。他们哪里知道,只有在讲台上才没有人能窥见我心底的自卑。

有一次,我的学生用仰慕的眼神看着我:"老师,为什么你总可以这样滔滔不绝,难道你就没有犯堵的时候吗?"我不假思索:"有啊,那就是一想到我的模样我就犯堵,恐怕这辈子没人愿意娶我了。"我绝没有想到,全班的男同学哗啦啦地站起来,异口同声说:"我们愿意娶你!"我拔脚就跑。

凯西很不满我一副嫁不出去的自贱模样,"忘记你的外表,修炼你的内心,你会是世界上最快乐富有的人"。不知道她是从哪本杂志上看来的句子,好像是专门对付我这种因外貌而自卑情怯的人。每次我总觉得别人要挑剔我的相貌。真是一朝被蛇咬,十年怕井绳。"为什么要在乎别人的评价,你是要活出你自己的个性和精彩,不是要活得没有缺点。"

凯西放弃在国内优越的工作独自一人跑到异国他乡,来体验一份属于她自己的独一无二的生活,凭的就是忘记一切的勇气吧?

学校校庆期间迎来了一位著名的美籍华人陈女士,我和院领导一同去接机。那天我精心收拾了一番,白衬衫,及膝的黑裙子,小巧的红色坤包,出门前还喷了凯西的法国香水。可是在候机厅贵宾室,我从周围看过来的目光知道,今天我的打扮又有某个地方出了不可原谅的错误,但是已经来不及收拾难堪的情绪了。

陈女士被搀扶着从舷梯上下来了,省市领导谦恭地迎上去,媒体记者蜂拥上来,我也不示弱,灵活的身子穿过一群衣袂生香的绅士淑女,站在了陈女士的面前说:"I am English in terpreter, I am Susan."同时大大方方伸出了右手。陈女士微笑着握住了我的手说:"Interpreter, oh good, very good."坐在去宾馆的车里,我得意极了,今天和陈女士握手的人肯定不会超过十人,而我是其中之一———一个没有职务没有头衔脸上有两块"雀斑农场"的女孩。她握着我的手说:"Very good!"

市里也派了一个专业翻译来,但那天,尊贵的陈女士却当着省市领导和我的领导的面说:"让苏珊留下来吧,我看她不错!"我差点儿缺氧,因为幸福的感觉来得太突然,就在刚才,在宾馆门口,旅游局那个精明能干而漂亮的女局长对我的领导说:"你这个翻译,口语倒是不错,但是衣服穿得太奇怪了,要训练训练。"她是不忍说我形象太差啊。

接下来的几天,我几乎天天跟着那些名人,每到一处就给他们作现场翻译,陪他们吃饭、聊天,讲当地的风俗和趣闻轶事,我感觉到,我已经大大抢了那些大官的风头了。

陪完客人,深夜很晚回到家来,凯西还没睡,客厅的吊灯放着耀眼的光。我没提防,凯西一看见我就从沙发上跳起来,拥抱我说:"苏珊,今天你太漂亮太精彩了!"我想起那个女局长看我的眼光,沮丧地说:"有人说我衣服穿得好奇怪。""不,"她说,"你今天自信而美丽,不信,你自己看。"我扭头一看,电视里正在播放今天的新闻,我站在陈女士和她的一群朋友旁边滔滔不绝地解说着呢,那个大胆自信,完全忘记了自己的"雀斑农场"的人,是我吗?我几乎不敢相信。

开始有鲜花进驻我们的房间了,不再是送给美女凯西的,包裹着鲜艳玫瑰的玻璃纸里夹着漂亮的卡片:送给漂亮能干的苏珊。嘀嘀,我不动声色,也不慌张,无论人家想不想把我娶回家去,我且观察,我且惜售!

讲完上述故事,我松了一口气,一个能以灵魂之美去战胜和改变外貌似乎有点不太理想的女人——"雀斑农场"的苏珊。苏珊是一位嫁不出去的英语老师,过去男人们,特别是那些帅哥们,总是把鲜花送给美女凯西——一个长得极其漂亮而又吸引男人的美籍英语老师。而经过心灵上主观努力拼搏,苏珊外表上也比过去注重打扮起来,在一次接待美籍客人的翻译工作中有了新的突破,显得特别出色,受到大家赞扬,大大地扭转了"嫁不出去"的被动局面。而现在开始有男人把鲜花送到苏珊的房间来了,在包裹着鲜艳的玫瑰的玻璃纸里夹着一张男友的名片,里面写着送给能干而漂亮的苏珊……

我又想起了恋爱中的青年男女的一种时尚追求都喜欢寻找和追求——一位"酷"的配偶。什么是"酷"?我个人认为,"酷"是一种性感之美的吸引力,不仅是言行、外貌之美的吸引力,而更加重要的是她或他的灵魂生命和强大的至高无上的精神力量对你的强大吸引力。

# 一种柏拉图式的爱情

## ——明恋与暗恋

在现实生活中的确存在着一种柏拉图式的精神恋爱——他和她不要求肉体上的"合二而一",只是追求精神(灵魂)上的"合二而一"就心满意足了。请听刘××女士的自述[①]:

有时候,并不是两厢情愿就可以举案齐眉、朝朝暮暮的,我和他之间,隔着无法逾越的鸿沟,生活不是影视剧里的喜剧,靠几个峰回路转的情节就可以车到山前必有路的,除非我们抛弃世俗的眼光,背离彼此的生活环境。说白了,我只不过是一个小城里会写点诗的普通工人,而他则是上海那个大都市里一个擅长写诗的公务员。

但是没有人规定,我们不可以在电话线里相爱。心动就是那一瞬间的事,爱情就是那突如其来的一种感觉,每个人都为了一种信念而活,我们彼此的信念,就是我们的相知相爱。虽然性爱望梅止渴般停驻在彼岸遥不可及,但是我们需要的,不是身体而是心灵。他的爱人离开他去了国外,我的爱人也不幸患病身亡,按说我们有条件在一起,可是我不想让他因为我的卑微被身边的人鄙视,也不想让我的朋友们说我高攀了一个大城市的人。再说,我有我的工作,我舍不得离开这个悠闲的小城投身于大城市的忙碌,更不愿意他为了我放弃手上的工作,所以,我们只有心存爱意,支持彼此走过漫漫的人生之路,电话线两头的话语,短信里的关切,足以让我们的心灵温暖。

去年五一的时候,我带着儿子到上海旅游了一趟,他以导游的身份陪我们母子玩了五天,好多年没有那样开心地笑过了。那几日,儿子熟睡之后,我在旅馆套间的外间与他对坐长谈,谈彼此的作品,也谈彼此对未来的打算,我们双手紧握靠在沙发上相互鼓励着,隐藏了欲望的爱,莲花般清新宜人。这样的相爱,纵然最终无法走到一起,也一样值得珍藏。

有一种很特殊的爱情,好像不太符合爱情的定义,然而,这种男女

---

① 见《恋爱·婚姻·家庭》,2008 年第 5 期,第 28 页。

相爱之情却实实在在地存在于现实生活之中，如丁克式的爱。请听一位名叫冬天的雨的男人的自述①：

由于先天的生理原因，我很难给女性生理上的"性福"，所以，我的爱情有残缺，我不敢去爱，也没有权利拥有爱。直到有一天，在网上遇到了她，她是一个在爱情里备受伤害的女子，更重要的是，她和我一样是食草动物，我们有着同样的心愿，那就是像正常人一样有一个稳定温馨的家，有一个亲密爱人。

我们从网络中走了出来，相似的经历和磨难让我们都不再介意对方的外表，只要一颗充满爱意的心就够了。相同的职业，共同的兴趣爱好，让我们轻松自然地走到了一起。其实，情感生活才是恋情里最重要的部分，一起聊天，一起开心，一起难过，一起消磨时光，这样的感觉才是恋爱中最细腻最平实的感觉。

现在我们已经开始谈论一起生活，开始筹划共同的未来，将来我们想领养一个孩子，一起好好爱他。她成就了我做男人的自尊和责任，那就是对一个你所爱的人，对一个未曾到来的孩子，承担起家庭的责任。

人生中有很多种爱，我想我的爱是比较独特的一种，没有欲望，没有激情，只有沉默的爱流淌在我们之间，她打动我的，是她的善良、阳光和乐观，我打动她的，是我的关怀、珍爱和细致，这就够了。爱情其实就这么简单，就像那些心怀大爱的出家人，你能说他们没有爱么？如同我的恋情，真实而幸福。

有一种柏拉图式的精神暗恋，虽然不成功，但却有一种纯粹精神上的性感吸引力，这使你终生难忘，如同一个人在不远的地方关注一朵花的成长。请你阅读下面一篇短文，叫"暗恋如花"②：

你总是莫名地担心突然袭来一阵风将它的纤纤腰肢吹倒、折伤；总是担心一缕炙热的阳光灼伤它娇艳的容颜；总是担心一只翩然而至的蜂蝶栖落在它脆弱的肩膀，让其承受生命不能承受之重。

在没有雨露的时候，你总默默地为它洒一壶水；在没有肥料的日子，你总想默默地为它培一抔土——尽管这水、这土不怎么富含矿物

---

① 见《恋爱·婚姻·家庭》，2008 年第 5 期，第 28 页。

② 见《恋爱·婚姻·家庭》，2008 年第 7 期。

质,但你早已将心血浇注其中……

一朵花驻留在一个人心灵的角落,花不知道一个人的心事,花不懂得一个人的忧伤思念。

一个人被寂寞缠绕,被忧伤笼罩,被思念煎熬。而那朵花就是燃烧在他(她)桌面上的灯盏,有着淡淡的温暖,扯不断的挂牵。

暗恋好比才女笔下的"此情无计可消愁,才下眉头,却上心头"。

暗恋是一种疼痛,好比打开了一扇门,但是推不开另一扇窗,只能在这扇门与那扇窗的距离里用相思、闲愁丈量爱的长度。

因为暗恋,黄连就有了蜂蜜的味道,就有了玫瑰的妩媚;因为暗恋,最短的距离也变成了通向另一个心灵的最长蹊径;因为暗恋,在自我铺设的后花园中,无意间缩短了一个人的寂寞,延长了一个人的孤独。

最好的暗恋就是默默地在心里种下一粒叫爱的种子,然后,默默地、默默地开放着一种叫无私、圣洁的花。

请听下面一个暗恋的故事:

他和她是大学的同学,度过了四年简简单单的光阴、无忧无虑的光阴。他是个高大的男孩,脸上永远挂着最灿烂的笑容。和所有的男孩一样,他粗心,会丢三落四;爱打篮球、爱睡懒觉、爱抱着吉他唱歌、爱和漂亮的师妹聊天。而她,是个平凡的细心的女孩,她爱做梦、爱幻想、爱看男生打篮球,爱远远的有些羞涩地给他们加油。

他和她是最普通的朋友,见面仅仅点个头的朋友。但点头以后,她就会心跳,就会脸红。怎么了?她在心里问自己,我……喜欢他吗?她摇摇头,不承认自己的感情。她小心地封闭着自己的感情,小心地注视着自己的心里的王子。而他,丝毫也没有注意到。他有了一个漂亮的女朋友。

毕业那年的散伙饭,大家都像疯了一样,拼命地喝酒,拼命地唱歌。毕业有那么多的快乐,也有那么多的麻烦。他和女朋友终于分手了,毕业让他们分道扬镳。他不停地和朋友们喝酒,为自己枯萎的恋情。她一个人,在一个角落,轻轻地为自己斟满了一杯酒。她从不喝酒的,但这一次,她为自己倒了满满的一杯酒。在心里给自己鼓了鼓劲,她走向了他。"祝你前途无量。"她说得有点急促,她的心一直在跳。他可能根本没有看清眼前的她,端起酒杯就喝。酒精让他的眼睛朦胧了。他看着眼前这个平凡的模糊的影子,他醉了,醉意中的他一把抱住了她。而她,眼泪倾泻而出,为了这错误的拥抱。

大家很快就毕业了。这个热烈的拥抱,却留在了她的心里。这是她第一次倒在一个男孩的怀里,这是她暗暗爱慕了四年的他呀。有这个就足够了,她静静地想。

尽管在一个城市,但大家的联系机会并不多。他在 IT 界工作,她去了一家著名的通信公司。一年以后,大家聚会。并不像小说里写的那样,很多同学仍然是独身。他偶然谈起自己很累。他忿忿地说资本主义剥削人,自己只是迟到一天,就被扣掉了一次 FRIDAY'S 的消费。朋友们都说你这样的懒虫用闹钟是没有用的,闹钟会叫醒手指而不会叫醒大脑,只能有个好心人给一个 MORNING CALL 才行。一直默默无声的她突然说话了:让我叫你吧。他也惊异。她笑笑,我不用掏电话费而已。他释然了,好,谢谢。

就这样,早上七点,他的手机就准时地响起。开始,她只是简单地说:早上好,起床吧。就这样,从夏天,到春天。他们的 MORNING CALL 的时间越来越长,从半分钟到十分钟。谈谈工作,谈谈天气。他总是谢她。而她刻意地躲开了。她怕他看透自己的心事。她知道他不会爱自己的,自己也没有必要认真。但她真的不认真吗? 每天,六点四十她就会醒。再困她也不会睡着。因为她的心在跳个不停,就像大学时见到他一样。

又一年过去了。大学的同学已经很少有联系了。而他和她,凭着 MORNING CALL,竟然保持着每天一个电话的奇迹! 但这个电话只是一个早上的问候,除了这个时间,他们几乎没有任何联系。可能,新年时,有了一张贺卡,他想请她吃饭,她拒绝了。保持着自己的秘密不说,她觉得自己有一份骄傲。而她更加清楚,他不是自己的。就这样,他们用一个非常松懈的方法联系着。他们对彼此的生活并不了解。她病了,老是头痛。有一次她晕倒了,才知道,她得了脑瘤。万分之一的治愈可能。她在医院里。但是,她依然没忘自己的任务。每天,用自己的手机,拨通他的手机。听着那边的他模模糊糊地回答,她就安心了。她认真完成自己的任务,她也知道,这样的日子不多了。而他高大英俊的身影,一直是她最牵挂的东西。

她的病越来越重了。她开始昏迷,她离死亡越来越近。有一种强力的针剂可以把她从昏迷中唤醒,她请求医生,在每天的清晨,给她用这种药。医生答应了,对一个垂死的人,没有什么不能答应。她依然打他的手机,用最快乐的声音,编制最可信的谎话。他好粗心,他什么都没有发觉。

　　他在 IT 界越做越好,人气渐旺,俨然成了中关村的知识英雄了。人们说他是个敬业守时的人。只有他的第一个老板知道,他爱迟到;只有他的同学知道,他是个懒鬼。他身边总是围绕着美丽的女孩,因为他分明是一个新贵! 他会逢场作戏,但没有真心。其实他自己还不知道,每天清晨的那个手机,已经让他习惯。尽管他早就不需要那个MORNING CALL,但他没说,每天早上,他等着那个电话响起。他会问自己:我爱她吗? 会娶她吗? 不,他摇摇头,她实在太平凡了,没有一丝的眩目。但是,他也知道,他习惯了她,他不能过没有她的日子。可能,比较平凡的女孩比较遵守信约,他这样安慰自己。可是,这样的手机联络并不能持续很久。她昏迷的时间越来越长。她开始失约,开始没有 MORNING CALL。他有些奇怪,但并没有追问,女孩,该有自己的生活。他有时还偷偷笑笑:和男朋友云雨后就给另一个男人打电话当然不好。男孩,都这么粗心吗?

　　她的状况更差了。大量的同学来医院看她。他,终于也知道了这个消息。除了震惊他没有别的感觉。不是好好的吗? 不是经常打MORNING CALL 吗? 尽管有时失约,但毕竟还是准时的呀。他认定她是急病,匆匆地买了一束黄玫瑰,赶往医院。他在心里认定她是他最好的朋友,黄玫瑰,代表友情。

　　他去开自己的车。手机又响了。是不是她? 他真的已经习惯了她。不是,只是一个工作短信。他打量着自己的手机,突然站住了,他想起了她的手机号码,每天都看一遍的数字:139××××521。他念了一遍。一种晕眩的感觉在他的头顶铺开。她是统计和管理这些数字的,她可以为自己挑一个最适合的。原来,每天,她都会说 521。想清楚这些,他几乎站不住了。整个世界都转了过来。每天,每天,每天。在那个固定的时刻,她温柔的声音会在这里传到他的耳边——

　　"起床吧,别耽误了。"

"要不，你再睡会儿，我十分钟后叫你？"

"今天天冷，当心点。"

后来胆子大了，她也会用开玩笑的语气说：想没想我？

他不能想了。他突然觉得自己是世界上最大的一个笨蛋。他觉得自己说什么也不能失去她。这种不能失去的感觉，这种害怕失去的痛苦，原来就是爱。他什么也说不出来了。自己可以编出最简洁的程序，可以黑掉世界上任何一个网站，但却看不透一个平凡的女孩。她真的平凡吗？他没有办法自己开车了，他叫了 TAXI。他要赶到她的身边去，对，带着爱去！在一家花店门口，他叫车停住。他扔下了黄玫瑰。"快，我要红玫瑰，999 支！"一个小店，哪有这么多。殷勤的小姐配了 99支。

99 支火红的热烈的欧洲来的玫瑰终于随着他来到了病房。她，在昏迷。几台机器在她身边，发出奇怪的声音，闪着奇怪的图像。他在门外，他和 99 朵玫瑰一起等，等待她的苏醒。她一定会活着。有我爱她，她会活着！他轻声地呼唤她，我在等你！她终于苏醒过来了。他冲了进来，还有，99 朵玫瑰。他趴在了她的耳边，就像每天早上她叫他一样，让自己的声音轻轻地传入她的耳朵：我爱你。她已经完全变了样子。任何人都知道，平凡是对一个不好看的女孩比较客气的评价。是的，她不是漂亮的女孩。而病中的她，更不好看了。可对他来说，他需要什么呢？他不需要漂亮的女孩，他只要一个全心爱他的人！他爱她。

在他眼里，她是那么与众不同，她会喜欢俗气的玫瑰吗？而他，曾经送给过很多人玫瑰呀。他不知道自己该说什么。这不是怜悯不是同情。他知道自己醒悟得太晚了，他知道其实自己早就爱上了她。她小小的柔软的手被握在了他冰冷的手中。"傻瓜，哪个女孩不喜欢玫瑰？"她颤抖着，说了一句。他把她的手贴在自己的脸上，喃喃地说："我们结婚时，要 999 朵玫瑰，不 9999 朵……"

几天了，他一直陪在医院。他拒听了一切来电，她有时清醒，有时沉睡。而清醒时她就说，真抱歉，我没有一直守约。

他不信这是最后的时光，他要把她唤回，他要她守约，他要她一辈子叫他起床。已经是秋天了，树叶从枝头落下，铺满了小路。这是他们最初相遇的季节。校园里的心跳，毕业时热烈的拥抱，看似无意的承诺,每天清晨让人又恨又怜的电话铃声,还有那玫瑰……他恨自己的粗心,原来那看似平凡却始终如一的 MORNING CALL,就是世间最值得珍惜的爱……①

### 解读与思考五

1. 为什么爱,爱什么人?美国著名的心理学家约翰·蒙尼提出,每个人的大脑中,都储存着一组有关爱情的信息。约翰·蒙尼称之为"爱情地图"。这张爱情地图从何而来,它是怎样形成的?它对一个人的爱情婚姻,甚至人生命运起着什么作用?请结合你为什么爱,爱什么人的命题谈你自己个人的内心的解读。

2. 本章讲了美国人是如何对中学生进行性健康教育的。你个人是如何解读的,请结合自己的思想实际对此进行简要的评说。

3. 书中讲了两个例子,一个是一位 25 岁年轻漂亮的中学女教师同她的学生——比她大约小 10 岁的男孩发生性关系,又讲了一位年轻美丽的女画家同她死了妻子的索然无味其貌不扬即将死亡的父亲发生乱伦的性关系,请你对这两个事例进行评论。

4. 什么是美的规律和爱的规律?两者的互动关系是什么?从实践到理论,你应如何学习运用这个基本原理,追求和创造自己爱情婚姻生活的快乐幸福?

5. 请读者注意,你读了书中一篇文章,题目叫做《土拨鼠的青春事》,里面讲了爱情美学的一个基本原理:对一个生命体来说,什么是灵魂之美和肉体之美?两者的关系和互动规律是什么?请结合书中苏珊这位心灵美,但其貌不扬而嫁不出去的女人,说明爱情美学的一个基本原理:在人生道路上,灵魂之美比肉体之美更可贵。

6. 在现实生活中的确存在着一种很特殊的柏拉图式的精神恋爱,这种精神恋爱的表现形式是什么?它同我们一般常见的普遍的男女爱情婚姻有什么不同的本质特点和表现形式?你自己是如何解读的?

---

① 转引自《恋爱·婚姻·家庭》,2008 年第 5 期,第 17—18 页。

# 第五章 初恋,是人生最新鲜最 神秘最美妙的一段旅情

　　人生在世,爱情比任何东西都缺少不得。男女恋爱和性欲两者是不相等的。把恋爱等同性欲的满足是对爱情之美的污辱。恋爱是性欲和性心理发展的升华和结果。爱情既离不开性也离不开美,是性和美两者的水乳交融。绝不能把恋爱降低为性爱,或降低为性刺激、性诱惑与性交流。纯洁的爱情是人类一种高尚之美的感情。"纯情的初恋意识,是最美好的青春珍品……是聚积于胸中的微睡着的情感火山第一次集中的喷发。它像一位富于内在感召力的天使,为青年男女邀来真挚的友谊,为适龄婚恋青年叩开心扉。"①英国的戏剧大师莎士比亚说,爱情进入了你的心里,是打骂不出去的。印度大文学家泰戈尔说,爱就是充实了的生命。爱情是生活中的诗和太阳。

## 请看作家诗人们是如何解读初恋的

　　人,对自己的第一次爱,十分珍惜,像大地孕育幼苗一样,把全部心血都用上了。

　　初恋是什么? 是一男一女第一次相爱,是人生第一次恋爱。英国的大戏剧家莎士比亚说,接吻是恋爱生活中的一首诗。英国大诗人拜伦说,接吻,是恋爱生活中的一首美好的诗。初恋,就是人生第一吻。

　　初恋这种人生第一吻意味着什么? 黎巴嫩大诗人纪伯伦作如下的描写:"第一吻:上帝在杯中斟满了爱的美酒,它是从那杯中啜饮的第一

---

　　① 金马:《纯情·友谊与爱情》,转引自《论爱情》,农村读物出版社1987年版,第165页。

口;往日还让人半信半疑,它却一下子令人喜上心头;它是美好人生的序幕,是精神生活诗篇的开端;它是一根纽带,连接着不同寻常的过去和光辉灿烂的未来;既包含着感情的宁静,也隐伏着情感的风暴;它是四片嘴唇共同说出的语言,宣布心是宝座,爱情是女王,忠诚是王冠……它是神奇的抖颤的开端,这种抖颤使得人脱离开道学世界,进入梦幻的乐园……"①

初恋是两颗心第一次碰撞,就像两块带电的云,在天边静静地盲目地浮动着;忽然,它们碰到一起了,即刻发出夺目的闪电。就在这一瞬间,它们由原先那灰布似的、无生气的、凝滞的样子,变成一片灿烂辉煌;现出轮廓,现出层次,现出重峦叠嶂雄美动人的奇观。整个天宇因之变得生机十足,无限广阔和深远,整个大地也给这瞬息间闪耀的强光映照得另一番景象。

——冯骥才《爱之上》第 1 页

真正的初恋,就像爱一朵含着春雨的梨花,小心翼翼地生怕碰着了它。

——《长江》1982 年第 3 期

初恋是雾,你是雾里的花卉,隔着轻纱看你,你叫我心醉。我们结婚,雾已消退,揭开轻纱看你,你是花卉里的玫瑰。

——青勃,引自《中国现代爱情诗选》第 236 页

在爱情上,最初的一瞥往往是一颗火星。长期观察才能点燃情感的火焰,形成燎原之势。

——瓦西列夫《论爱情》第 134 页

恋爱,就是把肉体和灵魂都供献出来,说得清楚一点,就是把两个人合成一个人,变成一个四条胳膊,两个头和两颗心的人……

——阿·德·缪塞《一个世纪的忏悔》

有人说,初恋往往是不成功的,它是早开的花朵,美丽的娇弱,它经不起风雨的吹打,耐不住寒流的侵临。

——《泉城》1981 年第 10 期

纯情的初恋意识是美好的青春珍品……是聚积于胸中的微睡着的

---

① 引自《纪伯伦传》,见《论爱情》,农村读物出版社 1987 年版,第 78 页,第 167 页。

情感火花的第一次集中的喷发。它像一位富于内在感召力的天使,为青年男女邀来真挚的友谊,为适龄婚恋青年叩开爱的心扉。

——金马《纯情·友谊与爱情》

初恋是神秘的新鲜的,而又是美妙的快乐的。初恋产生于青春时代,从生理上说,是性成熟的年龄阶段——13、14 岁到 16、17 岁。这时少男少女的性爱还是潜意识的,是朦胧的爱情之美的预兆。随着性的成熟,男女的相互爱慕突然强烈起来,他们发现生活的美妙,也开始了对生命的奥秘特别是性爱的奥秘进行追寻和探索。性爱的饥渴是爱情花儿开放的必然的自然前提。虽然性爱作为生命的本能并不都是同爱情相伴,但是它毕竟是爱情的生理基础。日本的鹤见佑辅说,在初恋的过程中,不论男或女——特别是女人,很想介入那神秘与神圣的世界。爱情有爱情自己的特点和规律,爱情之所以是美的,是由于它体现了人类所追求创造的人的生命最需要的人生最可贵的东西。诗人普希金14 岁时写下了他初恋感受的诗:

一颗火热的心被征服了,
方知爱情把我缠绕……

少男少女的心开始被初恋的烈火燃烧着,使你因恋爱而不知羞耻为何物。莎士比亚说:"当无法阻碍的情欲大举进攻的时候,用不着喊羞耻了,因为霜雪都会自动燃烧,理智都做情欲的奴隶。"[1]初恋常发生在读书时代的大学中学的少男少女中间。他们正在读书,各方面条件不成熟,对令人神魂颠倒的爱的冲击毫无准备。这种现象对学校教师来说很自然地为此感到不安,面对这种刚刚萌发的初恋,谁也无权指责它,或粗暴干涉它,只能关心它保护它,责无旁贷地对他们进行爱情之美的教育。

初恋常常是内心隐蔽的爱情,是酝酿在内心中的秘密之爱。初恋有时像一个人发病那样,来得突然,发热而强烈,使你不知如何是好。少男少女青春期初恋那种躁动不安的心态,是需要父母帮他们共同迈

---

[1]　转引自《莎士比亚传》,第 310 页。

过的一个坎儿,父母的忧虑和孩子初恋的神秘探索构成了这一过程的复杂神奇的心理状态。当你在一个吸引你的初恋的人身边,那最初的顾盼是怎样地无限地甜蜜啊!你和她两人在一起时所说的一切话语,似乎是一种胆怯的尝试,但不久你心中就会产生一种奇妙无比的快乐。

爱情,包括初恋在内,有没有成功的秘诀,我认为是有的。俄国作家车尔尼雪夫斯基说:"只要你有一颗纯洁的心和诚实的灵魂,具有现代的人权观念,能够尊重跟你共同生活的人的自由。"①日本作家武者小路实笃说:"人们选择恋爱对象,一般第一个条件就是漂亮……恋爱的另一个特点是双方都努力使自己成为出色的人。为了使对方喜欢自己,尊重自己,不努力提高自己的人品是不行的。为此,人们发愤图强的上进心,锻炼自己的意志,增加责任感,增强自己实力的欲望。"②赵鑫珊说:"我的情书几乎都是在夜里 11 点以后才开始动笔写的……因为夜里 11 点开始离阳光底下的理性世界最远,靠月光底下的浪漫世界中心最近。恋爱纯粹是月光底下的现象。它需要用到心的全部,进入梦一样的世界。结婚则是硬事实(柴米油盐,房子,孩子……)构成阳光底下的世界。"③

初恋,一男一女刚刚开始恋爱,一定非常迫切地希望知道对方的事情,这是理所当然,但也可能造成不利的一面,一旦对方百分之百知道了你的全部历史底细,反而对你好像失去新鲜和神秘感,也可能对你失去兴趣或降低了初恋的热度,因而有必要在初恋尚未定情之前保持一定神秘的距离,让对方去追求探索而对你发生兴趣。甚至可以编造一些耐人寻味的有关你的家族人物的既神秘又朦胧,既无伤你崇高人格而又有真实情节的故事让对方去寻根问底。从美学的观点看来,神秘是一种美,朦胧也是一种美,人总是爱美的,愈是神秘和朦胧,愈引起初恋的人去追寻探索。初恋的青年男女,应该学会这个追求初恋之美的规律。

初恋不一定都成功,也有不少是失败的,恋爱也同打仗一样,胜败

---

① 〔俄〕车尔尼雪夫斯基:《怎么办?》。

② 武者小路实笃,《人生论》。

③ 赵鑫珊著:《99 封未寄出的情书》,第 8 页。

乃兵家常事。就爱情的微妙而言，天下大多数人的相爱，从表面上看来，似乎都是一见钟情的。但是，冷静地从本质上看，却是被一种爱情的美的规律所支配的。初恋都是一见钟情吗？请看赵鑫珊在情书中这样回答："我相信有一见钟情。博学而智慧的亚里士多德（古希腊哲学家）说，性爱始于人的视觉印象。此话一语道破天机。坦率地说，多亏那次舞会是在夏天举办的，因而便于我得出更加准确的视觉印象。因为你的体态身段（包括皮肤体味）在我面前暴露无遗！所以夏天才是物色女人的黄金季节……我喜欢你的臀部，就是一般人所说的屁股。请莫笑我说得这样露骨。只有这样说出来，才能说到点子上。丰臀且向上翘着，是很性感的一个部位。我很看重这个部位。我这种审美观来自先天，不是来自后天，不是来自教育。或者说，我这种审美观是造物主给的……女人身上有四个解剖部位最具性的吸引力：乳房、臀部、大腿和脸蛋。当然，这只是肉。还有灵……我对你是标准或正宗的一见钟情：当第一次见到你的身段和体态；当第一次听你拉《梦幻曲》，我就暗暗爱上你了。这一肉一灵合在一起的魅力是巨大的，与众不同的。"[1]这就是爱情专家诗人所说的一见钟情。

对恋爱中的青年男女来说，写情书是极其重要的。请听写过99封情书的爱情论的专家赵鑫珊是如何说的。

"没有情书的恋爱毕竟是一种诗意的欠缺。结婚照可以不要，情书不能没有。恋爱时灵魂的披露最好用情书，而不是用金项链。情书不在长短，而在真诚、婉约和动情。其实一句话也是一封情书……我给女人写情书，就像学生给老师写信，就像我登高山、临深溪时的慨叹……情书的本质就是托梦……情书的功能很像月光或柔和的烛光。写信人可以尽情地选择一些富有梦幻色彩的词汇和句子去编织一个美丽的罗网。读信人明知这是一种情感的编织物，还是甘愿做一只小飞虫，主动落入罗网。陶醉得忘形，不能自拔……没有情书的恋爱毕竟是一个欠缺，一个小小的遗憾……胡适和韦莲司都深深爱慕对方，但双方都知道，他们的关系只能止于朋友，只能成为梦中情人，只能通过情书来宣泄深藏于心底的相思与哀怨——这就是情书的独特功能。所以，情书

---

① 赵鑫珊著：《99封未寄出的情书》，第142～143页。

是人性的披露,是人性的深层需要。它是精神上和心灵上的高层次需要。"①让我们初恋的少男少女们写出千千万万美妙快乐的情书吧!

## 初恋时期的性心理动态

在初恋热恋的青年男女中,总是感受到对方那种奇异的独特的美的性感吸引力。不论是男或女,特别是女人,总是很强烈地想介入那个神圣的世界。所谓性感吸引力,就是你被异性之美所吸引的强烈感受的那种感受力。任何人身上,都有一种爱和被爱的性感之美的吸引力。日本的女作家杉村春子说:"任何人身上都具有一种被别人爱的地方,不过因人而异,各不相同罢了。奇怪的是,尽管自己没意识到,在你所爱的人身上总会找到你自己相似之处。"②

初恋热恋的少男少女常产生一种性冲动、性欲望和性幻想,有一位正在初恋中的姑娘在网上向爱情心理咨询师请教说:

问:我老是想做爱是什么问题啊?

答:这是性的欲望,很正常,关键是怎样管理这种欲望。

问:您说说看啊!

答:如果你还没有配偶,就要学会控制,有配偶可享受"性福"。

问:我没有,可是不知应如何控制。

答:多参加集体活动,尽量减少因单人独处而产生性的幻想。

有一位正处在初恋的青年在网上向爱情咨询师请教。

问:我刚交了一个女朋友,可是女朋友常产生一种性幻想,这是不是因为有了手淫的习惯引起的?

答:这是有性欲望的表现。

问:是吗?我很害怕,我不想伤害她。有没有办法克制这种性幻想?

答:尽量不要因独处而想入非非。

---

① 《99封未寄出的情书》,第9、315、318、319页。
② [日]杉村春子:《一个女演员的自传》,见《论爱情》,农村读物出版社1987年版,第49页。

问：可是我有时候真的难以克制，一上网就喜欢去看黄色小说，有时常想尽一切办法偷偷地看，唉！

答：不要去看带刺激性的片子和书刊，参加各种有益身心健康的集体活动或体育活动。

问：可是我还是克制不住自己手淫。

答：手淫也没有关系，这是一种性欲宣泄的手法。

问：不会对身体有害吗？还有，不会影响今后的夫妻生活吗？

答：手淫只要不太过分，就不会对身体有害，也不会影响夫妻生活。①

初恋热恋中的青年男女，一定要控制自己的性冲动、性欲望和性饥饿，要绝对避免未婚先孕的爱情悲剧。请看下面赵剑鸣写的案件追踪，题目是《早产双胞胎女婴之死》②：

2008年1月4日中午，北京市某公安分局接到报案称，在西山国家森林公园南侧的山坡上有一对被丢弃的双胞胎女婴。民警火速赶至现场，发现一名女婴已停止呼吸，另一名女婴送进附近的医院经抢救无效死亡。

当天晚上，警方破获这起遗弃女婴致死案，凶手竟是这对双胞胎女婴的亲生父亲。他含泪讲述了自己和女友大学毕业后来北京闯荡不到半年、在毫无准备的前提下未婚先孕并提前产下双胞胎女儿的悲情故事——

2007年8月底，楚某和向某怀揣大学毕业证书，来到了北京。不久，向某在北京市海淀区中关村一家网络公司觅得工作，每月有近2000元的收入。她与一位女同事在海淀区四季青镇租了一间平房住下。

10月7日中午，楚某带着父母借来的800元钱赶到北京，与向某见了面。他盯着她的腹部看了一会儿，摇了摇头说："你本来长得就有些胖，不像是怀孕啊。"她告诉他："我有几个月没来例假了，一直以为是水土不服和工作压力大所导致的。如果不是室友提醒，我根本不会朝

① 引自《恋爱·婚姻·家庭》，2008年第8期。
② 引自《恋爱·婚姻·家庭》，2008年第4期，第18～20页。

那方面想……"

楚某打断向某的话:"赶紧去医院吧,如果真的怀孕的话,得赶紧打掉孩子。"

当天下午,他们走进医院。医生给向某做了 B 超检查,说她怀上了一对双胞胎,已经有 6 个月的身孕。

得知这一结果,楚某几乎晕倒在地,问向某:"你怎么拖到现在才发现自己怀孕啊?"她急得哭出了声,说:"我以为自己只是在发胖,还有就是月经不调。"

当时,摆在向某面前的只有两条路:要么是做引产手术,要么是保住两个孩子。

楚某和向某都主张前者,可医生却严肃地指出:"你腹中的孩子都成形了,第一胎做引产手术很有可能导致子宫发炎、穿孔等后遗症,严重的还会引起不孕。你可要好好考虑,这毕竟是两条小生命啊。"

医生的话,首先镇住了向某,楚某也跟着动摇了。最终,他一锤定音:"我就不相信,我们两个大活人养不活一对孩子!"

一个周末,楚某对向某放心不下,前去见她。她诉苦道:"胎动越来越厉害了,我疑心是两个小宝宝在打架。"他俯下身子竖起耳朵"捕捉"相关的动静,灵机一动给两个孩子取了"平平"和"安安"的名字。

为了光明正大地生下两个孩子,楚某和向某反复商量后,决定尽快结婚。楚某特地回了一趟邯郸老家,哭着做通了父母的思想工作,将婚期定在 2008 年 1 月 28 日。

2008 年 1 月 4 日凌晨 1 时许,楚某在睡梦中被向某的电话惊醒:"你快来……我腹部疼痛有下坠的感觉,实在吃不消了……"

大约半个小时后,楚某打车赶到向某的住处,只见她躺在床上,正在不停地呻吟。他在向某室友的提醒下,开始轻揉她的腹部,以减轻她的痛苦。

早晨 5 时许,向某的羊水破了,阵痛也随之出现。"孩子可能快生了!"楚某情知不妙,在室友的帮助下,将她送到附近中心卫生院。

当天上午 8 时 30 分许,向某顺利地产下一对双胞胎女婴,老大平平重 3 斤 2 两,老二安安重 3 斤。但是,两个孩子的健康状况却不容乐观,平平只哭了两声,安安根本哭不出来。

楚某急切地问医生:"这两个孩子怎么不哭啊?"医生告诉他,这两个孩子早产了一个多月,健康状况不容乐观,中心卫生院没有新生儿重症监护病房和保温箱,必须在 5 小时内转入儿童医院救治,否则随时都有生命危险。

　　楚问需要多少费用,医生说:"早产儿的治疗及护理费用每天至少需要 1000 元,而且周期至少需要 3 个月。你这两个孩子,至少需要 6 万元。"

　　"我哪里去凑到这么多钱啊?"楚的心里一片冰凉。于是,他走进病房,把这一实情告诉向某。她哭着说:"为了生孩子,我将身上仅有的 1600 元钱都交给了你,再也没有了。这个时候,我可不敢向父母开口要钱……"

　　"那就向同学借吧。"楚某的眼前顿时闪现出希望之光。于是,他拿起手机,打电话向一个要好的大学同学借了 2000 元,对方很快将款打到他的银行卡上,向某硬撑着虚弱的身子,编发短信给几个要好的女同学,以自己生病住院为由,总共借到了 3000 元。

　　为了保护好双胞胎女儿,楚某花了 400 元钱,在卫生院门口的小店内买了两套小衣服、尿片和两只褓裸,将熟睡中的双胞胎女儿包裹好,抱出了卫生院,上了一辆出租车。的哥问他去哪里,他说:"西山国家森林公园。"

　　大约 20 分钟后,出租车抵达森林公园。下了车,大约走了 10 分钟,楚某在一棵高大的油松树下止步了。他轻轻地将双胞胎女儿放在地上,哽咽道:"平平、安安……爸爸对不起你们……如果你们不提前来到人世间,我肯定不会……"说到这里,他再也说不下去了,遂转身就走。

　　楚某不敢去四季青镇中心卫生院,更不敢面对向某。他舍不得打车,乘公交返回市区。当他走进租住的地下室里,一头倒在床上。

　　当天晚上 11 时许,海淀区公安分局刑警大队民警出现在楚某的面前,问明他的身份后,随即将他带至刑警大队作进一步调查。

　　原来,1 月 4 日中午 12 时许,有一游客在森林公园发现了一对被丢弃的双胞胎女婴,遂打电话报警。公安分局刑警大队民警火速赶至现场,发现一名女婴已停止呼吸,遂将另一名女婴送进附近的医院儿科抢救,两小时后医生宣布其死亡。法医鉴定,这两名新生女婴系被活活冻死的。

海淀警方随即立案侦查。办案民警查阅了辖区内四季青镇中心卫生院等所有医院的出生记录,最终锁定了产妇向某。

在接受办案民警讯问时,楚某面对大量的人证和物证,承认自己是两个被弃女婴的亲生父亲,却矢口否认自己的行为涉嫌犯弃婴罪:"我无力为双胞胎女儿承担巨额的医疗费,反正她俩的成活率不是太高,即使被救活了,也可能留下后遗症,将来孩子和父母都要受罪,也会增加社会的负担。"他还强调,自己将双胞胎女儿送到森林公园附近,目的是希望被好心人收养,从而改变这两个孩子的命运。

2008年1月6日上午,楚某因涉嫌犯弃婴罪而被海淀区公安分局刑事拘留。

笔者认为,作为未婚爸爸,楚某在难以承载全部生活重担的情况下,采用一种极端的"减负"方法,自私地抛弃了早产双胞胎女儿,间接地剥夺了两个女婴的生命,从表面上看,确实躲过了负重之累,但最终却要承担相应的法律责任,也将由此而终生受到道德的谴责。生命是至高无上的,任何人无论遇到怎样的困难,都要勇敢地面对,这样方可避免此类悲剧的重演。

这个悲剧的爱情故事使初恋热恋中的青年男女得到了什么启示?笔者的回答是:第一,初恋热恋中的青年男女,不论什么情况都应该绝对避免未婚先孕;第二,如果双方已经肯定婚姻关系将结为夫妻,在性欲之火燃烧之下非吃"禁果"不可,也应该使用安全套,避免未婚先孕方为上策。

处在初恋热恋的青年男女,不仅要绝对避免上述未婚先孕的爱情悲剧,而且要避免婚前的性乱交。

## 进入初恋与热恋的人的恋爱心理

一个进入初恋与热恋的人的恋爱动机是什么? 换句话说,他的出发点立足点和制高点是什么? 本书作者的回答只有一句话:只有付出爱,才能获得爱,才会快乐。如何确定一个进入初恋热恋的人的恋爱观？从审美主义的视角和高度来看,首先应该明确一个理论观点,爱情不等于性欲,不能把爱情降低为动物的性欲,不能把爱情降低为性刺激、性诱惑与性交合。爱情是人类一种高尚的最纯洁的人性之美的感情。法国诗人阿·德·缪塞如是说:

> 当你在一个吸引你的女人身边,那些最初的顾盼是怎样有着无限的甜蜜啊! 首先你和她两人在一起时所说的一切话语,似乎是一种胆怯的尝试;不久就会产生一种奇特的快乐;你会觉得你像是听到了一个回声;你会觉得你好像是有了两条生命。①

初恋有时候像一个人发病那样,来得很突然,很强烈,而又叫人分析不出原因。这也许就是上文所说的初恋神秘性吧! 我国古代诗人说,"有花堪折直须折,莫待无花空折枝",这两句诗表达了初恋的季节性与及时性。爱情是一首优美的歌曲,但这首优美的歌曲却不容易谱写。从初恋发生到进入爱情的全过程更需要你坚持下去,只要你坚持不懈就会创造奇迹。成功的秘诀多半在于男女双方交往的发起者顽强执著,百折不回的主动性,在于他善于细腻优雅地表达自己的情感,而在必要时甘冒风险发动果敢的进攻。如果在时机尚未成熟而强趁时机,你无疑将会洒下悔恨的眼泪;但如果你一旦把成熟的时机错过,无尽的痛苦将使你终生哭泣。我国著名作家张贤亮说过:"靠相貌结合的爱情像衣衫,褪了色就要换;靠财产堆积的爱情像雪山,人穷了就白眼;靠两颗心酿成的爱情像醇酒,时间愈久愈香醇。"②以上说的是一个进入初恋和恋爱过程的人应该树立的爱情观。

下面讲的是一个正在准备进入初恋的女孩的恋爱观,给读者提供一种参考。文章的题目是《感谢你不曾爱过我》③。

我到单位报到的第一天,便对分管我的主任一见倾心。但是,初来

---

① 转引自《论爱情》,农村读物出版社 1987 年版,第 237 页。
② 摘自《湘江文艺》,1982 年第 3 期,第 52 页。
③ 转引自《恋爱·婚姻·家庭》,2008 年第 6 期。

乍到的我不敢示爱,只能每天很俗套地帮他做些力所能及的事,打扫卫生、倒水、叫外卖……把他吩咐的事一丝不苟地办妥。

主任看到我如此勤快乖巧,离试用期满还差一个月,便提前帮我转了正。另外,他还把自己的办公室钥匙给了我一把备份。我接到钥匙的那一刻,心咚咚地跳个不停。

一个男人把钥匙交给一个女人,不管哪里的钥匙,都是有些暧昧的。这样想着,我便开始做起了白日梦,幻想着不久的将来,他会再交给我一把属于他房间的钥匙,再后来,我会是他幸福的新娘。

一天,单位聚餐。饭后,单身的他负责送单身的我回家。走到我家楼下时,他停住脚步。我试探地问,要不要上去坐会儿。他婉拒。

那天,我一夜未眠,不停地想,他是不喜欢我,还是要做一个真君子?

可从第二天上班开始,他便有意无意地躲我。我百思不得其解,如果他不喜欢我,干吗对我这么好,给我他办公室的钥匙,还送我回家,平时对我亦照顾有加? 如果喜欢,他为什么要躲着我呢?

忍受不了这种折磨,我终于打了电话给他,厚着脸皮问他喜不喜欢我。

他沉思了一会儿说:"喜欢,更欣赏,但不是爱。"挂了电话,泪便爬满了我的脸。

我想着,既然不爱,拿着他的办公室钥匙已没有任何意义。可我仍没还他,钥匙于我如溺水的人紧紧抓住的稻草,钥匙在我这儿,至少还有一线希望。

但没过几天,他便以忘了带钥匙为由,断了我的最后一线希望。

此后的日子,我工作心不在焉,甚至想着辞去这份得来不易的工作。但又想,他没结婚,又没女友,我还是有希望的吧!

没多久,便传来他有女友的消息,但经常是维持不了几天,又换了新面孔。

原来,他竟是这样一个滥情的人。放过我,该是兔子不吃窝边草的缘故吧! 心里便慢慢释然,辞职的念头连同对他的爱也一并退去,下意识地想与他保持距离。我不想成为他的绯闻女友之一,我要做便做唯一。

前不久,他终于尘埃落定,结婚了。婚礼上,做了浪子最后一站的新娘溢满幸福。我没有为新娘不是我而伤心难过,却为新娘担心,他这样的滥情人,婚后,怎会是一个好丈夫?但让我意外的是,直到现在,他依然是一个好丈夫,无可挑剔的好丈夫。

后来辗转得知,他的爱情观是:不对的不会开始;开始后发现错了,立刻放手,另觅新欢;找到对的,便一心一意地去爱;至于别人如何看,都不重要。得知这些,我对他立刻心存感激。我很想对他说:感谢你,不曾爱过我。

如果我们曾爱过,在一起的日子,不管好坏与否,都会让我念念不忘。如果他真是一个滥情的人,我会痛恨我自己,当初怎么会看上那样一个人。如果他成为一个好丈夫,我会更恨,恨自己没能抓住,抱憾终身,而不会有现在事不关己的轻松感。爱时有多甜蜜,分时便有多痛苦。没有开始的甜,便没有结束的痛,更不会有念念不忘纠缠一生的回忆。

感谢你,不曾爱过我,还我一颗纯净的心去迎接另一颗纯净的心;感谢你,不曾爱过我,让我还可以以最美的面目遇到爱我我亦爱的人;感谢你,不曾爱过我,没画乱我人生的画卷,让我能描绘出我想要的风景。

下面是写给在恋爱中(包括初恋在内)的女孩子的一封公开信,讲的是针对热恋中的女孩应该懂得和掌握的爱情技巧[1]:

当你决定和新男朋友在一起的时候,请把过去的感情深深藏在心灵的一个角落,不要时常拿出来炫耀,不要时常拿出来对比。你爱前任,是因为你已经适应了和他在一起的感觉,已经依赖他了,并不能说后来者不如他。

当一个男人能包容你的过去,心疼你曾经为感情付出的伤痛的时候,默默承受你对感情的敌视,鼓励你走出过去阴影的时候,请你心怀感激、感恩之心,只有深爱一个人,才能让对爱情自私的人有如此举动,没有人有义务为过去的不相干的人的行为埋单,没有人有义务为自己女人的前一段感情负责。

---

[1] 引自《恋爱·婚姻·爱情》,2008 年第 11 期。

当你和男朋友有矛盾的时候,当他为了不让你生气,默默伤心,低头不语的时候,不要像个斗胜了的雄鸡一样穷追不舍,因为那一定是你做错了,如果是他做错了,他一定会第一时间过来道歉的。他这样做只是为了维系这份感情不受到伤害而不去和你争吵而已。

　　当男朋友为你付钱的时候,请你不要只沉迷在得到一件新东西的欣喜中。应该知道,男朋友是不仅让你高兴,也是让你爱他多一分。因为花出去的每一分钱都是他辛苦劳动换来的,都值得珍惜。

　　当男朋友暂时不能陪在你身边的时候,你应该努力自己过得开心幸福一点,为在外边的男朋友祈祷,祈祷他能早日平安归来。你要知道,男朋友也希望每天 24 个小时都能陪伴在你身边,看到你美丽的容颜。但是,男人有更多的责任,要为了事业打拼,要为了让你过上更好的生活而努力。你的男朋友并不完全都是你的,作为男朋友的同时,他还是父母的儿子,还是公司的员工,还是同事的伙伴。当他出差时,默默帮他打理好行李;当他回家看望父母的时候,帮他买一点礼物;当他和同事在一起的时候,分享他讲给你的快乐瞬间;当他不能陪伴在你身边的时候,请你坚信两个人的心是在一起的,不要因为心里暂时的空旷而去想别的男人,多想一想在一起的时候的美好时光,多憧憬一下他回来时候的欢聚。

　　当一个娇生惯养的男朋友为了你刷锅刷碗、洗菜做饭的时候,希望你能体谅他的辛苦,他也是忙了工作忙家务的,能帮忙搭把手就搭把手。男人不希望别的,是希望看到自己爱的人能品尝到自己的努力成果,是喜欢两个人为着同一个目标努力的感觉。

　　请记得用同样的标准评价自己和男朋友,记得己所不欲,勿施于人。如今这个社会是男女平等的社会。男朋友可以包容你的缺点,能够容忍你犯错误,是因为他爱你,而不是他根本无视你的错误,你的缺点。

　　努力提高自己,努力让自己优秀起来。也许男朋友不要求你会这个会那个,但是他心中依然希望自己的女朋友能够超过所有的人,当他看到你每一份进步的时候,他一定会比你还高兴。他不希望你是一个酒肉女朋友,虽然他心中希望用自己的努力让你不需要做任何事情,幸福地躺在洒满阳光的床上晒太阳。

当男朋友有什么做得不好的时候,请你一定不要太挑剔,更不要因为和前任对比而挑剔。因为你要相信,人无完人金无足赤。当你对他的某些行为看不惯的时候请你或直接或委婉地提出来,不要生气地争吵,因为争吵除了能让人失去理智,是不能让人改正缺点的。

当男朋友打游戏的时候,在他身边默默地陪伴,不要因为不感兴趣而走开。打游戏并不代表玩物丧志,其实到了工作阶段,又有了女朋友,很少有人会因为游戏而玩物丧志。他也许只是找回大学阶段的感觉,也许只是在另外的世界找到成就感,也许只是希望和同事有更多的共同语言。

当男朋友在雨中把伞撑到你头上,为你遮挡风雨的时候,记得把他搂紧,人都是肉长的,他只是认为你比他更重要,并不说明他喜欢淋雨。

当男朋友接到电话,起身离开你到外边说时,请你不要紧张,他只是尊重你,并没有什么事情要隐瞒。

当男朋友为你干这干那的时候,不要以为一切都是理所应当,请心怀感激地说声谢谢,虽然他嘴上说不用客气,但是心里是非常想听到的。

当你因生理的原因,脾气不好、发飙的时候,请你相信,你的男朋友是心疼的,是非常希望能够替你忍受这一切的。当他心甘情愿充当你的出气筒的时候,当他心甘情愿为你洗内衣的时候,请你在那几天过后,对他好一点,男人也是有脾气的,也是怕脏东西的。

当你们两个人思想不一致的时候,请你相信,人的思想是会不一样的,不要觉得有看法不一样就是不合适,就是走不到一起。求同存异是必需的,他不会强求你接受他的观点,他也不希望你把自己的观点强加给别人。

看到这里,请你不要紧张,好的男朋友是根本没有要求你要达到上边所有的要求的。只要你心里觉得正确就好了。好的男人在家里是没有棱角的,因为他已经小心地收起来了,不愿伤害到你而已。

俄国19世纪的大作家和美学家车尔尼雪夫斯基说:"一个人……就是为他的幸福而高兴,就是乐于做一切为他的幸福所必需的事情……爱情赐予万事万物的魅力,其实决不应该是人生中的短暂现象,这一道绚烂的生命的光芒不应仅仅照耀着探求和渴望——我们暂且把它叫做求爱者或求婚者吧！这个时期（指热恋时期）其实应该相当于一天的黎明，黎明虽然可爱、美丽，但是在接踵而来的白天，那光和热却比黎明时分更大得多，白天的光和热经久不息地增长着，不断地增长着，热的增长尤其长久，晌午过后很久还在增长……爱情使他们结合以后，他们在一起生活越久，从爱情的诗意中获得的光和热也越多，一直到黄昏已深，对成长中的子女的照应极其有力地吸引了他们的注意为止。那时这种照应超过他们本身的欢爱，可是在那个时候以前，它却是不断地增长着的。"①车尔尼雪夫斯基用一天的时序描写爱情之美，从黎明的可爱美丽，白天的光和热，一直到黄昏之恋，精辟地描述了男女爱情生命的发展历程。

有人认为，爱情之爱是一种失去理性的跟着感性走的动物式的爱。他们说："当我们坠入爱河时会发生什么情况呢？'坠入'这个字眼似乎意味着，这一过程在一定程度上是没有理性的，是某种超越我们认知力控制之外的某种东西。"②我个人认为，上述的爱情观是错误的，它是动物主义爱情观的变种变态。人的性欲和动物的性欲有本质的区别。动物的脑神经系统是低级的神经系统，只有条件反射而已，如肚子饿了就想吃东西，如遇到生命危险，就只顾逃命。动物为了自己的生存常互相残杀，动物与动物之间的关系只能弱肉强食你死我活，胜者为王，败者为寇，适者生存，天然抉择。在野生的动物世界，不论任何动物，只要性发育成熟，都按照动物主义的性欲规律，都会不自觉地为了大自然的物种本身的生存和可持续发展的客观需求和动物的性欲本能的需要进行雌雄两性交配而繁衍后代。动物不懂得什么是美，不懂得礼义廉耻。动物没有爱情、亲情、友谊与伦理道德，动物之间不懂什么是父女、母子、兄弟姐妹，不懂什么是爱情之美，不懂什么亲情友谊，不论什么时间地点或场景，都可以绝对自由地公开进行性交配而一代一代地繁衍下去。

---

① ［俄］车尔尼雪夫斯基：《怎么办？》，转引自《论爱情》，农村读物出版社1987年版，第227页。

② 引自［美］安东尼·华尔士著，郭斌、李文译：《爱的科学》，团结出版社1999年版，第248页。

人的本质和动物不同,人性不同于兽性和动物性。人除了和动物一样有一个动物性的生理基础和条件反射的初级神经系统之外,还有一种不同于动物的审美心理意识活动——一种无条件反射的人脑的高级神经活动。人非按照美的规律活着不可,美是人类所信仰追求和劳动创造的人的灵魂生命最需要最本质的能唤起人们心中喜乐爱恋的人生最可贵的东西。美是人性的精华,人性的灵魂和统帅。爱情是人类一种审美的高级感情,它既离不开性,以性爱为生理基础而互相吸引,也离不开美的先导、指引和支配,爱情是性和美的水乳交融。

　　在人类世界上,只有两种爱,不是审美主义之爱,就是动物主义之爱,此外,不存在第三种爱。即使是"坠入爱河"的正在初恋或热恋的人,也绝对不可能"意味着这一过程在一定程度上是没有理性的,是某种超越我们认知能力控制之外的某种东西"。人是一种由于爱美而审美进而追求美、探索美和创造美的社会动物。

　　即使是"坠入爱河"或者正在进行初恋热恋的人,也绝对离不开理念思维和认知能力的控制。例如,一个既是贪官又是"色狼"的动物的人,他之所以追求金钱与好色,乱搞男女性关系,是离不开动物主义理念思维与认知能力所指引和支配的。据专家们调查研究,男贪官有70%~80%好色、乱搞女人。而女贪官也好色,乱搞男人,这方面专家们没有调查统计。不过,中国最出名的第一女贪官蒋艳萍也非常好色,她为了升官发财,先后同40多名处厅级干部发生了肉体关系,获得了色与财的双丰收,从一名普通职工(仓库管理员)爬升为省副厅级领导干部,而最终不得不受到国家法律的制裁。

　　请问读者,特别是正进入初恋热恋的青年读者,你今天追求和创造的是什么爱情?是审美主义之爱,还是动物主义之爱,我相信读了本书之后,您一定能进行正确的选择和抉择。

## 初恋成功者的欢乐和经验

　　人生第一次恋爱,称之为初恋,有的人初恋就获得成功的欢乐。一男一女相见相遇就相爱在一起,这叫做一见钟情。赵鑫珊说:"我相信有一见钟情。博爱而智慧的亚里士多德说过,性爱起始于人的视觉形象。此话一语道破天机。坦率地说，多亏那次舞会是在夏天举办的，因而便于我得出更准确的视觉印象。因为你的体态、身段（包括皮肤、体味）在我面前暴露无遗！所以夏天才是'物色'女人的季节……在男人眼里，女人身上有四个解剖部分最具性吸引力：乳房、臀部、大腿和脸蛋。当然，这只是肉，还有灵。你虽然学的是建筑设计，业余时间还能拉一手大提琴……我对你是标准的一见钟情：当第一次见到你的身段和体态，第一次听你拉《梦幻曲》，我就暗暗地爱上你。这一肉一灵合在一起的魅力是巨大的，是与众不同的。"①这是爱情研究专家赵鑫珊写给他的情人的99封情书其中之一封。他讲了什么是"一见钟情"，他以自己写的情书和实践经验证实和说明了自己对一见钟情的解读和亲身体验。

我们中国人几千年的爱情婚姻传统观念认为，千里有缘来相会，无缘对面不相逢。中国性爱研究专家李银河说："有人曾经对中国人心目中的'缘分'观念做过专门研究。据我的观察，老派的中国人对'爱'这个观念感到相当陌生，而'缘'却是个中国味十足的观念。两个人，外人看着很般配，可怎么也搞不到一起去，人们就会说他们俩'无缘'；两人特别合得来，尤其是违反了世俗的观念地位规范走到一起，用西方文化观点来看，这就是典型的浪漫爱情，让中国人来说就是'有缘'……关于缘分的说法很有道理，或许它是中国人对爱情的一种含蓄的表达方法；或许是中国人对没有体验爱情的一种自我安慰的表达方法。例如，我访问的一位中年女性就这样说过：'我和他感情还行，还算和睦。我们俩就算对上眼了觉得有缘分。'另一位说：'在三个可能的结婚对象中选择了他，他是三个人里家庭条件最差的，原因是，第一，我对他有同情的感觉；第二，我想低就不想高攀；第三，我们俩有缘分。有次他说，咱们算了吧！我没有人家的条件好。我坚持和他结婚，我感觉三人里还是和他感情最好。'"②这些话语表达了她对初恋与缘分的解读与赞颂。

在西方世界，古希腊神话对初恋的一见钟情和"天下姻缘一线牵"的缘分说法用另一种神的恩赐来解读。在希腊神话世界里，有一位专

---

① 引自赵鑫珊著：《99封未寄出的情书》，上海文艺出版社2000年版，第141～143页。
② 李银河著：《中国女性的感性与性》，今日中国出版社1998年版，第53～54页。

管人类爱情婚姻的爱情之神——丘比特。只要丘比特用爱情之箭射中了一双男女的爱心，那么他和她就热恋相爱并结为夫妻。

请读歌德一首有关初恋的著名的诗：

> 哪个青年不善钟情，
> 哪个妙龄女郎不善怀春。
> 这是人性中的至洁至纯，
> 为什么此中有惨痛的飞进？

初恋是人生第一次恋爱，是人性中一种至洁至纯之美，初恋会给你的人生带来快乐幸福，帮助你追求和创造生命的辉煌和永恒。然而，这是指成功的初恋来说的，但也有不少失败的初恋，它会给你带来无限的痛苦，造成终生遗恨。因此，总结初恋成功的欢乐和经验，对我们正在恋爱的青年读者来说，是有极其重要意义的。

下面介绍一些初恋成功的欢乐和经验：

（2008 年 11 月）中央电视台 2 频道播放了电视剧《幸福至今的初恋》。剧中描写了年轻靓丽的快乐主妇，她与老公是同学。何欣是北京人，跟老公是小学同学，9 岁就认识了。读大学时老公网络传情，用 QQ 提亲，他们才手拉手成为情侣。相识 20 年，两人共同创造了外人不知道的浪漫故事。武迎娣来自银川，与老公是中专同桌。刚认识那会儿老公跟她一样高，连校服都互相借着穿。她们的婚姻是回汉结合。现在，这个幸福的小家庭已经有了小宝宝，他们三个都属马，来参加节目是不是也能马到成功？金海艳来自上海，她与老公是中学同学。老公是插班生，开学第一天就觉得这人是他的老婆，8 年时间用了怎样的计谋赢得芳心？黄梅燕来自厦门，她跟老公算是办公室恋情，在工作中互相吸引，之后发现曾经是校友，这让他们的距离更近一步，终于喜结连理。曾经的工作伙伴，现在的恩爱夫妻，是谁捅破窗户纸呢？恩爱夫妻幸福亮相同台竞技。究竟哪种花草可以吸收毒素，杀灭细菌，适合在居室摆放？更有舞蹈老师盛装亮相，教大家用新疆舞表达情意，也考察夫妻的肢体动作是否默契。真心话环节温馨、尴尬、爆笑，夫妻往事大爆料。争分夺秒，快乐开跑。谁最精打细算，谁最贤惠能干，都在这快乐的奔跑中体现出来。

上述这四位快乐的主妇和她们的老公的初恋都属于一见钟情,一拍即合。他们虽然来自五湖四海,但千里姻缘一线牵,在爱情之美的灯塔光辉照耀和指引之下,从肉体到精神"合二而一"结为夫妻,过着快乐幸福的生活!

请读者再看下面一篇初恋的文章,题目是《最美的艳遇》[①]:

有个朋友从丽江回来,我给他接风。我又找了几个好友一同去,他们之间并不认识。有人说,听说丽江多艳遇,不如讲一个听听。又有人提议,每人都讲一下自己的艳遇吧。

所谓艳遇,无非是一种露水姻缘,一种别样的惆怅。讲的人很认真,听的人很羡慕。轮到他讲了,他是我最知心的朋友,本分、忠诚,活得很现实,况且……我担心,他能有什么艳遇呢? 就说,他就免了吧,但朋友们不依。

他倒爽快起来,说我还真有艳遇呢。大家都来了兴趣,尤其是我,因为从未听他说过。他说,那时候,我还开着一个小公司,有一辆帕萨特。一天,我开车刚出小区,就遇见一个女孩前行,发白的牛仔裤,短袖白衬衣,很优雅的背影,犹如画中人,我追上去,从反光镜里再看她,那是一张多么清纯的脸啊。

后来,我常在上班路上遇到她,每次相遇的地点,相差都不过几十米,再后来,发现她竟和我住在一个小区。我爱上了她,总想找个机会说话。

可是,鼓了很多天的勇气,始终不敢,一个人若是爱上一个人,是会胆怯的。但老天终于给了我一个机会。那天下雨,我刚到小区门口,从车镜中发现,她打着一把雨伞走来,风吹起她的头发,雨打在她的身上,忽然,我就有了一种心疼。我摇下车窗说,我送你一段吧。她低头一笑,答应了。

车上,我们并不说话,她一直含笑沉默。但下车的时候,她说了一句话,其实,我早就认识你,明天,我还能搭你的车吗?

---

① 引自《恋爱·婚姻·家庭》,2008 年第 5 期。

我们都窒息了，简直是美，大家纷纷问，后来呢？后来，我有一年多没在小区门口或者路上遇见她了。嗯，没有后来，这无疑更会刻骨铭心。

　　尽管我们是最知心的朋友，他说的这些，却从未对我讲起过。我有些遗憾，问，以后，就真的没遇见？

　　遇见了，他说，就在昨天。他独自喝了一杯酒，足有三两，然后，我看见他眼泪涌了上来，然后，大家都听到了他的啜泣声。

　　他说，昨天我骑自行车回家，竟发现她在小区门口站着，居然没挂双拐，她面色是那么红润，虽然有细密的汗珠在额头，她老远就向我招手，一寸寸地向我挪动，声音都有些变了调，我能站起来了，你看到了吗？以后，我每天都能站在这里等你了。说到这里他已泣不成声，他抓住我的胳膊，说，就在昨天，我看到她站起来了。

　　朋友们听得云里雾里，你看我，我看你，不明白是怎么一回事。只有我，刹那间醒过神来，他说的女子，竟然是他的妻，所谓的艳遇，则是他们曾经的初恋，而他说的，却是昨天的那一幕——

　　一年前，他们出了车祸，他没事，但妻受了重伤，双腿瘫痪，不仅如此，还把行人撞成了重伤。车也报废了，他的公司也无法维持了，他只能去给别人打工。劳累一天，还要回去给她做饭，给她擦洗、按摩双腿，推着轮椅带她下楼晒太阳。

　　他曾对我说，他这一生最大的愿望，便是让心爱的妻重新站起来，他希望下班回家，能在小区门口看见她在等他。于是他精心照料，她的病也日渐好转。她也说，不想他能发大财，只希望他每天能平安回家，她能站在小区门口等他，告诉他，饭菜都做好了。

　　还能有怎样的艳遇比这个场景更美呢——昨天，她真的站起来了，走下了轮椅，扔掉了双拐，艰难地扶墙下了楼，站在了小区门口。他微小的愿望，终于实现了，谁能体会那一刻他的幸福心情，那种比初相识更美好的“艳遇”。

　　尽管我没说明，但朋友们都悟出了是怎么回事，事前我们说过，要评选出最美的艳遇，结果，大家都把手举给了他。


　　当今新时代的青年都普遍使用手机，进入了信息化的爱情新时代。

然而,读者,你是否听说手机里出爱情的故事,有一对快乐的青年男女,他们用手机初恋并获得成功!

## 初恋失败者应该东山再起

汤祷说:"初恋的花朵何其美丽,初恋的郁香何其醉人。然而,现实生活中的蕾苞未开而遭践踏,馥未浓便被吹散的例子真是太多了,难怪有人说,初恋是清晨苇叶上的露珠,美丽、纯洁,但暂短;是首次弯弓射的比武,全力以赴,但命中率很低,尽管如此,初恋还是使人终身难忘,因它是爱情征途上的第一站。初恋的成功与失败,都会给人留下永生难忘的回忆,并深深地影响着你对爱情的看法,所以必须认真对待初恋,切不可轻率随便。"①

作为人生第一次恋爱的初恋,都能够百分百成功吗?或都是百分百失败?这两个百分之百都是绝对不可能的。恋爱和打仗一样,不是胜利,就是失败,胜败乃兵家常事。问题是如何对待成败?如果你的初恋成功,你应该享受爱情之美的快乐,总结成功的经验。如果你的初恋失败了,不要悲伤,不要难过,而应该东山再起,失败了再干,再进行第二次、第三次的恋爱,一直坚持下去,直到取得最后的欢乐和胜利!

如果你有了初恋而又失恋了,那么,你要经得起失恋的考验。小炎的初恋失败了,第一个男友离她而去;再找第二个男友,第二个男友又因出国留学而与她分手。她并不灰心,最后第三次恋爱成功了。虽然失恋,她却从来没有减少对爱情之美的努力追求和创造。失恋使她感到痛苦,但失恋并没有减少她对爱情的不断追求,反而使她认真总结失败的经验,注重和研究爱情技巧,进而积极努力进行爱情创新。她认为,失败一次就再来一次。女人!你的名字不是弱者,而是强者!失败一次就再来一次,直到追求最后成功为止。她学会在失败中修炼自己和提高自己。她对她的好友枚姐说:"枚姐!你相信吗?很多次失败的爱情都是为这一次爱情的最后成功做铺垫的。我在失恋中学会泡一手功夫茶呢!"失败了就再来吧! 如同初恋一样!

---

① 引自汤祷著:《婚姻心理学》,上海人民出版社 1985 年版,第 115 页。

小炎是一个懂得如何解读初恋和解读失败的爱情的好女孩,是一个茶绿色之美的清新的女孩。请读者阅读下面这篇文章,题目是《下一次恋爱》。①

失恋,从来没有减少过她对爱情之美的热情追求,因为她懂得在恋爱中不断地修炼和提高自己。

刚吃完饭,小炎对我说:"枚姐,跟你聊聊我就舒服了,放心吧,我会好好的。"小炎那一句好好的,让我有些想落泪,这么好的女孩也会受到伤害,她还会相信爱情吗?

年末的时候,我又出了几次差,坐火车时会想起小炎的栀子花,只是我想,她可能再也不会有那样愉悦明亮的心情了。

圣诞的前两天,突然下起了雪。手机上有小炎发来的信息:"有空吗? 一起去公园散散步?"正合我意。这样的天气,再说我已很久没有见到小炎了。小炎穿了一袭灰色长袄,外面裹着一条大大的茶绿色羊毛披肩,在雪地里分外妖娆,比以前更漂亮了。我还没开口,小炎又说开了:"枚姐,我又恋爱了。这回不用再长途跋涉了。"和小炎慢慢地沿着公园的空地散步,我笑着说:"还这么投入吗?"小炎想了想:"情同初恋。"我一愣,我以为小炎会说:怎么会呢? 现在的女孩越来越懂得收放自如,何况小炎这么冰雪聪明。可是她总是让我意外。

原来,失恋后很长时间,小炎拼命工作,想忘记自己的不快,她的英语在那一段时间突飞猛进,还评上优秀教师。她跟我谈起她的新男友,那是他们学校新调来的一个老师,两个人一见钟情。每天男孩骑着自行车带着她出去兜风,小炎买了新鲜的蔬菜在没课的时候为他炒几个小菜,小炎说她很幸福。

小炎在雪地里转了一个圈,笑着向我展示她的衣服:"漂亮吗? 新买的,每次恋爱我都想把自己打扮得漂漂亮亮。"雪地中小炎茶绿色的披肩是美的,小炎的笑脸也是美丽的。

分手时,小炎对我讲起了她的男友还在考托福,说不定会出去,他是个事业心很强的人。我一听,又是怔了,心底有隐隐的担忧,小炎再也经不起折腾了。但愿这次让她有一个幸福的归宿,这么容易满足爱

---

① 引自《爱情·婚姻·家庭》,2008 年第 11 期。

情的女孩。

又有很长一段时间,小炎没有与我联系,我想她一定是沉浸在爱情中吧,恋爱中的人是会消失的。

第二年的春天,我在家里,接到小炎的电话:"枚姐,我在你楼下,能上来坐坐吗?"我从窗口望过去,小炎穿着一件白衬衣,单薄得很,我猜想一定又有事了。果然,小炎走进来一言不发。在沙发上坐下,我给她倒一杯热水。早春的风还是很凉的,小炎抱紧了双臂,样子有些可怜。果然不出我所料,那个男孩考上托福去了国外,慢慢地断了与小炎的来往。我有些激动,对小炎说:"说过你多少次了,不要对男人太认真,你明知他另有打算,怎么还对他那么好?"小炎眼睛一下子红了。我暗暗地想,这次小炎该是彻底地醒悟了,一个女人要懂得保护自己,不要那么全心付出,爱得那么傻。

那段时间,因为小炎情绪不太好,我们一起吃了几次饭。她对我说她在考一所大学的讲师竞聘,下下工夫应该没什么问题,这让我为小炎高兴,工夫下在自己身上总不会错的。

这之后小炎又消失了很长时间,我有些担心,打电话去问,她的声音很兴奋,第一句话就说:"枚姐,我又恋爱了。"

那一天我比较有空,就约小炎喝茶。小炎又穿了一件茶绿色的长裙,春色满园,一脸的滋润。她说竞聘成绩不错,可惜人太多了,还要进行第二轮的考试。不过,她在复习的过程中遇到了那所大学的一位老同学,两个人很聊得来。后来慢慢好上了。我有些想笑了,"小炎你怎么不吃一堑长一智?"因为我知道那个男孩家境很优越,个人条件也非常好,已是学校最年轻的副教授。小炎微微一笑,"爱了就爱了,怎么可能考虑那么多呢?那就不是爱了。"我又愣住了。小炎怎么如此执迷不悟呢?

可是,我发现这次我错了。

大半年后,我接到了她的电话,她要结婚了。送请帖时我们见了一面,是在她的新房里,那是大学校区里一个很雅致的小型两居室。小炎布置得很好,客厅是茶绿色的窗帘,非常安静清雅。小炎的笑脸显示着她的幸福,她泡了一壶茶对我说:"枚姐,你相信吗?很多次爱情都是为这次做铺垫的,我在那次失恋中学会了泡一手好茶呢,尝尝吧。"正说着，小炎的未婚夫回来了，一个很有风度的年轻人，一看就有良好的教养，对小炎非常地呵护。

离开小炎家，我还在感慨，失恋从来没有减少过她对爱情的热情，下一次恋爱她照样投入得如同初恋，没有什么看破红尘和覆水难收。这是个不俗的女人，因为她始终热爱爱情，她懂得在恋爱中不断地修炼自己。这是个茶绿色般清新的女人啊。

下面讲的是一个初恋与三角恋相互交织的爱情悲剧故事。请看龚瑾写的通讯报道，题目为《实习硕士纵身跳楼》，全文如下。①

2007 年 8 月 14 日北京某大医院，一名男子从门诊楼 6 楼跳下，当场身亡。这一惨状让宁静的医院顿时炸了锅，保卫处工作人员赶到现场后很快认出，跳楼者系实习医生何某。何某刚从河南一所大学读完研究生，来该医院工作不久，院方正在考查其转正事宜，他为何会在这关键时刻跳楼自尽呢？

随后，朝阳区公安分局民警也赶到了现场，经多方调查，警方找到了何某怀有身孕的老家女友余某，自杀之谜随之被解开……

## 恩重如山爱有几许？硕士审视"旧爱""今情"

1980 年 7 月，何某出生在河南省周口市淮阳县黄集乡。母亲因为生他落下了大病，半年后便撒手西归了。从此，父亲又当爹又当妈地把他抚养成人。

何某自小聪颖，学习成绩一直是班上第一名，这让父亲感到十分欣慰。为了让儿子专心学习，农活再多再累，他也从不让儿子插手。

1997 年中考，何某以优异的成绩考入淮阳县一中。高二的那一年，学业优异、长相帅气的他被班上一个叫余苹芳的女孩暗恋上了。余苹芳是县城关镇人，父母经营着一家超市，家境比较富裕。那时，父亲已年近六十，体弱多病，为儿子上学欠下了一大笔债，何某的生活费也经常没有着落。不知从什么时候开始，何某发现自己的课桌抽屉里总

---

① 《爱情·婚姻·家庭》，2008 年第 1 期。

是莫名其妙地出现 5 元、10 元的纸币,有时还会有一些果脯和饼干。从那些饼干的包装纸上,何某明白了是怎么一回事,也从余某的眼神里看到了少女萌动的情愫。

家境贫寒的何某心放在学习上,他将那"小恩小惠"一一退还给余某,说:"感情的事以后再说吧,我们都还小……"他越是这样,余某就越是追得紧,何某也就默认了,并开始暗中接受她的小恩惠。很快,他们早恋的事就传得全校尽知了,但这并没有影响到何某的学业。

2000 年,何某被某重点高校医学院录取,七年制本硕连读。余某因为成绩一般,只上了周口市的一所大专师范学校,但这并没有阻断他们的爱情。何某接到录取通知书之后,被余某以男友的名义正式邀请到她家见父母。余家见何某虽然出身穷苦,却十分上进,对他很满意。余某的父母明确表示,两人确定恋爱关系之后可以一直资助他读完大学。出于现实的无奈,何某和贫病交加的父亲商量后接受了这个条件。当年,何某拿着准岳父家资助的 5000 元钱来到学校报到。

2002 年父亲突患肠梗阻,生命危急。何某得知此讯后急得团团转却毫无办法,只好打电话给余某,准岳父二话没说就将何某从乡卫生所接到县人民医院进行抢救,前后住院一个多月,共花费一万多元。

父亲病愈出院时,特意将儿子叫到身边,当着余家人的面,郑重地说:"儿,你今后就是当了皇帝,也要好好待余和她的父母,他们对俺恩重如山啊!"

何某点头答应了。

2003 年,余某从师范学校毕后到城关三小当上了一名小学教师,她家里有了要他们早日成婚的意思,但何友益没有同意,说至少要等自己工作后才能考虑婚姻。那一年两人在父母的默许下开始了同居。

2004 年,何某由本科升为硕士,其间,他两次获得学校的奖学金,并开始勤工俭学。自己在经济上基本能够独立了,他就不再接受余苹芳家里的资助。也就是从那时开始,何某有了新的爱情。

在研究生班有一个来自北京的带职读研女生叫张义媛。张义媛是北京人,父母都是北京医院的医生,她从天津一所医学院毕业后在北京一家医院工作,2004 年考上了河南这所大学的带职研究生。何友益的帅气和好学让张义媛对他很有好感,而张义媛那种京城女孩特有的优雅之气对何某有一种无法抗拒的诱惑。共同的专业追求和相同的学历让他们的思想更加接近。和张义媛在一起,何友益觉得很轻松愉悦,而和余某在一起时,他说自己觉得沉重和压抑。

在张义媛直接主动得近乎霸道的爱情攻势下,何某对余某的感情发生了动摇。他在当时的日记中写道:"这一段维持了近五年的情感是爱情还是感激之情? 该结束还是该升格为婚姻? 这些问题时刻拷问着我的道德和良知,也不得不引起我对爱情的再思考。或许,我还根本就没有爱过。没有爱的婚姻,太可怕了。可是,我有勇气结束吗……"

在研究生班,同学们并不知道何某早已"私订终身",他也没有勇气将这一切说给张听,他在两个女友之间小心翼翼地周旋。

## 美好前程两难人生,"恩情""爱情"何去何从

2006 年 9 月,学校安排研究生班的学生做社会实践调查,并开始寻找实习和就业单位。此时,余家父母再次提出了为他们完婚的事,并希望何友益能选择周口市的医院工作。为此,何某第一次和余家发生了不愉快。他表示一定要等工作稳定后才考虑结婚,而工作的事,他更倾向于选择北京或上海等大城市。

此时,张某说可以替何安排到她工作的医院去做社会调查,何不顾余某和她家人的反对,于 9 月与张某一起来到了北京。

在北京,何某以张某男友的名义吃住在她家里,张的父母也对何很有好感,并表示可以在其毕业后为他联系北京的医院工作。在这个医学世家里,何友益有一种认同感。

2007 年初,何某的求学生活结束,回家后父亲也劝他尽快结婚,不要辜负了人家的一片好心。而余家早已为他们准备了结婚用的房子,甚至连结婚用品都准备得差不多了。

春节时,余某将何友益和他父亲一起接到家里。大年三十晚上,余苹芳的母亲又提起了结婚的事,何某说:"我马上就要工作了,等我的工作稳定下来再谈……"当场,大家就都觉得很别扭。

晚上,余某躺在何某的怀里不安地说:"你是不是有了新的想法? 有什么想法就说出来,我会尊重你的选择……"何某沉默了一会,叹了

一口气说:"没什么……"

6月初,在张某母亲的推荐下,原本就学业十分优秀的何某顺利进入北京一家医院工作,三个月实习期一过就可以成为该院的一名正式医生。何某非常珍惜这个十分难得的机会,他做人很谦恭低调,工作上任劳任怨,在技术上更是显示出深厚的医学基础。

当时,何某在北京没有住处,也没钱租房,就一直住在张某家里。张家也把他当作女婿看待,张的父母也有催促他们早日结婚的意思了,并表示可以资助他们在北京买房。何某一方面推说要和父亲商量一下再定具体日期,一方面想着怎样和余某摊牌。而在此期间,余某也一直打电话催他回去办婚事,他只得推说目前试用期还没有过,等一段时间再说。

8月一个下午,何某下班后刚走出医院大门,突然看到一个熟悉的身影在向他招手。他看清楚了,那正是他所害怕看到的余某,而且她还挺着个大肚子。

在余某入住的宾馆,张某不停地打电话催他回家吃饭,他不敢接,只得一次次挂断,这一细节被余某看在了眼里。"何××,我早就觉得你有了二心,你说吧,你有什么想法就直接说吧……"余某流着泪,满眼哀怨。见何某铁青着脸不吭声,她又说,"你不说是吧,那好我告诉你,我怀孕了,快6个月了,这一次我管不了你这么多了,你得回家和我结婚,否则我天天跟着你上班,还会去找你们医院领导,不要以为我治不了你这个陈世美……"

余的这一番话如同一个重磅炸弹,把何某的精神防线一下子炸垮了,他双手捧着脸像孩子一样嘤嘤哭了起来。终于,何某向余某坦白了这一切。

"我们还是结束吧,你和你们一家对我恩重如山,我会报答你们的,我读书所花的钱会双倍还给你们,我们之间只有恩,没有爱……"听了何某的话,余喃喃地说:"晚了,一切都晚了,我现在都这样了,你要我怎么办?你想让孩子一出生就没有父亲吗?"何某说,不管事情如何发展,先把孩子引掉再说,余某则坚决不同意,两人一直僵持到晚上十点多钟。

当晚,何某打电话给张某,说正在医院参与抢救一个危重病人,晚上要值班,就在值班室睡不回家了。

## 纵身一跳红尘解脱,生命之重情何以堪

第二天中午快下班时,余某给何某打电话说:"你给我带点饭来房间吧,我一直没吃东西,这对孩子很不好。"何某不敢不从。余某发现,只一个晚上,他好像苍老了十岁,脸色十分难看,她说:"你今天晚上回去和那个女人睡吧,我不挡你。我给你一个星期的时间让你和她了断,我一直在这儿等你……"

何某回到张某家里之后,张家人几乎认不出他来了,忙问他是怎么了,他推说一晚上没睡觉,累的。晚上,张某问他是不是有什么心事,他说没有,只是累。谁知第二天张某给何某所在医院的科室主任打电话,主任却说没有安排何某加班,还说不知何某遇上什么事了,一整天魂不守舍的,张某觉得这里面肯定有问题。

一连几天,余某一到下班时间就给何某打电话,要他送饭到宾馆来。8月12日,何某刚敲开余某所住宾馆的房门,突然看到张某不知什么时候站在了自己的身后,他惊得手足无措不敢进门,张某却一把推开了房门。

两个为何某付出了太多的女人就这样见面了,当一切真相大白之后,张只是漠然地看了何一眼,冷冷地说:"你回去把东西提来吧,不要再让我看到你……"

张甩门而去了。何没敢去提回他的行李,当晚,他和余在宾馆里呆着。见事情已经这样,余反而轻松了,她说:"你的一切我都可以原谅,我们从头再来吧……"何某长长地叹了一口气,什么也没说。

第二天早上一上班,科室主任就找何谈话,意味深长地说他的试用期快满了,现在是领导对他考核的关键时期,一定要把工作的每一个环节做扎实,千万不要出什么纰漏。

晚上,何与余一起吃过饭后,他说自己想在办公室一个人静一静,余同意了。

14日早上医院的退休医生伍某走出住宿区准备去锻炼身体,突然看到离他20米远的地方有一团黑影从楼顶飞落而下……

很快,警方通过张义媛对何某的死因进行调查,并找到了仍在宾馆里等待何的余某。得知何某弃她和自己的亲骨肉而去了,余当场晕厥。

随后,民警们打开了何某的工作电脑,看到了这样一封遗书:"领导、父亲以及我的亲友们,我以决绝的方式离开了这个世界,我不知道自己的人生下个路口该如何转弯,我伤害了那么多人,以此谢罪……我和余某之间并不是没有一点感情,可是,我们的起源并不是爱,而是由贫困而引起的同情。同情哪里是爱呢? 如果不以爱回报恩惠,我也将背上沉重的十字架而活。而当自己真正爱的人出现时,我该怎么办呢?一切都无法挽回了,我愧对你们,愧对这个美好的世界……"

事发之后,何某的领导和同事无不表示深深地惋惜。他的科室主任说:"何某为人很谦恭,专业知识扎实,医院已经同意他留下来工作了,他的自绝,令人深感遗憾。何的死,其实是其精神不健全的表现,自小在过度贫苦的环境中长大,使他的性格自卑而又敏感,好强而又脆弱。"主任告诫年轻人说:"一个人不管在什么环境下,对待感情一定要有认真负责的态度,感情并不是用来利用的,需要每个人对其真诚付出。而同时,每个人都应珍视自己的生命,选择如此极端的方式逃避现实,其实是对社会和人生不负责任的态度,是软弱的表现!"

从余某和何某的初恋的喜剧开场到第三者的介入而形成三角恋,最终的收场是何某跳楼自杀而走向死亡。何某为何走向死亡? 他的爱情悲剧的思想根源在哪里? 我的回答是,在何某头脑中那个可怕的动物主义的精神黑洞。人的生命体是美与丑、义与利、人性与兽性、审美主义与动物主义、审美的人的自我与动物的人的自我两者的对立斗争和矛盾统一。两者谁战胜谁,最终决定了这个人能否活着和如何活着,决定了这个人能否活得快乐幸福,也最终决定这个人能否创造自己生命的辉煌和永恒,把自己一生所追求和创造的美永远地活在后来的人们心中……

**解读与思考六**

1. 初恋是什么? 初恋之于爱情,之于人生道路、前途和命运有何意义? 为何说,初恋是人生最新鲜、最神秘、最美妙的一段旅情? 请你简要地解答!

2. 书中讲到初恋热恋时期青年男女的各种性心理动态,你自己的初恋热恋时代是否存在类似的性动态,对这些性动态你是如何对应解读和正确解决的?

3. 一个进入初恋热恋时期的人的恋爱动机是什么?出发点、立足点和制高点是什么?你是如何解读的?请问读者,你今天追求和创造的是什么爱情?是审美主义之爱,还是动物主义之爱?我相信你读了本书之后,你一定能进行正确的选择和抉择!

4. 结合本书举出的例子,或者你自己过去爱情生活的实践经验,对初恋热恋成功者最美的快乐和最高的审美经验总结是什么?

5. 初恋有成功者的快乐与经验总结,也有失败者的痛苦的历程和教训,请你以本书举出的例子,谈谈初恋或多次恋爱失败后应如何东山再起,如何争取爱情婚姻的最后成功!

# 第六章　从审美主义视角寻找与选择配偶

在人生道路上,非有个伴侣不可,选择一个同你心心相印的爱人是极其重要的。法国的狄德罗说:"人生来是要有个伴侣的,如果夺走他的伴侣,把他隔离起来,那他的思想就会失去常态,性格会被扭曲,千百种可笑的激情就会在他心头升起。"(狄德罗《爱情论》)爱情之美是人性之美高度集中的体现。所以,人们常说评价一个人,看这个人如何做人,只要通过爱情这个小窗口,看这个人如何对待爱情,就可以略见一斑了。

## 人,为什么非找一个配偶不可

爱情婚姻是一个人的终身大事。老子说,孤阴不生,独阳不长,阴阳和合,万物生矣! 因此,男大当婚,女大当嫁。人们常说,男人的一半是女人,女人的一半是男人,男女恋爱,就是千方百计地寻找属于自己生命的那一半。据爱情研究的专家说,女人因为有了男人,才真正深刻地解读男人;反过来,男人因为有了女人,也才深刻地解读女人。男人如果没有女人便不能享有生活的乐处,而女人没有男人则不能满足自己的需要。

请看新加坡《海峡时报》的文章,题为:《为何你会发自内心地、疯狂地、深深地陷入爱情》,其内容摘要如下:

科学家对坠入爱河的大脑的研究刚刚开始。

直到 2000 年,才有两位伦敦科学家开始了这方面的研究,他们选择了 70 个身处热恋中的人,对他们进行功能性核磁共振扫描。

他们得到的图像被认为是科学上首批恋爱者脑部成像。

这些图片以及后来的扫描图片均显示,浪漫的爱情在很大程度上像酒瘾或毒瘾。

大脑处于进化的需要而耍一种花招,它把刚刚发生的事和愉悦感联系在一起,并将这种感觉归功于你面前的这个重要的人。

人类大脑比较复杂,有些神经系统希望浪漫,另一些系统寻求舒适和陪伴。但两个人之间来电并不只是大脑中的分子运动。吸引力也受个人历史的影响。

如果我们幸运的话,这场舞蹈会导致一种稳定的承诺关系。在此之前我们需要经历几个重要阶段。

首先是最初的吸引力,也就是"火花",他帮助我们从成千上万的异性中挑出一个对象。然后疯狂的,让人眩晕的浪漫迷恋是两个人之间的一种特殊魔力,让彼此无法停止互相爱慕。大脑利用它的化学武器让我们把全部注意力集中到一个人身上,忽略其他所有人。

纽约州立大学的心理学家阿瑟阿伦说,这种热情至少会持续 6 个月,最多持续 2 到 4 年。但热情慢慢消退,更加稳定的关系取而代之:被称作亲情的持续的结对关系。

这是一种更加情达的爱慕变体,以长期的温柔、关爱和稳定为特点。

关于吸引力的很多方面都很神秘,但科学家还是明确掌握了一些信息。研究显示,女人更喜欢面孔对称的男人,而男人更青睐特定的腰臀比例的女人。

最初的火花可能一闪而灭,也可能发展为燎原之火。

但热恋的最初反映要强烈得多。拉特格斯大学研究人类吸引力的海伦菲舍说,刚刚陷入热恋的人脑子里再容不下别的事情。他们说自己感到困倦,没有食欲,心情异常愉悦,而且愿意为心爱的人冲锋陷阵。

夏威夷大学的心理学教授伊莱恩哈特菲尔德说,陷入情网可能发生在任何年龄的人身上,无论他或她 20 岁还是 70 岁。但不同的是,人的年龄越大,他或她保留的关于快乐和信任、拒绝和失望的记忆就越多。随着人们的生活阅历和积累不断丰富,负责逻辑和理性思维的前脑很可能掌握更大的发言权。[①]

一个男人有了心爱的女人之后,才能算是真正的男人;反过来,一

---

① 转引自《参考消息》,2007 年 11 月 14 日。

个女人有了心爱的男人之后,才算是真正的女人。只有自信和骄傲,才是女人最好的装饰品。一个没有信心、没有美的希望的女人,就算她长得不难看,也绝不会产生让男人心动的吸引力。这就正如在女人眼中,只要是事业成功的男人,就一定不会是丑陋的。只有事业成功,才是男人最美的装饰品。爱情是情感和理智的结合,离开了情感的理智爱情就缺乏一种魅力。

爱情不是基于性欲、性别、容貌、青春,而是基于美之所以为美和人之所以为人的那一切。诗人纪伯伦说,爱情能使伟大的灵魂变得更伟大。德国的美学家席勒说,只有爱情,才能最后完成人类灵魂之美的崇高工程。真正的爱情离不开美的先导、指引和支配,最终由美决定一切! 爱情如果由肉体来先导和指引,那么,它的目的只在于床笫之欢,它必然造成人生悲剧的结局,其最终的结果是灵魂的自杀。

人,有的一辈子可能只爱一次,也有的爱很多次,结很多次婚,然而,真挚的心心相印的爱情只有一次,失去了就不会再来。只有想起一个最爱的人,才能解读爱的力量是什么。爱是情感的升华,是一种美的力量,有如阳光照耀大地,使万物欣欣向荣不断成长。由此可见,人为何非找一个心心相印的配偶不可!

## 男人如何寻找女人,女人之美在哪里?

一个人是因为可爱才美丽,而不是因为美丽才可爱。许多年轻漂亮的姑娘想不通,以为青春、美貌就是最大的资本,就是最大的魅力,有着强大的"竞争力量"。其实不然。必须指出,容貌的美虽不能听从人愿,但心灵的美却可以去刻意雕塑。聪明的姑娘,常常懂得用心灵之美去弥补形貌之美的不足,获得比美貌姑娘更大的发展。

男人为了找到一个心爱的女人,首先必须解读,女人之美在哪里?女人之美还有一个不可忽视的审美标准,那就是一种母爱之美。有一个女人说,不论我的生活有多少风风浪浪,我却会为孩子而坚强地活下去,孩子就是我的希望、快乐和最伟大的长篇。

人是热爱美追求美和创造美的一种社会动物,爱美是人类的天性,但女人更加特别地爱美。人类的历史有两种文化,有审美主义文化和动物主义文化。女人之美要以审美主义文化为基础,以审美主义文化为出发点、立足点和制高点。要让女人们从女人的品格中品出有血有肉的东西来,品出人性美人情美,品出女人味,品出真正的审美主义的女人文化来。

印度大作家泰戈尔说:"女人有两种类型:一种是母亲型,一种是情人型……倘若可以用季节来比喻的话,那么,母亲型的女人便是雨季,她赐给我们清水和鲜果,调节酷热,又从天上洒下雨,驱走干旱,使人富足。情人型的女人却像春天,她非常神秘,对男人充满了甜蜜的魅力。"

有一位诗人说过,世界上最美丽的颜色是少女装点的,人世间最动听的音乐是少女弹唱的。女人身上最可爱的东西有二:一种是对男人有一种奇特的吸引力;一种是纯洁无瑕的灵魂之美。

女人之美在哪里?这个命题很难解读,有一种女性美的魅力——女人的玉体美,你却很难用一般的爱情的理论去解读而只能用形式美的美学理论去解读和破译它。美的女性人体美会产生审美作用。它会使男子头晕目眩,激起他们的自然感情,甚至丧失判断力,使铁石心肠软化,作出出人意料的决定,超越传统的准则。斯拉维伊科夫在他的古代诗歌中,重现了古代雅典执政官审判艺妓弗丽娜罪行的场面。激愤的人群大嚷大叫:"处死他,处死她!"严厉的法官已确定无疑判处她死刑。而就在这千钧一发的时刻,弗丽娜的辩护人基彼里德果断地从她肩上取下了紫红色的大衣。法官和沸腾的人群就像突然停滞的鸡一样,蓦然地惊呆了,他们被这位艺妓美妙绝伦的身体惊得目瞪口呆了。

> 神圣的形体刹那间放射出
> 静谧清丽的光彩,
> 人群,刚刚在怒吼:
> "将这高傲的艺妓处死!"
> 倏忽间,全都哑口无言,
> 沉醉于对美丽的欣赏。①

---

① 引自[保]瓦西列夫著,王永军编译:《爱的哲学》,国际文化出版社2004年版,第43页。

关于女人之美的魅力在哪里？我可以再讲一个很著名的例子：

"在古希腊传说中，特洛亚王子帕里斯为了得到希腊王后——美丽绝伦的海伦，宁可放弃君主的宝座。为了争夺这个绝世佳人，特洛亚与希腊之间发动了长达 10 年的战争。据说当战争在无数人流血牺牲之后取得了胜利时，特洛亚的长老们在一起开会检讨这场战争的得与失，当时长老们一个个愤愤不平。他们认为为了一个女人打了这么长时间的仗，国家作出这么多的牺牲，实在是荒唐。就在这时，美丽的海伦出现了。沸腾的会场变得鸦雀无声，所有的人，无论老少都瞪大了双眼，像着了魔似的注视着海伦，他们张开的嘴巴僵结在那儿。过了好半天，才听到有人慨叹说：'值得的，为了这样美丽的女人，即使再打 10 年战争也是值得的。'于是，刚才还在竭力反对这场战争的人们都异口同声地高叫起来，认为打这 10 年的战争太有价值了。"①

这个故事也许被夸大了，然而，美对爱情来说，无疑成为一种精神的原动力。对男人来说，女人之美始终是一个全新的题目。几乎所有男人都解读一种约定俗成的公式，都相信外貌的暗示，都认为女人的心灵与外貌一样美，其实，这种看法大错特错。有的女人外表很美，但灵魂并不美，甚至很丑恶。有的女人不具备光辉夺目的外表，但她的气质与思想魅力却吸引着许多男人。我们并不否认，女人中容貌较好的对男人有较强的性感吸引力，往往在爱情上、在选择配偶方面有较大的优势，美貌使自己更加自信。然而，女人之美的魅力最终并非取决于外在容貌的美丑，而决定于人的灵魂之美、决定于人的灵魂生命最需要、最本质的人生最可贵的内在之美。一个男人在选择配偶时，时常为一个女人的美貌所倾倒，他常常在美丽姑娘面前伫立注目，但是，当他发现这个使他惊讶的美丽图案后面并没有什么其他真正美的含义的东西时，他会毫不迟疑地离她而去。

我国著名的女作家冰心对女人之美有自己独特的见解："你说，叫女人不爱了吧，那是不可能的！上帝创造了她，就是叫她来爱，来维持这个世界。她是上帝的化生工厂里的一架爱的机器。不必说人，就是任何生物，只要带上一个'女'字，她就这样'无我'的，无条件爱着，鞠躬

---

①　转引自俞平著：《我想牵你的手》，上海人民出版社 2001 年版，第 101 页。

尽瘁,死而后已……女人似乎更重视亲子之爱,兄弟姐妹的爱,夫妻之爱,朋友之爱……她愿意为她所爱的对象牺牲一切。实际上,还不是愿意不愿意的问题,她是无条件地牺牲了,爱了再说……她受尽了人间的痛苦,假如牺牲又得不到代价,那她的痛苦,更不可想象了。"①

女人的魅力从哪里来?记得有一位叫雪珂的作家说过:"女人的力量在于她能使男人爱。女人的力量在于温柔贤淑、吃苦耐劳、富于牺牲,女人的力量在于天赋的民主性格,女人的力量在于自立和自强。"英国的大思想家培根说:"妇女是世界上最伟大的力量,只有通过她,男人才有可能发挥他的全部力量。"挪威的易卜生说过:"妇女是世界上最伟大的力量,只有通过她,男人才可能发挥出他的全部潜在力量。一个被女人所爱的男人,一定能避免命运的打击。"

一个女人在恋爱中就常常忘了自己……她所想到的一切都是关于她爱着的那个男人……她对于他有什么意义,她怎样才能使他幸福,她活着就是千方百计地为了适应他的需要,一个合格的妻子应该通过自己的努力使丈夫成为人类社会从物质财富到精神财富的创造者,呵护自己丈夫和他的事业走向成功。今天有一种时代的女性的爱情坐标建立在动态的社会生活中,建立在她鲜明的个性、执著的追求与事业成功的交叉点上。她们不会再靠男性事业的光环通过爱情的折射来照亮自己前进的方向,而是同男人一起去奋斗,并用自己事业的光环去照亮社会前进!在一首诗歌中描写了女人之美和男人之美的区别说,女人像朵盛开的鲜花,储有花蜜只供一个男人来采它;男人却像一只蜜蜂,采蜜百花丛中,终于寻找并采得了一个女人之花的花蜜。

男人如何找到一个心爱的女人?自古以来,女人喜爱强壮勇敢的男人,男人则喜爱美丽温柔的女人。这几乎就是亘古不变的爱情美的规律。男女的天赋有不同的特点,男子体型高大,女子娇柔轻盈,男子较健壮,女子较娇弱。男子较理智,女子重感情。男子较刚劲,女子较柔顺。男子较注重逻辑,女子则凭借直感行事。男子较严峻,女子较热情。男子偏重理论概括,女子偏重具体分析,等等。男人的择偶并非单纯一种心理,而有各种各样的不同的复杂心理,这里只是简单概括几种

---

① 转引自《世界名人论爱情》,农村读物出版社1987年版,第97页。

择偶心理：

1. 以事业为重，追求事业型的择偶心理。这种男人把追求事业的成功作为人生最大的快乐幸福，因之要求找一个女人来陪伴他支持他共同追求事业走向成功。这种男人把对方有没有事业心和进取精神看成择偶天平上的一个砝码，把爱情快乐幸福寄托希望于事业的共同奋斗之中。

2. 以家庭天伦之乐为重，追求一位母亲型的配偶。男人在外为成功的事业进行努力拼搏，女人在家里料理家务，生儿育女，伺候体贴丈夫，夫妻分工合作，努力构筑两个充满美的快乐阳光的家园——精神家园和物质家园。

3. 从金钱第一出发选择配偶。这种男人可能长得很帅，文化也较高，希望找一个事业成功或职位较高的有钱的拥有别墅和轿车的富婆做妻子，过着小天堂式富裕的家庭生活。然而，这种从动物主义理念思维出发进行择偶，即使找到了这个理想富婆，他们的婚姻的前途和远景却不一定能如愿以偿。

4. 只追求外表美的择偶心理。持有这种择偶心理的男人都希望自己妻子愈漂亮愈好，这是人之常情，然而，如果一味只追求外表美而不顾思想品质如何，往往会走上歧途。俄罗斯大诗人普希金在一次舞会上被娜塔丽亚的美丽所倾倒，他抑制不住爱情之火的燃烧，向她求婚，挫折半年后终于如愿以偿。然而婚后他才发现她只图虚荣和物质享受，最后居然与丹特士（第三者）发生性关系。由此导致普希金和丹特士进行决斗而丧生……靠外表美丽而产生的爱情，这种眼光是暂短的，这种爱情往往是短命的，即使不发生婚变，也会随着外貌的衰老而衰亡……

5. 十全十美的择偶心理。这种男人有自己的择偶优势和优越条件，因而要求择偶对象必须十全十美，自己想当然制订了要求十全十美的苛刻条件，只要是不符合其中某种条件的，一律不列入考虑范围……具有这种择偶心理的人，高不成，低不就，其结局是误了大事，不是变成大龄青年，降低条件找一个不如意的配偶，就是一辈子找不到老婆而遗恨终身。

总之，男人如何寻找女人，其择偶心理是极其复杂多样的，我们认为,择偶不论是男人寻找女人,或者是女人寻找男人,择偶的审美标准只有一个——审美主义和动物主义谁战胜谁。我的主张是,从审美主义视角寻找与选择配偶。

男人应如何寻找女人? 请看下面一篇通讯报道,题目是《男人眼中的女人》①:

俄罗斯一家网站调查中心不久前进行一项问卷调查显示,大多数男性认为,理想女人或妻子首先应当是美丽和聪明的。善良和富有魅力是他们看重的女性品质。而在妻子身上,忠诚和善于持家则更为珍贵。

在接受调查的 1000 名男同胞中,46％的人表示,理想女性必须有智慧、有理想而又头脑灵活。但他们又指出,女人不应该把智慧全部表露在外,这会让他们的伴侣没有成就感。只有少数人认为,妻子拥有敏捷的头脑也很重要。在一些男性看来,自己的另一半必须是聪明睿智的,这样才能辅助丈夫,为他出谋划策。还有一些人则觉得,只有懂得"适当沉默"才能够得上理想太太的标准。

在理想的女人和妻子的必备条件中,外表排在第二位。男人们对这个问题非常挑剔:手指、脚趾和指(趾)甲的形状、皮肤、头发、胸部、体型、嘴唇、眼睛、鼻子……几乎所有能够反映女性美的身体部位都评价到了。只有为数不多的绅士不忘补充说:"重要的不仅是外表,心灵美同样不可忽视。"

有趣的是,男人把善良看作女人第三重要的品质,但却不是妻子必备的品德。它甚至没有进入前五种品德之列。

对他们来说,伴侣忠贞要比善良可贵得多。许多男人非常严肃地看待这个问题。他们希望妻子"忠于自己但不要像个醋坛子"。

还有一些男士希望自己的女友温柔,"她应该是一个体贴、善解人意的女人,而不是大大咧咧、粗线条的男人婆"。

所有受访者都在一点上达成共识,那就是包括妻子在内的女性都应该是性感的。

相比女友而言,男人更在乎妻子是否持家有道。日常生活中,俄罗

---

① 转引自《参考消息》,2008 年 10 月 8 日。

斯男人是有名的大男子主义:在他们看来,妻子应当忙里忙外,操持家务,还要烧得一手好菜,把自己伺候得舒舒服服。

总的来说男人对妻子的要求比女友更为苛刻。例如,希望妻子懂得爱、有耐心、理解男人和体贴入微的人较多,对女友抱有这些期许的则较少。

受访者心目中的完美女人和妻子的其他品质还有:品味、健康、无怪癖、勤劳、有幽默感、温和、认真、爱干净以及沉静寡言。一小部分人梦想找个富婆当女友,还有一小部分人希望女友越单纯越好。有的偏好热情奔放型,有的则更喜爱婉约含蓄型。

## 女人如何寻找男人,男人之美在哪里?

女人如何寻找男人?要寻找什么样的男人?请看一个女人写的文章《给未来老公的一封信》①:

**亲爱的:**

我们在一起,不是因为将就,不是因为肉体,不是因为金钱。我们在一起,只是因为一个很简单的理由:相爱,愿意一起度过日日夜夜。

嫁给你,做你的妻子。即使你不是一个有钱人,但是在我眼里,嫁给你,我将是这个世界上最富有的新娘。因为你给了我别人无法代替的爱。而且在结婚以后,在我眼里,我依然是这个世界上最富有的女人。即便是你给我的只是一室一厅的小房子,抑或是租房子,能跟你窝在一起看看电视说说悄悄话,能让我在困倦的时候躺在你的怀里,有个休憩的港湾,都感觉足够了,只要有你在,哪里都不是问题。

每天早上醒来,第一眼看到的就是你,短暂的亲昵,起床,洗漱,做早点,怀着一份美好的心情奔向外面的世界。下了班,或者在外面随意逛逛,或者买菜回家,做点小菜,暖暖的灯光,吃完饭,出去走走,聊聊心事,排解白天工作的压力。而后,或看书,或看电视,或上网,或听音乐。平淡而又不乏激情的生活。

你尽管去做你的事业,我将尽我的全力去支持你,并且承担我应做

---

① 引自《爱情·婚姻·家庭》,2008 年第 7 期。

的家务,一般不会要求你下厨房、洗衣服,等等。

我绝对不会问"我和你妈妈同时落水你会救谁"的问题。我会待你的双亲如自己的爸妈,因为我知道没有他们就不会有你,也不会有我今天的幸福。我会对你妈很好很好。即使她是个不讲理的老人家,我也会尽量迁就她,因为我知道,你一定会体恤我所受的委屈。但也希望你能经常陪我回家看看我的父母,让他们对我的生活安心、放心。

我会和你生一个孩子,最好是个女儿。女儿是贴心的小棉袄,她会在你不在家的时候陪伴我,而我就可以经常去寻觅美丽的东西,把我的女儿打扮得像个天使。我期盼有那么一天,我的女儿会拉着你和我说:自己是最幸福的人,因为有个好爸爸、好妈妈。

我希望我们有共同的朋友,也有自己独立的朋友圈。我不会将你生活圈子彻底打乱。你没有必要推掉所有的不必要的应酬而早些回家,虽然我在家里会寂寞,但是我知道,推掉所有约会陪我在家的你,会更加寂寞。我会给你自由,因为爱上你,就要接受你的一切。如果你肯带我走进你的圈子,我向你保证在你的朋友面前不会表现的像一个母老虎,即使我真的很气你跟你的朋友一起捉弄我。

不要介意我的前男友,因为那时我还没有遇到你;不要吃醋我以前爱过他,因为以后,我会加倍来爱你、疼你!不要念念不忘我曾和他在一起过,因为和我天长地久的人是你!我们应该感谢他!是他的不珍惜让我遇到你;是他的伤害让我感到什么叫心痛,让我更加在乎;是他让我知道不该管制男人、唠叨男人。每个人都有曾经和过去,告别过去,展望未来,最重要的是珍惜现在所拥有的,珍惜眼前人。

你可以大男子主义,因为我不女权,在某些方面,我不相信也不希望男女平等,男人,还是应该像个男人,但前提是彼此的尊重。你也可以软弱,可以偶尔孩子气,我会疼惜,爱怜你。男人也有脆弱的一面,我能理解并接受。

你不需要多么高大威猛,你的胳膊不需要有多么强壮,在我半夜从梦中惊醒时你能揽我入怀。在我悲伤时你会无言地搂住我,让我在你怀里痛哭一场。

你不需要有丰厚的收入,我亦不会在经济上给你压力,我会顶住我的这一片天,为了我们将来的幸福,我愿意和你一起奋斗。

但你一定要有广博的胸怀，能包容我，因为我偶尔会任性，我亦不成熟，有时会像小孩一样无理取闹。

但你一定要专一而忠诚，你心里只能有我一个，因为我的眼里容不得沙子。

如果有这么一天，你激情不再，要寻找自己的另一片新的天空，请你告诉我，我会接受，纵使眼里含着泪，也会在你转过身去后滴落。纵有万分的不舍，但，如果和我在一起，你不快乐，我亦不会快乐。所以，我宁愿一人来承受痛苦，好过两人一起煎熬。

知道自己只是俗世一平凡女子，期待的只是一份单纯而美好的爱情，期待有一个人，可以让我完全的信任，让我完全的付出。相信，没有你，我也能很好地过完这一生。可唯有你的陪伴，才能让我的人生圆满而完美。

佛说：前世五百次的回眸，才换来今生的擦肩而过。不知道前世的我或你向佛祖祈求了几千年才换来今生的相遇、相识、相知与相爱，所以我会珍惜我们之间的所有一切。


男人之美在哪里？坚毅和勇敢是男儿的本色。献身般地爱着一个女人，构成了男人之美的最强大的动力。一个男子不论有多少浪漫史，在他心里往往只有一个永远不会被任何人所代替的女子。中国古典戏曲《西厢记》的唱词："莫道男儿心中如铁，君不见满川红叶，尽是离人眼中血。"男人对心中所追求的女人，为了博取所爱的女人的欢心，就会把自己的优点，如仪表、风度、气质、学识、文化、地位、名誉等，尽全力表现出来。

女人之美的最大特点是阴柔之美，温柔、害羞是女人的魅力所在，对男人最有吸引力的生动表现。害羞是一种动情的表现，害羞时，血液涌现脸部，使女性的脸上泛起红晕，显示出吸引男性的诱人之美。因此，女人最美丽的颜色，也是对男人最具一种性感吸引力的颜色是羞涩。

对比女人之美来说，男人之美最大的特点是阳刚之美。男人阳刚之美是一种在精神方面的气质、风度、人格和个人独特的文化之美，是男人阳刚气概的外露。阳刚之美的外在体现是多方面的。"为人品格要诚实,正直,不虚伪,不滑头。遇事果断而不武断,沉着而不呆板,刚毅而不鲁莽,在艰难困苦面前坚定、勇敢,百折不挠,决不退缩。有强烈的事业心和进取精神。博学多识、才智超群的男人常是女人崇拜和追求的对象。在事业上有一定成就,工作中不断进取……男性阳刚之美的重要一条,就是要表现出男子的力度感。古希腊大力神赫库勒斯雕像,被公认是男性健美的楷模。"①男性的力度之美不仅体现在魁梧的体格和发达的肌肉的健美力度,而且表现在灵魂生命作为一个男人的内在之美。一个真正的男子汉,应该以自己无所畏惧、百折不挠的自信品格以及为事业成功的奋斗精神去吸引女性,从而以此为出发点、立足点和制高点,找到一位心心相印的女人,为共同追求和创造快乐幸福的爱情婚姻生活而奋斗终生!

　　女性应如何寻找男人? 英国的爱情研究科学家有一个值得重视的论点,他们通过调查研究和验证,得出结论:"女性择偶靠直觉。"②现把该文摘录如下:

　　科学家们说,对女性而言,要判断一名男性是否会成为合适的伴侣,一种可靠的方法是直面对方,相信直觉。

　　在英国皇家学会《皇家学会生物学分会学报》今天发表的一篇论文中,美国心理学家们对一条有关男性魅力的重要假设进行了验证。

　　简言之,该理论认为,女性是自相矛盾的。她们可能一方面爱慕体格健硕的赳赳男儿,另一方面又喜欢富有同情心、体贴的男性。

　　这些倾向看似自相矛盾,其实有着坚实的遗传学依据。体格健壮、下颌呈方形的男性具有生育健康子女的最佳潜质,而体贴、友好及敏感的男性则具有保护和培养后代的最佳潜质。

　　实际上,对女性激素和性动力进行的研究显示,女性在排卵期会认为"男性化的"面孔更有魅力,而在经期的其他阶段则更青睐"女性化的"面孔。

　　加利福尼亚大学詹姆斯·罗尼教授领导的一个研究小组现在通过一项结合了心理学与激素的实验对这一理论进行了验证。

---

① 引自俞平著《我想牵你的手》,上海人民出版社 2001 年版,第 110—111 页。
② 见《参考消息》,2006 年 5 月 1 日。

研究人员招募了 39 名年龄在 18 到 33 岁之间的男性志愿者,拍下了他们不带表情的面部照片,并提取了唾液样本。研究人员通过评估唾液样本,确定每个人的睾丸激素水平。随后让这些志愿者看不同婴儿的照片,对每个人喜爱孩子的程度打出分数。

这些志愿者的照片随后交由 29 名年龄在 18 到 20 岁之间的女大学生分别进行评估。

研究人员让她们按照"喜爱孩子"、"男子汉气概"、"人体魅力"以及"心地善良"四项给每名男性志愿者打分(1 到 7 分)。

接着,让她们把这些男性分为"短期伴侣"和"长期伴侣"两类。

研究人员发现,女性在猜测哪些男性喜欢孩子,哪些对孩子兴趣不大,哪些完全不感兴趣时,其准确程度之高令人难以置信。

另外,被女性认为更具男子汉气概并考虑与之展开一段短暂恋情的男性的睾丸激素水平高于其他男性。

不过,女性愿意与之建立长期伴侣关系的男性会表现得非常喜爱孩子。

罗尼说,这些研究结果为下述理论提供了首个直接证据,即女性根据男性的激素浓度及其对孩子的喜爱程度,形成有关魅力的判断。

男性也许会对女性这种归类做法感到绝望,正如女性长久以来对男性一成不变地把女性归为贤妻良母或性感等不同类型的做法感到绝望一样。

不过,他们也许还会感到一丝安慰。因为该研究小组发现,睾丸激素与对孩子的喜爱程度之间没有任何联系。

问题是,男性是如何向外界传递这些微妙信息的;而女性又是如何识别出这些信息的?

"女性择偶靠直觉"这个观点应如何解读? 本书认为,人类认识世界和改造世界有两种过程——感性认识和理性认识。直觉也即对认识对象的直接感觉或直接感受,都属于对事物的感性认识阶段,也是对事物认识的初级阶段,它只能认识事物的表现形式和基本面貌,这是认识客观事物的初级阶段。只有在感性认识的基础上发展为理性认识——认识的高级阶段,才能认识事物的本质和全部面貌。引文中的这个"直觉"指的是女性择偶的心理活动倾向,可能既包含感性认识,也包含理性认识在内。然而，女性择偶的这种认识过程与感受过程都不可能排除理念思维的指导，而审美主义与动物主义这两种理念思维谁战胜谁，不仅最后决定了女性择偶大方向的正确性，也决定你个人未来的人生命运。

女人如何找到男人，做蜜蜂，还是花朵？是等待被爱，如守株待兔；还是主动进攻，勇敢去爱？请看下面这篇文章，《做蜜蜂，还是花朵？》①：

爱一个人，渴望见到他，渴望与他共度以后的时光；同时，让他在这时光中感到快乐，而你也因此觉得幸福。这就是爱，是你在爱。

见到一个让你快活的人，被他吸引，总想再见到他，再享受他曾经给你的快乐。这不是爱，是等待被爱。

女孩子常常只处于等待之中，如守株待兔。确实有许多女孩子等到了，得到了幸福。但我要问：你用什么来留住这幸福，你有什么？

你漂亮？也许吧！但漂亮不是永恒的，青春苦短，花开花谢不过一春。

你清纯？没错！但芦笛说：女孩子到了花开季节，只被人以清纯描述，未必悲哀。鲍尔吉·原野就说：白色不算是色彩。

你聪明？好像是！但你是小聪明还是大智慧？

你还会打毛衣，你会撒娇，

你更会布置情调晚餐……

但所有这些比不上一句：我有能力爱他！

是的，爱需要力量，这个力量使你能够让你爱的人感到幸福。这是太阳的力量，太阳无时无刻不在散发着光和热，这不是月亮的力量，月亮只吸收光与热。

女孩子喜欢等待，喜欢被爱，喜欢有兔子撞在她脚下，这个时候她便很幸福。

可兔子一旦醒过来，就要逃走。于是这个时候，她就很痛苦。

没有力量挽留兔子，便指责兔子背叛了她，指责兔子当初为什么要撞在她脚下。既然是撞了，为什么还要醒过来？这个时候她就要失恋，

① 引自《恋爱·婚姻·家庭》，2008年12期。

要痛苦得死去活来:让所有同情她的人替她指责那个负心汉。

假如是一个敢于去爱并有能力去爱的女子,她首先不会去问对方是否爱自己,而是问自己是否爱对方。如果不爱,就想办法开路;如果爱,那么,去爱好了——让他感到快乐,让他感受到你的力量。

蜜蜂在爱,而花朵在等待。

女人应如何嫁得好,如何寻找一个好男人? 首先,自己的头脑要有一个清醒的认识,对自己和对方,双方都要进行爱情的价值定位。请读者阅读下面这篇文章①。这篇文章能给你一定的心灵启迪。值得待嫁的女人读一读:

嫁得好,不仅仅是指男人有钱,嫁得好也不仅仅是找了一个好男人。你必须首先得自己好,没有努力,怎么可能"好"起来呢?

了解自己是人生的第一课,也是找老公的前提。

漫无目标或者异想天开地把找老公当成是撞大运,按照别人的标准或世俗的看法而全然不顾自己的感受,那就是在承受地狱的煎熬!

成功从某种意义上来说是一种确立和寻找的艺术,你能根据自己的条件和对方的需求,找准自己的位置,你也许就成功了一半。

我常听到有的女孩说,我现在年轻漂亮条件好,我一定要找一个有钱的老公,我一定要找一个事业成功的老公,我一定要找一个有本事的老公。可是,她没想过,有钱、有事业、有本事的男人找老婆真的只图你"年轻漂亮"的"好"条件吗? 他们对你是否有"购买"需求呢?

这是一个真实的故事。拥有上亿资产的房地产公司老板刘先生被一位客户邀请去吃饭,客户一班人陪着他来到一个不起眼的饭馆。客户介绍说,这个饭馆必须提前一周才能订到座位。刘先生很奇怪,与客户过去一看,一个连车位都没有的饭馆,居然有客人排着长长的队等候吃饭。饭菜的味道当然颇有特色,但吃过饭后,收拾碗筷的一名服务员引起了刘先生的注意。她一出场,就像一位明星走向舞台,立即引来了人们一阵热烈的掌声,她手托托盘,像变戏法一样,三下五除二,连擦带抹,干净利落,一瞬间,桌子上的杯子盘子筷子全进了手里的托盘,托盘堆得高高的,稳稳当当地被她端走,在场的客人像看了一场表演般给了

---

① 引自《恋爱·婚姻·家庭》,2008 年 11 期。

她掌声。

　　刘先生看了非常激动。此后,他经常到这家饭馆吃饭,还把自己的高管带来开会,让员工来参观这家饭馆。他把这里当作爱岗敬业的教育场所。

　　经过多次接触,刘先生给这名服务员写了一封求爱信。

　　我也是从一个餐馆小伙计干起来的,至今文化程度也不高,你说过出多高的价钱你也不走,这就是我爱你的原因——不仅爱岗敬业,而且忠诚专一。我不知道我是否配得上你,我认为干房地产和你干服务员有一个最大的共同点,就是对我们的客户热情、忠诚、敬业甚至全力以赴地做好服务,我们首先要爱自己、爱这份职业,才有可能爱我们的客户、爱我们的爱人。听你讲你家乡的故事,我仿佛回到了我的少年时代,我认为我们有共同的语言,我们能够共同生活一辈子。与你在一起我感到真实、踏实、轻松,与你在一起我还感到了一点点自卑,你在你的行业里是最好的,而我,在我的行业里做得不是最好,你能帮我吗?

　　后来,他们成家了,并且生活非常幸福。

　　吴女士是开服装品牌店起家的,因为做连锁店,她现有资产达 4 个多亿。由于忙于事业,她一直没有找到合适的老公。在她心中,她一定要找一个在世界 500 强的公司当高管的"有层次"的男人做老公。为此,她专门报了各大学、各培训机构的学费达几十万元的 MBA 班、总裁班,也参加了各种高级别的俱乐部,通过各种交往也认识了一些男人,但那些男人好像对她都没有太大兴趣。

　　一次,她参加一个国际性的企业高层聚会,为把那些企业领导人和高管请来,她向每位参会者发出邀请,花了几十万元在自己企业的总部搞了一个大型晚会,来参会的那些金领男人们手端洋酒,向这位吴总频频祝福。

　　可是,当吴总的属下说"我们吴总现在还是单身,希望各位能帮个忙"时,在场的几个明明是单身的男人,对她并没有作出反应。

　　吴总向其中最有可能与自己谈对象的一个单身男人委婉地表达了自己的爱意,那个男人说:"谢谢您的欣赏,您的事业干得很好,您能看得上我,我非常高兴。但是——我为什么要找您当老婆呢?"

　　有钱可以作为衡量一个人能力甚至价值的一个因素,但绝不是全部,对于女人来说同样如此。

想找有钱人没错,想找高大英俊有男人气概的也没有错,想找刘德华、周杰伦没错,想找身边的刘二猛子、王老大也没有错,所有的关于找好老公的想法都没有错。问题是,你现在的资源能不能支持你实现你的梦想?

你的市场定位在哪里?婚姻不是买卖,但谁也无法否定它的互惠互利功能。你没必要把自己的幸福建立在别人的痛苦之上,更没必要把别人的幸福建立在自己的痛苦上。你需要的是,你与他都感到的合适。

过去有一句话,是金子放到哪里都会发光。不对,把金子放到一元店杂货摊或自由菜市场上就不会发光。金子有金子的价值,沙子有沙子的用途。不同产品有不同的市场定位,你不能一厢情愿,更不能强买强卖、假冒包装。你要做的是,找准市场,做好营销。

严格地说,自己的定位只有你自己知道。你知道自己做什么能使自己感到自豪和幸福。当然,这样做一点也不妨碍你用别人的评价作为自己的参考,因为一个人的价值全然不是体现在能干哪一行上,哪一行都有天才和笨蛋。做了适合于你的工作,你可能就是天才;做了不适合于你的工作,你可能就是笨蛋。世上没有高贵的职业,只有高贵了不起的人。

找老公也是这个道理,有共同的、相似相近或者相互吸引的基础,决定了你们相互之间可能的需求,有了这种可能需求,你才会有较为正确的定位。

成功的商人可以爱上端盘子的姑娘,而有学问的博士却得不到理想的老公。这说明什么?说明你得扮演真实的自己,你得在自己的定位上做到最好。

能把自己做到最好的姑娘,往往被男人看成最有魅力。这与她所从事的具体职业无关,甚至与她的相貌身材等外在条件关系也不大。

史书上讲到刘邦谈自己的定位时,也有一番意味深长的话:带兵打仗他不如韩信,运筹帷幄他不如张良,后勤保障他不如萧何。而他正是以他不能率兵而能统将的帅才所长,坐上了皇帝的位子。

读了上述文章,读者,您可以深思一个问题——一位事业成功的商人,为何爱上一个在普通饭店里端盘子的服务员姑娘? 而一位拥有亿万财富有学问的女博士,却找不到一个自己心爱的老公? 为什么? 请读者深思一个命题,不论是女人寻找男人,或是男人寻找女人,假如你对爱情的价值定位定错了,那么,你永远找不到一位心心相印的配偶。

在女人如何寻找男人的过程中,有一个男人的隐私的问题,应该提出来值得重视。请看下面这篇小文章①:

女性有不少私人隐私不愿向男性透露,而男性也有自己的隐私,属于女性莫问的范围。男性通常对女性隐瞒的秘密,往往是那些足以损害丈夫形象的事情。综合起来,男人有六项隐私。

1. 对于事业和工作所产生的焦虑。绝大多数的男性,都以事业和工作上的成就作为个人形象评价的标准。因此,在妻子或女友面前,他们永远夸耀自己事业或工作上的成就。但是,私下里又对自己的"本领"并不如表面所炫耀的那么信心十足。他们经常怀着一种恐惧,生怕自己的表现不如他人。这种恐惧,他绝不会轻易地向女性透露,以免损害自己的形象。

2. 在语言表达能力和对事物的反应及处理方面,其灵敏迅捷的程度较之女性略逊一筹。在这方面,男性经常感到存在威胁,但他们却不愿女性知道自己的"短处"。他们"护短"的手法,是沉默寡言。除非他们对某些事物有足够的认识,否则不会随便开口。言必有失,是他们藏拙的武器。

3. 情绪方面依赖性的隐瞒。男性尽管外表一副铁汉本色,其实情感相当脆弱。在情绪方面,依赖性极强。不过,他们不愿意女性知道这种致命的弱点。因此,大多数的男性,在情绪方面,都故意表现出冷漠,以免暴露弱点。

4. 大多数的男性对自己的疾病和痛苦都尽量加以掩饰。原来在男性的心目中,患病是一种软弱的表现,使他们失去了男子汉的气概。即使有点不舒服,也不会呻吟叫痛。因为他们认为因病痛而向女性求助,对自己的形象,是极其严重的损害。

5. 男性会竭力隐瞒他们的非分欲望。几乎所有的男性都希望天

---

① 转引自宋国林:《男人的隐私》,见汕头日报,2001 年 6 月 3 日。

下所有的女性都对他眷顾。当然,这种非分之想,只能暗藏心底,绝不会坦然表露。

6. 隐瞒对性缺乏安全感的恐惧。虽然男性对自己的性能力都作大力士的夸耀。但事实上,他们的内心深处,对自己在性方面能否令对方满足而忐忑不安。

女人如何嫁得好? 这是女人爱情美学研究的一个重要课题。读者! 你可知女人有一个鲜为人知的秘密。作为女人,人人都有最美的10年,这是女人出嫁最好的时机。请读下面这篇文章①:

"上中学的时候我总是躲着她,因为她实在是太漂亮了,跟她相比,我自惭形秽。20年以后见到这位老同学,我只能用一个词来形容她——相貌平平,岁月已经将她昔日的美貌磨砺殆尽。

毋庸讳言,我现在看起来却比18岁时强多了。事实上,步入中年的我比所谓风华正茂年轻时代的我更为自信,并不是我喜欢眼角隐隐开始出现的鱼尾纹,而是我现在能够处之泰然。无论是跟10多岁还是20多岁时相比,我都变得更加漂亮了。我的许多朋友都有同感。

女孩子总是误以为年轻时是最美的。几百年来,童话里年轻公主的故事无穷无尽,代代相传。但是,正如我们最终认识到白马王子并不存在,貌若天仙、纯洁无瑕的公主也并不存在。每个人焕发光彩的年龄段各不相同。每个人都会有10年时间是你处于人生最佳状态的时期,只不过它未必是你想当然以为的那个10年。有的人18岁时像公主,有的人则到了50岁时仪态万方。

我们都知道,有些人早在20多岁甚至十多岁就过完了花样年华。以小甜甜布兰尼为例。17岁时,她是青春靓丽的写照;18岁时,她的确比其他任何女明星都更让男人神魂颠倒。如今到了24岁,她已经花容凋零,似乎更多时候是在院子里推着婴儿车而不是在咖啡厅里浅啜低饮。我估计杰茜卡·辛普森也会如此,20多岁的她凭借白金唱片登上演艺事业的巅峰,但这一切到她40多岁时恐怕就会烟消云散。帕齐·肯西特的经历正是如此:20多岁时娇美迷人,如今的容貌跟年轻时相

---

① 转引自英国《星期日·泰晤士报》,2006年11月5日,凯瑟琳·奈特写的《人人都有美丽的十年》,见《参考消息》,2006年11月22日。

去甚远。

相比之下，15 年前谁会料到 26 岁的萨拉·杰西卡·帕克日后会成为别具一格的偶像？当年她不过是一个跑龙套的普通演员，直到 30多岁才开始散发出由内而外的魅力。像她这样的女人数不胜数。这些女人向我们证明：三十岁并不是美丽的终结点。

那么，是什么决定着你的黄金时期呢？一个人的美貌并不完全是天生的，有的女人越长越漂亮，未必是像故事中所讲的丑小鸭变天鹅，而是因为年龄和自信赋予她们独特的韵味。

女人即使在处于最佳状态时也为自己的容貌感到忐忑不安，而女人要真正光彩照人就必须保持身心的宁静。从身体上讲，有些女人的脸部轮廓在摆脱青少年时期的肥胖以后更加线条分明，而有的人稍稍变胖一些之后更为俊俏。还有的人根本不在意，一切顺其自然。

不管年龄大小，自信能成就也能毁掉一个女人的美貌。在化妆师耶玛·基德看来，正是这一品质导致成年女性之间出现差异。'三四十岁的女人是最美的，自信使她们绽放异彩……如今许多女人到了 40 多岁才渐入佳境。'

这些人有家庭主妇，也有商界大腕，她们是一支蔚为壮观的消费大军。同 20 年前相比，他们大多已不太注重外表，而这恰恰增添了她们的魅力。这种女人往往领悟了一个至关重要的美容秘诀，那就是坦然接受——优雅地面对岁月的流逝而不丧失自我，她们不像有的人错误地千方百计永葆 18 岁时的容貌。

摄影师斯诺登勋爵拍摄过无数美女，他认为，无意间流露出来的美最为动人。'最明显的例子是莱斯利·卡伦，她到了古稀之年依然美丽，但从来不是人们通常所说的那种美。'

最美的十年难以预料，运气好的话，你一生可以不止有一个。有的女人在 20 多岁时如花似玉，三四十岁时因家庭和事业的双重压力而面容憔悴，到了 50 多岁再次焕发青春活力。还有的人（比如麦当娜）连续三个十年都充满性感。朱丽·克里斯帝的美丽则持续了半个世纪。

其他人通常只有一个这样的 10 年。还没有得到它的人应当感到欣慰，认为它已经来过的人也不必失落，你的黄金时期也许会在你最意想不到的时候再度来临。"

女人如何嫁得更好！在讨论这个命题的时候,要弄明白爱情美学的一个基本原理——最美的爱情不在其外表,而在深深的内里。请读者阅读《玫瑰与爱情》这篇文章①:

"今天我见了一位大学同学。她曾经是我们的'校花'。当我们谈婚论嫁的时候她换男友像换衣服一样勤。听说她去年结婚了,丈夫是一个其貌不扬的男人。他们在郊区经营着自己的玫瑰园。

见面后我们的话匣子便打开了。我们围绕着青春、爱情、校园、友情谈论不休。接近中午时她邀我去欣赏她的玫瑰园,我也欣然同意。我们一边赏花一边随意聊着什么。说到婚姻,我问她:'你这么一个人见人爱的美人怎么嫁给了这样一位其貌不扬的男人?'

同学笑了,说:'暂且不说这些,下午我需要一朵最好看的玫瑰,请您去我的玫瑰园摘一朵过来好吗?'

走进玫瑰园,一股花香扑鼻而来。她的玫瑰园里的花让我应接不暇。红色的,黑色的,黄色的,白色的,粉色的,淡绿色的,橙色的,紫色的,蓝色的,橘红色的,还有一些我说不出来的颜色。就连本地少见的路易十四、咖啡、桃香、伊豆舞女等品种的玫瑰也在这里赫然开放。想起同学的嘱托我有些犯难,到底哪一朵会是同学最中意的呢?

我走进去摘了一朵红玫瑰,它的热烈与芬芳让我感动。当我看见黑玫瑰的时候才发现黑色才是永恒的,于是我丢掉手中的红玫瑰去摘了一朵黑玫瑰。在玫瑰园门口那位同学告诉我,在玫瑰园你可以随意选择,但只有一条原则,只能往前走不能回头去捡丢过的那一朵玫瑰。当时我想在这姹紫嫣红的世界里鬼才会可惜丢弃的一朵花。选来选去我才发现在众多的玫瑰中选择最好的根本不易。现在我手里抓的是一朵'伊豆舞女'。这种玫瑰产自日本,在我们这里珍贵无比,更何况我手里的这支是这个玫瑰园里开得最艳的一朵。

我转身出门时发现在玫瑰园的西北角还有一个扣着塑料棚的小屋。我想,同学最珍贵的花应该在那里。于是我扔了手中的'伊豆舞女',向塑料棚走去。进去才知道那里的玫瑰并不娇艳,且很多都已枯死,没有枯死的那些都已奄奄一息。我叹息着,准备去捡刚才扔掉的

---

① 引自照日格图:《玫瑰与爱情》,见《恋爱婚姻家庭》,2008 年 12 期。

'伊豆舞女'。这时我想起同学刚才说的话,她是不允许我回头的。

　　我无精打采地走出了玫瑰园,手里是一朵又小又难看的红玫瑰。我敢说这朵一定是玫瑰园里最难看的一朵。看着我的样子朋友笑了,她说:'亲爱的,我满园的玫瑰难道这朵是最好的吗?'

　　面对同学的质问我无言以对。

　　朋友说:'现在我来回答你刚才的问题:当我还是个年轻美丽的女孩时身边的追求者数不胜数。我在他们的温柔里流浪,总想选一位我最满意的。可是转眼间几年时间过去了,我才发现其实他们都有优秀的一面,同时他们都有自己的缺点。我开始苦恼,开始讨厌爱情,讨厌人世间的烦恼。直到有一天我去买花时认识了我现在的丈夫。他虽然不够帅气,但为人诚恳。我敢说他经营的玫瑰园是这城市里最好的。我认为既然他能对每一朵花那么温柔,那对我一定也不错。'说完她笑了,'经过三个月的恋爱我们结婚了,现在我们的生活美满,最重要的是,他身上总有玫瑰的芳香,如同他的温柔。'

　　看着手里的玫瑰我也笑了。原来最美的爱情不在其外表,而在其深深的内里,就如同她满园的玫瑰,玫瑰刺虽然可怕,但玫瑰的芳香总是让人向往。"

　　下面让我介绍一位外丑内美的女人,她的长相是她心中永远的痛,她非常害怕自己嫁不出去。然而,她的性格很奔放,外形越发中性,学习成绩越发优秀,最终找到一位心爱的白马王子。请看《丑女的"罗曼蒂克"》这篇文章①:

　　"我聪明活泼,身材极好,生活一帆风顺,然而长相是我心中永远的痛。从小到大,老师钟爱的都是长相好或乖巧玲珑的学生。像我这样天生反骨,又没有姿色的女生,当然就成了老师的眼中钉。虽然每次考试都是第一,但我没被评过一次三好学生。许多男生与我称兄道弟,可就没听说谁把我写在日记里,偷偷地喜欢我。

　　于是我性格越发奔放,外形越发中性,成绩越发优秀。我行我素,旁若无人,所以我到哪儿都是知名人物。老爸老妈原来以我为荣,后来见我就摇头,担心我嫁不出去。我自己也春心萌动,主动出击过几次,

──────────

　　① 引自天际浪子:《丑女的"罗曼蒂克"》,见《恋爱·婚姻·家庭》,2008 年第 11 期。

难以忘记他们惊诧的表情：'你是开玩笑吧！'我只能苦笑着点点头，伤自尊呀！

初二时，我去一同学家打牌，她弟弟坐在我的对面，看着我目瞪口呆。他说我长得艳丽，语气真挚，当时我激动得险些晕过去。他是迄今为止唯一一个对我'惊艳'的人。虽然那时他很小，审美观还不健全，但我会记住他一辈子。他的话给我灰暗的青春期带来一丝梦幻，这个世界，也许真的有我的王子，在他眼中，我最美。

我是多情的人，我会写感人的情诗，对着一轮明月，却总也找不到可以投寄的人。我不是佳人，何来才子？其实我五官端正，只不过书读得太多，小学二年级开始戴眼镜。西方有谚语：不与戴眼镜的女士调情。何况是厚厚的近视眼镜？朋友若有幸看到我的裸目，都会说：'没想到你的眼睛有这么大！'我在心里叹口气，'鼠目寸光'了这么多年，也不想去平反了，恐龙就恐龙吧。反正有知识、有文化，我不至于没饭吃。

想起大学舞厅里，女生含羞坐在一排，男生小蜜蜂似的挨个扫视，寻找他们的花朵。我最怕这个时刻，因为最后剩下的那朵必定是我，虽然我的舞步无比轻盈，无比优美。很少有人能透过现象看本质。后来我就反串男生，或大跳迪斯科，感觉很爽！工作后，美女同事一个眼神就能搞定的事，我却要前前后后做许多工作。我是不好看，但我有实力，有坚强的意志，所以稳扎稳打，树立良好的口碑。我不怕吃苦，不怕挑战，就怕没有爱情。

爱情需要对手。我有不少异性朋友，一起踏青郊游，说说笑笑，成帮结伙，总与情爱无关。哥们儿与我指点江山，评论国家大事，甚至谈论女人。他们看我的眼神就像看同性一样，我知道再这样混下去，恐怕要早生华发了。在我最美好的年岁里，却不能与最爱的人在一起。我庆幸不是独生子女，哥哥姐姐已为家中续了香火，否则对不起列祖列宗。

想想有点辛酸，一些女孩，不及我一半兰心蕙质，可面容娇美，走到哪儿都是众星捧月，备受呵护。可我呢？同样是朋友堆里的中心人物，出尽风头，可曲终人散，没人送我回家。一次我酒后吐真言：'你们有人喜欢我吗？'一干兄弟哈哈大笑着说：'我们都喜欢你呀！'我怒吼一声：'那怎么没人追我？'兄弟们愣住了，有的说你喝醉了，有的说没想过这个问题,有的说你太强了,不敢追。我欣慰没人说你太丑了。

爸妈觉得我单身贻害人间,于是精心安排了一次‘相亲’。真是老土,但我去了,为了他们高兴。‘相亲’这种形式,实在不利于我的发挥,匆匆一面,内在美来不及表现。我踏上首次“相亲”之路,不抱任何期望。男主角比我想象中英俊,居然有点像现在超热的韩剧明星裴勇俊。天哪,这等男儿怎么会是安排给我的呢?我有种搭错车的感觉。在别人面前的洒脱健谈被紧张不安所取代,我数次将可乐洒到毛衣上。

我有多聪明,我有多幽默,已无关紧要。这时候,心中反复在想:我是只没人爱的恐龙。这令我潜藏在心底的自卑一点点浮出水面,将‘强大’的我淹没。我觉得自己面目可憎,甚至不敢看他。他说什么,我说什么,全不记得了,反倒在他的注视之下,我的眼泪一点一点涌了出来。

我知道我哭的样子一定不是梨花带雨,可能像只丧家犬。谁在乎呀?反正他是个匆匆过客,不会在我的生命里留下痕迹。我越哭越有感觉,索性号啕大哭,破罐破摔。他在一旁,镇定自若,沉默不语,后来良心发现,递给我几张面巾纸。我从不在人前哭,但第一次在一个陌生人面前,袒露我的伤口。

临别时,我握了握他的手,向他言谢,感谢他百忙之中抽空见我这只歪瓜。他友好地拍拍我的肩膀,说你要保重。突然我觉得很温暖,我想他将来的老婆一定很幸福,只可惜他不是裂枣。寒风中,目送他离去,也许有一天,我会谢谢他,陪我看见残破的自己。

我想,我不会再去相什么亲了。在自怨自哀之际,接到他的电话。他说想请我吃饭,我说好呀,当他是个朋友好了。饭桌上我谈古论今,妙语连珠,逗得他不停地哈哈大笑。偶尔想到那日的失态,我不由觉得一阵心痛。然后去看电影《甜蜜蜜》,张、黎俩人令我感动不已,斜眼看他,居然已经睡着。我和他真是两个世界的人,理性如他,感性如我,又如同,英俊如他,丑陋如我。

我频频与他出去玩,我对自己说他是我的哥们儿,其实我想要更多。也许他是我的一个梦,醒来有时会想,他大概是因为寂寞吧!他提议一起去苏州玩,旅游可是我的强项,风土人情,了如指掌。我寄情山水,尽情展现开朗本性。在苏州乐园玩‘疯狂老鼠’时,我害怕得大声尖叫,他一把抓住我的手,紧紧握住。我一阵晕眩,身体都在颤抖,然后慢慢地放松，心中充满甜蜜和安宁。

从苏州回来后，我与他成了情侣。我问他为什么喜欢我呢，他总是笑而不答。我一头雾水，像一夜之间脱贫致富一样，感到幸福而又惶恐。不明就里，而深陷其中，这是危险的。早已经习惯没有爱情的日子，突然有了，我却有点承受不起。因为我怕失去，这比不曾拥有还要痛苦万分。

我开始躲避他，他迷惑，但并没停止他的步伐。他对我孜孜以求，视我如珍宝，无数次我深夜起来照镜子，也很迷惑。我自己都嫌弃的脸，别人又怎会爱呢？我开始怀疑他的形象思维，我问他，如果在一堆人里，你认得出我吗？他说当然。我又问他我丑吗？他诚恳地说，你不丑，即使你丑，看惯了也就不觉得丑了。

我一点不觉得他是在夸我，但我突然觉得很开怀。他不是因我的容貌而喜欢我的，他一定是喜欢我的内心。我真的没有必要自卑。青春易逝，容颜终会苍老，永恒的是富有魅力的内心。有句老话，女人是因为可爱而美丽的。一个男人说你丑，不爱你，那他就不是你的真命天子；如果他是，他一定会抚摸你的灵魂，温柔地对你！"

# 寻找配偶的路程应如何走

寻找配偶的途径应如何走？世界上各个国家民族的人们，都有自己的传统特点，都创造了有自己传统特点的途径。我国自古以来人们择偶所走的途径是什么？

1. 通过节日活动寻找配偶

"我国傣族的泼水节，每年 4 月 13 日至 15 日举行，高潮是 14 日的泼水。这天上午 10 点左右，男女老少提着桶，端着盆来到街上，路边备有大量清亮的水，水上还漂着几瓣花叶。无论男女亲疏，均可互相泼水寻乐。一般情况下，同性及年龄差别较大的人之间不相泼，相爱的人之间却使劲泼。入夜，人们尽情地跳起孔雀舞，狂欢至半夜。第三天，是男女'丢包'（相亲）的日子。届时，姑娘们拿着精美的花包站成一排，朝相距两三丈远的一排小伙子抛去。花包飞到意中人手中又飞回到姑娘手里,如此穿梭纷飞,将两颗相爱的心紧紧联结在一起。"①

"苗族的'爬山节',则完全是男女谈情说爱的节日。节日之前,寨老在村子里高声喊道:'各家老人听着,今天是我们古代的老规矩,放姑娘们上山玩几天,家家都有崽有女,要想得通,不要骂她们。'实际上,寨老是在告诫人们对节日期间男女可能出现'犯规'行为表示认同。"②

"台湾高山族是一个豪爽的民族,每逢节日庆典,人们载歌载舞,尽情欢乐。每年的元宵节和中秋节,是他们最隆重的节日,也是青年男女寻找恋人最快乐的日子。届时,多情的姑娘请到哪个小伙子与她跳舞,便是向他传达爱的信号,小伙子就该认真考虑了,小伙子不管是否满意,都应热情地跳。如果小伙子对姑娘不满意,跳一曲便罢;如满意,则边跳边谈,互诉衷情。跳完了舞,小伙随姑娘到她家去,从事二年的'劳动锻炼'。"③

## 2. 通过歌声传媒寻找配偶

古老的中国有五千年的文明史,也是最古老的诗歌大国,早在两千多年前我国第一部诗歌总集《诗经》305 首民歌中第一首诗《关雎》,就是表达爱情的诗篇。《诗经》中有三分之一的篇幅是表达爱情的情歌。许多青年男女,正是以歌声为媒,寻找配偶的。汉代民歌《上邪》云:

> 我欲与君相知,
> 长命无绝衰。
> 山无陵,江水为竭,
> 冬雷震震,夏雨雪,
> 天地合,乃敢与君绝!

这首词,表达了对男女爱情之美的追求。下面的情歌,唱出了内心对爱情的热烈追求:

---

① 引自邵伟华著:《八字婚姻》,中州古籍出版社,2005 年版第 61 页。
② 引自邵伟华著:《八字婚姻》,中州古籍出版社 2005 年版,第 61 页。
③ 引自邵伟华著:《八字婚姻》,中州古籍出版社 2005 年版,第 62—63 页。

妹是桂花香千里，

哥是蜜蜂万里来，

蜜蜂见花团团转，

花逢蜜蜂朵朵开。

请看云南少数民族的情歌唱道：

生要连来死要连，

生生死死都要连。

要是哪个先死了，

奈何桥边等三年。

诗歌是谈情说爱的媒介。一男一女相遇，都不知对方是否有朋友，可唱歌先探情：

山路好走铺岩沙，

前头失去一枝花。

骑匹骏马追不上，

唱支山歌拉住他。

姑娘发现了小伙子，又唱了一首歌追求他：

苗山木叶细微微，

只问阿哥可会吹？

你若吹得木叶哨，

只用木叶不用媒。①

### 3. 利用信物示爱寻找配偶

我国许多少数民族常以鲜花示爱。鲜花象征着爱情之美，常被青年男女特别喜爱，用之表达人们向往如鲜花生命之美的爱情生活，如下面这首诗：

---

① 引自邵伟华著：《八字婚姻》，中州古籍出版社 2005 年版，第 63—68 页。

哥有意来妹有心，
扯根头发结愿心。
不用爹娘不用媒，
一枝鲜花作证人。

我们今天的现代青年男女，都普遍用红色玫瑰花来作为爱情发展到了成熟阶段的定情的信物，除了鲜花，还可用金银首饰玉石珠宝等贵重物品作为恋爱定情的信物。男女爱情是一个流程，恋人之间的感情有一个由疏到亲，由远到近，由浅入深，由表入里的渐变过程。

4. 经媒人说合，寻找配偶

"俗语曰：天上无云不下雨，地上无媒不成亲。这话虽然有些说得绝对，但却反映了媒人在婚姻缔结中的重要作用。虽然自由恋爱历代都有，但毕竟有许许多多的婚姻是经人牵线搭桥后缔结的。这牵线搭桥的便是媒人。"①

中国古老神话"传说盘古开天辟地之后，大地什么都有，就没有人。女娲感到十分孤独，便用黄土造了人。人总是要死的，怎么办呢？女娲想了一个办法，让男人与女人结合，让他们繁衍后代。于是，后人奉女娲为婚姻之神，尊为媒祖，建庙祭祀"。"媒人的产生，在中国的婚姻舞台上起到重大的作用……"②今天，媒人作为男女爱情婚姻的介绍人，为青年男女寻找配偶，起着引路搭桥的重要作用。

古老的中国有许多神话传说的故事，其中之一是"月下老人"的故事。我小的时候常听说"千里姻缘一线牵"，说的便是月下老人的故事。（见于唐人李复言的小说《续幽怪录》中的《定婚店》）"据说：韦固夜经宋城，遇一老翁倚袋而坐，在月下检阅书信。固问所检何书？翁曰：皆天下婚约之书。又问：袋中红绳作用途？答曰：拴夫妻之脚用，任凭两家有血海深仇，还是天南地北，只要用此红线往双方脚上一系，他们便会结为姻缘，且终身不变。后来，人们便把主管男女婚姻之神称为'月下

①　引自邵伟华著：《八字婚姻》，中州古籍出版社 2005 年版，第 84 页。

②　邵伟华著：《八字婚姻》，中州古籍出版社 2005 年版，第 84 页。

老人'。在人们心目中,'月下老人'扮演了婚姻中十分神奇的角色。《红楼梦》第五十七回说:'即使父母、本人都愿意了,或是年年月月在一起,以为坚定了的亲事,若是月下老人不用红线拴的,再也不能到一处。'过去,人们虽信'婚由神定',但实际'牵线'的却是做好事的媒人。因此,在民间,'月老'也就成了媒妁的代称。行'月老'之职,在民间看来,是功德无量的好人。"①

今日中国现代青年男女寻找配偶除了继承上述古老传统的途径之外,又创造了许多新的途径。例如:

1. 由亲朋好友介绍,作为月老牵线搭桥;

2. 创立了现代化的专业的婚姻介绍所,专职月老,为未婚者牵线搭桥;

3. 由报刊杂志或上网公布征婚广告;

4. 由求婚者自己参加各种社会活动或交际场合,主动出击寻找配偶;

5. 积极参加好心者或专门机构举办的各种以相亲为目的的文艺活动或旅游活动;

6. 网上交友,特别主动择交异性朋友,在这个基础上寻找配偶,等等。

下面,请读者阅读一下有关相亲的文章,这是邓光圣等写的《不同年代的相亲故事》:

相亲,是由媒人安排的约会。但不同年代的相亲故事,各有不同。

## 20 世纪 60 年代:苦日子里甜相亲

1961 年,正逢全国人民勒紧裤带、死心塌地挨过苦日子的时候,我 23 岁,在醴陵教书。父亲来信说给我找了个对象,是外祖父做的介绍,女方 21 岁,农村户口,地主出身,初中文化,催我回信表个态。

既是父母之命又是媒妁之言,我还能说什么呢? 我回信表示同意。

那年暑假,外祖父领我去相亲。出发时,父亲见我穿着破旧的轻便

---

① 引自邵伟华著:《八字婚姻》,中州古籍出版社 2005 年版,第 89—90 页。

胶鞋,就去借了一双皮鞋,让我穿上。

"请喝茶。"一位穿着红底小碎花衬衫的黄头发姑娘双手托着茶盘进来,先送一杯给外祖父,然后又送一杯给我。趁姑娘转过背朝我走来时,外祖父暗示我:这位送茶的姑娘就是我要相亲的对象。当我从茶盘里端过茶杯时,姑娘羞红了脸,便转身走出了房门,不再现面。

我们告辞出来。外祖父问我感觉如何,我说行吧! 外祖父很高兴地说:"好啊,那就快些把婚事办了吧!"

我为什么如此迅速就把这门亲事答应下来呢? 一是相了亲,姑娘适中,五官端正,我出身不好,还能选什么样的女人呢? 二是我很自信,不管姑娘如何,只要和我生活在一起,我都能用爱的力量去感化她、熨平她、征服她,世间还没有不被情所动的女子。

结婚那天,妻子穿着相亲、领结婚证时穿过的那件红底小碎花衬衫,拎着一个打着补丁的小挎包,嫁到了我们家。


## 20 世纪 70 年代:带着介绍信去见面

那一年我 26 岁。一天下班后,我和局团委副书记在铁路上散步,他说,你都这岁数了,还没有对象,我帮你介绍一个,保证你满意。

过了几天,副书记把我喊到他的办公室,对我说,你拿着这个,去找她,把这个交给她就行了。

副书记给我的是一个信封,用订书机封的口。拿了副书记的信,刚走出办公楼,我就迫不及待而又小心翼翼地将信拆开,只见上面写着:小方,来人就是林建国同志,你们两人去谈。

看完后,我赶紧又将那封信按照原来的样子钉好,然后带着这封信,坐车到了女方单位。见到她后,我就对她说,请问你就是小方同志吧,副书记托我带一封信给你。说完,将介绍信交给她:"如果你要回书记的信,就请写好后交给我。"很显然,副书记已经跟她打了招呼,她接过信后,显得有那么一点紧张,赶快塞进抽屉里。接着,带着我到招待所等她的回信。

我到招待所后,心里也有点紧张,她确实不错,高高的个子,瓜子脸,白净的皮肤,说话也很好听……我紧张,主要是怕她不要我"带信"。

一直等到广播站放起音乐下班了,她还没来,正当我想着可能没戏了时,房门外响起了轻轻的敲门声……

## 20世纪80年代:录取通知书为媒

　　我和先生是高中时期的同学,老爸是我们的班主任兼语文老师,他则是老爸的得意门生。在我记忆中,高中三年我从未和他说过话,一是我觉得他比较孤傲,不爱搭理人,二是我认为班上那些把头发梳得溜光、爱照小镜子的男生比他有情趣多了,自习课时,他们不时在窗外把篮球拍得山响,康定情歌也唱得溜溜的欢。

　　考大学那年,他一枝独秀,考取了武汉大学中文系。我呢,名落孙山。我平时很要强,成绩也很好,面对落榜,我山摇地动地哭了一宿。眼泪未干,老爸竟迫不及待地要我到他家送录取通知书,那时可没有电话,不可能在第一时间通报喜讯。当我努力睁着一双红灯泡似的眼睛去敲他家的门时,开门的正是他。说实话,迎着他期盼的目光,我当时忘记了我自己的伤痛、把通知书举得高高的,发自内心地笑着大声又利落地对他说:你考上了,是武汉大学!

　　先生后来对我说,他记住了那一瞬间,更记住了那个女孩:她刚刚哭过,眼睛肿得眯眯的,她却为他把喜悦倾囊而出。同学三年,他没记住我,一个瞬间却征服了他,这便是我们缘分的开始。

## 20世纪90年代:"十万火急"的电话

　　我第一次相亲的对象是一个25岁的成都女孩,舅妈介绍的。相亲前,朋友乔辉来了,这家伙有著名的名车美人定律:把女孩分成四个级别,劳斯莱斯、奥迪、桑塔纳、东风。乔辉说,他会在我相亲的头三分钟内给我一个电话,让我自己定夺,如果是奥迪以上级别,我就当是个无关紧要的电话;如果是东风,就说是个十万火急的电话,必须马上赶去。呵呵,好主意! 有了这个保险,我还怕什么呢? 结果那天,舅妈就带着一个"劳斯莱斯"来了,着实让我惊艳! 舅妈给我们介绍了一下就借故走了,只留下我和她。

我正在那里思量着该怎么开头，可我这边还没开始，她的手机却响了起来。她说了声"对不起"就接了电话。嗯嗯啊啊几句后，她一脸歉意："不好意思，同事来电话说有急事，要去一下。""啊！是吗？没关系，没关系。"我当然得这么说。"真是不好意思啊，再见吧！"

我就这样目送着"劳斯莱斯"走出我的视线，而我的手机也响了。我不知道"劳斯莱斯"那天是否真的有事，但我宁愿相信真是这样。

请看林文写的文章，题目是《酸甜苦辣话"相亲"》[①]：

一个再浅白直露不过的目标，两个毫不相干的男女。开始是彼此慌乱尴尬地一瞥，还是一见钟情地凝视？过程是好心人喋喋不休、天花乱坠地"叫卖"，还是有缘人欲语还羞、渐入佳境地"倾诉"？结局是一拍两散，抑或是一拍即合？

在这个比自由恋爱还自由的年代里，相亲还意兴阑珊地方兴未艾。"为了爱孤军奋斗，哪怕吃够了相亲的苦……"如果你喜欢，那么就将相亲进行到底吧！

### 感谢"相亲"

杨某，男，39岁，职员。

有一天，办公室的老大姐悄悄对我说：给你介绍个对象，条件和你相当，相貌、人品都好，只是这个姑娘的母亲是个瘫子，平时家里需要她照顾，你考虑考虑。端详着姑娘的照片，眉清目秀，一脸的宁静、祥和。我觉得可以见见，就托老大姐把自己的基本情况向对方介绍清楚，尤其是我出身于农村，又是家中长子，需要赡养没有任何经济来源的农民父母，供养未成年的弟妹，家庭负担重，这点请务必向人家姑娘说清楚，并赠送了我的一张照片。由于我们在没有正式"相亲"前，已经通过介绍人，对对方的人品、脾气秉性、教育背景、家庭情况、经济情况、工作表现、优点、缺点有了比较全面、细致的了解，又通过相片先认识了对方，所以正式"相亲"时，俩人都觉得似曾相识，又"寻找"了许多共同语言，第一次见面彼此印象还不错。半年以后，共结连理。婚后，我们共同筑

---

[①] 见《汕头日报》，2002年9月17日。

造温馨的家,共同赡养双方父母,共同抚育下一代。我们没有轰轰烈烈的爱情,只有实实在在的婚姻生活,日子过得甜甜蜜蜜。

## 将相亲进行到底

吴某,女,28岁,护士。

望着桌子上乱七八糟地摊开的一堆照片,我真不知道该选择哪一位作为自己下次相亲的对象。我还不老,今年只有二十七八岁,可父母就已经为我的终身大事愁白了头。整日对我唠唠叨叨,听得我耳朵都要磨出茧子了。这还不算,现在他们不光托亲朋好友为我物色合适对象,就连左邻右舍也都"全民总动员"。自古中国人就古道热肠,对做媒这等大事就更热情、更积极了。只要他们认识的、尚未婚配的单身汉,就全都"线报"给我,条件差不多的,就呈上相片来,并索要我的玉照作为回赠。

记得初次相亲,真是尴尬至极。媒人领着我们两个逛公园,出于姑娘的腼腆我多少有些不好意思,没想到对方一个大小伙子更是羞羞答答,他的脸始终红得像苹果。一路上只听媒人高谈阔论,我们俩都默不作声,分手时彼此也没看清对方的脸。唉,这与我心目中的白马王子相差甚远,显然,第一次相亲以失败告终。只要我还没有结婚没有对象,也只好将相亲进行到底了。

## 相亲像吃鸡肋

宁宁,女,30岁,技术人员。

一晃儿就毕了业,分配到了一个科研单位,周围的同龄人很少,我还没有意识到现实的严重性,就已经被父母当成了个大难题。他们发动了所有朋友,不得以,我以抵触的情绪加入了相亲的行列。

当时,我是深受《灰姑娘》《傲慢与偏见》之类的书的影响,一直幻想着白马王子的到来,可是,相亲的队伍中是绝少出现白马王子的,等我意识到这个问题,我已经迈入了大龄的队伍。

由于家庭的关系,我很少接触异性,养成了既害羞又自尊又有些自卑的个性,好像不断的相亲是我唯一的选择。但相亲于我就好像一块鸡肋,食之无味、弃之可惜。不知道这条路我还要走多久?

## 得了"厌相亲症"

刘某,女,25岁,博士研究生。

我是一个性格内向的人,又因为能力有限,收入微薄,吃得不太精细,导致体重超标。这年头女孩子超重简直是一件不能饶恕的罪过。这一切决定了在恋爱这个市场上,用"看不见的手"暗牵红线,自由选择的办法对我是行不通的,不得不加入"政府干预"——有劳同学和家人费心替我安排相亲。同学安排相亲,不是那种一对一的,可能还是有些不好意思,不想弄得那么俗,那么赤裸裸吧。通常是有热心的同学组织几个条件相当的单身男同学、女同学一起出去郊游啦,吃饭啦,看看能不能撮合成几对。不过这种方式依然需要开朗、活泼和最重要的——漂亮。于是,参加了几次这样的活动之后,我依然是孤家寡人一个,决定再不参加这样的相亲了。

在韩国上班族中,正在兴起利用平日的午餐时间"闪电式相亲"的风潮。不少年轻人对这种相亲方式情有独钟,认为这样既省时间又省钱。

韩国的36岁上班族赵某表示:"将黄金一样宝贵的周末时间用在相亲上是件很苦恼的事情。反正喜不喜欢几乎取决于第一印象。"有过4至5次午餐相亲经历的29岁上班族裴尚美表示:"最近,相亲时将约会安排在平日午餐时间是一种礼仪。"

韩国婚姻中介公司也捕捉到了这种需求,正在积极推销平日午餐时间相亲的项目。午餐时间相亲大约一个多小时就结束,因而一切都是"速战速决"。39岁上班族李英勋表示:"午餐时间相亲的魅力在于,可以免去即使不合心意,出于礼貌也要与对方坐很久的困扰。"

## 水灵灵的南国佳丽

我去了苏杭沪,这里我就不再把人和城市一一对号入座了,免得被套上以地域论人的大帽子。

江南这三个地方是我魂牵梦萦的地方,我要在此地两个城市分别见两个网友,我就称之为甲、乙两地,人也就相应地称为甲小姐、乙小姐好了。

在北京我就打了电话给甲城市的甲小姐,告诉她我过两天就到,到了以后再跟她联系。她倒是很热情,说要到机场来接我。我很高兴,这说明她挺当回事儿。

我在甲城市一下飞机,就在接机的人群中看见了甲小姐。南国佳丽,透着那么一股子水灵灵的劲儿,穿着打扮又洋气,走在纽约街头都毫不逊色。虽然我早就看过她的照片,知道她是美女,但眼睛还是为之一亮。

我们目光相遇之后,她落落大方地迎了上来,握手问候,倒也没有陌生感。甲小姐带着我走出机场大门,掏出手机打了个电话,转眼间一辆黑色的奔驰 S320 就停在我们面前。我正想绕开这辆大奔去叫个出租车,没想到甲小姐已经手指车门,示意要我上车。我吓了一跳,乖乖,这么好的车,在美国也不是随便什么人就买得起的!

我们坐进车里以后,司机稳稳地向前开去。甲小姐看出我的疑惑,嫣然一笑道:"我朋友的车,因为你是贵客,我特意借的。"我这才把心放下了一点,但同时也琢磨此女孩看来混得挺好,往来的肯定非富即贵。

车子很快就开到了一家五星级酒店,甲小姐对司机吩咐道:"你到停车场去等着,有事我会给你打电话。"我们就下了车。我觉得甲小姐好像跟车的主人应该关系不一般,要不然不可能用这种命令式的口气跟司机说话。

既然已经到了五星级酒店,我就只好去前台登记住宿了。我在美国节省惯了(用自己的钱谁都节省),出去玩都是自己带帐篷露营,或者去同学、朋友家借宿。在甲城市,我本来只打算住三星级宾馆就行了,但不能在甲小姐面前跌份儿,所以装作此地甚合我意的表情去开了间房。

进了房间,此时离吃晚饭尚早,我们就先聊聊天儿。我打开箱子,把从美国带来的一瓶香水送给甲小姐,虽然不是世界顶级名牌,但在国内应该还拿得出手。

甲小姐微笑着接过去,扫了一眼牌子,好像不太感兴趣的样子,说了声"谢谢",就随手放进了手袋里。

我这才仔细地打量了一下甲小姐,应该说她全身上下肯定都是价值不菲的名牌。我虽然不太认识女装的牌子,但看品相还是看得出她的东西都很考究。我当然也不好问这些东西,也许她爸爸是个大款也未可知。

我在美国随便惯了的,本身我这人也不太讲究,一件 Polo 已经是我最好的衣服了,提着的箱子还是圣诞节大减价的时候买的。跟她一比,倒像她是从美国来的,我是从中国小县城来的。

甲小姐从拿到香水以后明显的就好像不太高兴,但她们南方人表面上还是很有礼貌,我们又继续聊了一阵。总的来讲,甲小姐这人素质还是很高,人又漂亮,不可多得。

## 一开口就点燕窝鲍鱼

到了吃晚饭的时间了,我想豁出去花个千把块钱请她去西餐厅浪漫一下。总有个过程嘛,我的钱也是血汗钱,不是在街上捡来的。我想如果能跟甲小姐把关系定下来,我再带她去买定情礼物也不迟。

甲小姐起身带我下楼去了宾馆三楼的粤菜厅。五星级酒店的餐厅确实豪华,装修典雅、金碧辉煌。

我一想,舍不得孩子套不着狼,要找美女也要出点血。美女是稀缺资源,物以稀为贵,豁出去用掉我身上的这一千人民币现金,如果不够我还可以刷信用卡,美国的 Visa、Master 卡全世界通用,尤其五星级酒店更应该不成问题。

服务生来点菜,甲小姐一开口就点了个冰糖燕窝。

她又问我要什么,我说随便。

她就帮我要了个鲍鱼,而且还要求服务生给上日本的四头网鲍。服务生回答说今天只有八头的。甲小姐好像并不太满意,撇了撇嘴,勉为其难地说那就来两只吧,又点了法国红酒及其他菜。

我就是一贫下中农,一直苦读书,当时虽然收入还算可以,在美国也算中产阶级,但并不是百万富翁。而且还要攒钱娶媳妇儿、买房子,平时哪里舍得去吃什么燕参鲍翅？根本不懂这些东西，也不知道四头鲍、八头鲍有什么区别，我只关心价钱。

我把菜单拿过来一看，头都大了！一个燕窝要八百元一碗，八头鲍也要千把块钱一只，四头鲍就更贵了，幸亏没货。法国红酒当然也不便宜。我心里草草算了一下，这顿饭至少要三千块钱，这个甲小姐消费太高了，不是过日子的人，养不起，赶快闪！

既然甲小姐不适合做妻子，我也就没必要硬撑着在她面前摆谱了。三千人民币折合三四百美金，都够我一个人在美国吃两个月的，实在心痛。

我不管甲小姐高不高兴，自作主张地只保留了她点的燕窝，其他菜全部换成便宜的特色菜，酒也换成国产的王朝干红。当然面儿上还是要过得去，我美其名曰是想尝尝当地的风味。

甲小姐没想到我会这么干，一时脸色很不自然，但她还是没说什么，一顿饭我们两个人吃得味同嚼蜡。

其实我倒还不算个小气人，主要是不喜欢被别人当冤大头宰了、别人还不领情的感觉。跟甲小姐的见面让我心里很有点不舒服，让我不禁联想起小时候听邻居齐大妈跟我们说的忆苦思甜故事：自己辛苦了一年，吃糠咽菜，却把打下来的大米、白面交租给地主老财，地主老财却白眼一翻，认为理所当然。

## 天上掉下个林妹妹

第二天早上我就退了房，游玩了一天之后，晚上坐上长途巴士直接去了乙城市。

从照片来看，乙小姐是我在网上联系的几个候选人里面长得最漂亮的，我自然郑重其事、不敢怠慢。

你不要笑话我，爱美之心人皆有之，尤其中国男人找老婆，大多数人都把漂亮作为首要条件，我自然也不能免俗。请恕我当时年少轻狂，现在我的观念完全变了，此是后话。

见面那天，大约两点十分的样子，乙小姐和她妈妈一起出现了。我一看，虽然早有思想准备，但还是惊为天人。只见她：巧笑倩兮、美目盼兮；人面桃花、弱柳扶风。气质清纯、天生丽质，跟十七岁时演《窗外》的林青霞在一个档次上。

当时咖啡厅里所有的人都把目光转向了她，回头率 200％，令我一下就想起了汉乐府民歌《陌上桑》中对行人见到美女罗敷时的描述：耕者忘其犁、锄者忘其锄。

天生尤物、绝色佳人。颜色增之一分则太多、减之一分则太少。哎呀，天上掉下个林妹妹！

乙小姐和她妈妈在我对面坐下。

她妈妈可能见多了我这种垂涎三尺、不胜向往的贪婪表情，干咳了一声提醒我。我这才如梦方醒，赶紧打招呼。

我仔细一看，到底是有基因遗传，她妈妈虽然徐娘半老，但也还风韵犹存，只是看上去精明厉害。

我已经准备了一瓶香水作为礼物，面对如此绝色美人，虽然太寒酸、不好意思拿出手，但千里送鹅毛、礼轻情义重，一点儿表示都没有就更对不起人了，所以硬着头皮拿出来递给她妈妈。

她妈妈接过去，脸上的表情不屑一顾，道："你就是那个美国的博士？听说你在硅谷工作，蛮好。年薪多少呀？"我诚实地回答道："十几万美元。"

她妈妈好像很不满意的样子，哼了一声，接着说："我们阿囡你也看见了，不是我说大话，人见人爱，乙城多少大款都想追她哟，我们都看不上。你们是在网上认识的吧，现在这个世道，骗子不要太多哟，把你护照拿出来看看。"应该应该，我也认为很有必要，连忙把护照拿出来，双手递给乙小姐的妈妈。

她妈妈看了看我的护照，同时老练地说："我虽然不认识英文，但这个蓝皮皮还是见过的。美国护照我见得多了，好多美国人，还有美籍华人都在追我们阿囡。"

我一听，难度更大了！但怎么想都觉得自己也还怪不错的，应该还排得上号吧。我自己觉得应该也还有点希望。

她妈妈接着又问我："你在美国有没有 House（指美国的独立房）呀？"看来乙小姐的妈妈并没有吹牛，可能见美国人见得多，连 House 这么专业的词都知道。

我回答道:"目前我一个人买的是一个 Townhouse(连体别墅,一般一栋别墅住两三户人家)。"怕她不满意,我又补充道,"不过如果结婚的话,我可以马上换一个 House,这没有问题。"

乙小姐的妈妈不置可否,自顾自地又说:"我们阿囡可惜生在乙城,要是在香港,肯定可以选得上香港小姐、亚洲小姐。"

我冷汗开始冒出来了,看来难度很大,这块骨头不容易啃。

## 乘兴而来,败兴而归

我瞟了一眼乙小姐,乙小姐看上去非常文静,一直低头不语,都是她妈妈一人在唱独角戏。

乙小姐那温柔可人的样子,令我不由得想起了徐志摩的诗:最是那一低头的温柔,像一朵水莲花不胜凉风的娇羞。

于是我壮起胆子又把自己吹嘘了一通,说我虽然目前还算不上什么,但我有名校博士学位,又有技术,将来的日子肯定会越过越好。

乙小姐的妈妈似乎对我的态度还算满意,又接着道:"我们巷子那头的阿红,样子不要太难看哟,一张柿饼脸、腰粗得像个汽油桶似的,还嫁了个老外。结婚的钻戒都有一克拉,还摆了五十桌酒席,老外还给阿红姆妈在乙城买了套房子。"乙小姐的妈妈露出鄙夷的神色,继续说道:"她那个样子,跟我们阿囡根本没法比,一个天上,一个地下!我们阿囡要是嫁给你,钻戒至少要两克拉,酒席要摆一百桌,房子嘛,你看呢?"

我的冷汗开始流了,这哪里是嫁女儿,分明是明码标价卖女儿嘛。

两克拉的钻戒我勒紧裤腰带倒也买得起,酒席一百桌的话,有这么多人来吃吗?在中国买套房子虽然比美国便宜,但也不像喝蛋汤那么容易。看来娶美女也不是闹着玩儿的,要付出代价。

豁出去了,牡丹花下死,做鬼也风流!虽然乙小姐她妈妈非常厉害,但乙小姐本人看来还不错,反正我又不是跟她妈妈过日子,厉害就厉害点吧。

我避重就轻,连连赔笑道:"阿姨说得是,乙小姐这样的人才,不应该受委屈。"乙小姐的妈妈对我的话深表赞同,又说:"我们阿囡从小到大没受过一点委屈,哪个都是呵着捧着的。我和她爸爸是把她含在嘴

· 185 ·

里怕化了、捧在手里怕掉了。以后她要是跟你去了美国,我们就这么一个宝贝女儿,我和她爸爸是要跟着去的,我们阿囡可不能受委屈。"

我靠,我头都大了!这么厉害的丈母娘,天天生活在一起,不死也要脱层皮!我已经有点打退堂鼓了,不是金刚钻,看来还真揽不了这瓷器活儿。

但乙小姐确实太迷人了,虽然她一直没说话,但我看得出她应该比较朴实,没有她妈妈这么难缠。

我着迷地看着乙小姐吹弹可破的娇嫩肌肤,不得已转而问她道:"乙小姐,你怎么想?"

孰料,乙小姐不开口则已,一开口就石破天惊。她自恋地伸出十指葱葱的玉手,娇声说道:"我可不能做家务,油烟会把我的皮肤熏坏了,这样容易老。家里保姆总归是要请的。"

我晕!要满足乙小姐和她妈妈提出的条件,我就只差自己业余去给别人当保姆了!我这哪里是娶媳妇儿?简直就是要请回去一尊活菩萨!早烧香、晚朝拜,还得搭上给旁边的两大护法金刚上供。我图什么呀?!

至此,我已完全打消了要娶乙小姐为妻的痴心妄想。要是娶了她,我估计六十岁我就会累得得老年痴呆症,坐在轮椅上度过余生了。乙小姐这朵鲜花还是不要插到我这堆牛粪上,应该插到金光灿灿的花瓶里去。

这一趟网络征婚回去见网友的中国之行,可以用这么八个字来总结一下:乘兴而去,败兴而归。现在回想起来,当然我自己的指导思想首先就不正确:第一,一心只想找美女,而忽视了心灵美才是真正的美。虚荣心作怪,受打击在所难免。

人家美女长成这样也不容易,从受精卵开始就要顺应达尔文的"适者生存、物竞天择"理论开始竞争,磕磕绊绊一路成长,得吃多少苦啊,哪能随随便便就把自己贱卖了?当然要拿自己当盘儿菜。

我这人比较识时务,总结经验教训,我得出结论:我也就是一般人,肉体凡胎,以后再也不要自不量力地拿自己当鸡蛋去碰美女这块石头。根本无福消受美女,尤其是绝色美女。

现在的中国女孩儿真的看不懂,现实得可怕。当然我在这里只是就事论事,绝没有一棍子打翻一船人的意思。大部分祖国女青年估计本质应该都是好的,值得去爱的。

"猪肉一斤多少钱?"把爱情婚姻当作性商品进行交易,一手交货,一手交钱,姜太公钓鱼,愿者上钩。据媒体报导,最近几年引起广泛争议的"亿万富翁征婚广告",这几位亿万富翁他们人到中年,有未婚的,也有离婚的,也有子女绕膝的。他们由于事业成功,自信人中翘楚,用金钱可以买到大学生美女进行性满足和享受。

全国有十多家媒体刊登了他们的"亿万富翁征婚广告"。他们大致上要求三个条件:第一年轻貌美,第二要高学历,第三要处女(初夜权)。据说应征的大学生美女大量涌现,使几位亿万富翁几乎"超额完成任务"。有一位来自大连的大学生名叫李媛(可能是化名)对记者说"自己之所以应征是为了钱。在学校里,一些同学在傍大款,这一度让她觉得可笑"。又说,她"跟爸爸年纪一样大的人接吻,不会恶心吗"。后来,她"突然长大了"。她承认说,"只有金钱才能给她带来安全感"。[①] 还有一位应征的名叫张茵的大学生直言不讳地说出了处女身对自己的重大意义:"我们留着这个,不就是为了卖个好价钱吗?"[②]

针对上述亿万富翁的征婚广告,何三畏先生写了一篇题目是《征婚广告的双重宣示》,全文如下[③]:

"在这个功利的年代",一位"身价过亿"、有"一子绕膝"的"成功男人"以这样的方式"期望邂逅一份纯洁真挚的感情"——掷百万金,在全国 16 家媒体登广告,要求"天性忠贞"、"无性经历"(初要求"无恋爱经历",后改换成这样)的女子。上述引语即出自这则气势磅礴的广告词中。

一块"忠贞的白布"就这样地铺在了媒体上,铺在公众面前。

其实,这是一个道德和财富双重宣示的广告,无论如何,我相信工商部门即便下决心要审查这个广告的真实性,也相当地困难。以我的心情揣测,即便它做到了我尊敬的媒体上,我也是不想正眼瞧它的。但是,人家在这块"白布"上悬了"亿万身家",即便仅仅是广告词,我也相

---

① 见《南方周末》,2006 年 1 月 5 日第 10 版。
② 见《南方周末》,2006 年 1 月 5 日第 10 版。
③ 见《南方周末》,2006 年 1 月 5 日第 10 版。

信全国会有不少"清纯如水"去认账。

设想"大专以上""清纯如水"的女性,她们在新时代的学校受了教育,她们已经认同了新时代的精神文明,她们向往或追求女性的主体意识,突然,一个已婚有子的男人,挟亿万资产的雄风,要求她们亮出初夜的前提,然后要有"纯洁真挚的感情"才够格,这是何等粗暴的"邂逅"? 这只能是"在这个功利的年代"的遭遇! 同时,我相信,这不仅对女性世界,对21世纪的性道德,对整个世态人心,产生一点震撼力,也是可以理解的。

不仅如此,从广告事先对公众和媒体的劝告或警告看出,该年轻的富翁尚未养成现代生活的基本礼数。既要"广而告之",把自己推向公共平台,又从一开始就要求所有人的信任,这显然办不到。既要利用公共资源,又要"新闻界的热心朋友,理解为贵,'宽容'为怀,切勿追踪追访……保持其宁静生活空间",这可不是传媒时代的游戏规则。管它是否刚好是广告主所窃喜的呢,媒体有媒体的社会责任。说到底,人家凭什么要"信任"你和"不怀疑"你"只是为了寻找理想伴侣,绝无任何其他企图"呢? 怀疑是人的本性和权利之一,并且也可以说是这个"功利年代"特别需要的素质,只要你没有天然优先的话语权,任何人对可能的怀疑都得忍着点儿。

这样的"成功男人",真是初级年代的产物。端的是存在决定意识,我们在两三百年前的欧洲文学作品中可是见过不少这样的富人形象。不同的是,在那一代大师笔下,是可以受到人文主义感染的,而在今天,要对富人说话,要评论一下这类事件的社会意义,得冒"不宽容"和"仇富"的风险。例如,此前,《南方周末》评论过中国内地为什么没产生"邵逸夫"①;接着,更义正词严的声音是,"富人有不学邵逸夫的权利";这一次,同样理路的话是,"富豪有权利用金钱表达自己的偏好,甚至是'无性经历'的要求,为什么呢? 因为这不会损害到你的利益,前提是平等的,如果你有钱的话,你同样可以这样做而不会损害到那位富豪的利益"。并且,如果富翁用金钱表现自己的"偏好","即使合法也会受到公众的苛责和道德拷问",是表现了公众"非理性情绪"的"偏见",还不利

---

① 指坚持中国人性传统美德,不用金钱和市场交易来收买美女,获得初夜权和性快乐享受的新富。

于"发展生产力"。也就是说,富翁可以有"偏好",公众则不可以有"偏见"。此种论调真可谓是奇也怪哉!

谁都知道,我们所评论的现场情景是,中国富人"不学邵逸夫的权利"是得到充分实现的,"用金钱表达自己偏好"的权利也是充分实现的。那么,如果说,不学邵逸夫的权利是一个逻辑上虚设的问题,后者则是一个富人的"新道德"宣言:在富人的"偏好"面前,"法律不能进,道德不能进,只要有钱就能进"——合法,就不应该"受到公众的苛责和道德拷问",富人就应该居住在这样的道德特区里,否则,就是公众的"非理性情绪"了。

这些论调,不可谓不新鲜,配以上述富人式的道德实践,时下的"富人观"就丰满了。

### 解读与思考七

1. 人为什么非找一个配偶不可? 读了本书之后,你对这个命题是如何解读的? 由这个命题引思出许多子孙题,如结婚有什么好处,不结婚有什么坏处? 有人主张独身主义,有两种独身者:一种是找不到配偶而独身生活,一种是立论不找配偶(不结婚),只找情人相伴过自由自在的快乐生活。请你给予一一评说!

2. 假如你是男人,请你说说女人之美在哪里,读了本书之后,你应该找一个什么样的女人作为自己的终身伴侣?

3. 假如你是一个女人,请你谈谈男人之美在哪里? 读了本书之后,你应该找一个什么样的男人作为自己的终身伴侣?

4. 不论男人或女人,选择配偶有没有一定的条件和标准,我肯定是有的,这些条件和标准是什么? 书中说,"在人生十字路口上,如何寻找和选择一个心心相印的配偶? 最重要的是自觉地进行两种理念思维谁战胜谁的斗争,用审美主义理念思维去战胜动物主义理念思维"。你对上述这段语重心长的理论概括是如何解读的? 请举例说明之!

5. 最近几年,我国有十多家媒体报道了几位亿万富翁的征婚广告,他们择偶的标准有三个:第一是年轻貌美,第二是要求高学历,第三是处女。据说应征的大学生美女争先恐后,使征婚的亿万富翁喜出望外。这种把爱情婚姻当作性商品进行交易的婚姻现象应如何评价? 请你发表自己的看法!

# 第七章  经过恋爱旅程，走进婚姻殿堂

一个真正的人总是需要爱情的，青年人特别需要爱情，要努力学会恋爱并亲身经历恋爱，获得恋爱的快乐和幸福。那么，恋爱是如何发生的？恋爱的发生有没有一定的规律？有的。下面讲讲恋爱发生的六条规律①。

在罗马神话中，丘比特被喻为爱情的象征。他是一个顽皮、身上长着翅膀的小神，背着一个箭袋，高兴了就对着谁射出一支"爱之箭"，一旦被他的箭穿透心脏，人们就会不顾一切地倾心相爱。之后，人们常常用丘比特的顽皮任性来解释爱情发生时的不规则性。

可是，心理学家的研究却发现，丘比特并不如人们以为的那么淘气，他所发射的"爱之箭"也不是盲目地乱飞，而是遵循着特定的法则。根据美国心理学家莎伦·布雷姆等人的总结，爱情的发生有如下规律。

## 接　近

生活空间邻近的两个人，通常更容易喜欢上对方。空间的邻近，为彼此的认识和交往提供了便捷的条件。他们可以付出很小的代价，却更轻易地了解和熟悉对方。反之，遥远的空间距离，使人们的交往付出更大代价，而共处时间的缺乏，更是增加了彼此不能及时消除的误解。

## 吸　引

在一个有趣的心理学实验中，心理学家给人们出示一些陌生人的

---

① 见《汕头日报》，2006 年 9 月 11 日。

照片,然后让他们根据自己的感受,对这些陌生人进行评价。结果发现,人们普遍对外表更具吸引力的人评价高。可见,人们更容易相信:美丽的人一定也是好的。这一偏见尤其容易发生在交往的初始阶段。

## 喜　欢

与某人相处中,如果感受到对方喜爱自己,被接纳和欣赏的感觉便会提高自己的自尊,从而更喜欢对方;相反,则会感到被否定,即使这个人再有魅力,他的吸引力也会因此而大打折扣。因为,与他所带给我们的良好感觉相比,我们更关注自己被其拒绝或否定的糟糕感觉。

## 相　似

性格上存在差异的人,相处中更容易发生误解和争执,长时间的冲突会使两个人都感到沮丧和疲惫;在性格和态度上有更多相似之处的人,则会因为彼此的一致而产生共鸣。这种被接纳的感觉,会让他们更加欣赏自己,于是也越来越喜欢和对方共度时光。但有一种情形下的"不相似"也可以促进彼此的感情:一方所具有的,正好是另一方所需要的。比如,一方很有主见,而另一方很愿意听从别人的决定。

## 障　碍

人们普遍都有逆反心理,这导致了当我们面临得不到或者失去的威胁时,我们会更加渴望得到,并加倍努力。心理学家们发现,爱情上存在着"罗密欧与朱丽叶效应":当外界,尤其是父母,越是强烈反对两个人的爱情,他们在对方的眼里越是具备更大的吸引力,于是双方越能感受到彼此强烈的爱。

## 品　质

除了上述条件,不管背景、年龄或性别的差异,人们都认为恋人最需要具备的 3 个重要条件是：热情善良、性格好、接受并回应自己的感情。

## 青年人应该努力学会恋爱，力争恋爱的成功与快乐幸福

为了找到一位称心如意的爱人，青年人应该学会恋爱，应该研究追求恋爱的战略战术。恋爱的结果不一定都成为夫妻，但可以成为真诚的异性朋友，也可以从此分手各奔东西。顺便提几个问题来讨论：

1. 主动和被动

按中国人的传统，经常是男的主动，女的被动。中国最著名的女散文家之一冰心说，"男人和女人心理所了解的爱情，根本就不一样，男人活着是为了事业，女人活着是为了爱情，为了爱情而牺牲自己的一切。"（冰心《关于女人》）为什么男人可以主动追求女人，女人就不能主动追求男人？这平等吗？主动地追求爱情，不论男女，都有这种符合天性的权利。德国的弗罗姆说，"因为我被爱，所以我可以爱"。成熟的爱的原则是："因为我爱，所以我被爱。"不成熟的爱声称："因为我需要你，所以我爱你。"成熟的爱则认为："因为我爱你，所以我需要你。"（弗罗姆《爱的艺术》）这段话说明，有主动式的爱、被动式的爱和互动式的爱。热恋中的情人，是世界上最美、最高尚的人，再也找不到第二个的人。其实，不管你是男是女，寻觅心上人非积极主动不可，最关键的问题是要看准时机成熟不成熟，要抓住机遇。英国诗人希莱克说，"如果在时机成熟前强趁时机，你无疑将洒下悔恨的泪滴；但如果你一旦把成熟的时机错过，无尽的痛苦将使你终生哭泣"。[①] 聪明的人绝不会被动地消极地等待心上人的出现，应该主动出击，抓住一切可能出现的机遇，努力争取婚姻爱情的最大成功！

2. 第一次约会的是与非

第一次与择偶对象约会是很重要的，凡事开头难，你应该大胆与细心地进行设计。假如你是男方，一般的说，总是男的先邀请女的，你如何先开口发出邀请？女孩子大多数喜欢真诚率直的话语，不喜欢吞吞

① ［英］布莱克：《布莱克诗选》，第152页。

吐吐扭捏模糊的口舌，大胆提出约会的时间、地点，鲜明地体现你的请求和真心实意。

约会能否成功，与你提出的时机有直接关系。过早与过晚提出的约会都是不好的。当感情达到一定程度时，就应大胆约请对方。如果她真的答应你的约会，说明她对你没有抗拒，甚至开始有了好感；如果她推说没有时间，或推说"明天不成，等以后再说吧！"你千万不要急于求成，或自以为失败而打退堂鼓，而应该有耐心、有恒心地等待，寻找新的机遇。你也可以提出试探性的请球问她，"能不能由你约定什么时间和什么地点？"她如果直截了当地回答你的提问，并说定了时间、地点，那就说明了你和她的第一次约会通过了关卡；如果她不回答你的提问，说明她对你还把守着关卡，还没有跨出由普通朋友到知心朋友进而走入爱情的这关键的一步。

如果顺利地迈进这一步，在第一次约会之前你应该做好充分的准备。例如，如果你约她到饭店吃饭，你事先应了解她喜欢吃什么与不喜欢吃什么？拿起菜单，应让她先选择吃什么，应主动提出关于吃的话题引导她说出以吃为主题的平日生活习惯，让她很自然地感到你对她的体贴和诚意！

第一次约会最忌讳的话题是谈自己的隐私和婚恋史。双方在第一次约会中要谈的与相互了解的事情很多，但不可过早地各自谈及隐私与婚恋史，应该暂时避开这两个话题，以免引起对方误会误解，等到双方建立了水乳交融的深厚感情和爱情发展到了瓜熟蒂落、心心相印无话不说的时候，双方都会很自然地把自己的过去毫无保留地谈出来！

爱情研究的专家们总结，男女恋人约会有六大制胜绝招。在此介绍如下①。

共同冒险：

20 世纪 70 年代的一项研究表明，与在平稳的桥上相遇相比，在摇摇欲坠的桥上相遇的男女认为对方更性感。一起去游乐场也有类似的效果，刚从过山车上下来的人在异性眼中更有吸引力。

身体语言：

---

① 转引自英国《卫报》网站 2006 年 4 月 26 日报道，见《参考消息》2006 年 4 月 30 日。

陌生人初次见面时,55％的印象来自于双方的仪表和身体语言。与对方做相同的动作可能有利于建立好印象,而不合抱双臂有利于产生亲近感。

音乐:

美国马萨诸塞州北亚当斯州立学院的心理学家发现,女性认为男性听着轻柔摇滚乐的画面最有吸引力。

巧克力:

巧克力中存在着一种被称为"爱情分子"的化学物质——苯乙胺。锻炼也有同样的作用,锻炼时,大脑分泌的多巴胺会让人产生愉悦的感受。

眼神接触:

凝视约会对象的眼睛,可以增加亲密感和吸引力。双方互相凝视时能够激活大脑皮层中主司"回报"的区域。

开玩笑:

研究人员发现,开怀大笑可以增进陌生人之间的亲密感。研究人员认为,笑能刺激体内释放内啡肽,让人产生幸福感。

3. 不追求十全十美,但一定要追求心灵美

现实生活中没有一个十全十美的人,但作为你的爱情生命的一半,非选择追求一个心灵美的伴侣不可! 下面几种不可爱的人,是不该追求的"伴侣"。

第一种:灵魂丑恶的人不可爱。如贪官、色狼、骗子、小偷、以及违法乱纪、投机取巧、通过非法手段获得金钱财富等有罪的人。张某大学金融系本科毕业后到深圳市某银行工作,与年轻的副行长陈某相爱结婚,婚后生了孩子,买了新房子和小汽车,家中也雇了小保姆料理家务,夫妻婚后数年享受着小天堂式的荣华富贵的生活。可是好梦不长,2003 年 8 月作为银行副行长的陈某因贪污受贿150 万元和财产来历不明罪被逮捕,经法院审理判处有期徒刑 15 年。张某的爱情美梦也以悲剧告终。

第二种:动物主义的人不可爱。如自私自利、损人利己、拜金主义、卖淫嫖娼、同性恋、性滥交、朝三暮四、见异思迁、爱情投机分子等人。

第三种:性异化的人不可爱。所谓性异化,是从生物学的角度来说

的,同性相斥异性相吸。爱情的生理基础是男女异性的相互吸引,但从爱情的审美心理来看,如果一个男性被异化为女性,这个男性就由原来的男性美异化成"女性"丑了;反之,如果一个女性被异化为男性,这个女性也由原来的女性美被异化成"男性"丑了。选择配偶切忌这种男女相互异化。从择偶的审美传统来看,男人最令女人不能容忍的是什么?是女人化的自私、吝啬与小心眼;女人最令男人不能容忍的是什么? 是男人化的暴虐、愚蠢可笑与称王称霸。

第四种:不求上进的人不可爱。有的择偶对象很有钱,文化层次也不低,相貌也不错,身体也很健康,家庭背景官家子弟,是在蜜糖里长大的人。由于父母对他的溺爱,为他找到了一份每月可挣两三千元的工作。从表面上看,他各方面条件不错,然而,这类人有一个最大的精神要害,就是不求上进,只追求小天堂式的物质生活,不追求审美的精神生活,这种不求上进的二律悖反式的人切不可爱! 这种人之所以不求上进,是因为不懂得爱情之美是什么,也不懂得人生最高的追求是对理想事业的追求。

4. 找个有钱的配偶最安全、最保险吗?

爱情是需要一个经济基础的,当今世界市场经济提高了金钱的势力和地位。没有钱办不成事,经济独立是婚姻爱情的立足点。鲁迅唯一的一篇爱情小说《伤逝》描写了涓生和子君的爱情故事,这对青年男女自由恋爱,冲破世俗的偏见而结合。女主人公子君不顾封建地主父亲的反对和束缚而勇敢地出走,同涓生同居,过着自由、幸福、快乐的新婚生活。不久,她从家里带来的一点儿钱用完了,涓生又找不到工作,没有经济收入,把养的几只鸡杀吃了,把心爱的小狗阿随带到郊外放逐,后来由于忍受不了饥寒交迫他们分手了,子君回到家里投降她的父亲,不久走进了坟墓。而涓生为了生活下去,怀着极端痛苦的希望寻找职业,但前途渺茫。爱情悲剧故事,说明没有独立自由的经济基础,婚姻爱情不可能生存和可持续发展。

然而,必须正确处理金钱与爱情的关系,是金钱支配爱情,还是爱情支配金钱? 只有爱情支配金钱,你的生命才有可能获得永恒和辉煌。如果以金钱支配爱情,爱情必定灭亡以悲剧告终。

因此,把有钱当做选择配偶的一个重要条件是无可非议的。但绝对不是唯一的条件,找一个有钱的配偶不一定绝对幸福,嫁一个没钱的人就不一定不幸福。因为除了经济基础外,还有文化层次、年龄健康、相貌身高、做人的人格、内在素质、家庭背景、婚姻历史、事业职业、住房条件、生活习惯以及兴趣爱好等择偶条件。爱一个人,就会想到和他一起生活,一起面对未来的风风雨雨,想到和他同甘共苦,一起成长,一起奋斗,一起走向美好的未来!

### 5. 相互补缺与相互美化

男女青年在择偶婚恋过程中,必须懂得一个男女和合的爱情美的规律,这就是相互补缺与相互美化。所谓相互补缺,就是说以你之长补我之短,以我之优补你之缺。例如,在身体结构比例特别是身高方面,男女和合也有一定参数。超过中等高度的男子,一般喜欢寻找低于中等身高的女子。"巨人"往往把"小巧玲珑"的女子看做是理想的女性;反之,一个身材矮小的女子倾向于找身材高大的男子。因为在一般情况下,女人都比男人羸弱些。但也有男人比女人矮的特殊情况。身材不高的男人往往喜欢高身材的女人,这似乎是一种反常现象,然而,这种择偶的总趋势是不会改变的。又如在年龄特征方面,也体现了互相补缺的爱情美的规律。由于生理特点与审美心理所制约,青年男女爱的结合一般来说,男的比女的大 1—5 岁,但并不排除女的比男的大 1—5 岁的特殊现象。爱情的魅力消除了年龄的差别。爱的情感吸引力使相爱者忘记了年龄差别。但如果年龄相差太大也会造成性生活的不和谐而致使失望情绪与离异的主客观条件的。男人们的年龄差别因人而异但并不十分明显。在生理方面,男人的性功能衰退较慢,而女人衰退较快,因而社会上出现了一个60—70岁的有钱男子可以娶一个年轻漂亮的女子为妻的反常现象。

除了上述身高、年龄特点的相互补缺,还有文化层次、贫富差别、思想性格、家庭内部的责任分工等也体现了男女互补的爱情美的规律。

爱情美的另一个极其重要的规律,是相互美化与相互崇拜。这是爱情之美的一个高度集中的体现。美化和崇拜在精神内在素质上有一个共同点,这就是男女双方都按自己的审美观和价值观在认识对方、喜爱对方的基础上崇拜对方,从爱出发把对方进行爱的美化,"情人眼里出西施",就是这种美化的结果。美化的立足点是爱,美化也成为爱的一种原动力,对爱情起着至关重要的作用。"相爱者在互相美化了的理想形象中互相感知。每一方都从对方身上找到独特的美的特征,如面容、体态、步态、品质和气质等。"①

在充满温柔、富有魅力和令人神魂颠倒的爱情世界里,每个人都在追求各自美妙绝伦的理想的情人。美是人类追求创造的人的生命最需要、最本质的而又能唤起人们心中喜乐爱恋的人生最可贵的东西。相恋着的男女的相互美化,其中最高的美化是心灵的相互美化。正如黑格尔所说,每个男子或女子都觉得他或她所爱的人是世界上最美的人,此外,再也找不到第二个人了,尽管在旁人看来只是很平凡的。

6. 要特别珍惜初恋和爱情第一吻

一般来说,接吻之于爱情是一种实质性飞跃。法国的大思想家和小说家卢梭出色地描写了男女爱情的第一吻,"他那部抒情体小说《新爱洛伊丝》如此描写说:'过了一会儿,当我感到一阵……甜蜜的颤抖时,我激动得简直不能自抑;啊,你那玫瑰花瓣般的嘴唇……朱丽的嘴唇慢慢地触到并贴在我的嘴唇上,你紧紧地搂住了我!噢,不!闪电也没有这刹那间来得那么突然和明亮,它将我的心点燃。我全身心都强烈地感觉到这令人陶醉的亲近。从我们灼热的嘴巴里吐出来一股股的热浪,忽然间,我发现你面色苍白,紧闭起美丽的双眼……你好像失去了知觉似的,这时我快活无比,心旷神怡。'"②这种初恋的爱情第一吻来得非常神奇,永远不能忘记,更值得一辈子珍惜它!

在人类世界,用吻来表达强烈的感情几乎是一种普遍通行的准则,大约90%的人类文化肯定了这方面的内涵。据研究爱情接吻的专家认为,人类最早的接吻是由母性嘴对嘴给自己的儿子喂食的动作演变而来又逐渐进入男女爱情领域的。专家们对爱情接吻行为进行研究,提出了三项假说:第一项是人们把接吻看做是一种评估男女爱情的实质性飞跃的亮点,第二项是接吻有助于男女爱情走向深化并向美妙的大方向发展,第三项是接吻只是为了激发性欲,创造(接下来)做爱机遇

---

① 瓦西列夫:《爱情面面观》,新世纪出版社1987年版,第162页。

② 引自[保]瓦西列夫材著、王永军译:《爱的哲学》,国际文化出版公司2004年版,第183页。

和演习。

少男少女到了一定的年龄，一种奇妙的青春感情突然萌发了，这就是青春潮的产生，它如音乐般滋润着人的心灵，那么轻柔，那么惬意而甜蜜，这就是随着青春潮而产生的初恋。初恋的快乐是刻骨铭心的。"坠入情网的人最初的体验往往是一种刻骨铭心的快乐，那种神秘而奇特的感觉他不愿意告诉任何人。他的全部注意力都集中在他的对象身上，对方是世界的中心。但是，刚刚萌芽的爱情是脆弱的，稍不注意就逐渐变成一种痛苦的情感经历。他千方百计地想要表白自己的感情，求得对方满意的答复。于是他作出了决定他命运的倾诉，然后就忐忑不安地等待回音。只要一个'行'字，甚至是没有任何语言的默许，就足以使他笑逐颜开。他仿佛插上了幸福的翅膀在云端翱翔，心满意足了。"①

"初恋为何那么美丽？心理学上有了个名词叫'首因效应'。输入信息的顺序性起着重要的作用。首因效应是原始印象最持久、刺激最强、摄入的信息最单纯，没有其他同类信息的覆盖、干扰，所以第一印象（先入为主）特别深刻。"②

"再则，人之初，性最纯，对自己多年理想中的东西最珍惜，都是全情投入，倾尽心血，付出最多最大最彻底，自己的感受也最强烈、最美丽、最震撼。"③

"每个恋人脑中对爱人都有一个理想的模式，而'模式'往往标准很高，充满理想化，与现实生活真实的人有很大的差距，因此，初恋的神秘很快就会被失望所代替。"④初恋的花朵何其美丽，初恋的郁香何其醉人。初恋使人终生难忘，因为它是爱情征途上第一站。然而，初恋不一定都成功，也有失败的初恋。初恋的成功与失败，都会给人留下永生难忘的回忆，并深深影响着你对爱情的看法。所以，你必须认真对待初恋，切不可轻率、随便。"初恋是新奇的，因为它是情窦初开时的第一次

———————————

　　①　引自［保］瓦西列夫材著、王永军译：《爱的哲学》，国际文化出版公司 2004 年版，第270 页。

　　②　引自菀云：《爱与成功》，作家出版社，2000 年版，第 289 页。

　　③　引自菀云：《爱与成功》，作家出版社，2000 年版，第 289 页。

　　④　引自菀云：《爱与成功》，作家出版社，2000 年版，第 289 页。

对异性的爱的亲身体验;初恋是强烈的,因为它是爱欲积聚的爆发,是青春之火的点燃;初恋是纯洁的,因为它一般地还未染上世俗的污斑。"①尽管初恋的成功率不高,但初恋是扣人心弦的,都是那么纯洁,那么强烈,那么美妙,那么充满神奇的可歌可泣的戏剧性……

### 7. 在月光下谈恋爱最抒情

一对恋人,为什么不愿在白天阳光下谈情说爱,而爱在月光下两情依依,畅叙心曲,其中缘故何在? 首先,我们不能从月儿本身去寻找它的奥秘。美丽的月儿,是大自然的杰作。月儿之美,不仅在于月儿本身大自然的物质属性,而在于人和大自然的审美关系的社会特性所决定和制约的。

月儿的光辉,呈现出淡青色。它青而淡,照在一对男女情人身上,默默给人以抚慰。它暗而幽,像一顶神奇的帐幕笼罩着大地。山脉、河流、古潭、池塘、花丛、树林、建筑、雕塑等景物,都沐浴着它的美丽的光辉。万物在月光底下,若明若暗,恍惚迷离,依稀朦胧,如梦如幻,象征着一种神秘之美和朦胧之美。在神秘而朦胧的月光的笼罩和包容之下,那出双入对的情人窃窃私语,吐露真情,依偎、紧紧拥抱,品尝着爱情之美的甘露,也为大自然月色之美增添了人类社会情人之美的思想光辉……

"如果把月色的自然美和月下言情的社会美摄取在作品中,用具体生动的艺术形象把它描绘出来,那么,就会变成另一种形态美——艺术美。艺术家以特殊的物质媒介和艺术手段去塑造形象,再现和表现现实生活的美,便构成了艺术美。它是美的艺术升华。'花明月暗笼轻雾,今朝好向郎边去。'这是李煜《菩萨蛮》词中的名句。两情缱绻,月色朦胧,正是幽会的良宵美辰! 如果词人不塑造语言形象地把此情此景表现出来,那么,千余年前,情人月下相爱的动人画面,就不会代代相传到现在。可见,艺术美具有永恒的魅力。它青春长驻,永不衰败。"②

### 8. 要学会急流勇退地谢绝爱情

要学会接受爱和拒绝爱的恋爱艺术,恋爱是人生的需要,是一种能

---

① 引自汤祷:《婚姻心理学》,上海人民出版社 1985 年版,第 122 页。

② 引自王明居:《恋人不为什么爱在月下散步?》,见《美育》杂志 1987 年第 2 期。

力,也是一种艺术。作为能力和艺术的爱是可以学习的。很多恋爱中的青年男女不懂得这一点。爱情是有点儿神秘的,但极其需要勇敢。一个人心中有了爱的目标,经过理智分析之后,要敢于表达和善于表达。要以适当的方式坦然地表达自己的爱情,大胆追求自己所渴望的爱的对象。特别要学会接受爱和拒绝爱的恋爱艺术。在大学时代,有一位女同学在星期六的跳舞晚会上向她的男同学舞伴——她心中的白马王子求爱说:"我喜欢你,我非常爱你……"边说边把男同学抱得很紧。这太出乎这位男同学意料,他并没有丝毫的思想准备,他不知如何对付这突如其来的爱的袭击,他不假思索地按照平时心里所想的直截了当地回答说:"这不可能,我不爱你!"这像一把利剑伤害了这位天真纯洁女孩的心灵,她突然"逃出"了舞厅,到校园里面对玫瑰花哭泣了一夜……接受爱是比较容易处理的,拒绝爱就不太容易处理了。最根本的要有审美的健康的恋爱观,经过深思熟虑,明确爱什么,理想中的爱人是谁,自己喜欢什么,需要什么,适合什么。拒绝爱要注意两点:一是在不符合自己要求的爱情到来之时,要勇敢地说"不",绝不能有含糊或勉强将差就错,如果优柔寡断或屈服于对方的穷追不舍,可能会一失足而成千古恨。二是特别要掌握拒绝爱的方式方法,这一点是极其重要的恋爱的戒律。尽管每个人都有拒绝爱的权利,然而要特别地珍惜和尊重那位向你求爱而又被你谢绝的那位求爱者的人格和可贵真挚的感情。

大学校园是大学生青年男女恋爱的美的爱情花园,时常碰到一女两三男或一男两三女的爱情战争的时候,这就需要学会急流勇退,谢绝某些人的爱情。请看下面这几段师生之间的对话。

一位男学生向老师请教:

"从表面上来看,老师,我是一个有点儿内向且学习勤奋的好学生。其实,我又是一位多才多艺的文艺爱好者。大二时我担任了院学生会文艺部的要职,每逢学院的重大艺术活动,我责无旁贷地主管策划,当然这也是我'出风头'的大好时机。在今年的'网络文化'活动中,她出现了,一位娇小可爱的小师妹,在不经意中我总能感到她的心意,我不知道怎样告诉她我的心情,我的意思:只想和她做个好朋友。这时同班的一位学友又主动约我去郊游,还有……面对热情、聪明的女生们,我不知道该怎么办,又怕别人知道后认为我是花心的人。老师,我不想和任何一位女生发生关系,因为,高中时代女友的倩影一直浮现在我的脑海里,在我心中已经没有任何人能将她替代,这种感觉如同冬日里的雾花,弥漫在多情的树梢上,今生我永远不会忘掉。但面对她们,我怎样表达这层意思,将来还能不能做朋友?"①

下面这段话是老师的教导:

"十八九岁,是青春抑制不住流淌的年龄,也是男孩女孩的情感不能自持的年龄。在这个阶段,孕育着人类情感最初的危机,这种情感危机的困扰,指的是来自异性世界的情感'包围圈'。

爱情是男女双方的,每个人都有爱与不爱的自由,女生们向你暗示她们的心意,这是一种正常的行为,她们完全有权利向自己所爱的男同学表露自己的情感。鉴于你本身的优良品质、儒雅、聪明等,自然吸引了女生们的眼光。当然,你有拒绝接受的权利。

想告诉别人你的想法,把握以下几个环节显得十分重要。第一,感谢对方的好意。在适当的场合表达你的这层意思,让别人感到你是认真、严肃地对待爱情的。第二,明确地说'不行'。既然你不同意,就应用明确的语言说出来,含含糊糊、模棱两可容易让人产生误解,以致继续追求你,带来不必要的麻烦和负面影响。第三,简单陈述一下自己的理由。这是非常必要的,说明你对待爱情的认真态度,但陈述一定要简明扼要,无须解释。别忘了,给对方以良好的祝愿,这样既表现出你的友好善良,又给对方以安慰。

爱情是光彩的,一个人步入青年时期,产生对异性的爱恋之情是正常的,它表明人生历程中一个新角色的确立,精神世界又有了新的飞跃。

勇敢地面对新的飞跃。这才是你正确的选择。

戈洛瓦诺夫曾经说过:'爱情属于人的高级感情,年轻一代德育的实质就是在于培养和建立这种感情⋯⋯正如从一开始就要教导我们怎样劳动一样,需要在他们刚懂得爱情的时候就教育他们怎样去爱。'"②

----

① 引自俞平:《我想牵你的手》,上海人民出版社 2001 年版,第 189—190 页。

② 引自俞平:《我想牵你的手》,上海人民出版社 2001 年版,第 189—190 页。

如果遇到 1 比 2 或 1 比 3 的爱的感情漩涡的时候,为了一个审美主义的纯洁的爱的目标,你应该急流勇退,经过选择和抉择,只能爱 1 人不能同时爱 2-3 人,你应谢绝那种不该爱、不能爱的爱情。请看下面几段师生之间关于爱情的对话。

　　一位女学生向老师请教:

　　"在隆隆的火车声中不知不觉有了一段浪漫的恋情,让我难以割舍又难以承受。'五一'那天,我和几个院学生会的'骨干'一起去南京。几天的放松,让我们都沉浸在快乐美好的气氛中。回校不久,小 A 约我去影院,路上告诉我,他遇到了一个心仪的姑娘,那就是我;小 B 借着一个不成理由的理由,送给我一个精美的挂包,意寓天天和我做伴;小 C 温文尔雅,只是远远地爱着我,然而他的学识、人品早已吸引我的心。老师,面对男生们对我的暗示,我心里非常清楚。但是,每个人都有每个人的缺点,当我和小 A 在一起的时候,脑海里则涌出了小 B 的好。我不愿伤害任何人的感情,却也无法确定自己的感情,周旋在这种感情的旋涡里,又是那么累,而且周围同学总以异样的眼光注视着我的行为,好像我是一个放荡的人。老师,我不是那种人,但是又怎样解释自己的行为? 我自己都不清楚。"①

　　请看老师的回应:

　　"从你目前的状况看,确实很累。但是人的一生本来就是一连串学习、接受、失败并从中学习、成长的过程,爱情也是人生中的一环,而且是重要的一环。

　　中国是一个比较传统的国家,尤其是对待爱情上,尽管现在人们的思想较过去开放了许多,但认为爱情应当专一的人还是占大多数,一个女孩只能同一个异性来往,如果同时与几个异性来往,就被视为'不应该,不像话'。

　　按照我国的伦理道德观念,爱情应该专一。爱上了某一个人,表示了'我爱你',将自己的爱情献给了对方,就应该忠于爱情,如果已经结为夫妻,建立了婚姻家庭,就更应该承担起自己应尽的义务和责任,不应该随便离异,除非感情确已破裂,无法恢复和共同生活下去。这种观

---

　　① 引自俞平:《我想牵你的手》,上海人民出版社 2001 年版,第 191 页。

念至今为大多数人所接受,也是我们所提倡的。"①

"面对几位男生,只有通过接触了解才能知道谁最适合你,从某种意义上说,这是一个'竞争'的过程。解决目前困扰你的烦恼,可利用问题解决(problem-solving)的方式整理自己的思想,进而找到一个较好的解决途径。下面的设计是一个男友(女友)所应具备的基本条件,可供参考。

| | 小 A | 小 B | 小 C | …… |
|---|---|---|---|---|
| 人品<br>聪明<br>事业心<br>能干家务<br>身高<br>家庭<br>脾气<br>…… | | | | |

找出你的倾向性,哪个需多找个机会进一步接触,哪个暂不准备有进一步发展。

其实恋爱中的变与不变,其目的都是为了取得最佳恋爱效果,寻觅最称心的伴侣。恋爱并非婚姻,当然恋爱也是一种严肃的事,但愿通过你的明眸,找出你生活中的最爱。"②

下面有关恋爱的战略战术,也即恋爱的某些具体指导性规则一共40条,提供读者选取与参考。

1. 要为了负责而去结婚。要知道,不爱对方却和对方结婚是最不负责的。即使当时让对方很伤心,但是总比让他(她)几年甚至一辈子伤心强。

2. 不管多大多老,不管家人和朋友怎么催,都不要随便对待婚姻,婚姻不是打牌,重新洗牌要付出巨大代价。

3. 感情的事基本上没有谁对谁错,他(她)要离开你,总是你有什

---

① 引自俞平:《我想牵你的手》,上海人民出版社,2001年版,第191－192页。
② 引自俞平:《我想牵你的手》,上海人民出版社,2001年版,第191－192页。

么地方不能令他满足,回头想想过去在一起的日子,总是美好的。当然,卑劣的感情骗子也有,他们的花言巧语完全是为了骗取对方的感情,这样的人还是极少数的。

4. 和一个生活习惯有很多差异的人恋爱不要紧,结婚要慎重,想想你是否可以长久忍受彼此的不同。

5. 有人说恋爱要找自己喜欢的人,结婚要找喜欢自己的人,都是片面的。恋人不喜欢自己有什么可恋的? 老婆自己不喜欢怎么过一辈子?

6. 真爱一个人,就要尽量让他开心,他开心了你就会开心,那么双方就有激情了。

7. 不要因为自己长相不如对方而放弃追求的打算,长相只是一时的印象,真正决定能否结合主要取决于双方的性格。帅哥配丑女,丑女配帅哥也不足为奇。

8. 恋爱的时间能长尽量长。这最少有两点好处:(1)充分,尽可能长地享受恋爱的愉悦,婚姻和恋爱的感觉是很不同的;(2)两人相处时间越长,越能检验彼此是否真心,越能看出两人性格是否合得来。这样婚后的感情就会牢固得多。

9. 平平淡淡才是真,没错,可那应该是激情过后的平淡,然后再起激情,再有平淡。激情平淡应呈波浪形交替出现。光有平淡无激情的生活有什么意思? 只要你真心爱他,到死你也会有激情的。

10. 你爱他吗? 爱,就告诉他,何必把思念之苦藏在心底。怕相貌、地位、身份不相配? 别怕,爱一个人是美好的。

11. 老婆和老妈掉进了河里,我先救老妈,因为是老妈给了我生命,我找不到任何理由丢下她不管。老婆如果没救上来,我可以再给她陪葬,在墓里继续我们的爱情。

12. 草率地结了婚已经是错了,再也不要草率地去离婚。先试试看,再努力充实和创造,真的不行再离也不迟。

13. 经常听说男人味、女人味,你知道男人味是一种什么味道,女人味又是一种什么味道吗? 男人味就是豁达勇敢,女人味就是温柔体贴。

14. 魅力是什么? 魅力不是漂亮,漂亮的女人不一定能吸引我,端庄幽雅的女人我才喜欢。所以你不用担心自己不够漂亮。

15. 初恋都让人难忘,觉得美好。为什么? 不是因为他(她)很漂亮或很帅,也不是因为得不到的就是好的,而是因为人初涉爱河时心里异常纯真,绝无私心杂念,只知道倾己所有去爱对方。而以后的爱情都没有这么纯洁无瑕了。纯真是人世间最为可贵的东西,我们渴求的就是它。

16. 初恋的人大多都不懂爱,所以初恋失败的多、成功的少。而恋爱,还是找个恋爱过的人才好。因为经历过恋爱的人才知道什么是爱,怎么去爱。

17. 男人有钱就变坏。是的,很多男人都这样。不过,一有钱就变坏的男人就算没钱,也好不到哪里去。

18. 一个男人能不能给你安全感,完全不取决于他的身高,而取决于他的心高。高大而窝囊的男人我见过不少,矮小而昂扬的男人我也见过。一个男人要心高气傲,这样才像男人。当然,前提是要有才华。

19. 天长地久有没有? 当然有! 为什么大多数人不相信有? 因为他们没有找到人生旅途中最适合自己的那一个,也就是冥冥中注定的那一个。为什么找不到? 茫茫人海,人生如露,要找到最适合自己的那一个谈何容易。你或许可以在 40 岁时找到上天注定的那一个,可是你能等到 40 岁吗? 在 20 多岁时找不到,却不得不结婚,在三四十岁时找到却不得不放弃。这就是人生的悲哀。

20. 为什么生活中很少见到传说中天长地久、可歌可泣的爱情故事? 因为这样的感情非常可贵,可贵的东西是那么好见到的吗? 金子钻石容易见到吗?

21. 从前失恋之时,我都会恨她,恨她为什么这么薄情寡义,听到有关她的不好的消息,我都会偷着乐。现在不了,现在即使失去她,我也会祝福她,衷心希望她能过得很好。她过得不好我会很难过,这也是喜欢和爱的一个区别。

22. 和聪明的人恋爱会很快乐,因为他幽默,会说话,但也时时存在着危机,因为这样的人很容易变心。和老实的人恋爱会很放心,但生活却也非常乏味。

23. 女人不要太好强,有的女人自尊心过强。是别人的错她态度很强硬,是自己的错她同样态度很强硬。她总以为去求别人是下贱的表现,她是永远不会求男人的。这样的女人很令人头疼。聪明的女人会知道什么时候该坚强,什么时候该示弱。好强应该对外人,对爱的人这么好强你还要不要他呵护你啊?

24. 要看一个人有没有内涵,内看谈吐,外看着装,还可以看写字。谈吐可以看出一个人的学识和修养,着装可以看出一个人的品位,写字可以看出一个人的性格。

25. 想知道一个人爱不爱你,就看他和你在一起有没有活力,开不开心,有就是爱,没有就是不爱。

26. 有的人老是抱怨找不到好人,一两次不要紧,多了就有问题了。首先你要检讨自己本身有没有问题,如果没有,那你就要审视一下自己的眼光了,为什么每次坏人总被你碰到?

27. 有人说男人一旦变心,九头牛也拉不回。难道女人变心,九头牛就拉得回来吗?男女之间只在生理上有差异,心理方面大同小异。

28. 如果真爱一个人,就会心甘情愿为他而改变。如果一个人在你面前我行我素,置你不喜欢的行为而不顾,那么他就是不爱你。所以,如果你不够关心他或是他不够关心你,那么你就不爱他或他不爱你,而不要以为是自己本来就很粗心或相信他是一个粗心的人。遇见自己真爱的人,懦夫也会变勇敢,同理,粗心鬼也会变得细心。

29. 彼此都有意而不说出来是爱情的最高境界。因为这个时候两人都在尽情地享受媚眼,尽情地享受目光相对时的火热心理,尽情地享受手指相碰时的惊心动魄。一旦说出来,味道会淡许多,因为两人同意以后,所有的行为都是已被许可、已有心理准备的了,到最后渐渐会变得约定俗成。

30. 一个萝卜一个坑,说的是婚姻情况。事实上,对于爱情来说是不成立的。优秀的人,不管男女,都会是一个萝卜好几个坑。所以,这个世界天天上演着悲欢离合的故事。

31. 有两种女人很可爱,一种是"妈妈型"的,很体贴人,很会照顾人,会把男人照顾得非常周到。和这样的女人在一起,会感觉到强烈的被爱。还有一种是"妹妹型"的。很胆小,很害羞,非常地依赖男人,和这样的女人在一起,会激发自己男人的个性的显现,如打老鼠、扛重物什么的,会常常想到去保护自己的小女人。还有一种女人既不知道关心体贴人,又从不向男人低头示弱,这样的女人最让男人无可奈何。

32. 吝啬是男人的大忌,就算穷也不要作出一副穷相。有人抱怨女人只爱男人的钱,其实也并不一定就是这样。有的女人喜欢男人为她花钱,有时候也是为了证实自己在男人心目中的位置,男人如果喜欢一个女人,一定愿意为她花钱的。

33. 男女搭配,干活不累。因为在异性面前,男人总喜欢表现自己很男人的一面,这样也才像个男人。所以,大男子主义有时候是必须有的。

34. 追求爱慕的异性是很常见的说法。其实对方不喜欢你,你再怎么追也没用,对方喜欢你,根本不需要挖空心思去追。或许真有一天他被你的诚意所打动,可最终大多还是会分手的。因为爱情不是感动,你不是他心目中的理想伴侣,即使一时接受你,将来碰上他心仪的那一位,一样会离开你。当然,对于喜欢你的人,你还是需要花点心思去讨好他的,因为这样才像拍拖、才浪漫。

35. 浪漫是什么?是送花,雨中漫步,还楼前伫立不去?如果两人彼此倾心相爱,什么事都不做,静静相对都会感觉是浪漫的。否则,即使两人坐到月亮上拍拖,也是感觉不到浪漫的。

36. 是否门当户对不要紧,最重要的应该是情趣相投,不然没有共同语言,即使在一起,仍然会感觉到孤独。

37. 学会用理解的、欣赏的眼光去看对方,而不是以自以为是的关心去管对方。

38. 幼稚的人和幼稚的人在一起没什么问题,成熟的人和成熟的人在一起也没什么问题,成熟的人和幼稚的人在一起问题就多了。

39. 有的女人恋爱时让男友宠着自己,结婚后仍然要老公百般宠着自己,却忘记作为一个女人应该做的分内之事。这样的女人是不懂得爱情的。

40. 持久的爱情源于彼此发自内心的真爱,建立在平等的基础之上。任何只顾疯狂爱人而不顾自己有否被爱,或是只顾享受被爱而不知真心爱人的人都不会有好的结局。

下面讲的是一个谈判专家如何拯救因失恋而想跳楼自杀的一位花季少女的生命，由此他和她相爱并走入婚姻殿堂①。

大卫·芬奇的人带着面试小组对我进行了测试。考试的结果于两周后公布，出乎我的意料，我居然榜上有名。接着，大卫·芬奇开始对我们进行为期五个月的"魔鬼训练"，我领到了两套训练服、攀跃服，能充气防震的背心、防滑鞋、微型耳麦。

训练的头一天，大卫·芬奇领了个叫林俊祥的警察来。林俊祥像个谦和的居家男人，是香港中文大学心理学系的毕业生，其父曾是香港赫赫有名的武术健将。林俊祥和大卫·芬奇充当我们的教官，林俊祥说："为什么选中你们而不是其他什么人呢？"学员中有个人答："因为我们样样优秀，出类拔萃。"林俊祥说："回答得不错，有自信，你们知道，你们将要承担的是说服轻生者甚至是绑匪的工作，我们培训你们的目的，是要把你们培养成谈判专家，许多人的生死就系于你们的唇齿间，所以，你们的聪明、能干，要尽可能藏而不露，要绵里藏针。谈判专家的培训不是件简单的事，你们必须是心理学、擒拿格斗诸多方面的专家，你们肩负的是救人的重任，所以，接下去的训练对你们将是个考验。"大卫·芬奇在一旁幸灾乐祸地说："你们听好了，你们 28 人将被淘汰一大半，要加油啊！"

训练开始了，文质彬彬的林俊祥很快被人暗地里叫成"魔鬼林"，每天安排了大量的课程，当然，每天早上 5 点还得跑 20 公里。真感谢我的一位体育老师，教会了我打太极拳，并要我常年坚持跑步以及每天坚持跳绳，有了这些垫底，我在体能、敏捷性方面没有掉队，至于心理学，那本身就是我的强项。在训练中，我还结识了来自印度的尼格和来自越南的武森，一个是前警察，一个是心理学讲师。我们三人成了很要好的朋友。我们互相取长补短，顺利地过了"魔鬼林"设的一道道难关，结果我们三人都幸运地成为谈判手。

随后的两个月里，我加入谈判小组，参加了几次营救人质或劝阻自杀者的行动，担任主谈判手的是林俊祥，我只是随行，算是实习。

---

① 见《恋爱·婚姻·家庭》，2008 年第 12 期。

## 初战失利遗憾终生

　　元旦,纽约街头热闹非凡,人们沉浸在节日的气氛中。谁料,晚上7点,一个亚裔青年入室偷盗,被发现后劫持了一名白人老妇,和警察对峙。谈判组接到通知,火速派谈判手去劝那名青年投降,我被挑作这次行动的主谈判手。

　　大卫·芬奇、林俊祥带领我和武森火速前往,警车尖叫的声音在夜晚听来格外刺耳,我闭着眼,暗中叮嘱自己镇定,镇定!可是,我的心却"咚!咚!"地跳个不停。车一停下,我身穿减震服,头戴微型耳麦一下冲到了事发地,一幢12层的公寓楼顶楼平台,在距劫持白人老妇的那名亚裔青年大约10米远的地方,他狂叫着勒令我止步,我告诉他:"兄弟,有话好好说,不要为一时的糊涂付出代价。"亚裔青年疯狂地叫嚣:"我不想活了。"我苦苦劝他:"你不想活,也不能牵连无辜的人,对不对呀?"亚裔青年说:"我要拉一个人垫底,看你们能把我咋样?"看来,这人是铁了心的。面对这个横下一条心的人,我突然失语,太紧张了。我的脑子一片空白,平时训练的东西都跑到哪儿了,天哪!谁来帮帮我?那么多人都注视着我的一举一动。他不怕死,不要命,怎么办?稍作镇定后,我继续缠住劫匪不放,可是,我的思维和语言开始不连贯,我的谈判工作进行得缓慢而无力,要知道,谈判工作就是和时间赛跑,与死神角力。我的不连贯的谈判语言如何能说服劫持者呢?这时候,我的耳麦里传来林俊祥的指令,要我坚持三分钟,他上楼来换我,我终于如释重负,我装作轻松地对劫持者说:"行了,我不管你了,你得对自己的行为负责。"劫持者听了我的话突然怒不可遏:"我就知道你们不会救我的,那好,我给你们点颜色看看!"说完,他开始用刀划白人妇女的脖子,血直往外涌,在强光照明灯的照射下,鲜红的血叫人触目惊心。我下意识地以右手握拳放在前额……这时候,一声沉闷的枪声响了,劫持者应声而倒,差不多就在同时,我一下想起,我的右手握拳放在前额的动作,是下令狙击手发枪的暗号,天哪,我的失误,导致了谈判行动的失败,而且违背了反劫持行动的最高理念,这就是生命至上,不但被劫持者,就是劫持者,他们的生命都应得到尊重。

我的失误招致了媒体的广泛批评,有份报纸甚至对亚裔充当谈判手提出质疑:"亚洲人普遍有以暴制暴的心态,他们当谈判手合适吗?"那段时间,我受到了强大的压力,并受行政处分一次,看到林俊祥失望的脸,我的心比什么都难受,晚上一做梦,尽是那名被射杀了的青年的血,我只好接受了为期两个月的心理辅导。

## 总结经验渐成谈判高手

两个月以后,我慢慢从失败中振作起来,我的同仁尼格和武森常来看我,并给我带来林俊祥和大卫·芬奇要求我早日归队的口信,我为这份珍贵的信任所感动。2002 年 3 月下旬,我又回到了谈判小组。

5 月,纽约的一名亚裔女青年,是个银行职员,被男友抛弃,她万分伤心,遂给家人留了封遗书,然后爬上高楼准备自杀,我接到行动指令,飞速赶到现场后,通过警局了解到女青年的手机号,我在距她 30 米远她能看得到我的地方,连续向她发了 5 条短信。

"姑娘,还有什么事比你的生命更重要吗?"

很快,那女孩回短信了:"失恋的挫折太痛苦了。"

我接着说:"我连老婆都跑了,你看,我不活得很好吗?失去一个并不爱你的人,那应该是你的幸事。"

女孩又回信了:"可我一生的挫折咋就那么多?"我回:"我今年 31 岁,挫折可比你多得多了,我一生没多少大的成功。可失败还不少,如果你今天跳下去,我又失败一次,这样我会被解除谈判资格的。"女孩发短信:"为什么?"我回复:"两个月前,我刚失败过一次,两次失败,我的谈判手的饭碗保不住了。"

女孩站在高楼那端,沉默了。我抓紧时机,又发了一条短信息:"姑娘,今天你若放弃自杀,就算你帮了我一次,让我们一道渡过难关,到时候,我请你吃饭,你喜欢吃中餐、朝鲜餐还是、日式料理?不管吃什么饭,我想,桌上摆放一束玫瑰和一瓶红酒是少不了的。"

这些信息一发,女孩的情绪慢慢稳定下来,犹豫了好长时间,这时,我又发了一个短信:"你的亲人,还有你的朋友我,热切盼你回来!"女孩迟疑几分钟,然后一步步向我走来,"哗!"我听到了围观人群的鼓掌声,那一刻,我感到那是我一生中最幸福的时刻,救人一命,胜造七级浮屠。尼格、武森和林俊祥都向我伸出了大拇指。太棒了!我终于成功了,悲喜交集的心情,令我眼眶发热。

12月24日,一起劫持人质事件发生,我被派前往,劫持人质者是一个欠高利贷的华裔青年,此刻,他把放贷者的妻子和两个小孩劫持了。我赶到现场时,华裔青年不断扬言要杀死放贷者的家属,并从楼顶往外扔东西,时而还蹿出人质家的落地阳台,手里拿出爆破遥控器,人质全被捆上了炸弹。一进入现场,我立即命令铺好气垫,我叫人找到劫持者6岁的儿子和他的妻子,而情绪失控的男子一见妻子就疯狂地要她上楼和自己一起杀死人质,然后跳楼,我假装气愤地对那男子说:"你是个父亲,儿子还小,你妻子还要留条命帮你养儿子。兄弟,要跳,你自个儿跳就是,何必牵连那么多人,你看见了吗?""哈哈!"劫持者发出了刺耳的笑声。猛地,我发现此人衣着整洁,眉清目秀,料定他是个爱清洁的人,便故意告诉他:"下面有法医,你跳下后,法医会解剖你的身体,看看你的脑子怎么长的。你去过超市吧,你见过动物内脏被切成一块块的是啥样吗?我见你穿戴整齐,人长得白白净净,想必不喜欢被人大卸几块吧?"

男子大声说:"我什么都不怕,死亡吓不倒我。倒是你们这些人才是胆小鬼呢。"我笑着承认自己是胆小鬼,并讥讽他:"你是大英雄,可你连死都不怕,还怕活吗?"

男子被镇住了,我趁机慢慢靠近,说:"你待了那么久,想喝杯热茶吗?我拿一杯给你。"

"不许过来,你叫人泡好一杯碧螺春,装入一个矿泉水瓶扔给我。"男子的警觉性没有降低,但他开始有点儿信任我了。

时间一分一秒地过去,转眼已过了一个小时,我告诉那男子:"兄弟,我们两个是朋友吧?你相信我,只要你下来,我就开车送你走。"说完,我轻轻靠近他,男子警告我不得再靠近,并扬言我再走一步他将引爆炸弹,局面再一次僵持。我暗暗告诫自己不能急,我问那男子:"要烟吗?"说完,我扔过去一盒,趁着抽烟的工夫,我和男子攀谈起来,当我得知他祖籍是四川时,便和他聊起了四川的风景。这时候,营救小组几个队员悄悄潜伏到了距那男子不到1米的一个储水箱背后。我见时机成熟,装作无意识地抬起右手,蹭额头,见那男子很放松,我的右手果断地放下,营救小组中两个系着安全绳的小伙迅速扑上抓住了男子,三个人从顶楼掉下去,稳稳当当地落在了气垫中央。扑救过程,估计也就 100 秒时间吧,成功了,事情圆满结束。那一刻,我浑身累得都快虚脱了。

## 喜结良缘,同被救者结婚

我成了队里出勤最多的谈判手,成功地参加了近 10 次行动。第二年 2 月的一天,我接到了梁诗韵打来的电话,我一下想起,她就是我救的那个失恋女子,梁诗韵说:"你还欠我一顿玫瑰晚餐呢!"就这样,我和梁诗韵又见了一次面。经过化妆的她我都不敢认了。原来,梁诗韵是个很美的女孩。这天晚上,烛光下,玫瑰花旁,就着红酒和几样精美的食品,我们谈了很久很久。梁诗韵看我的眼神也格外动人。她说自己从失恋中走出,很感谢我对她的解救。不知怎么的,我说话开始嗫嚅起来。初春的一周,我又成功地劝阻了两名自杀者,经媒体报道后,我两次都收到了梁诗韵祝贺我的短信息。我起先以为这是梁诗韵对我的鼓励,并没有过多的联想,终于有一天,梁诗韵主动约我吃饭。分手时,她红着脸提议:"戚先生,我们常见面好吗?"在那一刻,突然袭来的幸福一时叫我不知说什么好,良久,我才忙不迭地点头。梁诗韵嫣然一笑,说:"你呀!看上去普通平常,其实骨子里十分男人。幸好我当初没有轻生。"还有比这更明白无误的示爱吗? 那一刻,我感到我是世界上最幸运的男人!

那年 9 月,经过半年的恋爱,我和梁诗韵共结连理。在婚礼上,舅舅打趣儿地说:"你这个谈判专家,给自己谈了一个老婆。"我说:"这就叫工作恋爱两不误。"

爱情的战略战术真是无奇不有,一位谈判高手,救了一位因失恋而登上高楼企图跳楼自杀的花季少女。他不仅救了她的肉体生命,而且救了她的灵魂生命,最终她由于觉醒、感恩而爱上了他(灵魂之美)。他惊异地发现她之所以跳楼自杀是由于灵魂深处美的希望之火被熄灭,而他帮助她重新点燃了起来,他和她终于快乐地走进婚姻的殿堂……

# 要经受恋爱失败悲剧的痛苦考验

中学生该不该谈恋爱？中学生谈恋爱是否早恋？中学生的恋爱问题，老师应如何给予指导？我国北京的媒体报刊开始给予关注，请读下面龚明俊写的通信报道①。

## 教学论文引发的争议

某年12月，北京某中学老师的教学论文《异性交往应成为校园的一道风景线》作为教学成果，被推荐参加北京市东城区"反思教育习惯，深化尊重教育"研讨会上。

论文是某中学"情感交流与尊重教育"研究课题的一部分。老师们将高中生异性交往划分为：娱乐型、自我需求型、社会型、恋爱型。针对恋爱型的男女关系，该文用尊重对待那些有"早恋"倾向的学生们而阐发。在论文中，谈到："我问自己：是不是希望离喜欢的人近一点，是不是希望可以常常观察他。于是在编座位表时我将关系要好的学生排成左右或前后位置。"在过去的三年中，她就是这样做的。在她的特别安排下，三对有"早恋"倾向的学生平安地度过了自己的高中生涯。

的确，"早恋"是一个客观存在的现实问题，但究竟何谓"早恋"，却恐怕是不少教师尚不十分清楚的问题。当青少年进入青春期之后，由于生理和心理发育的急剧变化，从而使情绪易于波动，活动能力增强，人格独立要求增加，同时产生愿意与异性交往的想法。因此，无论是父母还是老师，都不应对孩子与异性的接触存有过多的担心和过分的限制，而老师更不应为出"新招"，人为地给异性交往贴上"早恋"的标签。

"早恋"不仅影响学业、影响身心健康，而且容易诱发精神疾病，必须引起全社会的广泛关注。所以，在17岁前便谈情说爱的少年，不论他们是真有特定的恋爱对象，还是迷恋偶像明星或其他异性，都有可能因为无法应付或不懂得如何处理这种感情的困扰，导致日后出现吸烟、酗酒和抑郁症等行为问题或精神疾病。资料显示，感情的纠葛可使女孩发展成抑郁症的几率增加1/3，而男孩则比女孩更容易转向酗酒、吸

---

① 见《汕头日报》，2004年1月1日。

烟及犯罪。有人说"危险的 17 岁"是有一定道理的。

　　首先，这样排座位对课堂秩序的影响值得关注。把"关系好"的学生安排挨着坐，如果两人不经意间有所"表演"，只怕很多学生听课就会分心，此风日渐，只怕总有一天，教师会既无法控制他们恋爱的火候，也无法控制课堂的秩序，教学质量下滑，终致误人子弟。

　　其次，这样排座位对其他学生具有"示范效应"，有可能助长"早恋"的风气，从而对学生身心健康带来让人担忧的影响。学生期间恋爱的成功率是极低的，"早恋"的中学生时常会种下希望却收获痛苦，经受嫉妒或失败的折磨。这对于涉世不深、意志薄弱、情感尚不稳定易于冲动的中学生是一种"超负荷"运载。这种负荷加上成绩下降的压力，很容易让其产生心理方面的问题。

　　第三，"早恋"的"机会成本"应该计算，为师者不可轻率"鼓励"。大量事实证明，过早恋爱却不会对学习造成影响的情况少之又少，所谓"感情直线上升，成绩直线下降"是"早恋"一族的真实写照。

　　另外，"早恋"往往还是学生精神世界不充实的一种表现，对因这种情况而发生的"早恋"，如果教师仍是一味"宽容"或"尊重"，实际上也是教师不负责任的表现。

## 让"早恋"正常发育

　　孩子们已经长大了，某些情感会自然而然地滋生。伴随着生理与心理上的需要，加上社会影响（启蒙），难免对异性产生"爱恋之情"。少男少女之间的特殊感受，每个成年人都经历过，因为它更多的是"自然属性"。正因为如此，前苏联教育家马卡连柯才指出"恋爱是不能禁止的"。对于这种"人"的成长过程中的需要，尊重无疑是最好的选择。

　　教育是培养人的活动，教育的中心是"人"，而不是"物"。作为学生的"人"的需要是多层面的，不仅仅是知识、品德，不仅仅是规矩、升学，更重要的是"人"的正常情感的熏陶，这将影响学生的一生。好的情感教育一生受益，不良的情感教育误导一生。作为系统化的学校教育，应在这方面多做工作。你尊重学生的"爱情"会是另一种情形。让三对有"早恋"倾向的学生坐到一起，张老师提供彼此了解的机会，不也平安地度过了高中生涯,没有发生多少"故事"吗?张老师的做法很值得思考。

高一语文课本有爱情诗篇,这就意味着教材编纂思想考虑到这个因素,以满足这个年龄段的孩子的情感需要,引导他们从审美的角度认识异性,了解爱情,思考人生。那么,实践就应当跟上来。

问题的关键不是影不影响学习,而是如何引导培育他们正确的爱情观,阻挠或者打击其正常需要,这是极其被动而且有副作用的策略。张教师的做法之"惊人",就在于她看到了这一点,并用具体的行动展示了"人"的教育。为了孩子的一生,让"早恋"正常发育,并得到教育者的合理引导吧!尊重"人"的教育,才是科学的好的教育。

对人格尚未完全成熟与定型的中学生来说,最好不要谈恋爱,但可以交异性朋友,进一步见识一下爱情是怎么一回事。使中学生如何正确认识爱情。我们反对中学生"早恋",因为早恋很伤人,特别对那些因早恋而影响学习,或因"早恋"热恋而控制不住性欲之火而发生两性关系所造成的伤害,那就更严重了。

对青年学生来说,什么时候才能谈恋爱? 一般来说,上了大学,是青年谈恋爱的好时期。大学校园是大学生谈恋爱的最理想的爱情花园。请听下面大学校园里的师生双方的对话①:

学生向老师请教:

"爱情啊,总像一个蒙着薄薄面纱的少女。我想去揭开,但总是迟疑、彷徨……因为我知道它是那样的美丽、圣洁、无瑕,以至于我怕,怕极了。柏拉图曾经说过,真正的爱情就是把疯狂的或近于淫荡的东西赶得远远的。我承认爱上她了,爱得情深意笃,我珍惜我的第一感情,既不让它滥流,也不希望它失落,它是我生命的血液。老师,我对她是十分严肃的、认真的,希望您告诉我,什么时候才能真正恋爱?"

请看老师的回答:

相信你是位很理智的青年,对自己、对她很负责,一定能得到幸福。

"什么时候才能真正恋爱?",先要认识以下几点:

首先,对性欲的肯定认识。男女之间的爱情,是以两性之间的性爱为基础的,对于一个女性,美丽的曲线、苗条的身材、丰满的胸脯、秀气

---

① 引自俞平:《我想牵你的手》,上海人民出版社 2001 年版,第 139～141 页。

的脸庞、含情的双眸，显示出女性美的特征；对于一个男性，健壮的体格、魁梧的身材、浓黑的剑眉、有神的大眼，显示出男性的特征。因为男女之间的性特征，才能吸引对方、愉悦对方。一个生理和心理成熟的青年自然会产生一种追求异性的欲望，为异性的特征所吸引，这是正常现象，也是爱情的开始。但是那种自然产生的性心理、生理现象，并不是作为一种无抑制的、本能的行为而出现的，而是需要付出一定的努力，使这些生理与心理的现象在人类的文化发展、价值水平、伦理要求中得到升华，这才是成熟的恋爱、真正的恋爱。

其次，要具备失恋的忍耐力和不伤害对方的技巧。作为恋爱资格的最后一个条件，是在失恋后，是否具有能够忍耐失恋的痛苦的毅力。青年时期的恋爱，并不是像汽车在平坦的公路上行驶那样向婚姻靠近，而是在一条车辆拥挤的道路上曲折运行，甚至有的车辆不得不返回，因种种外在条件的限制，如家庭反对、毕业后分离、经济条件等，或因种种内在原因，如恋爱太早、认识不足、逐渐失去兴趣等，失恋十有八九。

谈失恋，对于正在恋爱的青年来说，是非常容易引起反感的话题。但确实是一个不容否定的事实，恋爱从整体上来看，总是在若即若离的状态中进行的。这样看来，对待失恋的心理准备，也就不得不认为是恋爱资格的一个条件。

一个男生在学校几千个女生中选择了 A 和 B，这完全是出于恋爱的自由，A、B 同样可以不选择这位男生。由此失去 A 或 B 的男生，如果有一种被对方低估了自己、轻视了自己或被对方伤害了自尊心的感觉，他就是忘记了恋爱是有个性的和有相互选择自由的这一事实；又如，由此而机械地把被拒绝的原因归结于自我评价上，就只能说明他从一开始就缺少自信和自尊心。

成熟的青年，即便是在悲痛的失恋中也能学到很多有益的东西而更加健康地成长；相反，另一些青年把失恋的原因毫无遗漏地归于对方，或是全部留给自己，从而对人生失去希望，失去了对人间的信赖，与此同时给对方也带来了不必要的伤害：校园中这类事件时有发生，对从前曾钟情的女生竟然四处散布谣言，对其进行中伤。

成熟的爱是这样的：强调给予，重视内在，稳定成长。时间与空间会深化强度，越来越知道如何解决争执，双方越来越成熟、进取。爱情是美好的,当你真正体会到"爱一个人就是为对方的快乐而快乐、幸福而幸福"时,就勇敢地去接受它。相信幸福就在你的身边。

恋爱是男女双方两颗心碰撞的火光。单恋是一相情愿的单方的爱而已,不合乎恋爱的定义和爱情之美的规律,单恋失败者是自讨苦吃。

一位高中二年级的女生因患了单恋的苦恼,向她的老师求救说[1]:

"我是一个高二的女生,今年才16岁。在别人的眼里,我太小了,可我经历的确实太多了,超越了我的年龄,在高一时,不知怎么迷上了同班的一位男同学。我常常看着他来,目送他去,他的一举一动都牵动我的心。后来,又老看他和另一女同学在一起,为此我心里有一种说不出的酸楚,总觉得自己没有魅力,常常自卑、烦恼,学习也一落千丈。

可我总忘不了他,时时刻刻都在呼唤他的名字,他的影子和那位女同学的影子时常交织在一起,我真害怕,真痛苦!我做梦也没有想到,青春会有苦涩。我并不知道爱情的真正含义,也不想知道。在我本来十分顺畅的人生道路上,出现了使我茫然不知所措的岔道。我不知道生活怎么会变得这样复杂,这样令人讨厌。

我真希望走出苦恼的阴影,可在迷途中,我总找不到道路。"

下面是老师对这位单恋学生的回应的话语[2]:

"一旦意识到自己陷入单相思的境地,无疑是痛苦的。当对方没有反应时,这种痛苦也许会加重。这位女孩已经知道对方的情况,面对这种困境,笔者认为首先应认识到爱情是两个人的心灵感应,是彼此感情的吸引,一方的单恋,那不是爱情,充其量不过是'剃头挑子一头热'的'痴情'。其次在心理上要加强调节,采取自我安慰法,对自己的处境进行冷静理智的分析,及早从自己编织的爱情梦境中清醒过来。如向要好的朋友倾诉自己苦闷的心情;寻找同性或异性朋友、亲人的支持和慰藉;向心理学专业工作者咨询、面诉、打电话、奋笔疾书;参加你所喜爱的文体活动,尽情地跳动,尽情地发泄;和同伴去旅游,最好是去那些你一直想去而没能去的地方,让心灵在大自然中得到净化;最后就是'吃不到的葡萄是酸的',将巨大的心理能量蓄积起来,倾注到学习中去,在

---

[1] 转引自俞平:《我想牵你的手》上海人民出版社 2001 年版,第 78—80 页,。
[2] 转引自俞平:《我想牵你的手》,上海人民出版社 2001 年版,第 78—80 页。

学习中得到快乐。

爱而无情,求而不得,弃之当毫不足惜。'莫愁前路无知己,天下谁人不识君',随着年龄的增长,生活阅历的丰富,心理素质的成熟,相信你一定会走上爱情的坦途。

爱与被爱都是一种烦恼,爱与不爱有时候是一种伤害,这都是因为他们还不懂爱情,这都是因为他们还年轻。16岁的花只开一次,16岁的天空多云又多雨,本该无忧无虑的年龄,本该是如诗如画的岁月,却也充满了各自的忧伤与苦闷,这一切似乎全是因为那似懂非懂的爱情。

有一位外国哲学家把谈恋爱的过程比喻为拾麦穗。他说,有一个人走进一块麦地后,看见第一株麦穗就迫不及待地拾起来。又继续向前走,看见的每一株麦穗都比自己手里的那一株要好,他只能留下无尽的懊悔。另一个人走进麦地后,看见株株麦穗都很大、很饱满,他东瞧西望,流连忘返,不知不觉快走出麦地了,只能匆匆拾了一株很小的麦穗。第三个人在麦地里走了快一半时,选了一株较大的麦穗拾起来,以后也许还有更大的麦穗,也许没有,对他来说,手里麦穗就是最好的。"

## 三角恋爱的悲剧

在人类爱情婚姻文化史上,有一种三角恋爱的悲剧很伤人。《红楼梦》中就描写出这种三角恋爱的痛苦的悲剧。贾宝玉与林黛玉真心相爱,中间杀出一个薛宝钗,同林黛玉钩心斗角争夺她们心中共同追求的白马王子贾宝玉,可是贾宝玉并不爱薛宝钗。三角恋的悲剧就从这里产生。在中国封建社会时代,青年男女婚姻爱情没有自由,只有服从封建家长专制的决定。大观园里老祖宗贾母最后一锤定音,下令贾宝玉与薛宝钗结婚,在凤姐耍阴谋诡计欺骗与导演下,一场盛大的婚礼正在隆重举行。当新郎新娘跪拜天地、跪拜父母和夫妻对拜进入洞房后,当新郎揭开新娘的红绸面纱之后一看大吃一惊!原来新娘不是他日夜所思念和心爱的林黛玉,而是己所不爱的薛宝钗,原来这场隆重热闹的婚礼是一个大骗局,贾宝玉只有顺从于这本不该有的婚姻,成为爱情的"牺牲品"。而潇湘馆里此时此刻的林黛玉如何是好?当她听到怡红院那边锣鼓喧天,贾宝玉和薛宝钗正在举行婚礼的时刻,她悲痛欲绝,口吐鲜血,灵魂飞上了天空……这场三角恋爱悲剧终于落下了帷幕。

三角恋爱很伤人,而且杀伤力很强,常以极其痛苦的爱情悲剧告终。我国"五四"时代大诗人徐志摩,因才华出众,外表又矫矫出尘,不知多少女人为之倾心。他爱过的女人也不少,给世人留下深刻印象的有三个:张幼仪、林徽因与陆小曼。张幼仪是徐的结发夫妻,是父母包办的婚姻,志摩比幼仪大三岁,张家财富大于徐家,第一次见面时志摩对家里的仆人说,张是一个"乡下土包子"!这个词是志摩看不起幼仪的切入口。他们结婚之后,生儿育女,侍奉父母,张幼仪作为一个贤妻良母,为徐志摩的家庭作出了无私的奉献。后来,徐志摩到英国剑桥大学留学,由于同林徽因(中国留学生,徐志摩的女同学)恋爱而同结发妻子张幼仪离了婚,给张幼仪留下了永远无法治愈的精神伤痛。

徐志摩到英国剑桥留学,与女同学林徽因相爱热恋着,但始终没有结婚,回国之后,林徽因曾写信给美国的胡适,信中说,"请您告诉志摩我这三年来寂寞受够了。"后来志摩坐飞机遭遇空难是为了赴北京听徽因在协和小礼堂的学术报告而殉命的。志摩的第三个女人是陆小曼,他和她一见钟情,陆小曼是一位能歌善舞而又带一点儿风尘味道的女人。她有丰富的感情而又对男人很有性感吸引力,她与志摩相遇时已是个有夫之妇,她的丈夫王赓也不是等闲之辈,王赓毕业于美国普斯顿大学,继而入西点军校,后来成为美国总统艾森豪威尔的同班同学。王赓20多岁与小曼结婚时,是一位有少将军衔的高级军官。小曼与他离婚后同徐志摩结婚。这场婚姻并不很圆满,双方都体验了波澜起伏的激情人生,并付出了巨大的牺牲和代价。梁启超(当时"五四"时代学术界、教育界权威人物,也是我国建筑学术大师梁思成的父亲)参加了他们的婚礼并讲话:"徐志摩,陆小曼!你们的生命,从前经历过波浪,当中你们自己感受不少痛苦,社会上对你们还惹下不少误解。这些痛苦与误解,当然有多半是别人给你们加上的,也许有少半由你们自己招的吧!……陆小曼!你既已和志摩作伴侣,如何积极地鼓励他,做他应做的事业,我们对于你,有重大的期待和责备,你知道吗?"志摩和小曼结婚之后,由于两人的生活和理想追求与思想性格的不同,又闹出风风雨雨的矛盾与痛苦,但他们相爱的这条爱情红线又时断时续,最终志摩因飞机失事而死亡,小曼痛苦至极。在上述徐志摩引领的男女三角恋爱的演进过程中，没有赢家，只有输家。可见，在男女恋爱的战场上，要警惕三角恋爱强大的杀伤力。

中国现代著名作家冯德英青年时代（未成名）与年轻漂亮的姑娘（电话话务员）白慧两人热恋着，但双方都没有明确肯定发展为婚姻关系。那时候，白慧不相信冯德英真会成为作家，但出于鼓励，常常牺牲自己的休息时间为他誊写稿件。她与冯德英分别后的通信次数远多于与姚滨的通信次数，字里行间流露出关切之情。

三年后，冯德英写出了《苦菜花》、《迎春花》，成了全国著名的作家。他向白慧正式求婚，却不料白慧答复说她已经选择了与姚滨结合。

白慧的断然拒绝使冯德英"如堕十里云雾，百思不得其解"。从此冯德英一生难以有正常的感情生活，他经历了一次短暂的婚姻后，但很快就离婚。从此，冯德英的后半生几乎是在独身中度过的。

多年后，白慧向挚友披露了自己这段情感孽缘。她承认更爱冯德英，当时她本来已经作出选择了，却不期然遇到冯德英成名。如果她仍做这样的选择，冯德英难保不会想："我在为文学艰难跋涉时没有得到你的爱，我成为全国著名作家时却得到你的爱……"那样的话，她就失去了自己的人格，原先保存在冯德英心目中的美好形象将荡然无存。为了保有自己人格、精神、品德的完整性，更为了在冯德英心中保持完好的形象，这位"心灵外貌都同样姣好美丽"的女性强忍痛苦与冯德英分手。她的精神至臻至善，却给冯德英和她自己带来一生的痛苦，她的选择，错耶对耶，谁能说清？

三角恋历来伤人。在莫小米写的《墓地的爱情》中，我们看到三角恋还有一种碎心断肠的结局。

莫小米到过许多墓园（为父母选择灵魂栖息地），她发现天下墓园中最多的故事，"除了死亡，就是爱情"。墓园中有许多葬了一半的合葬墓，那是"被爱的一方等待着另一方"。有妻子等待丈夫的，丈夫等待妻子的，还有小姑娘、小男孩等待亲爱的父母的。一块姑娘的墓碑上刻着：未婚夫某某立。还有一块这样的墓碑，它诉说着爱的困惑：

一块红色墓碑上刻着一个年轻女人的名字。她死时才三十岁，是自己结束生命的，没有照片。为什么我想象中的她总是很美？也许是因为名字美，也许是因为墓碑后面带省略号的诗句，以及墓前长年不断的鲜花。陵园的工作人员知道每一个墓的故事,告诉我这女子生前得到了两个男人的爱,要命的是两个男人都非常好,她实在不愿意愧对他们中的任何一个,便选择了死亡。这对两个男人是公平了,对自己却不公平。两个男人都常来祭奠爱情,很默契地,从来也不会照面。

## 闪电式恋爱的悲剧

这是一个喜欢快餐和速食的时代,就连爱情、婚姻也不例外,有一种"闪电式"的恋爱,他和她"速战速决",婚前缺少一个比较长的恋爱磨合期,就实行"闪电式"的恋爱和"闪电式"的结婚。结局"欲速则不达"而造成了痛苦的悲剧。

下面讲的是一个闪婚的真实故事[①]:

"我与霍思哲是在单位举办的联谊会上相识的,我们一见钟情,交往不到三个月就闪婚了。

蜜月还没过完,霍思哲的生活重心很快就转到事业上,对工作的热情远远超过对我的关心。他简直就是一个工作狂,经常深夜回家,倒床上就睡,有时与他一天难得说上一句话。周末他也经常加班,陪我的时间都没有。我向他表示过几次抗议,但他总是当面说改,过后就忘了。

不仅如此,更令我头疼的是,我俩的生活方式也格格不入。霍思哲是四川人,嗜辣,总喜欢到大酒店去吃辣辣的火锅,而我是土生土长的杭州人,饮食以清淡为主。这样一来,两人生活在一起如同是冤家聚了头。我下班后径直回娘家吃饭,他则还是像单身时那样在街头的川菜馆'搭伙'。

周末,我见霍思哲早上一起床又要出门,忍不住抱怨:'你这个周末能不能不出门? 我与你结婚三个月了,你一次也没有陪我回娘家,这次就破个例吧。'

'你们女人真麻烦,不是逛街就是上美容院,现在连回娘家也要丈夫陪着。难道你不知道我赚钱很辛苦,出门应酬也是为了工作? 你现在不是以前的任性公主了,要学会照顾自己,照顾丈夫才对。'

---

① 摘引自《恋爱·婚姻·家庭》,2008 年第 11 期。

'我逛街、上美容院怎么了,又不是花你的钱,凭什么要我来照顾你?丈夫就可以以我行我素,不迁就妻子?'听了丈夫的牢骚,我忍不住反驳道。

'你让我怎么迁就你,难道要我一个大男人像条哈巴狗似的跟着你回娘家蹭饭吃?你就不能在家中好好为我做顿饭,做个贤妻良母?'

'是我不做贤妻吗?我们吃不到一块儿,我做的饭菜不合你的胃口,这能怪我吗?'我委屈得直掉泪。

我们都觉得各自有理,越说越生气。最后,霍思哲把门一甩,走了。

看着他出门的背影,我感觉自己的自尊心严重受挫……后来我们离了婚……"

年轻的读者,失恋是一种非常痛苦的事情。如果你失恋了,怎么办?如何面对恋爱的失败?以歌德为例。歌德是世界著名的文学巨匠,他的文学成就从某种意义来说,是来源于他的失恋的痛苦,是因为失恋挫折的升华反应而导致的结果。当年,在一次舞会上,歌德结识一位美丽可爱的少女,名叫夏绿蒂。他们一起跳舞,歌德一见钟情地爱上了她。当天晚上他登门拜访了这位 19 岁的姑娘,但后来才恍然大悟,原来夏绿蒂是他的好友凯士特的未婚妻。由于歌德太爱她了,原来也不知夏绿蒂和凯士特的爱情底细就向夏绿蒂表白了爱情,夏绿蒂惊惶失措,婉转告诉了未婚夫。这件事使歌德无地自容,怀着他历史上第五次失恋的痛苦离开了维兹拉这个城市。他痛苦极了,曾想用自杀来摆脱这种痛苦至极的人生。这时候,他恰好遇上一位知心朋友,得知另一个朋友因爱上别人的妻子而自杀的消息。这位知友批判了这种自杀行为,向歌德提出建议说,"你是一个作家,你何不把这种因失恋而自杀的应该批判的错误行为写成小说"。歌德受到了启发,由此产生了创作的欲望和灵感,写成了震撼世界的文学名著《少年维特的烦恼》。用《少年维特的烦恼》战胜失恋的痛苦,歌德也由此一举成名天下知!由此,又东山再起,最终获得爱情的成功!

## 怎样看待男女婚前性关系

我们中国人青年男女从恋爱到结婚之前,非常重视性美德传统,一对热恋着的男女,在结婚之前,绝对不容许发生性关系,俗称之为保持贞洁。

一对恋人,如果在婚前发生了性关系,人们总会以批判的眼光说这种行为是作风不正派。自从改革开放三十多年来,西方性文化传入中国,开启了中国青年男女的性自由和性开放。我们应如何看待热恋着的青年男女的婚前性关系? 这个命题,从实践到理论,目前正形成针锋相对的两派:一派是中国传统派,认为在未结婚之前发生性关系是可耻的,是违反中国传统美德的;另一派认为性自由、性解放是天赋人权,只要你爱我、我爱你,只要不损害第三者的利益,一对恋人在一起做爱,是一种从肉体到精神上的快乐享受,也是天赋人权的一种实践体现。这没有什么不好,也不必大惊小怪。研究爱情婚姻问题的专家们在我国高校大学生中进行抽样调查,持上述两派观点人数几乎拉平,各占 50%,势均力敌。

以下是一篇有关如何看待青年男女婚前性关系的通讯,题目是《我该不该把第一次给他?》①:

"宁静姐姐:

您好!

我今年 27 岁了,男朋友比我小一岁,我们是半年前经朋友介绍认识的。他又高又帅很英俊,只是收入不是很高。但对于我来说,钱不是问题,我有很好的职业、较高的年薪,况且他虽然职位低,但他很有能力,相信用不了多长时间就会升职的。我们之间没有房子、车和经济收入等问题,但有一个让我很难以启齿的事情,已经缠绕我很久了:他总是要求和我发生关系,而我至今还是一个处女。

我们在一起住过,但一直不让他进入我的身体,他每次都尊重我,但能感觉到他一次比一次不愉快。我不知道应不应该一直坚持下去,如果坚持下去,是不是被人觉得很奇怪? 我已经 27 岁了。

我们平常都很忙,他常出差,我也常出差,一般都是电话啊短信啊还好办,可是周末在一起的时候,他总会恳求我能和他发生关系。我也知道男人的欲望比较强烈,我也想让他高兴,但又害怕。我不答应除了因为怕疼以外,还担心万一他不要我了怎么办? 您能解开我的疙瘩吗? 我特别苦恼。万一他不理我了怎么办,他条件也不差,我相信会有很多女孩子追求他。我怕失身以后再失去他。宁静姐姐,我究竟该不该把

---

① 转引自《恋爱·婚姻·家庭》,2008 年第 12 期。

第一次给他呢？

　　读者：小思"

　　"小思：

　　你 27 岁了,还是处女,说明你多么重视'第一次'。你希望如果一个男人得到你的第一次,就要对你一辈子负责,即便不能负一辈子的责,至少也要娶你。你这个想法没什么不好,问题在于,你必须要找到一个接受你这一观念的男人,即他不但认可你的想法,并且还真的同意在娶了你之后再发生性关系,否则,你就永远要冒一个风险,你失身之后再失去他。

　　我能理解你的担心,你的男朋友比你小一岁,又高又帅又英俊且前途无量,你们如果暂时不结婚,却又把第一次给了他,那么将来他万一有了其他想法怎么办？我想说的是,男女之间的事情,其实是很难说准的,就像体育比赛一样,时常会爆出冷门。即便你就是死死地不给他第一次,日后他离开了你,你会不会为此后悔呢？你的后悔程度是否会超过你给了他第一次而他离开了你？

　　女人和女人不一样,有的女人只会为自己没有做过的事后悔——她会说那个时候我们那么相爱,为什么我要拒绝他呢？如果我们在一起做了,会是很美好的回忆吧？而有的女人则会庆幸——哈哈,幸亏我没有给他,要是给他了,我岂不是太亏？

　　那么你是哪一种女人呢？爱包含责任,也包含风险,有的时候,男人要了女人的第一次,却后来不肯娶她,并不是因为他不肯负责,而是因为经过交往,确实发现彼此不合适,这即是所谓的风险。如果你认为这个风险太高,那么你就只好保持你的处女之身,直到找到一个肯先跟你领结婚证再发生关系的男人。只是,很可能,你要冒另一个风险,就是荒废掉你更多的青春,甚至一生,甚至到三四十岁老姑娘了,找一个二婚甚至三婚的男人,他没准还要看低你。

　　最后,我想说一下'责任'——我赞成男人要有责任感,也理解女人总想找到一个能为自己负责任的男人。但男人究竟应该为女人的'第一次'付多大的责任？女人需要不需要为自己的'第一次'多少有一些担当？如果你坚持认为,男人要了女人的第一次,就必须娶她,对她的未来负责,那么你就不要轻易把第一次给出去。我个人认为,女人一定要在一种能够自己对自己负责的情况下,才可以给出'第一次':这个'负责'包括自己对自己的性负责——我给你是因为我爱你,是因为我们两情相悦;如果有一天,我们不再相爱了,或者彼此感觉不合适了,那么我可以为自己负责,我可以离开你重新开始。假如你有这个担当,那么你就可以爱我所爱,无怨无悔了,否则你只有患得患失,像押宝似的押一个男人,你不是在找一个你爱的男人,而是在找一个能对你'负责'的男人,你把第一次给他,他对你一生负责。换句话说,这辈子你就可以赖在他手里,吃他的喝他的要他对你好,谁让他要了你'第一次'呢?呵呵,假如你是男人,你会爱这样的女人吗?"

性学专家李银河[①]对婚前性行为进行一次调查研究,她说[②]:

"我在 20 世纪 80 年代末所做的一项北京市随机抽样调查表明,有过婚前性行为的人在样本中所占比例约为 15%;而对婚前性行为持允许态度的占到约 30%。一个值得注意的相关变量是年龄:年长的一代无论在行为还是态度上都明显地比年轻一代保守。"(李银河,1991 年)本次对女性的调查也表明,人们在对待婚前性行为的观念和行为上有很大不同,造成差异的因素有年龄,也有社会经济地位等多方面因素。

## 拒绝婚前性关系

一位女性这样谈到她对婚前性行为的抵制:"我是婚后才同意做这事的。婚前他有几次想做,我不让他做,不配合,结果他就没做成。"

在"文化大革命"时期,婚前性行为规范相当严厉,一位"文革"期间结婚的女性说:"我是 1975 年 9 月领的结婚证,10 月办的事(婚礼),办完了才敢做那事。"

一位女性讲了她的初恋和当时的婚前性规范:"我 18 岁时认识了一个同学的哥哥,他想和我有性接触,可我当时正准备去当兵,怕参军体检时查出来,就没敢做。"

---

① 李银河,留学美国,社会学博士,中国社会科学院研究员、教授。

② 李银河:《中国女性的感情与性》,今日中国出版社 1998 年版,第 70—75 页。

一位中年的独身女性说:"37岁以前我一直很传统,觉得不结婚就不能有这种行为,怕将来结婚不是处女,人家不珍惜我。"

一位独身女性说:"我在二十四五岁时有一段特别想结婚,因为我一直以为结婚以后才能有性生活。"

## 对婚前性关系抱有犯罪感

"开始的一两年时间我一直很疼,可能因为我们一开始是偷偷地做,觉得是犯罪,觉得是干坏事,空气很紧张,害怕被别人发现。这样有一两年,后来好些了,但还是没有幸福感。每次做都害怕有人闯进来。我的幻觉里老有这样的情景:有人发现了我们,把我们抓到公安局去。"

"我的第一次是到外地探望男朋友的时候。那时我已经23岁了。感觉挺神秘的。记得那是个冬天,我夏天时攒了几天假去看他。在他们招待所里,我们发生了关系。只记得当时特别害怕,觉得是不正当的。我那时思想还比较正统。"

"那天晚上他说:你今晚住这儿别走了。我说话都带了哭声,我说,你到底想干什么嘛!后来我还是走了,心里很别扭,既觉得扫了他的兴,又觉得他那样提出是不应该的,不结婚就同居不好。他说,这样也好,我们就拥拥抱,接接吻,搞精神恋爱。可后来我们还是觉得精神恋爱是空的。有一次我们去外地旅游,那里情调特别好,我们只租了一个房间。第一天我们各睡各的,第二天他酒喝多了,回来后就向我提出了要求,当时我也喝了酒,我就答应了。当晚没做成功。第二天早上醒来听到鸟叫声,我就说,鸟叫真好听。他突然说,我们再来一次好吗?我以为他是说再来这里玩一次,就说'好哇'。他就和我做了。这次我流血了,很紧张,脸色苍白,把我们俩都吓坏了。他说了一句让我有点儿生气的话,他说,没想到你把自己保护得这么好。"

"第一次时我傻乎乎的,感觉不好。那个男孩儿非做不可。我疼得很厉害,心想,以后要总是这样就不再做了。当时还有点儿负罪感,因为没结婚。"

有的女性在发生了婚前性关系之后,主要的感觉不是负罪感,而是一种吃了亏的感觉。一个很小年纪与异性发生过两性关系的女孩承认："做完之后特别后悔,使劲哭了很久。"

一位有过婚前性关系的女性说:"第一次以后有很短的一段时间,我只想过要结婚,没想过以后还会交别的男朋友。想到人家会觉得我不好,我觉得有点儿吃亏。"

## 对婚前性关系毫无犯罪感

"我认为婚前性关系应当允许,我也说不上为什么,只是觉得感情到了那一步就行。就连婚后(婚外性行为)我都认为可以,更何况是婚前,还是个自由人。我觉得这件事不必看得很重,这只是形式,应看重内容。对我来说,更深层次的美感更重要。"

"上大学时,婚前性关系很普遍。宿舍楼上公开贴着'不准同居'的标语,证明这不是少数人的问题了。那年在宿舍楼里查暴徒,没查出暴徒倒查出很多同居的男女。有的就在床上拉个帘。同学关系好的宿舍,一个人的朋友来了,别的人就自觉地走了,这边做完了,到楼道里喊一声'回来吧',大家再回来。我估计大约有 80%~90% 的同学有婚前性关系。我觉得没必要压抑、做作,我追求自然。工作时要本分,业余就追求本色,力所能及地放松一点儿。"

"我是 25 岁结的婚,21 岁有性经验。那是我第一个男朋友……。"

一位女性这样谈到她的婚前性关系:"我自己当时没有什么犯罪感。在没有这种事(性关系)之前,我对他至少有好感;有了这种事后就没有好感了。我觉得自己对人该高标准严要求了。我感到感情和性应当是统一的。"

"初次性交是在 19 岁,当时就那么做了,很自然,到了那火候就做了。那是我的男朋友(未婚)。感觉不好。父母到现在都觉得我是处女,我也没特别小心地瞒他们,躲着藏着。那时他们要是知道了会很伤心,但他们从没直接问过我。现在要是知道了就不会太大惊小怪了。"

有的人因为是同即将结婚的男友发生性关系,所以没有负罪感:"我们是婚前就做过那事的。在婚前大约半年时,他父母不在北京,我们就有了机会。当时也没觉得有什么不对,不害怕,只是不想让人知道。"

一位四十多岁还是处女的女性说:"在我这个年龄再保持贞节已是可笑的,不是什么值得骄傲的事情了。我曾经试着和一个人做这件事,但他怕负责任,怕做了以后,我要求见面的次数增多,他又做不到。"

婚前性行为规范是一个反映社会性观念变化的敏感指标。在美国,这个变化十分明显。青少年婚前性行为发生率在本世纪有极大提高。几十年前,有婚前性行为的人比例较低,而且婚前性行为往往会导致婚姻。金赛调查发现,在婚前90%的男性曾与女友或娼妓性交;已婚妇女中有50%有婚前性行为。关于婚前性行为与教育程度的关系,在女性中是正相关系,在男性中是负相关系,这一点与女性的婚龄有关:由于文化程度越低的女性结婚越早,所以初中文化程度的女性有过婚前性交合的只占30%,高中文化者占47%,研究生程度者却高达60%以上。

在金赛调查之后的几十年间,美国人的婚前性行为比例有大幅度增加:15岁的青年有性行为者已占1/6;到20岁时达到70%;男女两性都有3/4的人有婚前性行为。根据1974年美国对全国成年人婚前性行为的调查发现,到25岁,已有97%的男性和81%的女性有过婚前性行为。法国1972年的调查表明,到29岁,有75%的男性和55%的女性有婚前性行为。前西德1973年的统计数据表明,到21岁,未婚大学生中男性44%、女性33%有婚前性行为;未婚工人中81%的男性和83%的女性有婚前性行为。在瑞典,99%的妇女和男人一样,在建立永久的结合之前,已经有过性经验。

生活在中国的人们都能感觉到,近十几年来,婚前性行为的规范宽松了许多,自己经历过或亲朋好友里有过婚前性行为的人所占比例明显增加,这在20世纪五六十年代,尤其是"文革"时期是不能想象的。尽管如此,还是有不少女性对这种行为有负罪感,或坚决不肯"越轨"。可以说,在婚前性行为规范上,我们的社会正日益形成多元的价值——人们按照自己认为可以的方式行事。如果某人认为不可以做这件事,那也是将传统文化或生长环境的行为规范内化的结果。换言之,与过去几年相比,这种约束较多地来自于内心的约束,而较少地来自于外部的约束。

根据近年来大量调查资料分析,女性婚前性行为的心理动机存在着许多偏激的观念和想法。笔者从性心理学、性社会学的角度将之概括为以下 10 个误区[①]:

　　1. 追求所谓"新"的恋爱方式

　　有些青年人错误地认为,21 世纪的恋爱方式就是动辄发生性关系。在追新潮的心理支配下,她们很快从初恋进入热恋,由边缘性性行为上升到核心性性行为。有一项调查发现,44.67％的女性在半年之内发生了多次性关系,其中 50.33％的人表示愿意,80.33％的人认为这是个人的事。

　　2. 崇尚种种性自由观念

　　近几年来,有些青年人盲目崇尚西方的种种性自由观念,想冲破所谓的传统性道德观念的自我意识非常强烈。在调查中,有 32.67％的女性认为"贞操不很重要",有 19.7％的女性性交后根本无所谓,并说"就那么回事",等等。观念一变,行为随之而变,当她们的爱情还处于不知道如何理智地去驾驭生活之舟时,就被欲火烧得不攻自破,发生了不该过早发生的性行为。

　　有的和男友周期性地发生关系,有的虽已预感到两人不可能最终成婚,但那种特殊的关系仍一如既往。扭曲的性观念使扭曲的性行为一发而不可收拾。

　　3. 性已渐渐撕去了遮遮掩掩的"面纱"

　　对于有些女青年来说,已不是"谈性色变",羞于启齿,由于许多书籍、刊物偏重于性生活内容的介绍,性心理、性道德教育缺乏,加之影视剧中性审美镜头的增多,以及马路上、大街上搂腰搭肩,抑或拥抱、接吻现象时时会映入眼帘,这种氛围使少女对性的朦胧意识和好奇心理更加深化与现实化。她们要亲自去尝试、探秘,以至于在恋爱期间,有时主动好奇地提出或不拒绝男方提出的性要求。调查表明,有 64.3％的女性一时好奇冲动发生了性关系,直到怀孕不得不流产时才追悔莫及。

　　4. 感激男友对自己的倾慕爱恋之情

---

　　①　转引自武俊平、刘志刚:《一生的创意——新人类的处女智慧》,内蒙古人民出版社 2002 年版,第 199—201 页。

虽然她们也懂得女子贞操十分重要,但在男友倾慕爱恋之情的不断激荡下,便坚守不住"防线"。当男友提出性要求时,担心拒绝会伤害他的心,于是把满足男友的性要求当做回报。这类情况在调查中占18.3%。

5. 消除男友对自己不放心的担忧感

有的女子感到男友符合自己的择偶条件,是理想中的"美男子",一见钟情,大有"过这村没有这店"之感触,在恋爱过程中表现主动。然而,对于有些男子来讲,女方越主动,他反而自视越高甚至产生对女方不放心的担忧感。为了表示自己的真诚,有的女子便急匆匆以身相许。

6. 使爱情关系升级

许多女青年把"性"作为衡量爱情的尺码,认为只有性方能维持爱情、发展爱情。在这种性爱观念的支配下,她们过快地献出了自己的全部。

7. 维持婚约的关系

北京的一项调查表明,在发生婚前性行为的青年男女中,有90.7%是明确婚约关系的,但因种种缘故,如无住房、经济困难、工作不在一起、不到法定的最低婚龄等,迟迟不能结婚。为了维持这种婚约关系,双方经常发生性行为。

8. 了解男友的性功能

研究指出,这类动机多见于大龄未婚者。她们深感择偶之不易,也期望婚后能美满幸福,因而对结婚持慎重态度。她们愿意与自己满意的恋人在婚前性交,以了解对方的性功能。

9. 抗拒环境阻力

恋爱中的青年男女,当经过一番了解确定下爱情关系后,总希望得到周围环境中的人、特别是父母亲朋的支持和赞许。但如果遭到意外的粗暴干涉,他们不但不终止恋爱关系,反而更热情、更密切,以"生米煮成熟饭"的既成事实来抗拒这些阻力。

10. 虚荣心作祟

部分女青年虚荣心极强,其"恋爱"标准趋于"郎财女貌"。于是,有的女子为了满足自己的虚荣心,不惜以肉体换取财物,很快献出了女性的"第一次";也有的在金钱的诱惑下,"爱情"不断地转移,导致"来历不清"的怀孕。

关于"处女"和"处男"的问题,菀云说①:

"这个社会观念越来越开放,人们又还没认识什么是真正的开放,常常处在那种非常矛盾尴尬的境地中。比如有一位小姐打电话说,她的男朋友跟她第一次上了床以后,认为她不是处女,其实,她是。然后这位小姐心爱的男朋友就不肯再娶她了。我问这位小姐,你的男朋友跟你第一次上床的时候,他是不是童男?这位小姐说,我知道他不是。

这是一个奇怪的男人的观点,自己可以在外面花天酒地,寻花问柳,但是要求自己身边的这个女人为他从一而终,甚至跟她在一起是'处女'。但是这个先生多么愚蠢地认为,在眼下21世纪,还会认为不流血就不是处女。

第二点,即便她不是处女,就为此而舍弃一个优秀的女人,实在是一个非常愚蠢的举止。问题是天下这种男人,还是有很多的。但我也知道,观念在演变,太多的男人和女人已经要求我只管你的未来,过去我不管。这是一个人人都有过去,人人都应该保护自己过去,人人应该尊重别人过去的时代。不应该为这种事而舍弃。这是很重要的事情。"

台湾作家刘墉说②,男女谈恋爱高潮,上床之后怎么办?"结合就像登山的最高峰,问题是,当你达到了这一高峰,攀登了恋情的最高点之后,下一步又是什么?"

"男女谈恋爱很妙,只要开始谈,就只能上升,不能下降。上一次拉拉手,这一次就不能不拉。上一次搂了腰,这一次如果只拉手,心里就会有点失落。

更深一层,上一次接了吻,这一次如果环境许可,却没吻,也会觉得不实在。

于是,再进一步,我们可以猜测,如果有一天'上了床',那继续'上床'往往就成为必要。

正因此,父母叮嘱女儿:'不要发生关系!发生关系,神秘感消失了,你就不值钱了。男生占到便宜之后,就可能跑了!'

---

①  菀云:《爱与成功》,作家出版社2000年版,第307—308页。

②  刘墉:《在生命中追寻爱》,漓江出版社2000年版,第110—111页。

他们的话可能没错。因为这是人性，也是天性。让我们回头想想：一个孩子从出生就要吃喝、要独立、爱打扮、爱表现，是为什么？

是为了吸引异性注意，是为了那天赋的使命，让生命可以延续。所以从与异性的，自知与不自知的，他们就往那恋爱的最高峰发展，如果发展不上去，恋爱就告吹。如果发展上去呢？他们结合了！"

如何解读贞操观念？请看下面的论述①：

"如果你把婚前失贞的历史深深地埋藏在心底作为隐私，此生不愿披露给任何人知道，尤其不愿让自己心爱的人知道，怕失去他，这种心理是可以理解的。新婚之夜，丈夫未追究是否是处女，或陶醉在甜蜜的婚姻里，随着时间的流逝你心头的伤痕逐渐平复，遗憾被幸福所取代，缺憾为情爱所弥补，两人的婚姻十分美满，那么当初你有意的隐瞒难道还会有人指责吗？

如果双方相处爱情日益加深，得知这一真相，或许他会计较，或许是恩断义绝，分道扬镳。因为时至今日，在爱情观念上，看重贞操的大有人在，这种观点依旧左右着人们的选择。比如有的男人喜欢在风月场上逢场作戏，但决不允许自己的妻子逢场作戏。

确切地说，今日贞操的内涵与封建时代的所谓贞操不能等量齐观。现在所说的是对爱情的忠诚和专一。现代社会生活是复杂的、多陷阱的，女性的失贞有各种各样的原因，但是生理上的失贞并不可怕，关键是心理上不能失贞。当他知道真相，你要从现实出发，如果他不计较你的过去，对你的过去宽宏大度，那么相信未来的日子会是幸福的。性爱是两颗心的相印，坦诚的胸怀才是停靠性爱巨轮的安全港湾。

如果你心中神秘的堡垒谁也打不开，那么离真正的爱情还有一段距离。将来婚后引起的麻烦，会是长久的痛苦。总之，你应对现在的男朋友全面了解，才能解开心中的这个结。

恩格斯说过，当事人相互爱慕应当高于一切而成为婚姻的基础。人非圣贤，孰能无过？学会宽容待人，宽容待己，那将是爱中极富温情、充满道德的部分，它能黏合恋人之间的间隙，抚平恋人心头的创伤和不平，或成为让爱情变得更醇厚的添加剂。

---

① 转引自俞平：《我想牵你的手》，上海人民出版社2001年版，第200—201页。

爱情是美好的，也是圣洁的。珍惜自己，也是珍惜别人，在共同的交往中，把握好情感之舟，如愿地走上红地毯，愿心想事成。"

下面，是报刊上关于贞操问题的讨论，把一些有代表性的理论观点和爱情、婚姻点滴生活摘录如下。

第一组文摘《你在守贞吗？》①：

相爱的人儿，都希望自己是对方的最初发现者、探索者和最终占领者，特别是男性，所以"贞操"观念绵延几千年，纠缠着一代又一代人。但是随着社会的开放，"贞操"似乎正逐渐成为一种奢望。如今的年轻人，在锁定最终"目标"前，多半已经在"爱情演练场"上几经摸爬滚打，抛洒了不少感情和"性情"。于是在现实与梦想的碰撞中，诞生了许多痛苦烦恼的男人和焦虑自卑的女人。迈入婚姻之后，旧时"贞操"观仍成为反复折磨不少现代人的心头之痛。

尽管守贞的争论一直习惯性地自道德层面展开，但是显而易见，今天的守贞已不仅仅是个道德问题，而是掺杂了种种复杂的利弊考量，充满了风险与收益的权衡。

要不要守贞？守不守得住贞？守住了，能否得到幸福？

这是个很矛盾的年代，各种人、各种观念错综复杂。不仅要关心坚守道德的人，更要教会多数人如何通过安全性行为来自我保护。没有保护好自己，未来就不会幸福。

## 故事一：守贞，我成了"婚内处女"

高考结束不久，我和既是同学又是邻居的家林相爱了。那个暑假，我们尽情享受花前月下，背着大人，我们逛遍了城里大大小小的公园、广场、电影院。月光下的马路上更是洒满了我们的欢歌笑语。

最让我悸动的一幕是那一天，家林的父母到外省探亲去了，在他的卧室里，冲动的我们抱在了一块。那时我们第一次如此紧密地身体接触，第一次接吻，那是一种触电的感觉，至今回想起来，我都热泪盈眶。晕眩中，我觉得自己被他抱在了床上。他压住我疯狂地吻着，手在我身

---

① 见《恋爱·婚姻·家庭》，2008 年第 9 期。

上不停摸索,试图脱去我的上衣,我羞涩地闭上了眼睛,一动不动。他却突然停住了,对我说了声"对不起"就冲进了洗手间。

接下来的日子,家林对我出奇地冷淡。我迷惑而委屈,想尽办法去取悦于他,可种种努力最终都归于失败。

一个月后高考成绩出来,他榜上无名,我被一所普通高校录取。我始终想不通他为什么要抛弃我,我好想弄个明白。上大学后我不停地给他写信,可封封寄出去的信都石沉大海。写到第 26 封时,终于收到了他的回信。他问我在床上的时候为什么不反抗,他认为我和他的爱情只是他人生的污点!那一夜,不会喝酒的我一气喝完两瓶啤酒后,失声痛哭起来。我不反抗,是因为我爱他,我愿意给他,可他,竟以为我是个随便的不守"贞节"的女人。我发誓以后一定要谨言慎行,不到新婚之夜,绝对不交出自己的贞节!

大三的时候,我认识了现在的丈夫伊路,伊路那时读研究生,相貌儒雅英俊,为人温柔体贴,而且十分诚实。关系确定没多久,他就坦诚地告诉我,他以前谈过一个女朋友,谈了三年,一度非常亲密,后来因为性格不合而分手。看他的神情,我不用问,就知道了:他们上过床。打心眼儿里讲,我并不那么在意他是不是处男,他的过去不属于我,我无权去要求什么。不过,出于上次的教训,我仍然坚持着我的底线,决不在婚前失身于他。他总想尝试些亲密接触,我却对他的亲吻、抚摸十分抵制,有时怕他扫兴,也会不大情愿地配合一下,但最终都以推辞收场。他自然很失落,但因为爱我,也因为喜欢我的"纯洁",他忍了。

伊路毕业后为了更好地发展,去了一个大城市,而我却留在了这个中等城市,空间的距离反而使我们的感情更加浓烈。他一有空就坐火车来看我,已经参加工作的我思想比先前开放了许多,允许他留宿在我的宿舍里,但是只准乖乖搂着我睡,若敢提出"非分"要求,我会一脚把他踹到床下。

这样牛郎织女的生活过了三年,伊路为了我,回到这个委屈他才能的中等城市,而我,终于下定决心把自己彻底交给他。领证、办酒席,让我们在法律意义和世俗意义上都成了光明正大的夫妻。新婚之夜,我终于放弃了固守五年的抵抗,向他敞开了自己。可是,没想到,我们一遍一遍的尝试,无论怎样努力,都归于失败,一直到度完蜜月我仍然是处女。

如果说婚前处女还可以撑起一点儿骄傲,那"婚内处女"算什么呢?苦闷的我向一位已婚闺密倾吐了心事。闺密听罢,叹息道:"你还是劝他到医院检查一下吧,他是个好男人,不枉你守候一场,只是长达五年的禁欲,这样一个有过性经验又风华正茂的人,难保会憋出毛病来!"

我大吃一惊!思前想后良久,终于鼓足勇气说服他去了医院,检查结果令我欲哭无泪:他因为长期强行克制欲望而导致"废用性 ED"!这是一种属于心理性和技术性的疾病,需要长期磨合,才能恢复正常功能。医生还警告说,如果一段时间后仍不见好转,就要进行药物治疗。

ED!如果事先知道会有这个结果,我还会在这个我深爱的人面前固守我的"贞节"吗?我不知道!

点评:守贞教育的最大问题就是不现实,因为和人性不符。只有尊重人性才能束缚野性,所以更重要的是性安全和性伦理教育。

## 故事二:别拿"处女"要挟我

如果再一次面对婚姻,我不会把是处女或不是处女当做一个择偶标准。我上一次的失败婚姻告诉我:有真爱才会有幸福,其他条件都是虚妄的。

葛菲是我的同事,她说从我进入单位第一天就开始喜欢我了。因为她的主动,而且我也并不讨厌她,我们俩很快建立了恋爱关系,不过我们最后能进入婚姻,说起来那都要怪我酒后乱性。

进入单位之前,我刚和前女友分手,很长一段时间里我都心情郁闷,喜欢下班后去泡酒吧,借酒浇愁。如果那天我不带葛菲去酒吧的话,也许就不会有后来那痛苦的婚姻了。我不记得那天葛菲坐在身边不停地说了些什么,只记得我喝了很多的酒,再后来我就喝醉了。当葛菲把我送回家后,我突然紧紧抱住她……

直到葛菲发出喊叫时我才清醒过来,看着她赤裸的身体、痛苦的神情,我吓坏了。我说了好几声"对不起"。但当我看到床单上的血迹时,我知道,说"对不起"是没有半点作用的。

"我是处女,你必须负责任!"——这是我那天晚上清醒之后听到她说的第一句话。经过那个夜晚之后,葛菲在我面前像是换了一个人——霸道、蛮不讲理。当我不顺从她的意思时,她总是说:"我把处女身给了你,你得听我的。"

此后,我做了大家都认为是正常的、顺理成章的事——我和葛菲结婚了,并且在她的计划下有了孩子。后来她曾得意洋洋地告诉我:"我妈妈说得对,贞操是女人最有力的武器和最珍贵的资源,不可轻易付出,但一旦付出,就要无往而不胜!"

说实话,这些年来我一直试图和她培养爱情,可是屡战屡败。最让我受不了的是,每当她觉得委屈、觉得我对不起她的时候,她不是和我摆事实、讲道理,而总是说什么当初她把一切都给了我,可我却这么对待她。

因为小孩的缘故,我拖了许久才提出离婚,她死活也不答应,并发誓会改变,但过后还是变回老样。去年九月,我们终于离婚了。

这就是我那可笑的婚姻,我不知道像我前妻那样的女人多不多,但我知道有一些女人是有"处女情结"的。她们以为给了男人第一次就意味着自己作出了莫大的牺牲,就可"横行一生"。要我现在来说,不管男人还是女人,都别把第一次当"吊坠",勒得对方喘不过气来。其实,婚后感情才是最重要的,婚后的背叛才是最伤人心的。

点评:现在"80后"、"90后"的性行为还处于非常混乱的时期,他们的性心理并不完全成熟。一个性心理成熟的人,应该懂得"负责任"的性。就是要清楚:和谁发生性关系,如何发生,以及为什么发生。

"处女情结"会永远存在,因为它与人性中的占有欲相连。有人问:"如果你特别爱她,你会在乎她不是处女吗?"现在,越来越多的男士口称自己不在乎。但是,这个问题的前提是"特别爱她",人的一生当中,又有几天处于"特别爱"的阶段呢?

## 故事三:贞节的期限

君是我的一个朋友,快三十岁了,虽然也谈过几次恋爱,却一直保持着处子之身。她说是因为没有找到那个值得终身相托的人,她觉得婚前性行为不道德,她的贞节只会在新婚之夜付出。这样的论调使得我们这些婚前就和男友同居的姐妹很惭愧,甚至不敢和她聊起这个话题。

可是前不久,君突然和男人发生了关系。而且那个男人是有名的浮华浪子,两人交往还不到一个月。这消息从那浪子的朋友口中传来,令我们大吃一惊!我以为是别有用心的人污蔑她,跑去找她,义愤填膺大骂那些无耻的造谣者,她却垂下头,轻声说:"是真的,我自愿的。"

"你怎么会?你不是一直……"我几乎不敢相信自己的耳朵。

"我也说不清,也许,是觉得什么东西都有保质期,爱情如此,贞节也如此。年纪越来越大,心头不免怀疑,不免焦虑:禁锢着身体,错过青春期的绽放,到底是为了什么?若果真成了'剩女',即使守着这份贞节,又有多大意义呢?其实之后,我也后悔过,可是,覆水难收,我现在心情也很矛盾,有苦说不出……"

君在我们眼中曾经是个异类,现在好了,她和我们成了一样的人,可这时朋友们又责怪起她来,替她惋惜,为她的贞节丧失得不值而痛心,毕竟那个男人不是一个可托付的男人,而且也绝不可能跟她结婚的。贞节那么辛苦地保留着不就是要献给婚姻才更能体现它的更大价值吗?

也许在我们心中,还是对贞节寄托了一份期望的,虽然很难做到,但有一个人在努力着毕竟放大了我们的期望值,结果她也没坚持下来,所以我们都很失望。我很迷惑,我的朋友做得到底对不对?我们是不是应该给贞节一个期限?

点评:贞节的意义,就在于女人承诺给一个男人的期间内,只归属于他一个人。这一点还是每个男人都执著的。这也是贞节这个词在当今社会存在的主要含义。

以前贞节的观念很单纯,它就是社会价值的一种判断,但现在逐步演化成一种审美判断,而审美没有统一的价值标准,每个人都有自由选择的能力。因此可以说,"贞节"这个词早就过了保质期了。贞节不该有一个期限,这样它就会成为一种限制女性自由选择的压迫力量。只要一个人肯定自己的信念,贞节就应当是无期限的,这是为自己而做的,为自己心灵的审美需求。上述案例中的女主人公也许只是价值观念从一种观念过渡到了另一种观念。只要它的过渡是自然的,谁也没有权利批评她。

给贞节一个期限，结果是没有期限。贞节不应该成为给人造成心理压迫的恶势力，不过贞节也另有它存在的审美意义。如果贞节不是献祭给社会的供品，女人倒愿意为自己供奉贞节。在性开放的年代，愿意做个处女总是件需要勇气的事情，而在任何事上勇气总是一件有价值的事情。和同性恋一样，处女并不需要我们将之保护起来，只要尊重她就好。

下面转引自邹家华、曲梦写的文章，题目是《婚后忠贞》①。这是一个婚前被古代传统贞操理念思维折磨得痛苦不堪，而最后又觉醒并按照现代审美主义的理念思维去正确解读和处理贞操难题，进而获得甜蜜爱情的快乐幸福的故事！现把它全文转载如下：

问："如果你的老婆不是处女，你会如何？"
答："如果我是处男，我会遗憾；如果我不是，我没资格要求对方。"

在中国多元化文化碰撞、日益开放的今天，现代人的贞操观是指人们对爱依然存有的真挚而虔诚的希望，是婚后的忠诚，即情感贞操。

本文主人公婚后一系列的遭遇说明，为迎合男人传统观念而做的"二次贞操"，只会给女人带来更大的伤害，男人也不会得到幸福，而现代贞操观才是解决这类婚姻问题的正确归途。

震惊：婚礼上情敌带着隐私来搅局

2007年9月，在我的百般恳求下，女友颜伊婷终于答应了我的求婚！从"昨日重现"走出来，我兴奋得忘乎所以。在兰州一家理财公司做客户经理的我，事业上一帆风顺却在情感上一波三折，谈过几个女友都以失败告终。失落中，我把业余时间消耗在打 CS 中。而颜伊婷就是我在野战中认识的女孩。第一次，我就被她的与众不同深深吸引了。

她刚从澳大利亚留学回来。在一家外企的人力资源部做事。随着交往的增多，我发现这个女孩多才多艺，学过绘画，喜欢音乐，会弹钢琴。我迷恋上了颜伊婷，但她却只想和我做普通朋友，因为她有失败的

---

① 转引自《恋爱·婚姻·家庭》，2008 年第 7 期。

恋爱经历，不想再受伤害，"中国男人非常传统，会揪住妻子的过去不放"。我永远记得她那张充满忧郁和不安的脸。"现在都什么年代了，放心吧，我没那么保守。我自己也交过好几个女友呢。"尽管我信誓旦旦地表示不管她有怎样的过去我都不会计较，可颜伊婷仍然犹豫徘徊，而我，当然不会知难而退。

　　经过死缠滥打，颜伊婷终于答应做了我的女友。又经我万般央求，颜伊婷终于答应了我的求婚！2007 年 9 月 22 日，我们的婚礼在山字什教堂如期举行。婚礼上，我们互发新婚誓词，交换戒指……就在大家欢呼着让新娘子投掷幸运鲜花时，一个不速之客闯了进来。我不认识，但看颜伊婷的表情我已猜到了几分。来者仪表堂堂，但笑容诡异："我是颜伊婷的前男友刘强，有个秘密你应该感兴趣……"说完他扬了扬手中的资料袋。颜伊婷疑惑地看着我，显然她也不明就里。在我大喜的日子我只想息事宁人。我的客套话还没说完，刘强就粗暴地打断了我："你还是先看看这份资料！"薄薄的两页纸，竟然是颜伊婷三年前做处女膜修复手术的单据！我疯一样冲上去和刘强打在一起……眼看一场婚礼就要被搅得七零八落，感谢老天在关键时刻给了我理智！"不行，我不能让这个坏人如愿以偿！"我丢开刘强一个箭步冲过去，一把把颜伊婷搂过来，"没有人能破坏我们！"我转过身，一字一顿地说，"你们送他出去，婚礼照常举行"！刘强离开时脸上的不屑和阴笑，气得我青筋暴起，我不时提醒自己，要冷静！

　　时间一分一秒地过去，我终于让自己和颜伊婷平静下来，"就算是为我也要强颜欢笑，不能让居心叵测的小人得逞"！我拉着颜伊婷的手重新出现在众人面前……

　　新房里终于只剩下我和颜伊婷。我近乎崩溃地倒在床上，等颜伊婷开口。

　　原来，颜伊婷是刘强的初恋，而刘强不是颜伊婷第一个男人。虽然刘强明确表示不在意她的过去，但颜伊婷还是看出了他的失落。为了刘强的处女情结，颜伊婷决定在婚前做处女膜修复术，好在新婚之夜从生理上、心理上给他一个处女的感觉，让他们的婚姻不留遗憾。于是，在刘强的陪同下颜伊婷做了修复术。

　　但天有不测，颜伊婷意外地发现了刘强的爱情账单。他把给颜伊婷的花销事无巨细地记录下来,连零头也不放过。这让颜伊婷对刘强的人品产生怀疑,也对他的胸怀产生怀疑,颜伊婷提出分手。恼怒的刘强竟然用"二次贞操"来羞辱颜伊婷,受到伤害的颜伊婷不得不飞往国外……

她无论如何也想不到,几年都不曾联系的刘强竟然卑鄙到如此地步。"我终于理解了为什么颜伊婷说她的情路不堪回首,为什么当初屡屡拒绝我的求爱,她的爱情曾经凄风苦雨,可恨的刘强,把残局扔给我。纵然我再大度,承诺不介意妻子的过去,可是经过这样的闹腾,我的心中还是翻江倒海……"

煎熬:战胜心里不快兑现爱的承诺

第二天按原计划是去拉萨的蜜月旅行,但是颜伊婷改了主意,"我们都需要冷静考虑,还是分开一段时间的好……"我不同意,但颜伊婷执意不肯,硬是在机场改签了去上海的飞机。

飞机在拉萨机场降落,我给颜伊婷打手机,关机,再打,还是关机。我在拉萨闲逛,心乱如麻。

对于这个我千辛万苦才追来的女孩,竟然有这样复杂的情史。想想前些日子,我还特意忙里偷闲地去翻看女性杂志,看那些婚姻方面的专题……诸如此类,每次看后我都要甜蜜地胡思乱想上一阵子。可现在,这些奇妙的人生体验将永远与我失之交臂。我甚至还无耻地想象颜伊婷和别的男人在床上的情形……更让我感到一阵阵彻骨的痛苦,不能自拔。

整个晚上,我都在酒吧让酒精麻醉自己的神经。有短信传过来,是我的两个哥们,告诉我婚礼搅局的事情他们会为我保守秘密,还叮嘱我,颜伊婷是个好女孩,要珍惜。我冷冷地发短信问他们:"如果你的老婆不是处女,你会如何?"哥们很快发短信回来:"如果我是处男,我会遗憾;如果我不是,我没资格要求对方。"我愣了一下,是的,我一直在要求颜伊婷,那么我自己呢,不也曾和女友同居过吗……但这件事被另外一个男人以这样的方式晾晒出来,鲜活地摆在那儿,我的自尊心受到了巨大的羞辱。相信,没有哪个男人能咽下这口气,当什么都没有发生。

酒越喝越多,我开始头疼,呼吸也变得困难,我知道我有高原反应了。我的身体一向很好,应该问题不大,可头越来越疼,只好跌跌撞撞地赶回酒店。打开背包，看到颜伊婷为我准备的"红景天"，心中更是痛苦，我知道颜伊婷爱我、体贴我，也明知道这不是她的错，可如果她只属于我，当初没有跟过别人该有多好啊，那么我这辈子就真没有什么憾事了……在异乡的夜晚，在无助和孤独的病痛中，我开始想念颜伊婷。

第二天下午，我想多拍些照片给妻子，弥补她没能来拉萨的遗憾。坐公交车去大昭寺，遇上祖孙、儿媳三个人，小孙子非常可爱，儿媳也对公公照顾有加。这让我想起了颜伊婷。当时她还不肯做我的女友，却在得知我的钱被股市套牢，而我爸爸心脏病发作要交8万元的手术押金时，匆匆赶来把8万块钱交到我手上。不仅如此，还每天都来帮我细心地照顾爸爸，就像眼前这位儿媳……一幕幕，颜伊婷对我的好，开始在我的脑子里回转。是的，再也找不到这样爱我的女孩了，相对漫长几十年的她将要给我的幸福，她以前的这些过失又能占多大的比重呢？在这个社会上，婚后的忠贞才为重要，我为什么不能包容她呢！"婚后忠贞"，这个词让我豁然开朗。我给颜伊婷连续发了几条短信，告诉她我的想法，希望她也能以"婚后忠贞"的观念让我们重新开始。但颜伊婷显然不相信这么快我就能彻底地从内心接受她，她仍在沉默。

一连几天，我的高原反应还未完全去除。感谢拉萨，让我重新检视自己对生活的要求。我本来很幸福，却被已成往事的所谓贞操问题搅得焦头烂额，我真是愚蠢。我一五一十地给颜伊婷发短信，讲我的高原反应，以及在高原反应中我对生活更加清晰地思考。

晚上回到酒店，我又喝了酒，没想到高原反应更加严重了，喝"红景天"都没有作用，就像溺水的人将要沉没窒息一样，我的感觉很不好，以为自己会死去。在这样的时刻，我更看清楚了自己的心，我没担心自己的生命，却为颜伊婷的将来有无尽的担忧，还有我当初豪迈的誓言……如果我真的就这样死了，而妻子还不能真正明了我爱她的心，那才是我一生最大的遗憾，我挣扎着想给颜伊婷再发一次短信，可是手不听使唤，眼前一黑，就什么也不知道了。

不知过了多久，我醒了。恍惚间竟然发现颜伊婷坐在我的身边！费了好大的劲我才弄明白，我不是在做梦，真的是颜伊婷，正用小勺喂我喝酥油茶，她一脸的关切，眼角还挂着泪。"你终于醒了！有高原反应还敢喝酒，你真是不要命了！"颜伊婷嗔怪我，我浑身乏力，冲她笑笑。

原来颜伊婷收到了我的那些短信,虽然她对我们的婚姻还有顾虑,可是担心我的高原反应,还是马上飞来,正好遇到我昏睡不醒,还给我服了西洋参片……

我安然享受着妻子照顾,可颜伊婷又不安起来,"我是担心你的身体才飞来的,我不会委屈你,回去我们就办离婚手续"。我挣扎着搂她入怀,"我要和你做一世的夫妻呢"!可颜伊婷却一把挡住我,看着妻子憔悴的脸,我认真地说,"在拉萨这样神圣的地方,我怎么敢撒谎"?颜伊婷终于懂了我,扑在我怀里大哭起来,我紧紧抱着她,轻抚她的头发,让她哭个够……

开心:真爱让我携妻走出处女阴影

从拉萨回来,我们投入了寻常的日子。但并没有像童话的结尾那样,公主和王子从此过上了幸福的生活。

颜伊婷事事让我三分,而且总在揣测我的心思,顺着我说话,就是在床上也处处被动,只会迎合我……我知道她怀着愧疚,她越这样越是让我想起那些不愉快。可我又不敢挑明,生怕再触碰那些往事伤她自尊。渐渐地,我对她的举动厌烦起来。"你怎么也和那些俗气的女人一样看韩剧?"……

我故意挑她的毛病,看她无所适从就会有幸灾乐祸的快感。而我越挑剔,她就越惶恐,我更烦。

在野战俱乐部,我故意当着颜伊婷的面和那些女孩打情骂俏,她仍像个受气包一样坐在角落里,曾经策马驰骋的侠女风范早已不再。第二天,颜伊婷如常给我准备晚饭。我懒得吃,本想主动承认错误,可看到她还是恭顺的模样,我又有些气,一个人喝闷酒。电话响了,颜伊婷拿起来递给我。原来是俱乐部的女孩,她约我去泡吧。我故意大声说着酒吧的名字,想刺激颜伊婷让她有些反应。可是,竟然,颜伊婷给我拿了一件厚外套。我气疯了,冲她喊:"你是不是还应该给我准备上安全套?!"颜伊婷气得哭着跑回了卧室。

我冲出家门,当然没有去赴约会,郁闷地来到黄河边。身边一对对情侣卿卿我我。他们的甜蜜也是我曾经有过的。可从何时我的生活就远离了幸福和快乐?我检讨自己,是的,我做得不够好,但现在,妻子的态度让我伤心又疑惑,她是真的内疚,还是已经对我失望到无动于衷的地步？

　　我冷静下来，我要和颜伊婷好好谈谈，不想让我们的婚姻夭折。谁知，我还未开口她先说了话："你去找一个处女情人吧，这样我们就扯平了。"我冲上去，一把抱住她："是我错了，求你原谅我……"颜伊婷在我怀中挣扎着，最后，她在我怀中哭起来。

　　我大胆说出了自己的心里话："你天天像个赎罪的仆人似的，我看了心烦。你自己都心虚得低三下四。又让我如何忘得掉……"我小心翼翼地看着颜伊婷的反应，还好，她并没有羞愤，只是有些吃惊："可我以为你还没有彻底原谅我，想对你殷勤些嘛……"那个晚上我们谈了很久，通过沟通更看清楚了彼此还有的真爱。回想这段生活，我说："在情感贞操问题上，女人，只有自己先硬气起来才能拿捏得住男人，如果自己底气不足，更会膨大男人那颗虚荣自私的心……"颜伊婷惊讶地看着我，我说："你不知道，我们男人都是贱皮子吗！"颜伊婷竟被气乐了，我们再一次幸福相拥。

　　从此，在公共场合，我故意表现出"妻管严"姿态，一点儿小事也要向颜伊婷请示，家里什么事都由她做主，就连 QQ 的个性签名我都改为："我怕老婆；我爱老婆。"

　　2008 年新年，全市要以社区为单位举办新年音乐会，我力荐颜伊婷参加。当钢琴曲从妻子的手指下淙淙流淌，当全场观众热情的掌声经久不停，当小区的左邻右舍微笑友好地和妻子打招呼，跟孩子介绍说："这就是那个钢琴弹得很棒的阿姨。"我看到了颜伊婷脸上很久没有出现的舒畅笑容。

　　妻子渐渐快乐起来，我的心情也很明朗。是的，幸福是两个人的事情，妻子不快乐我又如何能开心呢？为了让颜伊婷进一步摆脱往事的阴影，强大内心，在"处与非处"问题上更加理直气壮，我推荐颜伊婷看李银河等人的书，和她一起探讨现代婚姻。当有一天，我们一起看着时尚杂志上一篇题为《女孩子第一次的意义在于体验生命》时，我俩都会心地笑了。

　　2008 年 2 月，我们又意外地见到了刘强，没想到，这个一心要破坏我们幸福的男人竟然痛苦而绝望地对我说："我在等你和我犯同样的错误。我就有机会让颜伊婷重回到我的身边，可你们竟然过得很好，我恨我自己……"是的,我看出了他的悔不当初,因为所谓的贞操问题伤了女友的心而让自己一生错失真爱,我有点儿可怜这个男人。颜伊婷挽着我的胳膊,不屑而淡漠地从他面前走过,我知道妻子已经完全走出了往事的阴影。

兰州大雪纷飞。我们野战俱乐部要在雪中来一场激战。颜伊婷像女王般向我发布命令,我甜蜜地来个正步:"遵命,夫人!"我和颜伊婷的爱情经过婚后这一系列的考验,已吹响了幸福的集结号!

热恋中的情侣随着情感的不断浓烈,接触逐渐频繁,以至拥抱亲吻,往往会产生性的冲动。从感情角度说,爱情发展的最高阶段,就是身心的彻底融合。但理性告诉我们"婚前的性行为既不道德,又充满危险"。正像莎士比亚警告世人:"情欲犹如炭火,必须使它冷却,否则那烈火会把心儿烧焦"。

人类是具有崇高美德的高等动物,他的一切行为都受到审美社会道德的制约,性行为也决不例外。

有些热恋中的青年男女往往认为'反正将来要成为夫妻',于是就提前做了'将来'才能做的事——发生了性行为。结果呢,轻则造成无形的心理障碍,重则身心俱损,抱恨终生。婚前性行为潜藏着危机,危害非常大。

一是恋爱中的男女未经法律确定为夫妻,关系还是不稳定的,一旦分手,对于过去发生的性行为,男青年心理上会长久乃至毕生存有负债感、内疚感;而女青年因生理的变化,再恋爱、结婚,极易受到男方及其家庭的歧视、不满和不信任,有的因此造成一生痛苦。

二是恋爱中的男女青年通过不断地深入了解、交往,如果已感到不适合,想分手了,但因为发生了性关系,女青年明知彼此没有共同生活的基础,但已未婚先失身,为顾及名誉只好苟且凑合;男青年也往往因生米已经煮成熟饭,好汉做事好汉当,虽不理想也只好勉强结婚了事。

三是即使双方顺利地结为夫妻,但婚前的性行为往往会成为婚后夫妻彼此猜疑的一个因素,使未来的生活暗存着一丝不信任感。

四是女青年轻易同意发生婚前性行为,难免会遭到借恋爱之名玩弄女性的坏人所欺骗,其身心易受到极大的创伤。

青年时期正是启发自己、培养才能、了解自己极限的时候,把握好人生,为自己未来及幸福的婚姻家庭作准备。生命中有许多宝贵的东西是应该保留到最适当的时机,真心付出的爱就是其中之一。

　　当你和热恋的男友在一起的时刻,如何表明你的意思呢?有一位聪明的少女,回答她有性爱要求的男友说:‘我要在新婚之夜把自己最美最完整的心献给你。’”①

　　我们提倡热恋中的青年男女应该认真学习青年爱情美学,用审美主义理念思维去调控性本能和性冲动。

　　“进入青春期的许多青少年常常为性冲动所困,似乎有一种力量,唤醒了他们体内潜伏着的某种欲望和本能,使他们开始躁动不安、心烦意乱,特别是看到一些拥抱、接吻的镜头和画面,更是难以自制。这些反应同时也引起了他们内心的焦虑和不安。这究竟是怎么回事呢?

　　实际上,性冲动是人的神经系统的反射活动,是在高级神经活动的支配下的一种复杂的生理、心理过程。当人通过视、听、触觉等感觉器官接触到性刺激时,首先引起大脑皮层及相应神经中枢的兴奋,之后扩散到性中枢,出现性兴奋的一系列生理和心理反应。通常达到性成熟的人都会有性冲动,这是一种正常现象,并不是下流可耻的事,它是人类繁衍的动力之一。但是,人是社会的人,人的性行为要受到社会关系和社会规范的制约,不能够随心所欲。而处于青春期的青少年,他们的性冲动不可能像成年人那样通过婚姻获得满足,这就需要他们在正确解读性冲动的基础上,依靠意志力自觉控制和调节性冲动心理,减少来自性冲动的困扰。

　　人的性欲虽然是一种生理本能,但人是有理智的,可以通过意念来支配和调控。控制方法只有两种:一是将性冲动暂时压住,二是让它得到一部分的满足。比如现代医学认为‘自慰无害’,但是否可以毫无节制地频繁发生呢?显然是不能的。性欲和性冲动的自控主要是心理方面的,重要的是应该掌握好以下几点:

　　1. 正确认识权利和责任。性成熟后有满足性欲的权利,但不能忘记随之而来的社会和家庭责任。年轻女性要发生性行为时,应该想到

---

　　①　引自俞平:《我想牵你的手》,上海人民出版社 2001 年版,第 184—185 页。

要承担做妻子和母亲的责任;年轻男性发生性行为时,应该想到要履行做丈夫和父亲的职责。

2. 培养两性正常交往。事实说明,异性间的神秘感和好奇心是由于男女青年双方缺乏共同参加丰富多彩的社交活动所引起的,有了正常的交往,男女交往就可解除隐秘,从而使人们对异性的心理反应趋于正常化,避免由于性神秘感带来的性敏感。这不仅有利于性心理的健康发展,也可以有效减少因异性接触萌生的性冲动频率。

3. 性观念的升华。性是构成人类精神需要的一部分,已渗透交融在工作、读书、运动、音乐等领域中,即所谓的升华作用。性不是罪恶,但也不是人生的全部,青年时期是人一生中最宝贵的时期,春光明媚,精力充沛,正是为自己的雄心大志奋力积累和拼搏的最好时机,如果沉湎于安逸思淫欲,迷恋于生理刺激的满足,则无异于蹉跎岁月,自甘堕落。将性的冲动升华到更有意义的事业和活动中去,你的生命会更加绚烂。

4. 避免性刺激,抗拒不良引诱。比如,不看带有性刺激的刊物或录像带;不到情侣密集且公然拥抱、亲吻的地方,或者是酒吧、舞厅、夜总会;不和社会上的不良分子往;也不要盲目地为了'爱'而忍让对方任何过分亲热的举动,女性在关键时刻要学会说'不'字。此外,女性应该自尊、自爱、自重,尽可能避免薄、露、透的穿着,诸如超短裙、大低胸等新潮衣服,以免男性想入非非,忍受不了视觉刺激而鲁莽行事。

5. 学一些包括性生理、性心理、性医学、性卫生的性知识,以养成一种良好的性适应和性控制能力。性和爱是需要学习的。比如在产生强烈的性冲动时,不要过分压抑自己的情感,可以通过转移注意力,听听音乐、打打球、散散步等,将内心的紧张和压力释放出来。一味地压制可能弄巧成拙,产生人格障碍。

总之,性冲动是进入青春期以后的青年的正常生理心理现象,从健康学的角度来说,它需要有效的疏导,而不是盲目的压抑。"①

笔者坦言忠告,青年男女在大学校园学习期间,可以恋爱,但最好不要结婚生孩子,不要在热恋期间和未婚之前偷吃"禁果"。特别是要

---

① 引自俞平:《我想牵你的手》,上海人民出版社2001年版,第179—181。

绝对地避免因偷吃"禁果"而怀孕。

下面讲一个偷吃"禁果"的悲剧故事,是大学生偷吃"禁果"之后向老师求救的师生之间的对话①:

一位女学生向老师求教:

"'五一'那么长的假,我们早早准备了一份计划。把分散在上海各个地方的老朋友组织起来,找个地方聚一聚,放松一下紧张的神经。隆隆的火车把我们带到了南京,夫子庙、中山陵留下了我们的足迹,美丽的地方也产生了我和他的'过电',那刻,他表示决定做电源中的一个阳离子,重复一生一世的电子运动。回到上海后,我始终处在平静甚至保守的状态,隐约透露了解不深、还年轻、该用功学习的想法。然而他对我说,是玫瑰总会绽放爱情,那晚我突然在宿舍下面看见'爱'以红烛的形式绽放,这个字在漆黑的校园里燃烧着,以一种古老的方式流动着……我的爱情终于被99支红烛点燃了。

此后,双休日我们经常见面,在小吃店、咖啡馆、校园里留下了我们美好的身影。那一天,是我终身悔恨的一天。我去他的学校,发生了那件事。我们的胸贴在一起了,我突然知道性的感觉很美丽、很激奋!我无法控制自己,他吻了我,我也情不自禁吻他,也许我们太年轻、太冲动,谁也没有预料,情不自禁地发生了不该有的事情。事后,他跪在我的面前捂着脸哭,我也跪在他面前抱住他的头哭,然后他再也没有出现。我想去找他,但目前最紧要的事可能是怀孕了,我不知道自己该怎么办。

我不能告诉父母,他们肯定恨死我了,我不知下一步该怎么走,我好怕啊!"

老师给她的回答:

"小姑娘,这就是书上千百年来人们反复咏叹的爱情?从你的语言表达方面看,你是个学习成绩相当优秀的学生,也是一个很有主见和个性的女孩,几年来,那种互相理解和支持的友情,使你们相互信任,相互帮助,这一点是很美丽、很纯洁的,只是瞬间的一种感觉让你们失去了理智,失去了自己最宝贵的东西,现在你的焦虑心情,是完全可以理解

---

① 引自俞平:《我想牵你的手》,上海人民出版社 2001 年版,第 201—204 页。

的。爱意味着什么？小姑娘，现在未能承受的东西，千万不要去享受，包括爱情。

同时建议你去医院做个早孕检查。

早孕作为一种生理现象，其反映在以下几种表现中：

平时月经规律，现突然停经，并超过 10 天以上，应该怀疑怀孕，停经 6 周时有头晕、乏力、嗜睡、食欲不振，不同程度的恶心、偏食，口味嗜好异常，如嗜酸、嗜辣等；怀孕引起子宫增大，在盆腔内压迫刺激膀胱，小便次数增加，出现尿频；颜面两颊可能出现浅棕色色素沉着，着色深浅不一。当然，最准确的办法是到医院做绒毛膜促性腺激素试验、妊娠试验和 B 超检查等；目前市场上有一种测早孕试纸出售，这种试纸能快捷、准确地测知你是否怀孕，不需要去医院进行化验，只需将自己的尿液收集在一个小瓶中，手持试纸一端，将另一端浸入尿液 20－30 秒，平放一分钟后若出现两条紫红色线，即怀孕，一条紫红色线即表示未孕。这种测早孕试纸，在受孕第七天后即可测出阳性——有孕，以便及早采取相应的各种措施。

如经检查确诊为怀孕，应及早终止妊娠，唯一的办法是采取药物或人工流产。药物流产是当前国内最安全、最简便、对人体伤害小、出血量少、无痛苦的人流手段，口服药物，配伍前列腺素，完全流产率可达 92％－95％，身体恢复也较快，因而对身心的伤害较小。当然药物流产并非是"如同来一次月经"，月经期通常持续 3－7 天，而药物流产后阴道流血平均为 15－17 天，最短者 4 天，长者可持续 45－60 天，阴道流血日数在 7－12 天者占半数。

如果错过了药物流产的最佳时期，一般是采用负压吸引流产，俗称人工流产。此术安全，不需麻醉，但要注意休息，尤其最初三天，最好能卧床。因为人流给子宫内膜留下创面，过早活动会延长出血时间。

不管是哪种方法，都会带来身体上的伤害。感情失落，失身之痛，在对女子贞操要求相对较严格的状况下，如何面对未来的丈夫是一件颇为棘手的事情，由此产生的自卑、懊悔甚至随心所欲、自暴自弃等各种负性心理也会长久地环绕在心头。

以往的不幸经历，请你只当做一场灾难、一场噩梦，要有勇气正视那黑暗的一页，但也要有勇气给那一页画上句号，并且勇敢地翻过那一页。有的人永远不能使以往的伤疤愈合,有的人却能尽快使伤疤愈合而健康地成长,这就是认知结构的不同。对于以往的伤害,最好的办法是化不幸经历为经验教训、为精神财富。人生总是有酸甜苦辣,七彩的颜色中免不了有暗色,正视自己的创伤,不要一味埋怨客观,责备自己,就会使自己开朗起来。

小姑娘,面对现实,勇敢地昂起头吧!"

美国《国际先驱论坛报》2007 年 5 月 12 日报道《中国未婚女性人流率上升》[①],这标志着中国社会性理念和性道德的发展变化。

"在中国海滨城市青岛的某人工流产门诊,一位年轻女子坐在康复室里,一只手打着吊针,另一只拿着手机。她 22 岁,是名护士。她的男友坐在一边,是信息技术领域的专业人员。他们知道人工流产的程序,因为这已经是她 18 个月里的第二次人流了。

今年 3 月,这家诊所实施了 65 次人工流产手术,其中有 42 位女性至少是第二次做人流手术,有一人甚至是第六次做人流手术。这个门诊不过是中国为单身女性生育保健提供专门服务的若干诊所之一。

在中国,人工流产手术是合法的,而且随处可做。但是,一般情况下,人流手术是已婚妇女为了遵守国家的独生子女政策而做的,不论是自愿的还是非自愿的。然而,随着中国社会日新月异,人工流产的情况也发生了变化。

很多是年轻单身女性接受人工流产手术,而且根据学术调研和卫生专家提供的数字,在上海和北京部分地区,单身女性甚至占做人工流产手术女性的绝大多数。

这些女性当中很多人是多次流产。她们有的是打工人员,有的是城市职员,有的是妓女,还有一些是学生。她们是在中国性道德观念日益开放的年代成长起来的。对于这样的新一代单身女性而言,随着中国社会瞬息万变,但又未能完全摆脱传统文化的价值观和禁忌,人工流产率已大大上升。

从事计划生育研究的学者顾先生说:'我们可以看到这种现象始于大小城市,甚至是发展中的县城。越来越多的流产手术是为未婚女性

① 见《参考消息》,2007 年 5 月 15 日。

做的。'

这种趋势也是意料之外的。政府坚决监督管理已婚妇女的计划生育问题,却不太重视对单身女性进行性教育,部分原因在于社会抵制这个话题。因此,一度罕见的婚前性关系在中国已变得司空见惯,而且很多年轻男女甚至缺乏有关避孕和生育的基本知识。

上面提到的那家诊所所长徐进(音)说:'中国的性教育存在偏见。我们就是冲着填补这个体制漏洞而开办的。'

徐进指出,多次做人流手术的年轻女性容易引发不孕、大出血、内分泌疾病和子宫内膜异位。最近在北京 10 家医院对 8846 名单身和已婚女性进行调查发现,36%的人 6 个月之内有过一次人工流产的经历。

对单身女性来说,保密是一个重要担忧。有些女性不愿去公立医院就诊,因为担心会引起有关当局的不必要关注。以赢利为目的的私人医院和诊所现在不仅宣传人流手术,也推销治疗性传播疾病。虚假广告和误导性广告比比皆是。"

在如何正确对待热恋着的青年男女的婚前性关系这个敏感性问题上,要特别提高警惕!有时候,在特殊情况下,处女也会怀孕。请看下面这篇报道性文章,题目是《警惕!处女也会怀孕》:

"一名少女月经没来,妈妈陪她去妇科检查,少女坚称她从未有过性行为,妈妈也说女儿是优秀的高中生,只懂得念书,妇产科医生检查后,发现少女真没有过性行为,只好另找原因加以诊疗。

又过一个月,月经不但没来,怀孕的迹象却很明显。

追问之下才知,少女和男友亲密过度,虽没有真正的性交,却有过体外射精。其实这不是天方夜谭,妇科医生说她曾遇到过十余例处女膜完整的少女怀孕事例。

为什么会发生体外排精怀孕呢?要知道,男人一次排出的精液有两三亿只精子。精液最远可射出 50 厘米。阴道附近精子在 1.5 至 3 分钟内可进入子宫腔,30 分钟内可达输卵管。精子在体外能活到 24 至 48 小时。

从生理学看,少女是生育功能最旺盛的时期,只要有排卵,受孕率也最高;在性兴奋时,阴道分泌物可流至体外和精液混合,精子顺着混合液游入阴道、子宫颈到子宫,这时恰遇从输卵管而来的卵子,就会受孕,而体外射精的精液如残留女方阴部,又没有马上冲洗,温湿环境之下精子易存活也是可能受孕的原因。

由此可见,处女怀孕绝非神话,而是活生生的现实。人们之所以难以相信,主要是对精卵结合的途径认识片面,认为只有男女性交才有可能,忽略了精子进入阴道的方式多种多样:

1. 摩擦外阴

用一块红绸摩擦金属棒,会产生出电火花来——中学时代的物理实验课,谁都不陌生。那么,男女外阴部的摩擦(男性用阴茎摩擦女性的外阴部)也能擦出"电火花"(怀孕)吗?当然是可能的,只是概率极小。比如外阴接触过程中男子射了精,且很接近女子的阴唇,如果女子又正值排卵期,则精液中的精子就有可能进入阴道,和子宫中的卵子"鹊桥相会",从而受孕。

2. 相互手淫

有些男女青年出现了强烈的性冲动时,以相互手淫的方式来获取性满足看起来是个两全其美的变通方法,其实也存在怀孕的风险。比如,恋人相互手淫时,男方的手接触了自己亢奋中的生殖器并沾染上精液,又去抚摸女孩子的阴部,或者女性抚摩男方的阴茎,沾染精子后又接触自己的阴部。在这些情况下,个别游动能力强的精子可能借机从女方阴道潜入子宫,与卵子相遇。

3. 体外射精

体外射精确能避孕,但安全系数极低。奥妙至少有两点:一是男人在极度兴奋时,可能有少量精液随着前列腺液一起流入女人阴道;二是男人排精的时机难以把握,时机稍慢一点儿精液就可能进入阴道。尤其是男方意犹未尽,用卫生纸将尚未完全绵软的阴茎简单擦拭几下,就送入女方阴道中抽送,风险更大。因为简单擦拭并不能保证清除阴茎上的全部精液,只要残存有精子,哪怕数量很少,都有导致女方受孕的危险。

4. 隔着内裤

男女性接触,尤其是未婚男女,中间隔着一层内裤进行"肌肤之亲",虽有"隔靴搔痒"、不能尽享性快感之憾,却在一定程度上减轻性饥渴,并避免怀孕,算得上一种折中的良策吧。可个别人仍然发生了"珠胎暗结"的意外事件。究其原委,很可能与性感内裤有关,这种内裤看起来性感,但对外阴的覆盖和保护则远不如一般内裤可靠。当两人激情迸发时,激烈的动作加上性感内裤的弱点,可能令女方的外阴部分外露,不知不觉中与男方的阴茎接触,导致精子进入阴道口。另外,一些廉价的"性感内裤"质地粗疏稀薄,使得部分精液浸透内裤,其中包含的精子便可意外地潜入阴道而受孕。

性爱与怀孕之间的关系既微妙又复杂,未婚男女尤其是少男少女,绝对不可自恃自己的一点儿小聪明,想当然地去应对。"无交而孕"不是神话,而是活生生的现实。防止未婚先孕的最可靠的办法是远离'禁果'。"

2009年3月18日的《羊城晚报》中刊登了一位妇科医生的文章,标题是《女儿18岁,我给她避孕套》。看后我觉得这位妇科医生既是现实主义者,也是审美主义者。全文如下:

"女儿18岁生日那天,我把一盒避孕套交给她,告诉她:你已经长大成人,该为自己以后的行为负责了。恋爱不是可耻的,感情是美好的,但没有参加工作之前,你还没有承担性行为后果的能力,所以最好不要发生。一个女孩儿能保有自己的处女之身会让你将来少一些遗憾,更会让你的婚姻享有甜蜜纯洁的回忆。一旦难以把握自己的行为时,避孕套对女孩子的身体是最安全、最必要的。

我是一名妇科医生,也是一个母亲。

这些年,我已经数不清为多少女性接生引产流产过,特别痛心的是,我曾为100多个18岁以下少女做过流产,年龄最小的只有14岁,有一个女孩儿一年内竟做过4次……

早恋、早性、试婚、离婚,这些以前被视为大逆不道的行为,现在已逐渐被世人接受、同情、认可,女性贞操更是被现代的孩子视为老土。浙江大学曾进行婚前守贞教育,引起很大反响;极有争议的李银河教授认为倡导守贞很不现实。

站在医生的角度,我很赞成李银河的一些观点。教育该对症下药,现在的孩子贞操观念已经很淡薄了,孩子早熟开放已经是不争的事实,学校和家长的教育也该跟上时代的步伐,提倡守贞并不是没有必要,但手淫的心理问题、健康的婚前性教育问题才是当务之急。

常有女性朋友和我聊起对孩子青春期的担忧,害怕孩子不小心做出越轨的事,我深有同感。

我也有女儿,这些年,我像爱护自己的眼睛一样百般呵护她、保护她,尤其在她有过月经初潮后,对她的管教更严格了,早晨送,晚上接,平时动不动就和班主任联系,以便随时掌握孩子的思想情感动态,生怕偶尔的疏忽会酿成女儿一生的遗憾。

女儿初三时,心理方面有了些微妙变化,很在意自己的形象,学习精力也不是很集中,我多方了解才知道她和班里的一个男生彼此喜欢,经常互传纸条互看日记什么的。当时这种现象在她们年级不少,一些家长很不冷静,找对方家长理论,责骂体罚孩子,结果总是事与愿违,不但让孩子的自尊心受损,而且会激发孩子的逆反心理,导致有的双双离家出走,或者公开同居。

其实,这没有什么大惊小怪的,青春发育后,孩子生理和心理上的变化都很正常,就像饭会吃多,衣服会穿小一样地正常。

我以平常心和女儿共同面对这件事。我对她说:你很优秀,你喜欢的异性也一定错不了。这时候的感情是最美好、最纯洁的,友情也好,爱情也罢,都该好好呵护,别被一点龌龊玷污了,妈妈支持你们一起学习一起进步。

我还用自己的专业知识给女儿讲了女孩儿的身体发育过程,该怎样让自己不受到身心的伤害,当然也讲到贞操,讲到女孩子的贞操对一生幸福的重要。同时,在时间方面也对女儿稍稍有了些控制,不给她学习时间以外和异性接触的机会,尤其在晚上。

值得欣慰的是,女儿健康地长大了,没有发生任何不该发生的事,和那个男生也早已成为了普通朋友,时间长了,才发现彼此不是最合适的。

我曾给女儿讲了一个18岁少女来流产的经过。那女孩儿在家自己先服了药,一直肚子疼,却流不下来。我让她住院观察,陪她来的男朋友急忙问要花多少钱,要住几天,看上去也是个学生,除了向家长张口,俩人都没有经济来源。可发生这样的事,他们一般是不敢和家长说的。

我奉劝女儿,也奉劝所有少男少女,要保护好自己,保护好你爱的对方,在自己还没有能力承担责任之前,千万不要漠视身心的健康,千万不要拿身体和生命开玩笑。"

女孩子们千万别把堕胎当儿戏,否则将会付出沉重的代价:大出血、妇科炎症、终身不孕甚至死亡。

青春期少女一旦怀孕,必须尽早做人工流产手术。如果怀孕超过3个月,人工流产手术很困难、有危险,需要等到怀孕4个月以后引产。怀孕的月份越大,对身体的影响也越大。相比之下,人工流产手术较之引产对身体的影响小。但这并不意味着青春期少女就可以毫无顾忌地做人工流产手术。手术总是有感染、出血、子宫穿孔等并发症的可能性存在。少数人工流产手术后可能发生月经失调、子宫腔粘连及子宫内膜异位症等不良后果,对今后的生育可能会有影响。

若施行不科学的流产手术,危险性很大。未婚先孕的女性流产大多是偷偷摸摸地进行,有的甚至在设备简陋、消毒差、医术低劣的条件下进行,往往易于造成生殖器官炎症,子宫和其他内脏损伤或大出血,甚至会危及生命。

## 继承中国传统的结婚礼仪,步入婚姻殿堂

按照中国几千年来的婚姻传统,有一个完整、系统的礼仪和程序。在不同的地区和不同的民族,由于历史发展进程和文化特点不同等原因,婚姻礼仪内容和程序又有很大的差别。本书讲的主要是一些大同小异的婚姻礼仪"八部曲",程序如下:

第一部曲:择偶求婚

择偶求婚的方式,主要有两种:一种是自由恋爱,一种是媒人介绍、父母包办。古人以媒人介绍、父母包办为主,现代人则以自由恋爱为主。我国各族人民求婚的方式方法有不同特点,如海南黎族人求婚,则由小伙子亲自出马。他把传统的礼物——象征美好和高贵的槟榔送到女方家。姑娘的父母俨然以主考官的地位和身份询问男方家庭和与其家庭有关的成员的情况。如果姑娘家对小伙子很满意,就收下槟榔,表示他求婚成功了!如果拒收槟榔,则宣告求婚失败。满族人求婚时,媒人须带好酒一瓶前往女方家,女方的父母、家人向媒人了解男方姓名、

年龄、文化与家庭以及祖宗三代的具体情况。如果满意便说："这件婚事(由酒象征)就放在这里吧!"如不满意,则委婉拒绝。布依族人求婚时,媒人须带走路糖为象征,如果女方收了糖,就表示许婚,如果退糖则表示谢绝。

第二部曲:问名合庚

问名,是男方求婚后请媒人问女方姓名及出生年月日,是古代婚姻礼仪中俗称"六礼"中的第二礼。古人迷信卜卦,在订婚之前要进行"问名礼",将男女双方的生辰年月放在一起进行占算,民间俗称为"合八字"或"合庚"。合八字在古人心目中非常重要,据古人传说,能影响到未来夫妻的生活幸福,而且影响到家庭和家族的未来前途命运。据算命先生说,如果女人的八字特点是"克夫",结婚后丈夫就难免一死;如果男人的"八字"是"克妻",结婚后的妻子就难免一死。女人的八字(算命命运)犯了"扫帚星",婚后会使丈夫家里不断发生乱子。如何才能知道男女双方的八字是否和谐美呢?古时有巫师占卜,传到今天有算命先生承担这个职务。

所谓"合庚",就是男女双方的时辰八字,经过算命先生"占卜"和"测算"之后,认为男女双方可以缔结婚姻,将来结为夫妻之后,相亲相爱、白头偕老、子孙满堂,获得和谐发展美的快乐幸福的婚姻生活。

第三部曲:纳吉订婚

"纳吉",即纳取吉利之意,纳吉订婚,是我国古代传统婚姻礼仪中的一种重要的男女双方的订婚仪式。人们俗称这段礼仪为"送定"、"送聘"、"定聘"与"小聘"等。旧时多将金银首饰、衣物、食物或其他礼物送给女方。送礼之后,表明订婚——婚约已完成,男女双方婚姻关系便基本上确立了。我国有些地方的民族把"纳吉订婚"称为"戴手指"。"合庚"之后,男女双方约定吉日,在女家举行订婚仪式。是日,男家应备金银或宝石戒指两个,意取成双成对。两只戒指各扎红丝线,并备衣彩与大红包(内装钱币),另备礼物送给女方父母、家人等。

第四部曲:喜送聘礼

男方喜送女方聘礼,俗称为"下聘礼"。这项仪式,又称之为"完聘"、"大聘"或"送大礼"等,按照中国传统,是女方嫁到男方安家落户,男方必须给女方送去一定数量的财物,一来表示对女方父母的尊敬,表示对女方父母把女儿抚养成人劳苦功高的精神上的赞赏和爱戴;二来也是对女方家庭的经济上、物质上的补偿。聘礼最早具有合理的经济补偿的性质,然而,到了以追求金钱和物质享受为中心的社会,人们把这项婚姻礼仪变成商品买卖的性质,把聘礼变成嫁女身价的筹码。聘礼包括聘金和聘物两种。男方给女方送多少聘金,这受到时代特点、社会风气、实际需要和男方的经济能力等因素的制约。男方给女方的聘物包括金银珠宝以及衣食住行所需的一切东西。

第五部曲:商定婚期

这是婚姻礼仪的重要环节,首先男女双方协商选定吉日良辰佳期。我国广大农村有8亿人口,他们往往习惯于选择在农闲时节举行婚礼。这样,既不误农时,邻里亲友也便于来帮忙贺喜,凑热闹庆贺,许多人喜欢把婚期安排在春节前后,按中国自古以来民俗,腊月、正月是吉祥的月份,新郎新娘成婚后,可以从新的一年开始共同生活,并在春节假期前后拜识双方的亲戚好友。按古代传统,办喜事一定要选择"吉日"和"良辰"。有的请算命先生择定对男女双方及两家大小均吉利的日子。除此之外,还要考虑到从新娘经期的视角来择定大喜日子。习俗认为,如果结婚那天恰巧碰到新娘来月经,便触碰了"骑马拜堂,家破人亡"的恶兆。因此,择定婚期要尽可能选定在女方两次月经的中间才比较合适。

到了今天,婚嫁吉日的选择已不受季节限制,一年四季都可以。不过许多人都选在节日假期,且仍然是以春节前后和节日假期为多,如春节、元旦与国庆节。结婚那天的时辰,按中国人的传统大多数仍然选定为早晨日出将时刻,其寓意是:旭日东升,前程无限美好!

第六部曲:喜事悲哭

按照中国传统,嫁女娶媳,是人间社会最动人的喜剧。在这场喜剧中,主角是新郎和新娘,导演则是父母和媒人,配角有伴郎和伴娘。除此之外有众多送亲者和迎亲者,有婚礼的司仪以及鼓乐仪仗队伍,还有前来参加婚礼庆贺的亲戚、朋友、嘉宾等。在中国婚俗中,父母是婚礼中不可缺少的重要角色。在古代社会,婚姻礼仪的成功和全过程必定体现父母之命(令)和媒人之功(劳),之所谓"父母之命",是因为父母是家庭的创造者和家族的代表者,也是新娘和新郎婚姻成功的策划者和经济负担者。

　　按照中国古传统婚姻礼仪，姑娘出嫁离开父母时是必然欢喜而又哭嫁的，这叫做喜事悲哭。这种习俗的婚姻礼仪传统在我国今天的农村和少数民族中仍然继续流传着。在我国现代城市人的婚姻礼仪中，姑娘出嫁时都笑逐颜开、高高兴兴地离开父母，很少有喜事悲哭的。结婚是人生的一件大喜事，为什么要哭呢？这是作为一个获取人不同于动物的一种审美的高尚的感情。作为一个女人来说，从小在父母的怀抱中抚养教育而长大成人，舍不得离开亲情之爱；然而，结婚是大喜的日子，从父母的怀抱投入丈夫的怀抱这份美好的爱情，是人生一种有里程碑意义的既悲又喜的重大转折。哭嫁既成为一种中国婚姻传统的风俗，也就有真哭的情感和生活基础。要离开父母，要告别无忧无虑的少女时代，这一切都来得如此突然，人非草木，孰能无情……

　　第七部曲：举行婚礼

　　举行婚礼，夫妻拜堂，是中国传统婚姻礼仪的最高潮。早期的婚礼是花轿迎亲。轿子最早出现在宋代，是一种抬人过山间小路的原始交通工具。后来，才逐步发展为有骨架、有轿围、有座位和艺术装饰的轿子。轿子产生后，首先用于达官贵人，皇帝及百官出门必坐轿子。后来进一步发展，新娘出嫁必坐花轿。"花轿"也称为"喜轿"，结婚用的喜轿具有特别的装饰，一般在红绿绸缎的轿围上绣些吉祥图案，如百鸟朝凤、富贵花开、牡丹朝阳、千子万孙等各种图案。喜轿有四人抬和八人抬的不同级别。新娘坐上花轿之后哭别娘家父母……在今天的现代化城市里，新娘出嫁已不坐花轿，而坐上以美丽鲜花装饰的轿车，用车代替过去的花轿。

　　新郎将新娘迎到新婚之家后，最重要的中心仪式是夫妻拜堂。因为，只有通过这一仪式，才被社会公认为夫妻，婚姻才能成立。拜堂，又称"拜天地"，但拜堂的内容不仅是拜天地，还要拜祖宗神位。有祠堂家庙的，要到祠堂家庙叩拜列祖列宗，按照中国古代传统，这是很重要的。因为姑娘是从外姓人家嫁过来的，而成为男性家族的新成员，就必须拜见列祖列宗，求得他们的认可，这是婚姻"合二姓之好，上以事宗祠，下以继后世"含义的具体的必然体现的开始。拜了祖宗之后，来到结婚大厅举行拜堂的中心仪式。有三大拜堂仪式：第一是拜天地，第二是拜父母,这都是新郎新娘成双成对一起(由司仪指挥)跪拜;第三是夫妻对拜。新郎新娘跪拜祖宗和跪拜夫家父母,是为了求得他们的承认;最后的夫妻对拜,则象征性表示新婚夫妻往后的日子要互敬互爱,心心相印,白头偕老。

在我国的现代化城市里,结婚礼仪在不断地革新发展,有的把拜堂仪式改革为鞠躬行礼:一是向父母鞠躬行礼;二是新郎新娘正面相对鞠躬行礼;三是向参加婚礼的来宾鞠躬行礼也有把拜堂仪式一律取消,新郎新娘到国内外实行旅行结婚,享受快乐幸福的新婚生活。

第八部曲:洞房花烛

新郎新娘夫妻拜堂,是结婚进行曲的婚姻礼仪的最高潮,到了晚上,参加庆贺新婚的贵宾们和新郎新娘以及双方的父母亲朋戚友一起欢庆,共享新婚喜宴。宴会完毕来宾散去,经过了一整天劳酬之后,新郎新娘进入了洞房花烛之夜。他和她多么想安静下来享受新婚的快乐,可是此时此刻却出现一群年轻的姑娘、小伙子,他们兴高采烈地围坐在新房子中,戏弄新郎新娘,这种风俗,称之为"闹新房"。这时候,新婚夫妇必定要经受这种"闹新房"的考验。"闹新房"即这群年轻人故意给新郎新娘出难题,或者出谜语,让他们回答或猜测;或故意让他们因回答不来而闹出笑话;或让他们表演一些高难的动作或节目而弄得丑态百出。对是知识分子或教师的新婚夫妻面言,常是出一些奇特而高难的对联让他们答对,并因驴唇不对马嘴而闹出笑话。喝交杯酒,是"闹新房"的一个突出主题,即用一条红绳系两只斟满了酒的杯子,新郎新娘各端一杯交臂一饮而尽。喝交杯酒常因双方难以协调配合而酒洒满地闹了大笑话。"闹新房"的方式各地不同,但总的来说不外"文闹"和"武闹"两种。所谓"文闹"即用文雅的方式闹房——也即所谓的"君子动口不动手"。所谓"武闹",即用粗野的方式闹房,闹房的人不仅口出秽言,而且对新郎新娘动手动脚,很不文雅。闹新房时除公婆和已婚的哥哥应回避外,其余的人都可参加。在这场闹房喜剧里,人们想出各种各样的花招,尽情地同新郎新娘嬉戏逗乐,叫声此起彼伏,笑声连续不断,使婚礼达到高潮并转入尾声……最终,新郎新娘才得以享受洞房花烛之夜的新婚快乐……

## 解读与思考八

1. 恋爱是如何发生的？恋爱的发生有没有一定的必然规律？本章谈了恋爱的战略战术,你对这些战略战术是如何解读的？你是否经历了初恋或恋爱？你有哪些成功的经验和失败的教训？

2. 本章讲到一位谈判专家如何拯救一个花季少女因失恋痛苦而无法自拔继而企图跳楼自杀的危险事件。作为谈判专家的他和她,相爱了,并走进了快乐的婚姻殿堂。请你写一篇短评,说明他和她为什么相爱,也因此他们的爱情如何体现了审美主义和动物主义谁战胜谁。

3. 我们反对单恋,单恋是一相情愿的单方的爱而已,不合乎恋爱的定义和爱情之美的规律,单恋失败者是自讨苦吃。请你谈谈对这段理论思维的解读,最好能找到你身边的生动事例加以说明。

4. 书中说,三角恋爱很伤人,这样的理论观点对吗？请你用自己身边的事例加以说明。

5. 失恋了,爱情失败了,这是很伤心的事,怎么办？书中举了两个对比鲜明的例子：一个是博士生教某因恋爱失败而把他的恋爱对象(大学生)杀害了,成为爱情杀人犯而受到国家法律的制裁；另一个是著名的德国作家歌德,经历了五次恋爱的失败,他总结了恋爱失败痛苦的反面的经验教训,写成《少年维特的烦恼》(诗体小说)而一举成名天下知,由于东山再起,最后一次恋爱的成功而享受了爱情婚姻的快乐和幸福。请你在正确解读这两个例子的基础上,说说青年人如何面对爱情的失败。

6. 如何解读爱情婚姻的贞操观念,如何正确看待婚前性关系,本书把它们作为重点、难点专题进行了讨论和研究。你对这个命题的看法和态度如何？在这个命题上,如何在你的灵魂深处进行一场审美主义教育。

7. 本书笔者坦言忠告,青年男女在大学校园期间可以恋爱,但因处在学习期间和经济未能脱离父母而独立等条件下,最好不要结婚生孩子,千万不可在热恋期间偷吃"禁果",特别要绝对地避免因偷吃"禁果"而怀孕。请你说说你对上述这段话的解读和态度。

8. 按照我们中国几千年来爱情婚姻传统,有一个完整系统的婚姻礼仪和程序——从第一部曲到第八部曲。你对书中婚姻礼仪八部曲是如何解读的？今天应如何在继承这个传统礼仪的基础上进行改革？请说说自己的看法。

# 第八章　夫妻和谐之道与家庭天伦之乐

　　在现代社会,一男一女经过自由恋爱,如何"合二为一"地生活在一起? 有三种选择:(1)两人一起到当地政府民政部门登记结婚,领取结婚证书,被公认为合法夫妻;(2)同居,不结婚,只是两人居住在一起;(3)不结婚,也不同居,只是定期约会做情人相爱而已。本章所讲的是第一种选择——正式结婚,成为夫妻。

　　人类从走出野生动物世界进入文明社会,经历了 100 多万年的历史文化演进和发展变化过程,到了今天出现了两种爱情婚姻:一种是一夫一妻传统家庭制,另一种是情人结合自由制。这两种爱情婚姻相比较而存在,相斗争而发展。特别应该指出的是,以一夫一妻制的传统爱情婚姻家庭制度是我们今天时代的主流。本章所讲的主要内容是青年男女结婚之后,共同努力追求和创造什么;夫妻如何生儿育女构建一个快乐、幸福的家庭;夫妻应怎样互敬互爱,共同享受和谐美的生活。本章最后指出,通向美满婚姻的唯一正确的途径是什么。

## 夫妻应共同合作生儿育女,
## 努力构建一个快乐幸福的家庭

　　家庭是什么? 漫漫人生路,没有比家庭更温暖的去处了。家庭的甜美温馨是任何语言文字无法形容的。诗人说,家是沙漠里的绿洲,人生旅途的驿站,父母夫妻子女们生活的爱巢。人类社会是由亿万个家庭细胞构成的。家,既可以是爱情婚姻的乐园,也可以是罪恶的坟墓。问题是你如何站在审美主义理念思维的视角高度,以审美主义和动物主义谁战胜谁去处理家庭思想建设的问题,是你怎样解读和回答如何构建一个和谐发展美的快乐幸福的家庭这个根本命题。只有成千上万个和谐发展美的家庭,才能成功构建一个和谐发展美的人类新社会。构建一个家,应该像种花一样,用心浇水、除草和施肥,特别要从审美主义的视角来用心呵护。家庭这个小群体的审美活动必须在审美主义以美育人的灯塔光辉指引和支配之下,从爱出发,以"我爱人人,人人爱我"为理论指导。家庭的审美活动,既要照顾家庭与社会群体、祖国人民与全人类的审美利益,也要照顾家庭小集体与每个家庭成员之间的审美的情感关系与利益关系。家庭是一所爱的学校,也是一所以美育人的学校,要特别关注家庭美育,正确处理人性美、爱情美、亲情美与友情美之间的内在的审美关系。人的生命因爱而美丽,人类世界因爱而精彩。家庭的内部成员应努力做到向上敬爱父母长辈,向下爱惜子女小辈,对兄弟姐妹相亲相爱。父母应该教育子女,使他们懂得信仰什么,追求什么,什么是你的美的希望与明天的快乐。大家都互相关心、互相爱护、互相帮助,团结一致,和睦相处,共同创造并享受着一种美满幸福的家庭天伦之乐。

家庭是夫妻之间、父母子女之间互相关系的具体体系,是由血缘关系共同生活相互之间审美的道德责任联结在一起。家庭是在婚姻的基础上产生的。家庭有三个社会功能:(1)自然生物生育功能,它满足夫妻性生活的需要和人口的再生产,使人类能够繁衍生存和可持续发展;(2)社会组织和社会管理功能,家庭是社会最小的细胞,但它担负着安排夫妻子女日常生活与饮食卫生工作,保证一家人物质生活和文化生活的正常活动;(3)家庭也是一所以美育人的学校,它负担着父母对子女的一切教育,其核心教育是一个充满美的快乐阳光的个人精神家园的教育,使子女成为一个有益于祖国人民的审美的人。

夫妻应该生儿育女,应该养育和教育子女,使他们快乐幸福地成长,使他们懂得美是什么,如何审美,人是什么,如何做人;懂得美之所以为美和人之所以为人这个人生真谛;懂得人应如何活着,如何活得有质量、有意义;懂得人活着不仅是为自己要活得快乐、幸福,而且要尽自己的力量,使自己所爱的亲人(包括父母、兄弟、姐妹等亲人)、自己的祖国和人民以及地球村的人们都活得快乐、幸福。

中国的家庭传统观念认为,家庭是需要孩子的,没有孩子和家庭就不成其为完美的家庭。现代人的家庭很少不是以孩子为中心的。仅仅是一夫一妻不能称其为完美的家庭。没有孩子的家庭是一株不结果的树,总是缺点儿什么。必定等到小宝贝呱呱坠地,家庭的柱石才算放稳。男人开始做父亲,女人开始做母亲,夫妻才开始在家庭中找到了各自的位置。在中国传统的结婚典礼中,庆贺新婚夫妇的贺词大多是"祝你们早生贵子!"。

这是一个女人写给她心爱的男人的一封情书。她和他相恋三年,再过几天他们就要结婚。在这封信里,她表达了一个美好的心愿:怎样做个好妻子,怎样同丈夫一起构建一个美满幸福的家庭。请看下面王芳写的《亲爱的!你听我说》这封情书的摘录:

"亲爱的,你好吗?现在是 12 月 16 日晚十点钟,今晚的西安,风轻云淡,窗外的树叶在沙沙地响着,录音机飘出的萨克斯音乐如流水一样,将人的思绪一下子拉得很长很长……忽然惊觉,我该给你写封信了,这将是我以女朋友的身份写给你的最后一封信,该是第 96 封了吧?!

从我有了爱情的憧憬的那一天,我就一直有这样的一个梦想:在一束温馨柔和的灯光下,我在缝一条美丽的窗帘,那个心爱的人在一边或是看书或是看电视,两个人有一搭没一搭地说着话……现在,这个美丽的梦想一下子变得这么迫近,这么伸手可及,我甚至有点儿不知所措了。此刻,你猜我在做什么?我正在用手工缝一条美丽的窗帘,我们新家的窗帘,我要把自己对我们新家的满腔挚爱一针一针密密地缝进这条窗帘里去。因为我觉得,窗帘是家的'眼睛'。亲爱的,此刻你虽然不在我身边,但我心里仍旧充满着甜蜜,再有六天,你就要从北京回来了,就要回来牵着我的手走上那条美丽的红地毯了……

回忆我们相爱以来的一千多个日夜,屈指数来,我们真正相处的日子不足俩月,但我们满足了。虽然每次都伤感地吟着'见也不容易,别也不容易',但我们仍旧执著地坚持'宁可相思苦,不做浮萍聚'。我们爱得很苦,我们也爱得很真。说真的,在初识的一刹那,我们并没有"心跳",也许由于我的名字'王芳'和你的名字'孟昉'相近吧,我们只是互相多看了一眼。也许正因为这一点儿原因吧,我们在同窗的四年中,慢慢地越走越近。我们都以细雨润湿衣裳的那种感觉,慢慢走进了对方的心灵。感觉你就像一口井,表面看来,静静悄悄,一圈死水,即使风来雨去,它也不起波澜。可当你有一天口渴了,站在那儿淘水喝,这才惊异地发现,那口井,那么深,深不可测;那井水,那么清,清可见底,那水的味道,甜美地令人魂儿出窍。亲爱的,如今才美不外露,已属不易,大智若愚,更难上加难。你可知道,你的这种品质曾怎样强烈地震撼了我的心,我们就像两个在海边玩贝壳的孩子,不知不觉,任由潮水一浪一浪地涌上来。等到蓦然回首,才发现海水早就漫过了膝盖,而那最初的脚印早已经看不见了。我们忽然明白了,自己所梦想的惊心动魄的那一刻,已在那些平静无声的日子里发生过了,我们在不知不觉中已站在了一脉情海里。总之,我们爱了,爱得那么深切却又那么平实。没有太多的花前月下,没有太多的海誓山盟,甚至没有承诺,但我们明白,我们谁也没有束缚过谁,到头来,我们谁也离不开谁。虽然我们也吵过,闹过,哭过,但泪眼朦胧中,我们呢喃的也是花和叶的相依相靠。我们的爱情是沉重的,我怀着珍重的情意欣赏着另一个灵魂。我们在这三年里付出了撕心裂肺的代价,也获得了刻骨铭心的收获。三年了,我们走得很辛苦,也很欣慰,今天,我们终于走到婚姻的边缘了。

对我来讲,家的意义就是一间屋子加上两个相爱的人。有一个好伴侣,筑一个好窝,生儿育女,扶老携幼,我要的就是这种踏实的感觉。

如何构建一个新的家庭?是摆在新婚夫妇面前的一份新的考卷。在这个新建立的小家庭内部,夫妻应如何同心合力分工合作?这并非细枝末节不足以重视的命题。

从传统文化来说,中国的家庭曾经是比较循规蹈矩和封闭守旧的。但随着社会物质文化生活的不断发展,在传统社会向现代社会转变的过程中,一种崭新的家庭理念正在悄然出现,其中较为突出的表现就是——家庭里掀起新一轮的"独立运动"。

请看云云写的文章,题目是《中国城市家庭掀起"独立运动"》[①]:

### 钱各花各的

过去家庭"男主外,女主内",丈夫挣钱回家,妻子当家理财是司空

---

① 见《汕头日报》,2008 年 8 月 13 日。

见惯的事情。如今情况大不一样了,男女平等,女性在经济上也要求有一定的独立性,于是 AA 制家庭应时而生。家庭储蓄 AA 制、家庭支出 AA 制、赡养父母 AA 制、抚养孩子 AA 制、请客吃饭 AA 制……据悉,家庭经济 AA 制的出现,对巩固家庭、维系夫妻感情大有好处。

## 电视各看各的

曾几何时,一家数口人围坐在一部电视机前评头论足、其乐融融的情景,一度是摄影家们最喜欢捕捉的"温馨题材"。而在如今的许多家庭中,电视各看各的分流现象已不少见。一位女同事说,她常常是晚上黄金档时间独自一个人坐在客厅里面看她喜欢的电视连续剧,而她的先生则在他的小房间里,拨弄他那台"黑白"。他不喜欢看连续剧,没办法,只好委屈他了。不过,碰到足球之类及其他球类赛事,她则主动让位看"黑白"。总之,夫妻双方彼此都互不受影响,而且对这种做法相当满意。在北京、上海等一些大都市,目前这种家庭正日益增多。

## 周末各玩各的

上个双休日,笔者去拜访一位朋友时惊奇地发现:朋友竟然自己一个人在书房里敲电脑、上网,他的妻子坐在客厅里一边织毛衣,一边听 CD 唱片,孩子则安静地在自己房里学习。朋友介绍说,如果每个周末全家人都一起去活动,未免太整齐划一了,其实家里每个成员有时候各自玩各自的也挺好。休闲玩乐各自尊重各自的喜好、兴趣,留给彼此一些自由的空间,也许这正是一种提高休闲质量的表现呢!

## 家务各干各的

时下,京城不少家庭(主要是一些年轻家庭)家务活儿也采取了分工包干、各干各的习惯。比如说做饭,丈夫外出采购,妻子掌勺料理,主外主内,各自分工井然。当问起这样做有什么好处时,在一家媒体做编辑的李女士这样回答说:如此分工,爱人变得比以前勤快多了,家务活也比以前做得主动，当然彼此感情也更趋于融洽。

言语间，李女士透出了对婚姻的满意和自信。

一位年轻知识分子在接受采访时很乐观地评价说，各管各、各做各的家庭照样也能温馨恩爱，照样能其乐无穷。而一位大妈则表示了她的担心，照这样下去，家庭人际关系越来越淡还是越来越浓，我看，悬！而从国外留学归来的吴博士则坦言：中国家庭历来注重家庭的团结统一和温馨和平，而一些西方国家则注重个性化十足的家庭文化，目前都市一些家庭中出现的这股"独立运动"，多少也说明了我国传统的家庭观念正在悄悄发生变化。

在如何构建一个新家庭有关生儿育女这个重要命题上，我们中国人与西方人的思想观念不同。在半个世纪以前，中国有 5 亿人口，北大校长马寅初提出了正确的方针政策——为了抑制中国人口的快速增长而造成的灾难，应该实行计划生育的政策。马寅初校长的正确意见当初不仅没有被执政者采纳，反而遭到错误的批判。半个世纪过去了，中国人口由 5 亿增长到今天的 13 亿。已实行计划生育，提倡每对夫妻只能生一个孩子。这是我们的国情国策。如果不实行计划生育政策，中国会产生一种不可想象的人口灾难！

在西方世界，生儿育女不受任何限制，但由于经济上比较富裕，他们看淡生儿育女。据英国国家统计局最新统计显示，该国两成女性选择不要孩子。这些女性多属于"三高"人群，即高学历、高职位、高收入。英国《卫报》2006 年 5 月 2 日报道，题目是《英国人把工作享乐看得比生儿育女更重》。现把它摘录如下[1]：

《卫报》和 ICM 联合进行的民意调查显示，英国出生率低，是因为有可能成为父母的一代人更愿意追求财富和享乐而非组建家庭和养儿育女。

这项调查的结果还显示，虽然人们依然认为最好是在年轻时要孩子，但职业上的压力和找到伴侣的难度加大迫使人们推迟组建家庭的时间。

根据英国官方提供的数据，大约 20％的英国女性在生育能力丧失

---

① 见《参考消息》，2006 年 5 月 5 日。

时仍膝下无子,而这一数字在 20 世纪 40 年代时约为 10%。如今,英国平均每个妇女一生生育 1.77 个孩子,而 20 世纪 60 年代时平均每个妇女一生生育 2.95 个孩子。

这项民意调查的结果还显示,男性和女性一致认为,对女性而言,享乐比生孩子重要得多——持这一看法的男性占 64%、女性占 51%。大多数人还认为,工作和挣钱比养育孩子更重要。只有 36% 的女性认为,应当把养育孩子看得比工作更重要。

仅有 32% 的男性认为女性应该把要孩子放在工作之前,这显示了男性在女权运动出现后态度上发生的变化。男性和女性都认为,生活舒适比生孩子重要得多。在接受调查的人当中,61% 的人这么认为,而认为养育孩子比物质财富更重要的人只有 32%。

此次民意调查还凸显了当今的英国人在生儿育女方面所面临的压力。大多数(79%)接受调查的人认为,女性生育的最佳年龄在 30 岁以下,而在现实生活中,49% 的孩子是在母亲 30 岁以后出生的。在被问及英国出生率为何这么低时,人们认为生活费用高以及把工作和家庭生活协调好的难度大是造成这个问题的主要原因。63% 的人说,工作压力使他们无法要孩子。54% 的人表示生活费用高是一个阻碍因素。另外,48% 的人认为,如今夫妻两地分居的现象较为普遍,37% 的人认为,现在许多人考虑要孩子这个问题太晚,以致丧失了生孩子的机会。

今天的日本、美国等经济比较发达的国家,他们为了生活快乐享受,生儿育女的观念愈来愈淡化。请看下面日、美等五国有关生儿育女现实状况的社会调查①:

[日本《读卖新闻》4 月 28 日报道]题:在哪个国家生养子女更容易?

日本内阁府公布了一项关于在哪个国家生养子女更容易的调查结果。在日本、韩国、美国、法国和瑞典这 5 个国家当中,日本认为本国适合生儿育女的受访者比例最低,仅有 48%。这一比例在对少子化应对有方的瑞典高达 98%,在美国也达到了 78%。在瑞典,大部分受访者认为养育儿女是“夫妻二人共同的责任”,而在日本“由妻子来承担育儿责任”这种想法占了上风。可见,在抚养下一代的夫妻责任问题上东西

---

① 见《参考消息》,2006 年 5 月 5 日。

方存在着不小的差异。

内阁府对上述五国的这项调查是在去年 10 月至 12 月其间实施的,它也为少子化对策提供参考的首次尝试。期间,调查人员得到了 5 个国家各 1000 多名不同性别的 20 岁到 49 岁公民的有效答卷。接受调查人数最多的是日本,为 1115 人。

对"在你们国家生孩子容易吗?"这个问题,日本认为"非常容易"的只占 9%,回答"还可以"的也仅有 39%。韩国这两种回答加起来的比例还不足 20%,是五国当中最低的。法国给出上述两种回答的共计 68%。在期望子女数少于实际拥有子女数的受访者中,日本回答"希望再生"的比例为 43%,表示"不会再生"的比例为 53%;韩国也有半数以上的同类受访者表示"不会再生";而美国和瑞典"希望再生"的比例均高达八成。

关于不会再生的理由,分别有 68% 的韩国受访者和 56% 的日本受访者是"受经济原因限制"。相比之下,瑞典和法国排在前两位的理由则是"年龄太大"和"健康原因"。

在育儿的责任分担方面,日、韩和其他三国可谓泾渭分明。日、韩两国认为"当然是妻子的责任"或者"主要由妻子承担"的比例占七成;瑞典几乎所有的人都认为抚养儿女是夫妻二人共同的责任;而在美国和法国,持抚养儿女是夫妻二人共同的责任这种观点的受访者也都超过了半数。

此外,问卷中还有一道问题是"您认为子女 3 岁之前不去幼儿园而由母亲抚养照料是否妥当"。面对这个问题,日本有七成以上、韩国有八成以上的受访者表示赞成,而瑞典反对的意见也占到了将近七成。

女性一生的平均产子数量,日本为 1.29 个,韩国为 1.19 个,美国为 2.04 个,法国为 1.89 个,瑞典为 1.71 个。

通过调查,内阁府认为:"日韩两国与美国、法国和瑞典,不光在制度方面存在差异,国民意识本身也大相径庭。希望这次调查对今后制定少子化对策能够有所帮助。"

在阿拉伯国家穆斯林世界,实行一夫多妻制,他们生儿育女的观念是千子万孙与多子多福。有一个奇特的例子,叙利亚有一个"超级爸爸",分别娶了 5 个妻子,已生育了 42 个子女,他和他的妻子们正在为生育 100 个子女而奋斗。请看下面这篇通讯报道①：

[埃菲社大马士革 4 月 5 日电]据阿拉伯叙利亚通讯社报道，一名 59 岁的叙利亚男子分别与 5 位妻子生育了 42 个子女，但他希望能拥有 100 个孩子，完成他毕生的梦想。

这位名叫穆罕默德·萨利赫的男子居住在叙利亚东北部省份哈塞克省的艾卜耶德，几天前他刚刚拥有了自己的第 42 个孩子。然而，这离他的梦想还很远。

萨利赫曾两度离婚，他目前的 3 位妻子由于年龄较大已无法再次生育，因此他希望与一名年轻女子结婚，以便实现他拥有 100 个孩子的梦想。

"有这么多孩子我很幸福，我希望能有 100 个，这是我的毕生梦想"，萨利赫说。作为一名穆斯林，他可以同时拥有 4 位妻子。

萨利赫说他很爱自己的孩子们，他与每个孩子都相处得很好。"我能叫出每个人的名字。在邻居们眼里，我们是出了名的幸福的一家人。"但是，萨利赫并没有透露凭借自己仅 200 美元的月收入如何抚养这么多的子女和养活自己的妻子们。

伟大的马克思，为人类历史的进步、为地球村人们的生存和可持续发展做出了卓越的贡献。然而，这位伟大人物的一生最后悔的一件事是什么？他自己说是结婚后生了太多的儿女而把他的生命累垮！

1843 年 6 月 19 日马克思与燕妮结婚之后，竟接连生下 7 个子女：1844 年 5 月长女小燕妮诞生，1845 年 9 月次女劳拉出世，1847 年 2 月长男埃德加尔喜从天而降，1849 年 11 月次男吉多呱呱坠地，1851 年 3 月三女弗兰契斯卡降生，1855 年 1 月又添幼女爱琳娜。因贫病交加，次男和三女都只活一岁多就夭折了。1857 年 7 月又生下一个死婴。多子女的家庭雇不起保姆，当父母的极其辛苦。这对于一个职业革命家、杰出思想家来说，是何等沉重的负担啊！为了一日三餐，为付每月房租，马克思不得不经常熬夜为报刊写稿，还要典当、变卖物品，不时写信向密友恩格斯求援，甚至向友人、邻居、工人借贷。

1855 年 3 月间，不满 9 岁的长子埃德加尔病危，妻子为此忧虑成

①　见《参考消息》，2009 年 4 月 7 日。

疾,马克思只好连续彻夜不眠护理爱子。4月8日,肠结核病终于夺去了他的幼小生命! 从这一天起,马克思终日头部剧痛,完全无法工作。痛失娇儿,加上长期辛劳,严重损害了马克思的健康。随后,他就不断被风湿病、肝病等疾病所困扰。到晚年,他夫人于1881年12月2日殁于肝癌。长女燕妮·龙格因膀胱癌于1883年1月(39岁)丧命,还留下五个子女。马克思经不住连续遭到如此重大打击,于1883年3月14日患肺脓肿溘然与世长辞,享年64岁!

下面,讲述一位伟大的法国哲学家、作家安德烈·戈尔兹和他的妻子多琳的刻骨铭心的生死恋的爱情故事。他们的生儿育女的观念很独特,为了享受快乐幸福的爱情生活而决意不生儿育女。他和她,不求同年同月同日生,但却相约同年同月同日死。他84岁,她83岁,他们共度了58年和谐发展美的夫妻爱情生活——人世上最美好的时光之后,他们谁也不愿意离开谁先走(离开人世)一步。最后。他们双双躺在床上,"快乐地"服毒自杀。因为他们有共同的信仰,他们相信有来生,他们相拥相约到了那个新的世界,仍然结为夫妻而相拥走向美好人生!

下面讲的,就是有关这位哲学家的生死恋的通讯报道[①]:

[英国《泰晤士报》10月18日报道]题:生、死、恋(记者本·麦金太尔)

一张给清洁女工别在门上的留言条,记录下了他们离去的时刻——法国哲学家、作家安德烈·戈尔兹和妻子多琳娜的刻骨之爱翻到了最后一页。留言条很简短:"通知警察,不要上楼。"卧室里,戈尔兹和妻子多琳娜并肩躺在床上,双双服药自杀。他84岁,她83岁。

床边桌上,放着给朋友们的信,内容是跟朋友们道别,嘱咐将两人合并火葬的后事。无需多言,因为早在一年前,安德烈已经为他们的婚姻写下了动人的墓志铭,并付诸发表,其轰动性远远超过他毕生的作品与思想,这就是《致D书:情记》——一位满怀爱慕的丈夫写给病中的妻子的长达75页的情书。开头是这样的:"你就快到82岁了。你缩短了6厘米,体重不足45公斤,可你依然美丽优雅,令人爱慕。我们共度了58年的时光,我爱你胜过从前。"

---

① 见《参考消息》,2007年10月31日。

## 触人心弦

去年,安德烈·戈尔兹的这本小书出版,赢得极大赞誉。自从上个月两人自杀的消息传出,这本书在法国畅销书排行榜排位上升。这番挚爱与感激的朴素告白,触动了无数人的心弦,但是这封信确确只写给一个人,它坦言,如果没有妻子,安德烈·戈尔兹,思想家、作家、让-保罗·萨特的朋友,所有这些头衔,都"没有意义,无足轻重"。

"我需要重构我们的爱情,好从各个角度来理解它。因为这让我们之所以成为我们,一个人经由另一个人,一个人为了另一个人。我致书给你,就是为了理解我们经历的一切,我们一起经历的一切。"

二人相遇在1947年瑞士洛桑。她,当时名叫多琳·基尔,一个23岁的英国女子,来自破裂的家庭,正在战后的欧洲漫游;他,叫杰勒德·霍斯特,24岁,奥地利犹太人,身无分文,前途渺茫,没有祖国。窗外下着大雪,他们在一张牌桌前结识。稍后,害羞的奥地利小伙邀请这个快乐的红头发英国姑娘去跳舞。

杰勒德·霍斯特,1923年出生在维也纳,出生时叫杰勒德·希尔德。母亲是天主教徒,父亲是犹太人,一个木材经销商,从前当过兵。他的童年并不愉快。1930年父亲皈依天主教,改姓霍斯特。随后,反犹太主义兴起,年轻的杰勒德随船来到中立国瑞士,进入一家天主教学院,逃脱了在德国服兵役的命运。

1945年,他毕业获得化学工程学位。翌年,在瑞士的一个会议上,结识了萨特和西蒙·波伏娃,他们鼓励他从事自己的志趣所在——道德哲学研究。萨特和戈尔兹之间的知识分子同盟保持了多年,直到1968年,法国知识界的种种骚动导致二人关系永久破裂。但戈尔兹开始写作生涯,是因为认识了多琳。从本质上说,两人都是漂泊不定。多琳出生于伦敦,孩童时被母亲遗弃,在教父(实为生父)的照看下长大,多琳很少提及自己的过去。

"他们最初的人生经验使得他们缺乏安全感,"二人的朋友米歇尔·孔塔说,"他们并肩作战,彼此守护。她成为他的档案员、研究员,他的对话者、第一读者,他唯一的评论家。"

这对恋人 1949 年结婚，为了与萨特和"左"派思想中心靠得更近，移居巴黎。按照法文的拼写，她改名为多琳娜。20 世纪 50 年代意识形态氛围极为浓郁，同时，霍斯特也在等候入籍法国，为了安全起见，他决定以笔名写作，于是成了安德烈·戈尔兹。戈尔兹的名字取自一个工业城镇的地名，他父亲的军用眼镜就产自那里。戈尔兹为报纸写作时用"米歇尔·博斯凯"这个名字，博斯凯是德国名"霍斯特"的法文拼法，意思是灌木丛和小树林。

## 现代思想

他的许多观点在今天也是十分现代的：强调平衡工作与个人生活爱好的时间，提出保证全民福利的底线，指出正在迫近的全球化带来的环境威胁。戈尔兹对核武力极为痛恨，率先清晰阐述了生态政治理论。1964 年，他参与共同创立"左"派报纸《新观察家》。5 年后，他接手了萨特和西蒙·波伏娃 1945 年创办的《现代》杂志的编辑工作。

戈尔兹不谙世事，是个知识分子式的人物，为人羞涩谨慎，一个朋友称他为"图书馆里的老鼠"。《新观察家》的共同创办人塞尔日·拉福里回忆，多琳娜与他相反，"非常快乐、敏锐，脸上总挂着微笑。她是他与真实世界的联结点"。

他们早在婚姻初期就决定不陷入育儿的麻烦。去年，戈尔兹对《解放报》说："我认为，好父亲是那些在自己的童年里需要父亲的人。我不想成为好父亲，是因为我从没有爱过我的父亲。如果我们有了孩子的话，我会十分嫉妒多琳娜，我宁可她属于我一人。"因为这，他们在所处的时代与环境中，格外与众不同。当时萨特与西蒙·波伏瓦各自情人成串儿，但是安德烈和多琳娜彼此忠贞不渝，无论是在身体上还是思想上，始终如一。

他们位于巴黎的公寓常常云集着学生、助手和同道的思想家。依照英国的习惯，这里必有下午茶按时提供。戈尔兹夫妇看起来生活清贫但不失优雅。

## 绝世佳作

到 1968 年,戈尔兹在研究领域已是杰出人物,并享誉文坛。但多琳娜却疾病在身。她在 1965 年的一次例行身体检查中接受了 X 射线照相,当时使用了射线造影剂,这种化学药品的副作用极为可怕:化学微粒留在了她的头盖骨里,并在颈部形成囊肿,多琳娜身受剧痛折磨。

夫妻二人从巴黎迁居到向东 80 英里外位于沃斯农的一所大宅里。对多琳娜来说,年事越高,病痛越重。2006 年 5 月,戈尔兹联系了他的出版人米歇尔·德洛姆,说有"一个惊喜"送给他。当时只为多琳娜一人写的《致 D 书》已经动笔,戈尔兹"往往是和泪写作"。深思再三,戈尔兹认为这封信以及他们二人的关系应该广为人知。多琳娜也表示同意,唯一的条件是,信的英文译本得在她死后发表。"我们马上就意识到这是一部了不起的绝作。"米歇尔·德洛姆说。《致 D 书》一出版就立即成功,短短几周内卖出了两万册。

戈尔兹致信他的出版人兼朋友,他在信中写道:"我亲爱的米歇尔,我最后挂念的是你。我们的友谊堪称典范。我们共度的美好职业生涯就要走到尽头。或者说,就快到头了。"床边桌上还有一封信是写给他们另一位密友,沃斯农市长利亚内·卡尔:"亲爱的利亚内,我们早就知道我们会一起结束生命,原谅我们把这个不愉快的任务留给你……"封好信件,给清洁女工别留言条,又细心地让前门开着,二人躺下来,手挽手离去。

安德烈和多琳娜都生逢战后欧洲乱世,一起经历了 20 世纪五六十年代的思想动荡。戈尔兹一生著述的千言万语,抵不上他在生命尽头写给爱人的一封博大、真诚公开的情书,令人久久不能忘怀。

"我们二人谁都不愿独自活在世上,"他写道,"我们彼此说过,如果有来生,还要共度。"

## 夫妻结合一起生活,应该追求和创造什么?

夫妻相爱生活在一起,应该追求什么和创造什么? 请听我讲一个真实的故事①：

　　奶奶披着红头盖出嫁了，娇艳欲滴的脸庞挂着泪。她还没见过未来的丈夫，她才16岁。新婚之夜，爷爷惴惴不安。他读过书，是受新旧文化双重影响的少年，他才14岁，他怕自己不爱盖头下的新娘。蜡烛快燃完了，爷爷颤抖着双手掀开盖头。就是那一低头的温柔，吸引了爷爷；爷爷的温文尔雅也深深打动了奶奶。新婚之夜，他们一见钟情。爷爷问："你爱我吗？"奶奶害羞地点点头。爷爷问："你会永远爱我吗？"奶奶想了想，摇摇头。爷爷有些失望。

　　为逃避国民党抓壮丁，爷爷只身从四川乡下逃到重庆。他找到了大展拳脚的天地，可谓乱世出英雄，从拉煤工到工头，从成立搬运队到创办产煤公司，爷爷的事业蒸蒸日上。身在繁华的"陪都"，心却依然系在乡下老家没见过世面的奶奶身上。奶奶夜晚读着丈夫寄来的书信，白天里勤勤恳恳地耕地，侍奉公婆。爷爷的朋友都笑他不讨小老婆，爷爷的父母也委婉地劝他休了奶奶，娶一个城市妻子，哪怕他们日夜受着奶奶的照顾。花花世界，爷爷不为所动，他始终记得那一低头的温柔。新中国成立后，爷爷作为爱国实业家，当上了一个不大不小的官儿。他把乡下的妻儿接到城里。离别几年的夫妻终于团圆。奶奶娇艳的脸庞像从前一样挂着泪。爷爷问："你还爱我吗？"奶奶使劲地点头。爷爷笑了，问："你会永远爱我吗？"奶奶想了想，轻轻地摇了摇头。爷爷有些失望。

　　他们生了四个孩子，大女儿聪颖好学，大儿子勇敢能干，两个小儿子聪明顽皮，老给爷爷奶奶惹祸。他们一家很幸福。可这幸福没有持续太久，就因为爷爷被打成右派而结束了。在"划清界限"与"同流合污"之间，奶奶义无反顾地选择后者。于是她同样被批判，同样被游街，同样忍受屈辱。爷爷的感激埋在心底，奶奶的关爱小心翼翼。十多年后，夫妻总算默默无闻地挨过那段时日。爷爷平了反，爷爷奶奶的儿女也拥有了自己的事业。

　　他们的大孙子结婚了，婚礼在教堂举行。神父问："你愿意嫁给他吗？"爷爷也轻轻问依偎在身边的奶奶："你爱我吗？"奶奶抬起头，"我爱你已经爱到额头上起皱纹了"。爷爷继续问："你会永远只爱我吗？"令

----

　　①　王凤：《一生只爱你》，《秋光》2007年第2期。

他失望的是,奶奶如同从前一样地摇摇头。

奶奶病了,越来越重。爷爷日夜不眠地守候在病榻前。医生说,奶奶快走完这一生了。爷爷很悲伤,但他知道这是必然,他们走到了这一天。奶奶让爷爷取下氧气罩。奶奶微笑问:"你爱我吗?"爷爷含泪点着头。奶奶说:"我也爱你。直到走完这一生,我才敢说'这一辈子只爱你'。"

他和她,一生只爱你,这对跨越两个时代的老夫妻,一辈子只爱一个人。他们追求什么和创造什么?我的解读和总结是,和谐发展美。

在现实生活中,对爱情婚姻的长久性有着形象生动的比喻,如结婚50年称之为金婚,60年称之为白金婚,70年称之为钻石婚。那么,结婚90年称之为什么呢?有的人觉得不可思议,不过现实生活中的确存在。在我国四川乐山,有一对老寿星,男寿星张进才,今年已经106岁,他的老伴卢淑容已经102岁了。这一对老夫妻的婚龄至今已经持续90年,为我们中国自古至今创造婚龄最长的纪录。这个纪录可惜没有登记入"吉尼斯"纪录。然而,它的确是地球村人类最高的纪录。

下面介绍我国婚龄最长的一对老夫妻的婚姻生活[1]:

### 相伴随伉俪情深

90年前,16岁的张进才和12岁的卢淑容成了亲,后来生了10个孩子,如今老两口的年龄加起来已经超过208岁了,可是他们看上去比很多七八十岁的老人还要精神。

尽管在一起生活90年了,说起老伴,卢淑容老人是一肚子气。原来,张进才是人尽皆知的"酒仙",一天要喝半斤白酒,借着酒劲,他经常和卢淑容闹点儿小别扭,正所谓"打是亲,骂是爱",老夫妻这90年正是在磕磕碰碰中度过的。不过,每次吵架几乎都是张进才主动求和,只要老伴一哄,卢淑容的气也就消了,最后还会和老伴一起哈哈大笑。

别看张进才老夫妻经常吵闹,其实他们的感情特别深厚。张进才有一个爱好:喜欢和年轻人掰手腕,一次张进才正在和一个小伙子掰手

---

[1] 见《中国电视报》,2008年12月15日。

腕,从屋里出来的卢淑容看到这一幕,误以为小伙子在欺负老伴,她拿起拐杖就要打小伙子,吓得张进才急忙拦住,逗得一旁的人开怀大笑,也体会到了老夫妻伉俪情深。虽然大家解释了事情的原委,可是卢淑容还是气得不轻,她主要是担心老伴的手被弄伤。接下来的半天,张进才"死缠烂打",拼命讨好老伴,卢淑容终于被逗乐了。

都说夫妻相处的时间长了,激情会退却,可是老夫妻相守了90年,却依然恩爱如初。在张进才看来,夫妻相处是缘分,两个人要互相谦让、互相关心来维系这份缘。卢淑容的身体相对差一些,张进才对她照顾有加。从结婚至今,张进才一直坚持每天给妻子梳头,这一梳就是90年;5年前,张进才老夫妻开始分床睡,因为张进才要起夜好几次,他怕影响老伴休息。每天张进才都会先照顾老伴睡下,自己再睡。这让儿孙们也学到不少夫妻相处的道理。

## 五世同堂共办喜筵

乐观、开朗是张进才长寿的法宝,他总会想出一些点子逗全家人开心,比如经常说个笑话、唱首歌。有这么一位"老顽童"作为伴侣,卢淑容自然也是开开心心、身体硬朗。有了健康的身体,张进才干起活来自然非常带劲,他是附近出了名的编竹高手,靠着一双巧手养大了10个子女,到现在仍然丢不下这门手艺。一根长达10多米、重达10多斤的竹竿,张进才毫不费力地就能扛起来。

儿女们对张进才夫妇非常孝顺,不让张进才再编竹子了,但是张进才就是闲不住,还经常编些东西去集市上卖,以减轻儿女的负担。镇上每逢双日就有集市,张进才隔三岔五地去赶集,拿着自己编好的簸箕去卖。来到集市,张进才总会被好奇的乡亲围住,询问他的婚姻生活,张进才幽默的话语常常引得大家发笑,他的簸箕也十分畅销。就在张进才夫妇结婚90周年纪念日的前一天,张进才还去了一趟集市,卖完簸箕后,他给老伴买了一件礼物——一副手套。2008年,一家婚庆公司为张进才夫妇结婚90周年纪念日举办了一场婚庆典礼,两位老人又体验了一阵当新郎和新娘的感觉,张家的后辈五世同堂,来了100多人。仪式结束后,张进才把礼物送给了老伴。这一切不禁让人想起那句耳熟能详的歌词:"我能想到最浪漫的事,就是和你一起慢慢变老。"

请看英国有一对老夫妻,创造了 81 年的"钻石婚"①:

[法新社伦敦 2009 年 2 月 18 日电]英国一位历史学家发现了一对结婚 81 年"钻石婚"的英国夫妇的坟墓。《吉尼斯世界纪录大全》收录了这一个独一无二的发现。

1809 年 5 月,托马斯·摩根与伊丽莎白·摩根在威尔士昆布兰结为夫妻。1891 年 1 月,伊丽莎白于 105 岁时去世,当时托马斯的年龄是 104 岁零 260 天。此时,他们的年龄之和是 209 岁,创下了夫妻年龄之和的世界纪录。托马斯于 1893 年 1 月去世,享年 106 岁零 270 天。

历史学家格雷厄姆·劳伦斯在一次散步时偶然发现了摩根夫妇的墓碑。

英国还有另一对老夫妻,也创造了地球村婚姻史的最高纪录②:

[法新社伦敦 6 月 1 日电]今天,一对英国夫妇庆祝他们结婚 80 周年纪念日,他们打破了吉尼斯最长婚姻的纪录。他们透露,美满婚姻的秘诀是永远不要让争吵升级。

现年 105 岁高龄的珀西·阿罗史密斯更直截了当地说,要常用两个词:"好吧,亲爱的。"珀西和她 100 岁的丈夫弗洛伦斯是 1925 年 6 月 1 日结婚的。

许多报纸于今天报道了阿罗史密斯夫妇的故事,阿罗史密斯夫人把他们婚姻成功的原因归结为:努力工作,不把争吵留到第二天。

她说:"这很不容易,但值得花时间,因为他不仅是我最好的朋友,还是我整个生命里的亲人。我们现在已经不怎么吵架了,只是我看肥皂剧时可能会有争吵,他讨厌肥皂剧。"

经证实,阿罗史密斯夫妇打破了吉尼斯世界纪录。此前的纪录是日本的一对于 1926 年结婚的夫妇保持的,他们在一起生活了 78 年又 296 天。

夫妻应如何做到心理和谐美? 总结起来,有以下四点:

---

① 见《参考消息》,2005 年 2 月 19 日。

② 见《参考消息》,2005 年 6 月 2 日。

心理"磨合" 夫妻的性格、爱好和生活习惯不完全一样，只有在互相尊重的前提下不断"磨合"，才能相互适应。应该尊重和允许对方有自己独特的兴趣和爱好，尽量满足对方的心理需求，有条件的应当参与到对方的活动中去，共享其中乐趣。老年夫妻应注意情感交流，使"磨合"的过程，成为感情互动和加深的过程。

心理"搀扶" 朝夕厮守的老伴互相给予精神依托和生活照料，这是其他亲属所不能替代的。当一方因生理变化或发生某些意外而产生烦恼和苦闷时，另一方的心理"搀扶"和生活护理，会使对方从精神上得到慰藉。在对方患病时，不仅要关心地询问病情，鼓励对方树立战胜疾病的信心，尽量减轻对方的心理压力，还要及时携其就医。若对方遇到诸如丢失钱物、失手损坏物品等不愉快的事，切忌生硬地责怪，而应尽力安抚，以减轻其心理负担。老年人碰到烦心事，总想找人诉说一番，一吐为快，这种宣泄的对象当然是自己的老伴。因此，任何一方不应责备对方心胸狭窄或嫌其唠叨烦人，而应主动接受对方的宣泄，并进行劝慰、疏导，排解其内心的痛苦与悲伤。

心理"娱乐" 家庭中有了幽默，便有了欢乐和幸福；夫妻间有了幽默，便能妙趣横生，化解矛盾。幽默是生活的"调味剂"，心理健康不可缺少幽默。笑是心理健康的"润滑剂"，有利于消除心理疲劳，活跃生活气氛。夫妻之间不妨互相逗笑，一笑解千愁。音乐可以陶冶情操，听歌不仅是一种美的享受，还能调节人的情绪。夫妻共同听一曲两人所喜爱的歌，会把双方带入另一个新天地。夫妻还可以共同赏花，共同参与家庭娱乐活动。

心理"保鲜" 老年夫妻在年复一年的日常生活中容易趋向过分求实而缺乏浪漫，满足现状而过于平淡，正所谓"老来情比少时淡"，使生活缺乏情趣。因此，老人也要不断增加魅力，以保持对彼此的吸引力，满足对方的情爱和性爱的需要。日常生活中多赞美、多欣赏对方，如"你穿这件衣服真漂亮"，"你今天的气色特别好"等，使对方感到你对他的关注，并为你而保持自己异性的魅力。

看《秋光》杂志，刊登了一篇小文，题目是《拥抱：夫妻最好的问候》①。读者！请你不要小看夫妻拥抱，如何解读拥抱？其实对爱情婚姻来说，拥抱有一个深刻的人生哲理。下面是这篇小文的内容：

看到这个题目，或许很多人都对此不屑一顾，认为拥抱谁不会呀，而且有的都老夫老妻了，还拥什么抱呀，多让人难为情！其实你还真别小看拥抱这个简单的行为，它表明夫妻双方都非常愿意敞开胸怀，以坦诚和尊重的态度共同为家庭的生存而奋斗。

有数据显示，西方国家的夫妻由于在生活中拥抱的次数多，他们的夫妻感情也要好于拥抱频率小的亚洲国家的夫妻。在拥抱的过程中，心与心之间几乎是零距离，彼此的感情变化的感知能力最为敏感。甚至，有些夫妻能够通过这简单的动作感受到对方在这一天内发生的部分喜怒哀乐的状况。比如，今天的工作是否顺利，和上级、同事的相处是否融洽，等等。拥抱使得这一切不能全部用语言讲述的内容都变得无法掩饰。

在拥抱过程之中，任何一方的一点点的不情愿都会通过拥抱时间的长短和力度而暴露出来。这样一来，就可知道两人之间的感情是否真的和谐与美满。此外，拥抱还会起到调整心态的作用。如果妻子在忙碌了一天后，全身心投入地拥抱一次，也许会意外地发现，一整天的郁闷和疲惫都神奇地消失了。同时，也能帮助丈夫忘掉一天不开心和辛劳。所以，每天早上临走前或回家后和你的伴侣来个深情拥抱吧！

夫妻感情如何做到和谐融洽？有如下"三大法宝"：

### 交流——夫妻感情会日趋融洽

在夫妻之间建立一条牢固的、风雨无阻的"通讯线路"，远非几句结婚誓言那样简单，它需要在或平静或波澜起伏的生活中经过努力才能完成。感情交流对于一桩婚姻来说，就像呼吸对于生命那样必不可少，即便是最繁忙的夫妻也必须挤出时间来进行真诚的交流。交流是增进夫妻感情的润滑剂。没有交流，夫妻双方就无法感受到对方的爱，也无从体会到自己表达出爱的愉悦。交流不是夫妻间某一方单向的行为，

---

① 见《秋光》，2007 年 3 月号。

而应该是双向的,应该成为家庭生活中连续不断的旋律。在这一过程中,夫妻间总会有所收获、有所发现,夫妻感情便会日趋融洽。

## 欣赏——夫妻感情会有新鲜感

俗语说:相爱容易相守难。走进婚姻殿堂,两个人的路才刚刚开始,如果在彼此的心中能保持一份欣赏,就会使生活充满新的氛围、新的活力、新的韵味。作为一个热爱幸福生活的人,那你就去尽情欣赏爱情的芬芳吧,如他(她)勤俭的节操,贫贱不移的境界,锐意进取的奋斗精神……欣赏别人是一种尊重,被别人欣赏是一种认可,无人欣赏则是一种深深的不幸。欣赏是一种互补,是夫妻感情的"保鲜剂",经常欣赏对方能使婚姻在愉快的氛围中成长,能不断地找到新鲜感、找到惊喜,相守也就容易了。

## 距离——夫妻感情永具魅力

有人说:婚姻幸福与否,在很大程度上取决于夫妻之间能否善于保持一种适当的距离。对此,心理学家和婚姻专家们进行了大量的调查和研究,发现夫妻之间终日厮守,形影不离,难免磕磕碰碰。而三天两日不见,倒似乎更亲近些。中国有句老话:"过亲则狎,太疏则荒。"国外一些心理学专家近年来也提倡夫妻关系除了亲密、爱情、需要、依赖之外,还应保持一定的、必要的距离。当然,夫妻之间的这种距离要留得适当。太小,缺少吸引力;太大,又影响夫妻的关系。总之,夫妻之间只有把握好生活中的距离,才能使婚姻永葆青春,永具魅力。

只有读懂和驾驭夫妻之道,才能获得爱情之美的快乐享受。请看下列繁星写的一篇文章,题目是《有一种感动叫做守口如瓶》。读者!请注意文中这一对生活在底层的普通而平凡的夫妻,如何相爱,如何做到相濡以沫的。

男人失业了。他没有告诉女人,

他仍然按时出门和回家。他不忘编造一些故事欺骗女人。他说新来的主任挺和蔼的,新来的女大学生挺清纯的……女人揪他的耳朵,笑着说:"你小心点儿。"那时他正往外走,女人拉住他帮他整理衬衣领口。

男人夹了公文包,挤上公交车,三站后下来。他在公园的长椅上坐定,愁容满面地看广场上成群的鸽子。到了傍晚,男人换一副笑脸回家。他敲敲门,大声喊,我回来啦!

后来,他在一家很小的水泥厂找到了一份短工。那里环境恶劣,飘扬的粉尘让他的喉咙总是干的。劳动强度很大,干活的时候他累得满身是汗。组长说:"你别干了,你这身子骨不行。"男人说:"我可以。"他紧咬了牙关,两腿轻轻地抖。男人全身沾满厚厚的粉尘,他像一尊活动的疲劳的泥塑。

下了班,男人在工厂匆匆洗一个澡,换上笔挺的西装,扮一身轻盈回家。他敲敲门,大声喊:"我回来啦!"

女人就奔过来开门,满屋葱花的香味,饭桌上,女人问他:"工作顺心吗?"他说:"顺心,新来的女大学生挺清纯。"女人嗔怒,却给男人夹一筷子木耳。女人说:"水开了,要洗澡吗?"男人说:"洗过了……和同事洗完桑拿回来的。"女人轻哼着歌,开始收拾碗碟。

快到月底了,他不知道那可怜的一点儿工资,能不能骗过女人?

那天晚饭后,女人突然说:"你别在那个公司上班了吧?我知道有个公司在招聘,帮你打听了,所有要求你都符合,明天去试试?"男人一阵狂喜,却说:"为什么要换呢?"女人说:"换个环境不很好吗?再说这家待遇很不错呢!"于是第二天,男人去应聘,结果被顺利录取。

那天,男人烧了很多菜,喝了很多酒。他知道,这一切其实瞒不过女人的。或许从去水泥厂上班那天,或许从他丢掉工作那大,女人就知道了真相。是他躲闪的眼神出卖了他吗?是他疲惫的身体出卖了他吗?是女人从窗口看到他坐上了相反方向的公共汽车吗?还是他故作轻松的神态太过拙劣和夸张?

其实,当一个人深爱着对方,又有什么事能瞒过去呢?男人回想这些天来,每天饭桌上都有一盘木耳炒蛋。女人知道木耳可以清肺。粉尘飞扬中的男人,需要一盘木耳炒蛋。有时女人会逼他吃掉两勺梨膏,男人想,那也是女人精心的策划。还有,这些日子女人不再缠着他陪她看电视连续剧,因为他是那样疲惫。现在男人完全相信女人早就知晓了他的秘密,她默默地为他做着事,却从来不揭开它。事业如日中天的男人突然失业，变得一文不名，这是一个秘密。是男人的，也是她的。她必须咬着痛，守口如瓶。她不能让任何人知道，包括制造秘密的男人。男人站在阳台看城市的夜景，终有一滴眼泪落下。

婚姻生活中，有一种感动叫相亲相爱，有一种感动叫相濡以沫。其实还有一种感动，叫做：守口如瓶。

为了读懂和驾驭夫妻之道，获得爱情之美的快乐享受，做妻子的应该读懂丈夫的心理需求和心理特点。请看下面这篇文章，题目是《女孩做妻子前应知道 10 件事》①

一、爱人就是爱人，只要去爱，不要拿来比较。

不要老说别人的老公如何如何好，别数落他没出息，你是他最亲密的人，你还这么说他，好像不太应该，对大多数男人来说，赞赏和鼓励比辱骂更能让他有奋斗的力量。何况，爱他还忍心伤害他吗？爱他一定要尊重他，再生气也不可以出口伤人，身体的伤害很容易治愈，精神的伤害后果是可怕的。言语的伤口有时一生都在流血的。

二、不可以整天追问对方爱不爱你。

他若真爱你，你不必问；他若不爱你，他已做了你的丈夫，难道他会对自己的妻子明确地承认吗？除非他不想要这段婚姻了。他对你的爱，用心去体会就品味出来了。老挂在口头上不落到实际的爱太苍白无力，婚姻是现实的，生活是现实的，风花雪月的恋爱不是真实的生活。婚姻是从柴米油盐中感受爱的。

三、不要摆脸色给对方看，一个生气的女人是很丑陋的。

他工作已有许多压力，没有义务回家还要看你的脸色哄你开心。对方性格上会有缺点，生活细节会与你不同，令你不满意，但他怎么可能是完美的，在你面前，他要放下面具，做回自己，做个普通人。宽容是做人和对待婚姻应有的态度。

四、男人把自己的尊严看得比什么都重要，不管在私下他有多么宠爱你，多么怕你。

在人前一定要给足对方面子，让他做天不怕、地不怕、老婆更不怕的顶天立地的男子汉，他应该不会喜欢朋友们开玩笑取笑他怕老婆。

———————————

① 见《恋爱·婚姻·家庭》，2008 年第 8 期。

除非他有足够的强大后盾和高高在上的身份，可是，我们大多是普通人呀。

五、男人大多喜欢吹牛，你别戳破他的这个小把戏。

他们这么做可以让自己得到一点儿力量，找到一点儿自信，好继续人生征程上的拼搏。虚拟的成就感让他心情明朗起来不好吗？没人喜欢自己一无是处。和妻子在一起，性爱是身体的放纵，谈话是心灵的放纵，只要爱人得到快乐，轻松一点儿装傻附和他一下不是很好吗？

六、男人骨子里全都喜欢美女，但千万别误以为他好色。

男人看到美女会目不转睛或回头行注目礼，你别认为他不爱你，也别认为他好色，爱看美女是男人的本能，与品格无关。何况，爱美之心人皆有之。你难道没偷看过帅哥吗？

七、不要太虚荣，不要太功利。

物质的追求是无止境的，你是活给自己看，不是活给别人看的。鞋子合不合脚只有自己知道，舒服最重要，其他的都是装饰，是虚设。何况俗话说：千金易得，有情郎难寻。真爱无价，情义无价。

八、男人为何喜欢温柔的女人，因为他们内心很脆弱，不像外表般坚强，他们需要妻子的柔情似水，柔声细语，轻怜蜜爱。

只要你有温雅如兰的外表和气质，有吐气如兰的声音，有含情脉脉的眼波，他们很容易化百炼钢为绕指柔。温柔，对于男人，那是致命的诱惑。

九、家庭永远是第一。

我们固然要对工作负责，要有职业道德，要从工作中得到乐趣，但不要做工作的奴隶，我们工作是为了更快乐地和家人在一起，享受生活，享受生命很重要。

十、爱人的父母就是自己的父母。

将心比心，爱屋及乌，要从内心深处真正感到这就是我自己的父母，老人会感受到这份真心的。其实，人老了很像孩子，只要像哄孩子般哄老人开心就好。我们自己也有老的一天。

恋爱与结婚还是有着本质上的区别，婚姻意味着责任。成功经营一桩婚姻是一辈子的事情，所以也是你一辈子的责任。

人世间能否存在着一种永恒的爱情，也即永生不死的爱情？我的

回答是肯定有的。请读者看一篇令人心动而没法忘记的文章,标题是《刻在墓碑上的征婚启事》[①]:

1854年,38岁的约翰·克劳斯顿患了食道癌,生命即将走到尽头。

在一个微风吹拂的黄昏,克劳斯顿对陪自己散步的妻子说:"我曾经对你承诺要陪你白头到老,请你原谅,现在我不能履行自己的诺言了。我有一个最后的心愿,就是希望在告别尘世前,帮你找到一个善良的男人,让他来替我完成爱的使命。"

玛丽亚紧紧抓着克劳斯顿的手说:"我也对你承诺过,今生我的爱只献给你一个人,我宁愿一个人孤独,也不能背叛对你许下的诺言。"

"不!亲爱的,如果我撇下你一个人在尘世上孤苦伶仃,我会很愧疚的。只有你在这个美丽的世界上幸福地生活着,在另一个世界里我才开心。你不记得了吗?我们说过,爱,就是为了要让对方更幸福。这才是我们最应该遵守的诺言呀。"

当死神向克劳斯顿逼近时,他并不为自己的生命担忧,而是为妻子今后的幸福着急。知道自己时日不多的克劳斯顿,抓紧时间为实现自己人生中最后一个心愿而努力。他印发了大量的传单,传单上写着:我,约翰·克劳斯顿,将不得不向这个我依恋的世界说再见。我知道对于我的妻子而言,这是不公平的。我说过要陪她白头到老,可是我不能完成这个爱的使命了。希望有一位善良、懂得爱的男人来替我完成这个使命。因为我的妻子——36岁的玛丽亚是一位善良、美丽的女护士,她是一个值得爱的女人。她的住址是亚马雷思镇教堂街9号。

无论玛丽亚怎么劝说,克劳斯顿都不为所动。他站在亚马雷思镇最繁华的街道上,将为妻子征婚的传单一张张散发到路人手中。

然而,病魔并不给克劳斯顿实现他人生最后一个心愿的时间,弥留之际,他叮嘱妻子:"请人将传单上的征婚内容刻在我的墓碑上,生前我不能找到一个接替我的人,死后我也要去找……"

克劳斯顿走了,玛丽亚按照克劳斯顿的遗愿,在他的墓碑上刻上:我,约翰·克劳斯顿,将不得不向这个我依恋的世界说再见。我知道对于我的妻子而言,这是不公平的。我说过要陪她白头到老,可是我不能

---

① 见《恋爱·婚姻·家庭》,2008年第5期。

完成这个爱的使命了。希望有一位善良、懂得爱的男人来替我完成这个爱的使命。

在克劳斯顿去世不久，玛丽亚很快就嫁给了一个教师。因为丈夫使她对爱情有了更深的理解：爱情不仅仅是两人都活着时的耳鬓厮磨，相濡以沫，更是在对方走了之后，自己能更快乐、更幸福地活着。她知道，只有她找到新的归宿，才能让克劳斯顿在另一个世界安心。虽然玛丽亚实现了克劳斯顿的心愿，但她并没有将墓碑上的"征婚启事"抹去，她要让更多的人知道，她拥有一份最深的爱。

一百多年过去了，那块刻着"征婚启事"的墓碑依然伫立在克劳斯顿的坟前，凡是见过那块墓碑的人都会对克劳斯顿充满敬意，为他那份对妻子最无私、最深沉的爱情。

世界上最快乐的夫妻关系是什么？写到这里，我作为本书的作者，自己有一点切身的体会。人生最实惠的、最美的快乐享受是什么？是夫妻共同以审美主义不断战胜和取代动物主义这种审美的精神原动力所创建成功的、美满幸福的夫妻家庭生活。

世界上最痛苦的夫妻关系是什么？是貌合神离。哀莫大于心死。在夫妻家庭生活方面，人生最大的痛苦，莫过于你不得不同已经失去了爱的婚姻配偶他或她再继续或勉强凑合下去，直到死亡！

在现实生活中，有一种爱情婚姻的失败者，这种人在精神生活上虽然追求美战胜丑、审美主义战胜动物主义，然而在现实生活中由于欠缺美的缘分和机遇而终于成为失败者。这种人常常很自然地在他或她的心中回忆产生或重新创造了一个梦中情人。这个梦中的情人，对爱情婚姻的失败者来说，是救星，是一种美的精神动力。这个梦中的情人能够把你现实生活中所失去的"生命的那一半"重新"追回来"并充实起来，甚至有可能经过努力奋斗把"梦中情人"转化成现实的情人。这就是爱情婚姻失败者的美的希望和明天的快乐！

我国著名的女作家菀云说："现在很多女孩很狡猾，她不爱你的人，却爱着你的'钱'，她打迂回战，甜言蜜语万般妖态，先骗到心然后必然骗到'钱'。而'爱'不是她嘴里说爱就能爱的，爱是心理、生理、精神上的一种最'自发'的感觉，有则有，没有则没有，身子不由己交给了你，而心和潜意识却仍是爱着她脑子里真正中意的那种类型，所以你们的结合只是'同床异梦'。这种情爱的实质,仍只是你一个人的可怜的独角戏,她只是在'演戏'或受罪式的'忍受',好比受刑。世界上最大的痛苦,是与一个不得不与他在一起凑合一辈子。故稍有缝隙,她就仍会到外面去'抠仔'的,你不信? 打听看! 所以,马克思说:'没有爱情的婚姻是不道德的。'这也是双方自我找罪受。"[1]

夫妻应如何正确解读和处理爱情与亲情的关系? 先讲一个小故事:

五位丈夫被问到同样的一个问题:假设,你的母亲、妻子、儿子同乘一条船,这时船翻了,大家都掉到水里了,而你只能救一个人,你选择救谁?

这个问题很老套,却的的确确不好回答,于是——

理智的丈夫说:"我选择妻子。因为母亲已经经历过人生,至于儿子——有妻子在,我们还会有新的孩子,还会是个完整的家。"

聪明的丈夫说:"我选择救儿子。因为他的年龄最小,今后的人生道路最长。"

现实的丈夫说:"我会救离我最近的那个,因为离我最近的那个最有可能被救起来。"

滑头的丈夫说:"我的回答是,我救儿子的母亲——至于是指我自己的母亲还是儿子的母亲,你们去猜好了。"

最后,老实的丈夫确实不知道应该怎么样选择,于是他只有回家把这个问题转述给儿子、妻子和母亲,问应该怎么办。

儿子对这个问题根本不屑一顾:"我们这里根本没有河,怎么会全家落水呢? 不可能!"——他的年龄让他只会乐观地看待目前和将来的一切。

妻子则对丈夫的态度大为不满:"亏你问得出口! 你当然得把我们母子都救起来。我才不管什么只能救一个人的鬼话!"——女人总是认为丈夫必须有能力担负起他的责任。

最后,老实的丈夫又问自己的母亲。

母亲没等他把话说完,已经大吃一惊了,紧紧抓住儿子的手,带着

---

① 菀云:《爱与成功》,作家出版社 2000 年版,第 294 页。

惊慌说:"都掉进水里了,你不也掉进水里了吗? 我要救你!"

老实的丈夫泣不成声……

请看飞天写的《爱情与亲情》这篇文章①:

男人问:我该找个我爱的人做妻子还是找个爱我的人做妻子?

智者笑了笑,说:这个问题的答案其实就在你的心底。这些年来,能让你感觉到生活充实、能让你挺起胸不断地朝前走的人是你爱的人还是爱你的人呢?

男人也笑了,说:可是朋友们都劝我找个爱我的女孩做妻子。

智者说:若真是那样的话,你的一生注定碌碌无为。你习惯了在追逐爱情的过程中不断完善自己,若不去追逐一个自己爱的人,你自我完善的脚步就会停下来。

男人说:那要是追到了我爱的人呢? 会不会就……

智者说:因为她是你爱的人,你就会觉得她过得幸福快乐是你一生中最大的幸福,所以,你会为了让她更幸福快乐不断地努力。幸福和快乐是没有极限的,所以你的努力也没有极限,绝不会停止。

男人说:那我不是很辛苦?

智者说:这么多年了,你觉得自己辛苦吗?

男人摇了摇头,又笑了。

男人问:既然这样,是不是要善待爱我的人?

智者摇了摇头,说:你需要你爱的人善待你吗?

男人苦笑了一下,说:我想我不需要。

男人说:我对爱情的要求很苛刻,我不允许爱情里面夹杂着同情和怜悯,她必须发自内心地爱我。同情和怜悯虽然也是一种爱,也会给人带来某种意义上的幸福,我却对此深恶痛绝。如果她对我的爱中夹杂着这些东西,我宁愿她不要理我或直接拒绝我的爱意,在我还能退出来的时候。因为只能越爱越深,绝望比希望实在一些——绝望的痛苦是一刹那的,希望的痛苦却是无限期的。

智者问:你已经说出了答案!

男人问:为什么男人爱着一个女孩时,她在他眼中是最美丽的? 而

---

① 见《恋爱婚姻家庭》,2008 年第 6 期。

尽管我也爱着一个女孩,却常常发现比她漂亮的女孩呢?

智者问:你肯定你真的那么爱她,在这个世界上你是最爱她的人?

男人毫不犹豫地说:当然!

智者说:恭喜! 你对她的爱是成熟、理智、真挚而深切的。

男人有些惊讶:哦?

智者继续说:她不是这个世界上最美的女孩,但你还是那么爱她。这就表明你爱的不是她的青春靓丽。要知道韶华易逝,红颜易老,你对她的爱已经超越了这些表面的东西,超越了岁月。你爱的是她的人,是她的独一无二的心。

男人忍不住说:是的,我的确很爱她的清纯善良和孩子气。

智者笑了笑,说:时间的考验对你的爱来说不算什么。

男人问:为什么我们现在在一起时没有了从前的激情,更多的是一种相互依赖?

智者说:那是因为你已经在心中将爱情转变成亲情。

男人摸了摸脑袋,说:亲情?

智者继续说:爱情到了一定程度就会转变成亲情。你会把她看成你生命的一部分,这样你的心中就会多了一些宽容和谅解。因为只有亲情才是从你诞生起上天就安排好的,对于亲情你是别无选择的,你只能适应你的亲情,不讲任何条件地接受他们,对他们负责对他们好。

男人想了想,点头说道:亲情的确是这样的。

智者笑了笑:爱是从互相欣赏开始的,因为心动而相恋,因为互相离不开而结婚。只有彼此宽容、谅解、习惯和适应才会携手一生。

这篇文章不仅说明了爱情与亲情两者的区别和联系,而且还说明了真正的夫妻之爱是什么? 如果你选择配偶,得到的只是一个爱我的人,而不是我爱的人,这可能产生婚姻的不幸悲剧。因为这种婚姻关系,只是亲情关系不是爱情关系。所谓亲情,指的是人类为了繁衍后代而建立在发生肉体(血缘)关系基础上的一种亲人人性美的感情。所谓亲人之间的血缘关系,包括父母子女之间、同胞兄弟姐妹之间、叔伯兄弟姐妹之间、姑姨舅娘以及表兄弟姐妹之间的各种各样的亲情关系。夫妻的关系不仅是一种建立在性爱基础上的血缘关系的亲情关系,而且是一种人性的至高无上的爱情关系。爱情是什么? 我个人认为,爱情是男女相爱之情,是一男一女相互吸引、相互欣赏与相互喜乐爱恋,是对人生之美的共同探索、共同追求和共同创造。如果你选择的配偶既是爱我的人,也是我爱的人,两者心心相印,你们夫妻才有可能追求和创造和谐发展美的快乐幸福的夫妻生活。我在上文说过,真正的夫妻的定义是什么?是一男一女从肉体上到精神上的"合二为一"。

我们应该特别指出,爱情与亲情虽然有本质的区别,但也有紧密的联系。我们主张,父母应该利用这种亲情关系,对自己的儿女进行实质性的爱情美的教育。请看下面一封《母亲写给18岁女儿的性爱信》①:

我知道爱情是一个很私人的东西,只有当事人才能了解体会个中的滋味,在你的爱情故事中,我这个做母亲的只能算是个局外人,但我还是不得不告诉你一些道理,一些有关爱情和性的道理。

孩子,随着你年龄的增长,你和父母之间好像越来越疏远了。周末回来后,你经常躲在自己的房间里,还在门口挂了个"请勿打扰"的纸牌。为这事儿,我和你爸也伤心过一阵子,觉得女儿长大了,就跟父母不贴心了。我们清楚地记得你读高中时还那么孩子气地搂着我的脖子撒娇,怎么一转眼到了大学,就变化这么大了呢?

你所在的大学离家不远,可有时候周末你也不回家,你说你有活动,你有事儿。看你越来越少地回家,看你对父母关心得越来越少,而对自己的服饰和化妆品关注得越来越多,我们就忍不住猜想,你是不是恋爱了?若是恋爱了你该快乐才是呀,可你的目光却是如此地忧郁。于是受你爸爸的委托,我约你到一间叫 Love you forever 的酒吧。

听到我说 Love you forever 时,你吃惊地瞪大了眼睛,像不认识似的看着我。我拍拍你的肩说:"女儿,你妈妈不像你想象得那么老土。"你笑了,说:"原来你也很浪漫!"就这样,我们手拉着手来到那间叫 Love you forever 的酒吧。

在酒吧幽幽暗暗的灯光里,你告诉我说你恋爱了,可是没有恋爱对象。我不解。你说:"他有女朋友了,我们班那么多男生,就他一个人有了女朋友。""他女朋友是你班同学吗?"我问。你说:"不是,是他高中的同学。"也许是怕我指责他什么,因为你知道我不主张学生过早谈恋爱,

---

① 见《恋爱·婚姻·家庭》,2008 年第 9 期。

你连忙替他解释道:"他是那么优秀,他有女朋友是很正常的。如果我是他的高中同学,我也会毫不犹豫地追他的。""那他知道你对他的爱吗?"我问。你摇头,然后你望着我说:"妈妈,帮我想个办法吧,我真的很爱他!"

面对你如此年轻、如此忧郁的目光,我沉默了。你的手从桌子那端伸过来,握住了我的手,你说:"妈妈,我是真的爱他,我愿意为他做一切。"我询问地望着你,你肯定地点点头,说:"一切。"我的头轰地一声炸开了,我的女儿是那么温柔娴静,怎么能说出这样的话来? 我说:"也许你爱上他,仅仅是因为他有了女朋友。在你这样的年龄,喜欢挑战,得不到的才是最好的。"你激动地说:"不是的,妈妈你根本没有见过他,他长得很帅,也很酷,比刘德华还帅还酷。"

我问你酷是什么意思,是冷的意思吗? 你说:"虽然它是 cool 翻译过来的,可它不是冷的意思。""那是什么意思呢?"我追问。你咬着下唇,试图解释,但最终没想出合适的词。我问:"是不是现代、时髦、另类的意思?"你说:"差不多吧,反正他与众不同。""怎么个不同法?"你边思考边回答我说:"他个儿很高,头发很长,对,就像刘欢的头发。而且他不苟言笑,独来独往,像个古代的侠客。"我笑了,我笑的原因是我了解你就像了解我自己一样,我知道你是不会爱上那么一个男孩子的,你充其量是对他好奇。你也沉默了,你低下头像是在专注地喝"红粉佳人",其实我看出来了,你是在暗暗观察周围的人。

确信我们的谈话邻桌的人听不到时,你把头向我这边探了过来,问:"妈妈,你婚前有过性经验吗?"我肯定地摇摇头。你轻咳一声,坐直身子。从你躲闪的目光,我看出你还有想问而又不敢问的问题。我说:"今天你别把我看成长辈,当成你的一个年长的朋友就行。"你很快地扫了我一眼,我看出你在观察我。然后你用玻璃棒搅动着你面前的杯子,我看得出来你是在犹豫。我不说话,静静地等你开口。我知道我的任何一句话都有可能将你的问题惊跑。

我们都默默地喝着杯中的饮料,空气中飘扬着桂花的香味,我知道那是咱们身上散发出来的。因为我们都喜欢桂花香型香水,你曾经问我为什么喜欢桂花香,我说是因为这种香味持久,你说不对,是因为它能在空气中飞扬。

我们面前的玻璃杯都见了底,我招手欲喊服务生,你制止了我。你说:"妈妈,我再问你最后一个问题,希望你能真诚地回答我。"然后你又补充道:"我希望你此刻也能忘掉我是你的女儿,把我当成你的朋友吧。"我郑重地点头。把你双手放到桌面上,向前探着身子,眼睛忽闪忽闪地看着我,目光中是坦荡和真诚,没有躲闪。

　　你说:"妈妈,我想把他抢过来。我已经都想好了,我要找到他直接跟他说,我想他会爱上我的,只要我肯努力,我看过那女孩的照片,照片上的女孩没我漂亮,但比我性感。照片上的她穿着露脐装,衣服颜色很艳,从她的表情我判断她是那种很放得开的女孩。与她比起来,我的优势和劣势都是显而易见的。我想为了得到他从今以后我要做一些调整了。我……"你又咬住下唇,不安地搓着双手,见我鼓励你说下去,你放松了自己,说:"我想他知道我的心事后,可能会要求跟我同居。妈妈你会支持我对吗?"

　　我挺了挺脊背,说真的,女儿,你的话让我浑身发冷。我们是书香门第,你的爸爸妈妈都是洁身自好的人,我们也是那么教育你的,你怎么能……可我咽下了要说的话,同时我控制了自己的表情。你没有看出我内心的变化,继续着你的倾诉,你说:"如果我不争取一下,我想这一辈子我都会后悔的。哪怕是我付出了一切仍旧没能打动他,或者没能留住他,我也不后悔,因为爱是奉献的而不是索取。我不知道妈妈你对性是怎么看的,我觉得性应该是爱的伴生物,而不是婚姻的伴生物。有句话说有情人难成眷属,无情人终结连理。那么多结婚的夫妻,他们都像你和爸爸那样相爱吗? 也不一定,我知道贞操对一个女孩意味着什么,可我想如果真正看重贞操,就应该把它奉献给自己真心爱的人。哪怕这人将来成不了丈夫,我想也不应该后悔。"说到这儿,你止住了话,然后又用那种羔羊般的纯洁、无辜、温顺而忧郁的目光望着我。

　　女儿,我不得不告诉你,你的目光刺伤了我,它让我觉得作为一个母亲是多么失败。我把你带到这个世界上,我培养你教育你,只是想让你有一个好的未来。可你的目光告诉我,除了爱情,你什么都不想要。而这爱情偏偏又是我这个做母亲的无能为力,我愿意替你承受一切负面的东西,但是有些东西还是必须由你本身独自去承担。我知道爱情是一个很私人的东西,只有当事人才能了解体会个中的滋味,在你的爱情故事中,我这个做母亲的只能算是个局外人,但我还是不得不告诉你一些道理,一些有关爱情和性的道理。

不错,爱一个人就意味着奉献而不是索取。但是,什么是真正的爱呢?我觉得真正的爱情不是单向的,而是双向的,爱一个人很幸福,但如果你爱的人不爱你,你的爱也许对他(她)来说是负担,被爱也很幸福,但如果爱你的人不是你所爱的,那这幸福就是掺了水的酒,失去了原本应该有的香醇和浓度。所以,托尔斯泰说:"被你爱的人所爱,是世界上最幸福的人。"如果你爱的人不爱你,那么你对他的奉献就应该是远离他,给他一个舒畅的空间;如果爱你的人你不爱,那就远离他,不要给他希望,免得他日后更加绝望。

如果你试图用性去吸引你所爱的人,如果那人不爱你,如果不幸他又恰巧是个好色之徒,那你等于是给他一个占有你然后轻视你的机会;如果有幸他是个正人君子,那么你的大胆奉献会让他误以为你是个轻薄之人,他会对你退避三舍。尽管现在各种媒体都在说太看重处女膜是不人道也是不应该的,但是如果揪出那些男性作者们,问问他们娶妻是娶处女妻还是非处女妻,他们的回答就会让他们的言论不攻自破的。

我曾经参加过一个讨论会,会上的男人们都说女性应该从贞操问题中解脱出来,无论是男人还是女人,都不应该再去讲究什么处女膜的问题了,这问题太迂腐!当时有一位女性朋友问发表高论的那位专家:"假如您发现您的妻子在您之前和别的异性发生过关系,您……"那位专家不等人家说完,就连忙摆手,说:"咱们现在是学术讨论,讨论的不是个案。"转向大家,他尴尬地笑着说:"当然了,谁都不希望这事儿发生在自己身上。"此君真是一语中的。

女儿,听妈妈说了这么多,不知你有何感想。你也许会说:"如果两个人真的相爱,那性也就不成问题了吧。"那么,我就要以一个过来人的身份告诉你:"如果一个男孩真的爱你,他真的想娶你,他肯定会尊重你爱护你的。因为爱的最高境界不是占有,而是尊重和爱护。"

我的女儿,你应该明白,性不应该成为保全爱情的牺牲品,而应该是爱情的果实和结晶。

如何追求和创造和谐发展美的夫妻生活?有一个问题很值得重

视,那就是夫妻应该同心同德正确处理爱情与异性朋友的关系。有一位哲人说,恋人以无遮的身体相向,朋友则以无遮的人格相向。这就十分明确地划清了爱情与友谊的界限。请读下面这篇小文,题目是《情敌不老,你就不老》①:

我有一个姐妹,婚后不久,她就发现丈夫身边多出了一个"她"。"她"的气息氤氲蔓延着,她感觉到了,却不敢说出,她怕一旦说出,丈夫索性就毫无顾忌地扑进"她"布下的"芬芳阵"里,再也不回头。

她开始和"她"进行暗中拉锯。她首先开始精心地打扮自己,每天神采奕奕地出门,神采奕奕地回家;她更加努力地工作,做事追求细节的完美,在单位赢得了领导的肯定和同事们的钦佩;她重新拾起了丢弃了五六年的画笔,把美丽的四季消息聚敛到细腻的笔端……

就这样,她活得有滋有味。两年后,她不但成了单位一位出色的中层干部,而且成了全城有名的美女画家。她举办个人画展的那天,"她"来了,夹在人流里,偷眼打量着女神般尊贵美丽的她。她的丈夫殷勤地忙前忙后,和前来参观的人们热情地打着招呼。当他瞥到黯淡的"她"的时候,他快步走过去,悄声地责备"她",说"她"不应该来这里。明眼的她在一旁看到了这一切,迎上前去,紧紧地握住了"她"的手,真诚地说:"欢迎你!我知道你是我丈夫的朋友,并且,我还知道你曾带给过他很多的快乐!请允许我和我丈夫共享他珍贵的友情资源——让我们成为好朋友吧!"

后来她告诉我说:"其实,我没有说出我最想说的话,我的一切,都是'她'间接给予的,我应该感谢'她'。在我活得特别懈怠、慵懒的时候,'她'就像一针特效针剂,注射到我的体内,瞬间激活了我。说真的,我愿意'她'永远都这么年轻、漂亮、楚楚动人,那样的话我就一点儿不敢松懈,我会拼尽自己的智力和魅力,和'她'角逐,和'她'争夺一个我们都很在乎的男人。"

夫妻应该共同合作,正确处理爱情与事业的关系。我们常说,一个事业成功的男人背后总有一个相爱的女人在呵护他和支持他。

---

① 见《恋爱·婚姻·家庭》,2008 年第 8 期。

# 夫妻应互敬互爱，享受和谐美的性生活

夫妻之间的性爱生活，既离不开男女之间性的互相吸引，也更加离不开美的先导、指引和支配。夫妻之爱，是自由、自愿、平等并发自内心的互动的爱，是一种人性的审美主义之爱，而不是兽性的强迫的占有的动物主义之爱。

夫妻和谐美的性生活益处多。根据最近国内外医学研究与性科学的研究证实，夫妻和谐美满的性生活不仅使双方获得肉体性感的快乐享受，而且获得人人审美的精神上的快乐享受。此外，专家们经过研究得出结论，夫妻和谐美的性生活，不仅使双方心情舒畅、感情加深，而且具有神奇的保健功效和医治疾病的效果。具体的"八大功效"如下：

1. 使人精神愉快

在人的脑部有一部分细胞膜上存在着吗啡受体，而大脑另一部分细胞常因甜蜜的情意而产生一种类似吗啡的天然麻醉剂，就是这种被称为"内生吗啡"的物质，可通过细胞膜上的吗啡受体，使人产生愉快的情绪。故和谐美满的性爱，可谓是天然的快乐剂。

2. 增强免疫力

和谐美满的性爱，不仅可以使夫妻双方获得性满足，使其体内 T 淋巴细胞数量处于最佳状态，原因是甜蜜的性爱能兴奋免疫系统功能，促使身体分泌出许多有益的激素、酶和乙酰胆碱等物质，使神经细胞与各组织器官的功能调整到最佳状态，从而增强免疫力。

3. 减少心脑血管疾病

和谐美满的性爱，使双方心情愉悦，驱除烦恼，还可以减少不良因素的刺激，促使体内各器官正常运转，从而能够降低血脂，降低血黏度，增强血管弹性，疏通全身微循环，减少心脑血管疾病的发生。

4. 解除失眠之苦

当夫妻产生矛盾，性生活不和谐时，则易造成双方失眠。而夫妻和谐甜蜜的性爱与枕边低声细语，能够有效地调节神经系统，平衡性兴奋和性抑制，不仅使双方带着美梦安然入睡，而且能增强记忆力，提高工作效率。

## 5. 健美肌肤

患有粉刺和面部色斑等疾病,主要与血管微循环不良有关。然而和谐的性爱不仅可以燃烧体内多余的卡路里,还能促进血液循环,加快新陈代谢,促使皮肤角质层变薄,从而起到美容护肤、健美身材的作用。

## 6. 缓解病痛

通过对患有胃部、背部神经疾病和关节炎等患者的调查研究发现,性高潮能有效地降低身体各部位的疼痛感。其原因是身体受到性刺激后,中枢神经系统会释放出一种叫内啡肽的化学物质,能够缓解生活中的压力,放松紧张的神经,从而可以起到缓解和消除疼痛的作用。

## 7. 减轻经前期综合征

在月经来潮的前一周内,血液大量涌入盆腔,易造成女性的身体肿胀和痛性痉挛。每当性兴奋到来时,因肌肉收缩迫使血液迅速流出盆腔,返回全身循环系统,从而消除了那种压迫感。

## 8. 延缓衰老

和谐美满的性生活,是人生中一种最富有积极性的因素,可以全面提升夫妻双方的精神、生理和心理功能,从而有效地延缓衰老,祛病健身,健康长寿。

## 夫妻做爱的生理过程及其规律是什么[1]?

人类的性反应,从性欲开始被唤起到重新平复,遵循着一个"基本程序",分为四个阶段:兴奋期、平台期、高潮期、消退期。

(1)兴奋期。它是指性欲被唤起,身体开始呈现性紧张的阶段。性兴奋是由肉体或精神的性刺激引起的。唤起性兴奋所需要的时间长度变化很大,有时只需要两三分钟,有时却可长达几个小时。男子一般能较快速地达到性兴奋的平台阶段,这使他们可以先于他们的伴侣完成产生性高潮的准备。这种两性差异并不是由于生理方面的原因造成的,而是社会、心理因素作用的结果。一般来说,女性需要较长的时间来摆脱阻碍性兴奋产生的心理抑制,而男子却比较容易按自己的性要

---

① 转引自俞平:《我想牵你的手》,上海人民出版社 2001 年版,第 186—189 页。

求来行事。

在兴奋期内人体会发生生理变化。性唤起开始时,生理反应包括:心率加快、肌肉紧张和生殖器充血。男性的阴茎会因充血而勃起,如果有意延长兴奋期,阴茎的勃起还可以呈现多次的消退和出现。女性的生殖器会充血,使阴道渗出大量液体,这是女性性唤醒的主要标志。在兴奋期,子宫颈和子宫体会向上提升,阴道内 2/3 部分发生扩张,从而使阴道腔伸长 1/4,因而阴道有足够的空间来容纳阴茎。男性的阴囊也会出现一些变化,睾丸会向腹腔提升,上提时,阴囊绷紧。男女双方共有的另一个性兴奋时的特征是肌肉紧张,躯体肌肉特别是腿、胳膊、手、颈、下腹部及骨盆区的肌肉,会发生不自主的收缩。

(2)平台期。在兴奋期和平台期之间,并没有突然的生理变化作为标志,而是许多生理反应在兴奋期的基础上持续和进一步加剧。在平台期,预示着性高潮的生理紧张、肌肉紧张和神经兴奋均达到更高的强度。呼吸加深、加快,生殖器充血更加显著,阴茎变得坚硬,快感及生殖器舒缩的主观感觉在男女两性都很强烈,生殖器区域也对接触产生了高度的敏感性。

在平台期,阴道 2/3 段随子宫提升进一步扩张;另外 1/3 段发生显著的充血而呈特征性的缩窄,这种紧缩对插入阴道的阴茎有一种“紧握”作用。阴道“紧握”阴茎的部分集中了丰富的感觉神经末梢,这可以解释为什么在性交时阴茎的大小对女性所感受到的肉体刺激并不很重要。在兴奋期晚期和平台期早期,大多数女性和较少数男性的身体会出现一种明显的变化:产生“性红晕”。它散布在身体许多部位,开始于腹部,迅速散播到乳房和前胸壁、臀部、脸部等。

(3)高潮期。高潮期是性反应历程中最短暂的一个阶段,大约只持续几秒钟。高潮期的一般特点在两性是基本相同的。在女性,肌肉收缩开始于阴道下部,紧接着发生子宫的节律性收缩,从子宫底一直发展到子宫颈。在男性,肌肉挛缩是从输尿管同前列腺开口汇合处开始的,然后,输尿管和尿道的肌肉发生波浪式的收缩,产生压力排出精液,引起射精。

高潮期还伴有身体的其他生理变化:呼吸加快,心率和血压增高,全身肌肉会发生随意和不随意的收缩,有的女性还会产生排尿的感觉。

男子性高潮发生的潜在能力在 18 岁为最高,而女性大约在 35 岁。在女性,性高潮的发生是以身体紧张的突然停止为标志的,随之而来的便是一种快感的高潮,由阴蒂开始向整个下腹放射,同时会感到瞬间的眩晕,失去对周围环境的知觉,一种温暖的浪潮便会从阴部流向全身,充满整个身体。在男性,性高潮到来前的瞬间会有一种预感,人会感到身体和精神的紧张突然出现了松弛,随之而来的是对周围环境的意识程度的下降,并会清楚地感到有大量的液体在压力下由阴茎流出。

(4)消退期。在高潮期过后,身体便回复到性唤起发生之前的功能状态。一般的说,性兴奋状态的消退在男性比在女性发生得要快,尤其是生殖器充血的消退。

男女两性在消退期内的生理反应差异最大的地方是男性存在一个"不应期",即性高潮过后的一段时间,生殖器刺激不再能引起性唤起,甚至可能导致生理性的不适。

关于性快感(性高潮)在西方社会都被媒体当做人生快乐享受的命题而津津乐道,人们在书籍报刊、广播电视不厌其烦地讨论这个话题,女人如果在性活动中达不到性高潮,就会去找性心理医生看病,丈夫如果不给妻子刺激并带来性快感,也会有心理压力。中国社会却并非如此,一来媒体报刊并不关注这种事,二来就性自由性解放的思潮的冲击程度来说,并不如西方社会。女性性学专家李银河说:"从我访谈的女人的经历与观念看,这个社会的人们对此看得比较平常、自然,有的女性对自己从来未有过性快感这一事实处之泰然,甚至持有没有快感并不很重要这样一坦率的看法。"①

李银河对中国女性进行社会调查,得出的印象和结论②大致描述如下:

有些女性结婚伊始就有性快感:"性高潮从刚结婚时就有了,只有个别的时候没有。这是一种最好的感觉,有时可以连续来两三次。"

"我的第一次性快感来之前,我根本不知道这个,它突然就来了。我是性生活刚开始的时候就有性快感,可不是每次都有的。这跟生理

---

① 李银河:《中国女性的感情与性》,今日中国出版社 1998 年版,第 95 页。
② 李银河:《中国女性的感情与性》,今日中国出版社 1998 年版,第 95—99 页。

情况有关。如果正好碰到敏感区就会有快感。性敏感区是身上的某些部位,不固定。"

"我真正有快感是蜜月时有的,我事先一点儿也不知道,是很偶然有快感的。后来的性生活中,大概有一半有快感。我们后来看了点儿书,掌握了一些技巧,觉得这件事挺简单的。性交前有些爱抚,摸摸乳头什么的,就比较容易进入性高潮。"

"结婚后没几个月就懂得快感了,自然而然就来了,没听任何人说过。"

有不少女性是生完孩子才体会到性快感的:"我是生完孩子以后知道性高潮的,以前我很傻,他也很傻,都不懂。后来他有了外遇,大概是那时候知道的吧。后来他跟我讲过性高潮的事。

我也不知怎么就会有快感了。我觉得在性生活中,如果是特别想做爱的时候就会有快感,心里不想做的时候就不会有快感。

累的时候做就感觉不到,休息好了就会有快感。那感觉很好,但是我不能用语言把它形容出来。"

男性与女性在性生理方面有所区别。总的来说,男子的性欲较强烈,容易激发;而女子的性欲则相对较弱,不易被"唤起"。所以在一般情况下,男方处于主动,女方常为被动。同时,男子性欲冲动快,发展迅速,性感区基本上集中于阴茎部位,性高潮也来得快,一经射精获得愉悦感后性欲即很快消退;女子则不同,性冲动来得慢,性欲较深沉,性感区分布较广泛,性兴奋后常有一个稳定或持续阶段。因此,当性高潮过去之后,男子性欲消失快,懒言少动,常带着欢欣与倦意酣然入睡。而女子性欲消失缓慢,性兴奋往往流连忘返,逐渐地下降。在现实性生活中,由于不少男子不了解女子的这种性生理特点,在射精之后自己心满意足而独自酣睡,以为女方也是如此。这种做法对女子的性满足与心理需求均会产生负面影响,常使她们感到孤独和空虚,尤其是那些性欲来得慢、尚未获得性高潮的女子易产生不满与怨恨,日子久了,会由此而引起女方的反感。而且,女方长期得不到性满足,会诱发性冷淡与性欲减退,影响夫妻感情,甚者导致家庭破裂。

所以,为了使性生活和谐,性事结束后,丈夫应继续爱抚妻子,说些缠绵温存的悄悄话,以提高性生活的质量。

## 科学看待男女的性差异①：

美妙的性生活应该属于每一对性功能正常的夫妇。但许多进入中年的夫妇，总感觉这种美妙在悄悄地变化、消散，性生活不尽如人意，他们总是期望性欲达到更高的水平。

但是，性机能活动不可能在人的一生中始终保持完美如一。性学专家指出，一般男人和女人性欲随年龄增加而消长的过程，给人们提供了性功能规律和自调互适的思考原则。

男女双方生命周期中到达"性巅峰"的时期各不相同。男人在少年时的末期（18岁）达到"性巅峰"；女人直到30几岁后，才达到性欲的最高点。其发展过程大体如下。

男人的性欲望巅峰持续到20几岁，在这个年龄期性欲很强，好像永远不能满足。到了30几岁，性欲已经悄悄降低，性幻想的次数也开始减少，两次射精间的"不应期"加长。到了40几岁，性生活方面性经验显得更重要。50几岁和60岁、70岁乃至80岁后，性欲逐渐减弱，但不会到零；性不到生命的最后一天是不会终止的。

妇女到35岁前后，性反应达到最高点，而且一到最高点就不会下降，性需要的次数比男人多。妇女到了老年，虽然性欲会逐渐降低，但还保留着一切性活动的能力。有些妇女认为停经后就应该结束性生活，这是完全错误的见解。恰恰相反，停经后带来诸多有利于性生活的条件。诸如不担心怀孕，少了采取避孕措施的麻烦，从而表现得更加自信，倾向于在性生活中获得更大的满足。尤其重要的是，性冲动的生理基础增强了。绝经使雌激素和孕酮水平下降，相对增强了雄激素促进性欲的作用。因此，停经正是中年妇女性生活的黄金时代。

如果说男人的性欲是从快步开始，以散步结束；那么，女人的性生活则是从爬行开始，以快跑结束的。认识到这一点很重要，从中才有可能耐心地调适性生活中的"时间差"。有学者认为，如果夫妻两人都承

---

① 见《医药养生保健报》，2008年5月19日。

认婚后的性欲减退是婚姻中不可避免的事实，而不是生命中的问题，就不会感到太失望。否则，只能使问题变得格外严重。

性行为最容易受到心理、精神、文化因素的影响。我们根本没有办法完全消除生活中焦虑、失望的感情因素。但这是一个自我感知的领域，至少可以通过自我控制、互相沟通使它对性行为的干扰降至最低限度，这也许是我们唯一能够做到的。

### 夫妻和谐美的性生活有助于发现隐疾①：

和谐美的性生活不但是幸福家庭的支柱，而且还可以有"意外收获"，即夫妻过性生活时，可发现配偶的某些疾病，以便化险为夷。

有对中年夫妇，结婚多年，从来没有在光亮环境下同房，有天中午突然心血来潮，趁孩子外出的机会相悦结合。事毕，男方发现阴茎上有许多血丝，双方十分紧张，当日便上医院检查。结果发现女方的宫颈上有一个息肉，做了一次小手术，隐疾便"迎刃而解"。另有一对夫妻，房事后丈夫自感剧烈头痛，随后便呼呼睡去，但半夜妻子发现丈夫遗了一床尿，叫之不应，她急忙将丈夫送进医院。经 CT 检查证实为颅内出血，由于抢救及时才挽回了生命。

还有对夫妻，在房事后丈夫发现妻子面色苍白，急忙问妻子有何不适，妻子怕影响丈夫的休息，下腹虽剧烈疼痛，嘴里却说"没什么"。后来，细心的丈夫发现妻子不仅面色苍白，而且全身湿冷、烦躁不安，急忙陪妻子上医院检查，结果发现腹腔内大出血。原因是房事时阴茎的冲击使妻子已有的"宫外孕"发生破裂，幸亏细心的丈夫在房事后及时发现隐患，才使妻子得到了及时治疗。房事是一种特殊的生理活动，有时会使隐蔽性很强的疾病"显山露水"。

某些尿路结石患者，平时症状轻微不注意，房事时由于膀胱、输尿管、尿道、阴道等处于收缩状态，尿路结石就会蠕动、移位、磨损黏膜，导致痉挛性疼痛，或房事后尿血。这时及时去医院检查，便会及时发现。男子出现射精痛、血精、会阴部和腰骶部不适等症状，可能是前列腺炎、

---

① 见《医药养生保健报》，2008 年 12 月 8 日。

精囊炎在作怪。

房事后阴道口、阴道灼痛时,可能是萎缩性阴道炎引起的。当外阴部疼痛时,可能是外阴皮肤病变、外阴炎、疱疹性外生殖器炎症、尖锐湿疣和白斑病等。当性交过程中阴道深部疼痛时,可考虑子宫内膜异位症或盆腔感染引起的粘连及阔韧带病变。房事后阴道流血,最常见于宫颈息肉、宫颈癌、子宫肌瘤、老年性阴道炎等疾病。房事后出现血尿、血便,可请医生"顺藤摸瓜"和综合分析,有时可使不易察觉的结肠、直肠、膀胱肿瘤或尿路结石"原形毕露"。

另外,无论男女,如果在性生活后反复发生头晕、头痛、胸闷、憋气、心悸或心前区不适等症状,切不可等闲视之,要及时去医院测量血压,做脑电图、彩色经颅多普勒超声、心电图等检查,以便及早发现心脑血管疾病。

由此不难得出结论,夫妻间房事后彼此的健康监护至关重要。尤其是中老年夫妇,房事时要注意观察对方有无异常情况,以有助于发现潜在的隐患。

### 妻子的几个"性隐私"①:

人人都有隐私,然而对于妻子的某些与性有关的"隐私",作为丈夫却是应该知晓的。哪些是妻子的"性隐私"呢?

1. 月经情况。丈夫应该了解自己妻子的月经情况,包括月经周期、持续时间、经期的精神状况(心理变化)以及是否有经前期紧张综合征等异常表现。了解这些"秘密"十分必要。因为女子月经期间,不应该干重活儿,特别是在心理上应得到保护。丈夫更应尽一切可能地使妻子在经期内保持良好的情绪。还有一点应特别注意,妻子经期应节制性生活。细心的男子汉可在台历上悄悄标注上妻子经期的起始和结束日期,这不仅有利于更好地参与妻子的经期保健,还可以掌握其月经规律,对及时发现月经异常很有益处。

2. 性爱秘密。丈夫应该而且必须了解妻子的"性秘密",这是夫妻

---

① 见《医药养生保健报》,2008 年 1 月 12 日。

性生活和谐的需要。好多夫妻生活不和谐与夫妻间对对方的"性秘密"了解得不够有关。

所谓性秘密,主要是指性欲的规律或特点、性敏感区、对性交体位以及有关问题的喜恶等。人们在这些方面个体差异较大。由于受传统观念的影响,至今仍有相当多的妇女仍将性当成羞耻之事,对自己丈夫也闭口不谈。因此,丈夫应该细心体察和耐心诱导,了解妻子在什么情况、什么时候性欲较强或较弱,最适宜的性生活频度,性敏感区在哪儿,喜好或厌恶的性交体位都是什么,等等。

3. 妇科疾患。由于夫妻间特殊的亲密关系,妻子不少疾病往往只有丈夫才能发现或最早发现,如亲昵抚摸可发现乳房肿块、腋窝或腹沟肿瘤;或同房时阴茎上有血多提示宫颈炎、宫颈糜烂、宫颈息肉等。

事实上,某些妇科病以及泌尿系统感染十分常见。因此,丈夫应该了解妻子是否患有这些疾病。它们主要是滴虫性阴道炎、宫颈糜烂、盆腔炎或时常发作的泌尿系感染。发现妻子患有上述疾患,多加关心,部分妇科疾病如滴虫性阴道炎(包括性病)只有夫妻同治,才能彻底治愈。

## 夫妻房事六不宜[①]:

1. 性生活次数不宜过频。过频的性生活会严重影响夫妻双方的身心健康。新婚期,性欲较旺盛,性要求也比较迫切,应特别注意节制。健康的青年男女,婚后早期每周有 3—4 次性生活不算多,但体质较差的人,性生活的间隔时间应长一些,次数也要少一些。究竟间隔多长时间合适,要看夫妇两人的年龄、体质、健康状况、精神心理状态、情绪感情以及疲劳程度等因素。一般的说,以性生活后不感到困倦疲乏、不影响工作学习为原则。

2. 身心劳累时不宜过性生活。在双方或一方感到劳累时,要适当休息,让精神和体力得到恢复。这期间进行性生活是不适当的,男性在劳累时勉强过性生活,不但性快感减弱,性交后疲劳加重,次日还会头痛、头晕,注意力分散,工作无干劲,腰酸腿重。经常如此,易出现早泄、

---

① 见《医药养生保健报》,2008 年 5 月 18 日。

阳痿等疾病；女方劳累而勉强应付，易出现对性生活的反感，久而久之可形成性冷淡或性厌恶，等等。

3. 生殖器欠清洁时不宜过性生活。不论男女都要注意保持外生殖器的清洁。除定期洗澡外，还要经常用温水清洁外生殖器，每次性生活前后，要各自清洗一次。这样，男子可预防包皮炎、龟头炎；女子可预防生殖器官炎症和泌尿系统感染。性交完毕，男女方都应立即排尿一次，有利于将性交时带入膀胱内的细菌排出来，可减少感染机会。

4. 节育术后不宜过性生活。施行上环及取环术、人工流产、大月份引产、输精管结扎、剖腹产加绝育术后，1个月内勿性交，以免细菌进入宫腔，引起子宫发炎、输精管结扎局部感染及血肿。流产后子宫内膜未完全恢复正常，子宫腔有创面，此时性生活可引起子宫内膜发炎，形成子宫内膜炎、附件炎等，同时会影响以后的生育。产后有子宫复旧不全或胎盘残留而致产后恶露淋漓不尽等情况，则根据病情，性生活时间还要适当向后推延。

5. 患病期间不宜过性生活。夫妇一方患有疾病，特别是患病的急性期或患有急性感染性疾病，应暂时停止性生活，因疾病本身已使身体受到损耗，性生活会进一步消耗体力，使身体抗病能力降低而导致病情恶化，尤其某一方有传染性疾病时，还可能把疾病传染给对方。另外，由于疾病的影响，有时还会伤害精子或卵子的健康状况。女方患某些疾病时，子宫的内环境可能变为不利于受精卵的发育，如果这时性交后怀孕，不太健康的精卵结合可出现不健康的受精卵，这样的受精卵又生活在不太适宜的子宫内环境中，孕育出来的胎儿，会有许多意想不到的后果。

6. 哺乳期不宜频繁过性生活。此期虽不属性交禁期，但由于哺乳期女性的要求较少，同时主要精力在日夜照顾孩子，劳累疲乏，性欲减退。加之女性生殖器由于哺乳而处于暂时萎缩状态，阴道壁较为脆弱，性交可能造成组织裂伤而引起出血、感染，故男方应避免粗暴动作，节制性生活。

## 夫妻性生活"十忌":

1. 忌饱食。刚吃饱饭,胃肠道血液充盈,而其他各处的血液则相对减少,此时若行房事,对健康极为不利。

2. 忌醉酒。醉酒之后行房事,男子的精液衰少,易致阳痿;女子恶血滞留,易生恶疮。现代医学研究还证实,酒精有害精子,易致胎儿畸形,不利于优生。

3. 忌愤怒。愤怒刚过,余怒未消,气血瘀滞而不调达,此时行房事易诱发不射精。

4. 忌恐惧。在恐惧之中或恐惧刚过,急于进行房事,因心有余悸,易致阴阳失调、自汗盗汗,甚至会积劳成疾。

5. 忌过频。房事的次数多与少,一般以事后双方都不觉得疲劳为宜。若过于频繁,易致机体早衰,甚至会引起性功能减退。

6. 忌不洁。房事时,生殖器未洗干净易致生殖道及泌尿道疾病,尤其是男性包皮垢是女性宫颈癌的一个诱因。

7. 忌月经未净。在女子月经未净时行房事,易致女性生殖器官感染、月经不调等症。

8. 忌伤疮未愈。外伤或手术后创口尚未痊愈者,切不可急于行房,否则会影响伤口愈合,甚至会引起复发。

9. 忌过度疲劳。由于房事需要消耗一定的体力,如果在过度劳累之后勉强行房,必定会既伤身又不会得到快感。

10. 忌强忍小便。夫妇双方或一方若有尿意而不解,在强忍之下行房事,易患泌尿系统感染。

为了追求和创造夫妻和谐美的性生活,下面讲一些夫妻避孕常识。

目前,人们能够采用的避孕方法虽然很多,但是男用避孕方法比较少,常用的有避孕套、输精管结扎或堵塞,其他还有口服避孕药、体外排精和会阴部尿道压迫法避孕等。

避孕套是目前使用较多的一种男用避孕工具,只要使用正确,避孕效果较好,但有些人怕影响性快感或使用不习惯,故多不愿意使用。

输精管结扎或堵塞为一种绝育手术,适用于不再生育的丈夫。

男用口服避孕药虽然已研究成功,但由于还存在一定的缺点,目前尚未推广使用。

体外排精和会阴部尿道压迫法因不易被正确掌握,且避孕效果不可靠,现在已很少有人使用。

避孕套使用之前应该检查。

使用避孕套前,应先向套内吹气,使套膨大,然后束紧套口,轻轻挤压,如有漏气,则不能使用。在房事前,当阴茎勃起后,先捏瘪避孕套顶端的小囊,排出囊内气体,然后将卷好的避孕套套在阴茎上,慢慢向上展开,一直到阴茎根部。射完精,在阴茎尚未完全软缩前,用手捏住套口与阴茎同时拔出,以防精液外溢,导致避孕失败。

使用避孕套时,最好在套子顶端涂点避孕药膏,这样既可以润滑阴道,减少异物感,防止避孕套破裂,又可提高避孕效果。避孕套用后要洗净擦干,涂上滑石粉或爽身粉保存,以备下次再用。如果避孕套已破裂,则不能再用。

避孕套必须在每次房事前戴好,不要在房事中途再戴,这样容易使避孕失败,因为在射精之前,就可能已有少量精液流出。

避孕套是一种很好的避孕工具,如坚持按规定方法使用,避孕效果是可靠的,而且对身体健康没有什么影响。

## 避孕套的正确使用方法

除了口服避孕药以外,使用避孕套也是一种简便易行的避孕方法。

避孕套,是一种又薄又软的优质乳胶制成的圆筒状套子,圆筒上有一个橡皮圈,使用时能使避孕套紧紧地套在阴茎上,不至于滑脱。避孕套顶端有一个小囊,射精后精液就留在这个小囊里,使精液不能进入女方阴道;精卵不能相遇,这样来达到避孕的目的。

避孕套分大、中、小三号,可根据自己的情况选用。一般选用中号,感觉太松时换用小号,过紧时换用大号。过大、过小都不好。过小,性交时容易破裂,且有不适之感;过大,容易滑脱入阴道内,造成避孕失败。

据统计，倘若能正确使用避孕套，失败率仅为 1.5%—4.2%。但是避孕套在实际使用中，失败率高达 10%—15%。为什么会出现如此悬殊的结果呢？

究其原因，主要是人们在使用避孕套的过程中未能注意到一些细枝末节，造成避孕套破裂，导致避孕失败。归纳起来，有以下 6 种情况：

1. 戴套不小心。一般来说，佩戴避孕套往往在调情和激发性欲的前嬉阶段。戴套时，指甲或戒指无意中刮到或划着避孕套，易导致超薄型避孕套破裂。

2. 性器官润滑度不够。据分析，女性阴道润滑度差也容易造成避孕套破裂，尤其是新婚女性，性交前未充分调情，也会出现类似情况。

3. 性交幅度过大。新婚做爱时，避孕套破裂较常见，这可能与性交幅度过大有关。婚后两年的丈夫与妻子同房时，很少发生避孕套破裂。

4. 使用不适当的润滑剂。若在避孕套表面涂上矿物油和植物油，如凡士林、普通润肤液等，将在 5 分钟内减弱乳胶避孕套的强度。一般而言，避孕套上已带有润滑剂。

5. 缺乏经验。实践表明，已习惯使用避孕套的男子比他们刚开始使用时，避孕套的破裂情况要少得多。

6. 贮藏不当。避孕套暴露于强光、高热、潮湿或臭氧环境中会丧失其强度。一旦开封，即要使用。一项试验显示：暴露于强光下 10 小时，避孕套的破裂率可达 20%；贮藏于热带气候 42 个月，避孕套的破裂率为 49%。

就上述避孕套破裂情况而言，有些只需稍加注意便可避免，有些则主要是避孕套本身的问题。


## 安全期避孕法


安全期避孕是指避开女性排卵期（即易孕期），在排卵期以外的时间进行房事，从而达到避孕的目的。只要双方密切合作，严格掌握时间，倒是一种方便、有效的避孕方法。

安全期的道理很简单。一般健康女性的月经周期是有规律的，这是由于她们的卵巢排卵有规律的缘故。女性的卵巢每月排出 1 个成熟的卵子,一般情况下,两侧卵巢轮流排出,卵子被排到腹腔后,被输卵管伞端吸入输卵管的壶腹部,卵子一般只能生存 1-2 天,最多 4-5 天。

卵子最佳的受精时间,在排卵后 24 小时之内。精子射入女子生殖道,一般能生存 1-3 天,而精子能力的时间是 48 小时之内。一个月经周期规律的女子,其排卵时间是比较固定的,多在下次月经前 14 天左右。

当然,月经周期排卵时间亦可受内外因素影响而发生一些改变,因此,将排卵前 5 天到排卵后 4 天列为易孕期,而月经干净后的 6-7 天和下次月经来潮前的 7 天为安全期。在安全期行房事,一般不会受孕。

安全期避孕,不需任何避孕工具。然而,使用安全期避孕必须注意以下几点:

1. 安全期避孕,只适用于月经周期准确的女性。月经不规律的女性,不能使用。

2. 要掌握自己的排卵期。排卵期可以通过测量基础体温而得知。女性早晨起床前测得的体温叫基础体温。在没有疾病干扰的情况下,每月排卵前一段时间的基础体温比较低,一般为 $36.5℃$,排卵期最低,排卵后基础体温升高 $0.2℃-0.5℃$一直维持到下次月经来潮才降至正常。将每天测得的基础体温记录下来,连续测量 3 个月,找到每月温度最低的一天,就是排卵之日。测量基础体温要有一定的要求,应在医生的指导下进行。

3. 要尽量排除内外因素的干扰,使自己保持正常稳定的情绪。因为环境干扰和精神刺激,都可能引起排卵周期的紊乱,从而导致避孕失败。

由此可见,安全期避孕也有很大的局限性。在某种情况下,安全期并不安全。所以,一般不大力提倡。

# 女性常用的避孕方法哪种最安全？

女性常用的避孕方法有很多，因为安全期的避孕不可靠，所以尽量还不要采用。要根据个人的身体情况，在医生的指导下选择，才不会对健康造成危害。

女性常用的避孕方法有：长效或短效口服避孕药（如：复方炔诺酮片）、长效避孕针、紧急避孕药、皮下埋植剂、外用避孕药、宫内放置节育器、输卵管结扎或堵塞、外用避孕器具（如：阴道隔膜、男用避孕套）、自然避孕法（如：安全期）等，

温馨提示：

因为安全期避孕不可靠，所以尽量不要采用。在月经中期也不要同房。避孕措施的选择要根据你的身体情况，在医生的指导下选择，最好到妇产医院计划生育门诊咨询。

避孕的原理

目前所采用的各种避孕方法，是根据已了解的受孕原理，采取相应措施，来干扰或破坏受孕的基本条件，以达到避免怀孕的目的。通常采用的避孕途径，有以下几个方面：

＊阻止精子和卵子相遇，使卵子没有受精的机会：

一是利用机械的作用，如避孕套、阴道隔膜；

二是抑制或杀死进入阴道的精子，如外用避孕药膏、避孕栓、避孕药膜或避孕药片等；

三是控制性交时间，如安全期避孕或称自然避孕法。

四是切断或堵塞输精管和输卵管，这是一种永久性的避孕措施。

五是体外排精法和会阴尿道压迫法，但效果不可靠，此方法不提倡采用。

＊改变子宫腔环境和子宫颈管粘液性状，如：放置宫内节育器，放置阴道药环等。

＊抑制排卵或抑制精子产生，如女用长效或短效避孕药。

# 夫妻应该志同道合,共同批判动物
# 主义的形形色色的性变态和性关系

婚姻爱情是一男一女之间的事情。正常的健康的婚姻爱情是这样的:一对青年男女从恋爱到结婚,从小家庭到生儿育女,从共同创造美好的新生活到人生道路上携手合作,把他们所共同追求和创造的美永远地活在后来者的人们心中。最后夫妻白头偕老回归大自然,他和她的灵魂化成一双美丽的蝴蝶飞向快乐幸福的天堂去! 这就是我对人类婚姻爱情主流的概括性描述,也是人们的美的希望。

然而,人类的爱情婚姻,也出现了一些非主流的动物主义倾向,或偏离爱情之美的形形色色的性变态和性关系。最突出的性思潮是婚外恋与性滥交。这指的是男女结婚之后夫妻有一方或者双方都与外人恋爱并发生非法的性关系。由于商品经济与物欲势力的不断发展,金钱主宰男女性关系的思潮泛滥,婚外恋与性滥交这种婚姻爱情的变态现象已经存在。

在中国,随着经济的高速发展,人们的物质生活普遍提高,出现了婚外恋与性滥交等社会现象。

婚外恋与性滥交是同人性的审美主义相对抗的是偏离审美主义的,是导向兽性的动物主义的性爱观,它违背了婚姻爱情之美的规律,它破坏了夫妻和谐幸福的生活,它造成了家庭的妻离子散,它使多少对青年男女由恋爱而结婚的美满婚姻走向悲剧与死亡! 它"触及人性底层最恐惧、最容易引发痛苦的背叛情结,会给受害者带来难以平复的巨大的心理创伤。"它"暴露了一个不设防的薄弱点,当外遇来临,不少人会作出一系列的疯狂行动……先是自我折磨,企图以此唤回对方的爱,再是以自杀让对方悔恨终生……只有人格成熟者,才比较容易从这样巨大的心理打击下摆脱出来……"①

热衷于婚外恋与性滥交的族群,他们所追求的性的快乐享受,是一种偏离审美的肉体的快乐享受。只有灵与肉的结合的快乐享受,才是

---

① 见武俊平、刘志刚:《一生的创意》,内蒙古人民出版社 2000 年版,第 259 页。

真正的最高形态的真正的爱情之美的快乐享受。同情婚外恋与性滥交，是对人类爱情之美的一种亵渎。婚外恋与性滥交是一场违反美的规律的无规则的且颇具人的生命风险的性快乐游戏，因为违反美的规律且没有规则，所以，只要陷入这片泥潭，就不会有安宁和平静。因为有风险，所以涉足其中的人必然承受伤痕累累鲜血淋漓的创伤，以致身败名裂的可悲下场！

在夫妻生活中，最可恨最要害的进而导致最终决裂而不得不离婚的"杀手"是谁？是婚外恋。下面，请看一个"红杏出墙"的女人，热烈追求婚外情。这个女人像吸毒一样难以戒掉对婚外情的疯狂追求。她爱她的丈夫，她欣赏和尊敬她的丈夫的崇高正直的人格和对事业的执著追求，因而她不愿意也不敢提出同丈夫离婚。然而，她更加爱的是同她发生肉体关系的婚外恋的情人，她疯狂地火热地追求着同她婚外情人的这种不敢见着太阳的美的阳光，这婚外的疯狂执著追求偏离了审美主义的爱。请看下面这篇文章[①]，讲述了一个"红杏出墙"的女人是如何疯狂地追求她的婚外情的。

当医生的老公很优秀。其实，我也不算性欲很强，只是渴望享受高质量的性生活，于是，不时偷偷地从"围城"探头出墙，享受婚外性的乐趣。害怕东窗事发，生怕失去老公，又实在忍不住……

### 闺密引我出墙

老公是脑外科医生，年纪轻轻就评上了副高职称，温文尔雅，无可挑剔，我不可能丢了他去爱别的男人。我俩没生孩子，家庭生活温馨平静。

我第一次找婚外性伙伴，源于闺中密友的启蒙。那次，她夜不归宿，让我出面为她打掩护，事后，女友答谢我。我劝她，要珍惜自己的好老公，以后别再玩火了。

没想到，她哈哈一笑，反问我和老公一晚有几次高潮？

我顿时瞠目结舌。虽然，我有过性高潮，但却从没试过一晚连续几

---

① 见《羊城晚报》，2004年4月4日，虹蓝《偷情难自禁——"就是戒不掉的婚外性"》。

次的性高潮。好友便因势利导指点我:你也太亏了吧,难道女人就不该有高质量的性生活?

自此,"高质量"就像一只认路的猎狗,在我脑海里盘旋。我赶了它几次,但最终它都不屈不挠地回来了,我的心开始野了。

初时,我试着去改造老公,按网络上和杂志上形形色色的"御夫"之术指引,我试了,却无效。在我屡屡暗示下,老公虽努力"配合",但做得有点儿勉强。

最搞笑的一次,那天,我穿着真丝睡衣,站在阳台上对他招手,他却跟我说:"小心着凉,快去穿衣服!"然后,熟视无睹,径入书房上网了,我只好落寞地坐在客厅的沙发上,狠狠地吃了3块巧克力、1个苹果……

老公太麻木了,看来,要把一个人的习惯跟剥橘子皮一样剥下来是不可能的。当婚姻无法再给我满足时,我便需要一点跳跃的颜色。

没多久,我找到了第一个婚外性对象,他是我们公司的同事,一个帅气稳重的未婚男子。那晚加班,办公室只剩下我俩了,我邀他去吃夜宵,喝了点儿酒,他把我送回家,我让他上楼来,老公那天在医院做通宵手术……

我与他一番亲热后,初次偷食,自我感觉良好,享受了前所未有的刺激。又怕留下痕迹,赶紧打扫"战场",还喷了空气清新剂。我边清理房间,边自我解脱:逢场作戏,不算对不起老公的。

也许我天生是个可以把性和爱分开的女人,爱自己永远超过爱男人。

这段地下性爱维持了一段时间,在他有了女朋友后,我俩就心照不宣地分手了。现在他结婚了,我与他仍是同事,见到了还会互相打声招呼。

## 逢场作戏　百感交集

有了第一次以后,我很快又有第二次、第三次,终于体验到所谓的"高质量"的性生活了。

从生疏到熟练,我与不同的男人上床,渐渐地,学会了不问对方的真实姓名和职业,只在乎安全、健康;并不在意他有没有房子车子儿子妻子。但最讨厌的是有些男人喜欢自吹,炫耀他有多少身家、有多少女孩子喜欢他。这些男人特无聊,明明是想要女人的身体,却又希望你能对他有某种精神上的着迷,万一女人迷恋上他了,他又赶紧摆起架子把你吓走……

我遇过这种男人了,他是我的老同学。2006年春节,我回娘家时与他相遇,见到我,他就不住地夸我漂亮、有气质。我也挺虚荣挺恶俗的,喜欢听男人的甜言蜜语,然后,再用肌肤之亲来验证。完事后,因为是老同学,我没像平日那样抽身就走,便与他聊了会儿。他向我大倒苦水,说老婆丑、没素质,脾气也不好,夫妻性事如何不和谐,等等。

我马上制止了他的诉苦,因为彼此只是性伙伴。他急了,问我对他的感情如何? 我实话相告,有了感情就会纠缠不清。他显得很吃惊,说我冷血,如此随便,最气的竟然还问我的老公是不是很"衰"?

我勃然大怒,马上背起包,把门一摔就走了,忽然间,我觉得自己好荒唐,已经有那么好的老公,干吗还要这么做啊。

因愧对老公,那段时间,我对老公出奇地好,不断地给他买好吃好穿的。他喜欢的牌子的衬衣,我一口气就给他买了3件不同颜色的,又买了两条领带。老公看着账单好心疼:"你买这么多干吗啊?"我说:"你喜欢就好。"

我与老公似乎又回到了新婚的甜蜜期,我要洗心革面,重新与老公好好地过。

但是,幸福甜蜜的生活只维持了短短一个月,我没有足够的毅力戒掉偷情的瘾。我找到了自以为不错的模式自慰——那就是上网,化名去一些两性的论坛发帖子,有聊得来的加为好友,进行视频,或者互发暧昧短信。这种行为没有实际的身体接触,我觉得不算对不起老公。

## 游戏人生 欲罢不能

时间一久,我发现,那种虚拟的感觉无法替代真实的相拥,所以,当一个叫"风之痕"的网友与我见面几次之后,我终于没能抵御住那份诱惑。在欲望和良心之间,我选择了前者。

场面一如以前的翻版,所不同的是,"风之痕"没有像我以前认识的那些男人一样,爱吹嘘,而是在当我走进旅馆的时候,他点起一支烟,冷静地告诉我:"我不管你结婚没有,也不问你的来历,希望我们明白成年人的游戏规则,你能接受吗?"他看我的眼光,冷冷的,就像一次谈判,哪里像是将要进行的一次亲热。忽然,我觉得胸口堵得慌,接下来的整个过程,感觉索然无味。

一个星期后,有一个叫"我等你"的 ID 来加入我 QQ,我加上了。聊了几句后,他就问我什么时候方便,一副急不可耐的样子,我回了一句"无聊",他说:"别装了,谁不知道你寂寞。"我追问下去,才知道是"风之痕"介绍他认识我的。

我大怒,立刻在 QQ 上给"风之痕"留言,问他为什么要这么做? 他很快就回复:"你是什么人,我就当你是什么人。"对着屏幕,我愣了一分钟,骂道:去死吧! 然后,把他们两个都拉进了黑名单。

我们应该如何看待和评价一对夫妻所追求和创造的爱情婚姻的本质? 主要看他和她对夫妻性生活的价值取向,看他和她如何从审美主义的视角和高度进行谁战胜谁的斗争,看美和丑、人性和兽性、审美主义和动物主义、审美的人的自我和动物的人的自我的谁战胜谁的自觉斗争……

下面有一些关于男女爱情婚姻性生活质量的调查所反映出来的动向和价值取向,男人与女人有不同的特点。请看哪些男女婚外情多?

男人:

1. 有钱、有权的。

2. 妻子处于怀孕及生育期间。

3. 家有"大女子主义"的妻子。

4. 经受失业或降职等不幸遭遇。

5. 白领阶层。

6. 经常或长期出差在外。

7. 婚前性经验丰富。

8. 朋友圈子中的一些人有外遇的。

9. 父母亲中有过外遇的

10. 四五十岁的男性。

女人:

1. 得不到丈夫关心和理解的。
2. 对夫妻性生活不满的。
3. 现代职业女性。
4. 三四十岁的中年妇女。
5. 婚前性经验丰富。
6. 教育程度比丈夫高。
7. "性"情高昂的女性。
8. 父母去世不久的女性。
9. 朋友有外遇的女性。
10. 父母亲中有外遇的。
11. 夫妻聚少离多。
12. 追求浪漫、寻求新奇刺激的。

下面请看三位性学专家对性变态和性关系的某些评判：

中国政法大学　婚姻法学家巫昌祯：

相对于一个更需要稳定的婚姻家庭生活的社会而言，一夜情无异于杀伤力极大的武器，而对于一个人出发点正常的情感渴望来说，希望通过一夜情来达到补充情感空缺只能是饮鸩止渴。

中国社会科学院　性学家李银河：

无爱的婚姻和无性的婚姻一样都是不稳定和悲剧性的。许多人之所以选择无爱的婚姻，一方面有社会竞争和生存压力的迫使，更重要的还是由于对自身和他们情感走向的悲观性预测。

南京师范大学　社会学家吴增基：

从社会的角度讲，婚外恋和"二奶"现象一样都属于社会道德的"异化"，对社会的净化产生负面效应。但也有人认为，在已无感情的婚姻中，婚姻之外的情感在道德上是清白的。

现在丈夫到心理保健中心求治"婚姻家庭问题"这一现象呈上升趋势，很多人遇到同样的问题：妻子"红杏出墙"，我该怎么办？

有些妻子，其丈夫不但拥有经济实力，而且还深爱着自己，为何还会"红杏出墙"？婚姻家庭指导师和心理保健师李萍说：归根到底还在女子的本质特性上。女性的脆弱，使其渴望时时刻刻都有坚强且温暖的肩膀可依靠；她们渴望感情慰藉，哪怕"慰藉"是饮鸩止渴也在所不惜。

还有一种"功利"型的，现在已呈凸显之势，即处于弱势的女子，有人"红杏出墙"，不为情感为利益。但是，"红杏出墙"，最受伤害的，是自己；最受影响的，是孩子。

## [小鸟依人寻温暖]

个案1：27岁的柳燕是某公司职员。两年前她丈夫被外派到珠海，她便带孩子回到了父母家。

父母可以帮她带孩子，但不能抚慰她内心的寂寞，所以她一有空，不论什么时候，拿起手机就会拨通丈夫的电话，丈夫往往正在主持会议，或正在谈判桌上，一开始丈夫还和她说两句话，但以后一看到她的号码，不接就掐断了，而且还因为忙，常忘记再给她回电话。

有一次她面临评级考试，她怕考不好，很担忧，很紧张，又拨通了丈夫的电话，想寻找安慰，这次丈夫倒是接了，但还没听完她诉苦，就冲她喊道："你烦？我还烦着呢，我没办法帮你！"说完就挂了电话。

她气得坐在那里，半天说不出话来，这时科主任走过来了，他明白她的难处，主动帮她理了个复习提纲，下班后还主动留下来，为她答疑解惑。有一天，他们复习得很晚，主任看她穿得单薄，将自己身上的外套脱下来披在她的肩上，就在主任的手碰到她肩膀的那一刻，她想起丈夫的"吼叫"，控制不住自己的委屈，倒在主任的怀里哭了起来。

主任以后对她更是关怀备至，她开始频频与他约会。她知道自己这样做，对在外打拼的丈夫不公平，也知道主任是"大众情人"，对谁都会体贴关心，但她就是耐不住心中的寂寞，喜欢外出约会，并暗下决心，一等丈夫回来，她就立即斩断与主任的"情丝"。

丈夫闻知后赶回，发疯般大闹一场。她理亏，虽然深爱着丈夫，但仍决定，只要丈夫提出离婚，她会签字。丈夫则面临两难选择：离，不想，因仍深爱着她；不离，又觉得太没有面子。

点评：弗洛伊德的心理学理论说，女人有四种基本需要：（1）男人作为物质保障；（2）情感慰藉；（3）性；（4）孩子。也有心理学家说，女人天生是感情的动物，在感情上需要男人去哄，给予心灵上的慰藉。

特别是那些独立性较弱的"小鸟依人"型的女性，一旦她们失去足以让她感到安全的靠山，就容易在情感脆弱时受到诱惑。看来，柳燕的丈夫没有读懂女人的心,所以在柳燕向他寻求慰藉时,那么吝啬"甜言蜜语"。

但女人也应成长为社会人,应该理解丈夫在外打拼的艰难,而摒弃过分依赖的弱点。

### [不获温暖打"冷战"]

个案 2:翁玲和丈夫都是高级知识分子。恋爱结婚后,翁玲发现丈夫变了,有时因工作压力大,性子躁,会向她发火。她想,我的压力也大,干吗要成为你的出气筒?便硬声硬气地顶嘴,丈夫经常开玩笑地说她是恶婆娘。

有一次行业开会,休息时间,外省代表老林对其他几位女士说:"你们得向人家翁玲学习,当女人就得像她那样有女人味,风姿绰约,说话柔声细语,很为我们这个大会增添光彩。"翁玲当时吃了一惊:"我真的有女人味吗?"但她还是为被人欣赏而高兴,从此总是很柔声地说话,让自己真的那么美好。

有一次出差,路过老林所在的城市,她专门下车,去看望老林。老林对她的造访很是高兴,主动当导游,带她游览自己的家乡。以后,她经常因业务上的事给老林打电话,不论是查资料还是打通关节,只要是能帮她的,他总是热心相助。

去年秋天,她上班时突然生病,住进了医院,给丈夫打电话,希望他能来看她,但丈夫却说:"我明天要进京开个很重要的会,现在得抓紧时间准备资料,我给你妈打电话吧,让她去照顾你,我去了也没用。"听了丈夫的话,她气得发抖,转身就拨通了外省老林的手机。他很紧张地说:"你住院了?病很重吗?我正好要到你们市去出差,我提前走吧,明天就去看你。"第二天中午,老林风尘仆仆地下了飞机,买了一大堆水果,站到了她的病床前。

她住了半个月医院,丈夫只是打了几个电话,没有来看过她一次。出院后,她一生气,买了张飞机票就去找老林。老林了解了她的来意后,说:"你误会我对你的好意了。我认为女子是柔弱的,需要呵护,所以情不自禁地想帮助你们,并没有其他的意思。我和妻子感情很好,我不想做对不起她的事。"他给她买了张飞机票,说她刚出院,应该赶紧回家好好休息。

她回家后和丈夫打起了"冷战",不为他做任何事情,他下班回来没有饭吃,向她发火,她只当没听见,仍然闷着头看儿子从网上发回来的照片,她连和他吵架的热情都没有了。

点评:虽然因老林的拒绝,她没有"红杏出墙"的实际行为,但其心却已"出墙"了。

婚内沟通,是一门夫妻必修的课程,夫妻的交流,要学会采用让对方能接受的方式去进行,且双方都要学会主动表达自己的意愿和需求。但这对夫妻之间却没有沟通,有的只是对感情具有杀伤力的"冷战"。

当丈夫听了心理保健师传达的妻子的意愿,即希望丈夫像老林那样关心、呵护自己时,才恍然大悟自己的问题所在。现在丈夫对翁玲温柔了许多,她倒有点庆幸老林的拒绝了,否则后果不堪设想。

### [生存所逼寻靠山]

个案3:赵洁下乡插队时,以为返不了城了,村上一位小木匠对她很照顾,经常主动上门帮她做力气活,于是她就嫁给了他。

知青返城时,她和孩子的户口进了城,她还被分配进一家大集体企业当了会计。因为家里不肯认她那农村的丈夫,他们只好在河边搭棚安家。

在厂长的诱惑下,她为求生存,成为了厂长的"情妇"。厂长安排她的丈夫进厂,在后勤部门做木工活,还给他们分配了住房。她丈夫知道她和厂长的事,但为了这个家、为了孩子,一直保持着沉默。

二十多年过去了,她退休了,丈夫因为有很好的木工手艺,搞起了装潢,挣钱超过了她,丈夫对她还是一样地好。但是长大了的儿子却为父亲打抱不平,提出要和她分家,带父亲单过,还说他以后只孝敬父亲。

由于对母亲的"婚外情"耿耿于怀,快30岁的儿子只是不停地谈女朋友,就是不肯结婚,他说他无法相信女人的感情。

点评:(1)在"婚姻治疗"的过程中,有太多这样的个案,即父母的婚姻影响着下一代对婚姻的认识和接受的方式。(2)心理学大师弗洛伊德认为,本能是推动人类精神活动和行为的内在动力……而且,一个人所承受的内在压力的强度越大,他就越容易出现激烈、失控的发泄行为。

女人想找强者的肩膀靠靠,是本能;人想走容易走的路,也是本能。

赵洁是弱者,厂长能够轻而易举地为她解难,所以她靠上了厂长。

她刚返城时,生活太过艰难,家人不仅不帮她,反而遗弃她、辱骂她,让她承受了太大的心理压力,她委身厂长,可能有这些方面的心理原因。

赵洁走这条路,真的好过吗? 据她介绍,她遭亲人弃、遭外人骂,内心还受着良知的折磨。

从赵洁的悲剧下场可以看出,女人"红杏出墙",受伤害最深的是女人自己! 所以朋友,生活再难,也不要步其后尘!

坚持审美主义,坚守爱情的美德是正确处理夫妻关系的关键所在。为什么会产生家庭暴力? 为什么会出现爱情杀人犯? 有丈夫杀死妻子的,也有妻子杀死丈夫的。在我们国家监狱里,关禁着许多爱情杀人犯。在中国某省女子监狱 1000 多名女犯中,有 100 多名女犯因为杀夫而入狱。这就不能不引人深思——为什么如此之多的深受暴力之苦的女性选择了"以暴抗暴"的方式? 请看下面这篇通讯报道,题目是《妻子不堪受辱肢解丈夫》①。全文如下:

据新华网电 一对原本恩爱的夫妻吃苦耐劳经商,在 20 世纪 90 年代中期便积聚了近百万元家产。但随着荷包渐渐鼓起来,"饱暖思淫欲"的俗话便在丈夫身上应验了。当妻子将丈夫和小姐捉奸在床后,夫妻俩的感情破裂了。此后,丈夫经常对妻子施以身体和精神的折磨,在离婚不成并且怨恨不断加深的情况下,妻子竟然举起屠刀杀死丈夫。日前,犯罪嫌疑人被梅州市人民检察院以故意杀人罪依法提起公诉,其哥哥作为该案从犯一并被提起公诉。

### 山城发生屠夫悲剧

2004 年 10 月 13 日凌晨,兴宁市区万籁寂静。突然,从兴宁城区商业城一户陈姓的住宅楼房里,传出几声凄厉的惨叫声。住在隔壁的叶先生听到呼救声后随即报警,警方接到报案后火速赶到现场,与报案

---

① 见《汕头都市报》,2005 年 2 月 4 日。

人叶先生确认案发现场后,不断喊叫、打电话叫屋主开门,但楼房内无人应答,而该楼第三层则灯火通明,里面不时传出哗哗的冲水声。惨叫声十分蹊跷,公安民警果断破门而入冲进三楼,发现一男一女正在冲洗大厅的地板,一股强烈的腥味扑面而来,走廊上有一摊鲜红的血迹。民警迅速将该两名可疑人员控制,经审问,两人承认了犯罪事实,一起令人震惊的惨案真相大白。在三楼的杂物间里,办案民警发现了三袋被肢解的尸块,原来,在商业城经营日杂生意的老板陈某被其妻子活活劈成六块。

## 丈夫致富频染恶习

1982年初,陈某与陈某结婚。婚后,夫妻俩恩爱有加,生了一对儿女。为增加家庭收入,夫妻俩开始在兴宁城区东岳宫市场经营了一家日用品杂货店,他们起早摸黑吃苦耐劳,生意做得红红火火,有了不少积蓄。1994年,夫妻俩在兴宁市商业城花七八十万元买了两幢高三层的楼房。他们将其中一幢豪华装修后供自己居住,另一幢楼租给别人,每月收取月租。陈某既做生意又收房租,财源滚滚,成了当地小有名气的款爷。

从1996年开始,陈某就厌倦了平淡的生活,他抵挡不住外面的诱惑开始在外嫖娼。陈某对丈夫的行迹渐渐起了疑心,跟踪多次后,终于在城区的一间路边店将陈某与"小姐"捉奸在床,陈女士怒不可遏,大声责骂丈夫。面对愤怒的妻子,陈某不仅没有丝毫悔意,反而撕破了脸皮大吵起来。夫妻间的感情逐渐破裂,此后,两人经常因一些家庭琐事发生争吵。陈某甚至对妻子大打出手,夫妻关系日益恶化,陈某向妻子提出了离婚请求。

## 不堪虐待萌生杀意

面对丈夫的背叛,陈某感到绝望,但考虑到一双儿女年龄尚小,陈某没有答应丈夫提出的离婚请求。两人的矛盾不断升级,陈某在争吵中动辄对妻子拳脚相加,常将其打得伤痕累累。一次次的殴打使陈某忍无可忍，遂在去年初提出了离婚，但陈某认为妻子有转移财产的嫌疑，没有同意离婚。在去年9月初的一次争吵中，陈某用凳子、烟灰缸砸打妻子，将其右手严重打伤，致使右手一个多月不能正常活动。

承受着丈夫对自己的种种伤害，陈的心中充满了对陈某的怨和恨。2004年10月10日，陈某因店内账目的事又将妻子骂了一个下午。陈某越想越恨，一个除掉丈夫的计划在心头萌生了。当晚7时许，她买了一瓶安定片研成粉末，伺机下手。

## 发妻狠心痛下毒手

10月12日晚，陈某吃完晚饭后，叫儿子去问正在三楼客厅看电视的陈某要不要喝凉茶，获悉陈某想喝凉茶后，她立即返回厨房，将药粉全部倒进准备给陈某喝的凉茶里，然后将这碗凉茶放在饭厅的桌子上。次日凌晨零点，陈女士悄悄上到三楼客厅，只见陈某躺在客厅的长沙发上正熟睡，旁边桌子上放着喝剩半碗的凉茶。陈女士于是将他从沙发上拖到了地板上。然后，在自家杂货店里找到一颗以前当民兵时训练用的木柄手榴弹（无爆炸性）和两把崭新的不锈钢菜刀，旋即返回三楼客厅，使尽力气用手榴弹朝陈某的头部砸去，一连砸了十多下，直砸至其流血不止，认为陈某已死去才罢手。

以为将丈夫打死后，陈女士拨通了其兄的手机，请他来家里帮忙处理尸体，正当兄妹俩要肢解尸体时，陈某突然醒来并大声呼救。陈女士想到以前受其毒打折磨，怒火中烧，持刀将其头部砍下来，剁得血肉模糊，并将尸体肢解。后来外面人声嘈杂，还有人不断敲门，陈女士和陈兄十分慌张，两人各拿了一把拖把，尽力想拖干净地上的血迹。最后房屋后门被人撬开，警务区的民警、治安员冲了进来。兄妹俩最终难逃法网。

目前，案件仍在进一步审理中……

这则恐怖的妻子肢解丈夫的骇人听闻的悲剧的根源是什么？是丑战胜美、兽性战胜人性、是偏离了人生美德，偏离正确的道德观念的恶果。

# 通向美满幸福夫妻生活唯一的正确途径

　　读者,年青的朋友。这个专题讲的中心线索是美满幸福夫妻生活的经验交流和点滴体会。

　　何谓幸福夫妻? 李汀先生如此解读,他说:"幸福夫妻何其相似。"[①]下面是他讲话的主要内容:

　　幸福的夫妻从相识之日起,就感到双方极为和谐,觉得爱情生活是快乐的,他们都感到与对方息息相关,并具有共同的价值观。多年以后,他们仍被对方所深深吸引。

　　幸福的夫妻都觉得自己婚后在许多方面改变了,已经变得更好了,一个幸福的婚姻可以使夫妻双方变得更加完善。

　　日常琐事本身并不能带来幸福,但它们给配偶带来了信心,增强了相互的信任感。在这些日复一日共同分担日常琐事的满足中,幸福的夫妻可以使共同的理想上升到更高的境界。

　　他们从不互相嫉妒,一般不会吵架,有能力解决问题是幸福夫妻的共同特点。他们都知道对方最好的一面,并使对方最大限度地表现出这一面。将注意力放在对方的优点上,夫妻之间变得恩爱和睦。

　　幸福的夫妻在一起共同度过大量的时间,谈论家庭,为家庭而工作,追求两人共同的爱好。无论想做什么,他们都想共同去做,认为配偶是最好的朋友。相互支持,忠实于对方,竭力将浪漫的婚姻生活维持下去。

　　关于如何追求和创造夫妻快乐幸福的生活,苏霍姆林斯基说,"爱情之火,如其形象地比喻,经常需要添加好燃料——需要多方面的精神生活,如果没有这种'燃料',爱情之火会迅速熄灭……"[②]夫妻快乐幸福地生活有十大秘诀:

　　最幸福的夫妻,最美好的婚姻,最牢固的感情结合,往往并不是由

---

　　①　见《汕头日报》,2002 年 8 月 13 日。

　　②　转引自《世界名人论爱情》第 296 页,农村读物出版社 1987 年版。

完美的人在最佳环境中组成的。在许多情况下,相爱的夫妻都必须经历考验、冲突和不利时期,两人之所以能够克服这些困难,完全是因为双方在感情方面相互支持,采取了一种积极、聪明和负责任的态度。

下面是成为幸福夫妻的"十大诀窍":

1. 努力看到和经常记住对方最好的方面;

2. 坦率地表达情感;

3. 每天都保持愉快的心情以及对对方的理解、支持和无条件的信任;

4. 培育两人之间的友谊,使之与爱情共同发展;

5. 正视差别,尊重个性,重视使两人结合在一起的一切因素;

6. 讲究礼貌、相互尊重和宽容;

7. 即使在日常生活中也努力发挥创造性;

8. 进行诚挚的沟通,从认真倾听开始做起;

9. 不要让怀疑和不满积累下来,而应及时表达出来;

10. 经常制订两人渴望共同实施的未来计划。

夫妻之爱,是一种很有滋味的快乐。作家张辛欣说:"爱,好像是那么一种滋味,是每时每刻地坐立不安,每时每刻地为他操着心,是一种灵感,一种精神的欢悦,再不就是无法挣脱的痛苦,敏感尖锐的痛苦……"①

请读者阅读石磊写的《家庭生活七件宝》这篇文章②:

有人提出童心、浪漫、幽默、亲昵、情话、沟通和欣赏是家庭幸福的七件宝,夫妻若能拥有这七样东西,就能拥有家庭幸福。

童心 一些中老年人喜欢手舞足蹈、载歌载舞,使生活增加了许多情趣,这种童心未泯可使青春常驻,爱情历久弥新。因此,老人最好能多保留一点儿天真、单纯,多拥有一点儿爱好、好奇心,多玩一点儿游戏。

浪漫 有人碰上这样的提问:"晚上,为什么不和家人去散散步呢?"会回答说:"我很累"。然而,这些说"很累"的人打麻将可以彻夜通

---

① 转引自《世界名人论爱情》,农村读物出版社 1987 年版,第 293 页。
② 见《医药养生保健报》,2009 年 2 月 23 日。

宵。可见，能否浪漫的关键在于是否拥有浪漫情怀。浪漫的形式是丰富多彩、多种多样的，不仅是献花、跳舞。

幽默　许多人把喜欢开玩笑看成油嘴滑舌、办事靠不住，认为夫妻之间讲话应该讲求实在，用不着讲究谈话艺术。殊不知，说话幽默能化解、缓冲矛盾和纠纷，消除尴尬和隔阂，增加情趣与情感，让一家人乐融融。

亲昵　专家研究发现，亲昵对提高家庭生活质量有着妙不可言的作用，而长期缺少拥抱、亲吻的人容易产生"皮肤饥渴"，进而产生感情饥渴。因此，夫妻间最好能多点儿亲昵的举动。

情话　心理学家认为：配偶之间每天至少得向对方说三句以上充满感情的情话，如"我爱你"、"我喜欢你的某某优点"。然而，不少国人太过含蓄，有人若把"爱"挂在嘴边，就会被说成是浅薄、令人肉麻。不少中国夫妻更希望配偶把爱体现在细致、体贴的关心上。这固然没错，但如果只有行动，没有情话，会不会给人以"只有主菜，没有作料"的缺陷感呢？

沟通　不少中国夫妻把意见、不快压抑在心里，还美其名曰"脾气好，有修养"。其实，相互闭锁只能导致误会加深，长期压抑等于蓄积恶性能量，对夫妻关系和身心健康都非常不利。正确的做法是加强沟通，有意见应诚恳、温和、讲究策略地说出来，并经常主动地了解对方有什么想法。吵架也是一种沟通手段，只是吵架时千万别翻旧账，别进行人身攻击。

欣赏　人们常用欣赏的眼光看自己的孩子，其实，更应该常用欣赏的眼光看配偶。例如，一方全身心扑在工作上，另一方既可以欣赏："他（她）事业心强！"也可以指责："一点儿也不把家放在心里！"这说明了，用不同的眼光去评价同一件事，结论会大相径庭。如果你不假思索就能数出配偶许多缺点，那么，你多半缺乏欣赏眼光。如果你当面、背后都只说配偶的优点，那么，你就等于学会了爱，并能收获到爱。

夫妻应如何避免婚姻危机？请看下面阿根廷《妇女》月刊2004年

9 月号文章,题目是:《避免婚姻危机的忠告》①:

缺乏沟通常常会造成婚姻危机。如果夫妻双方都拥有维持婚姻的良好意愿,请参考以下忠告。

1. 黄金时间。多留一些时间给对方,并充分利用这段黄金时间。

2. 双双外出。经常同配偶一起外出,并安排一些对方喜欢的活动。

3. 倾听对方。当对方与你交谈时,不仅要倾听,而且要放下手头的事情,看着对方的眼睛。

4. 永像新人。永远保持新婚时的感觉,每天都要想方设法征服对方。

5. 经常回忆。经常回忆初恋时的美好感觉,会给夫妻双方都带来幸福。

6. 憧憬未来。对未来充满幻想,会使夫妻明确努力的方向。

7. 互相赞美。告诉对方没有比他(她)更好的了。

8. 请求帮助。请求配偶为你遇到的问题提出切实的解决办法。

9. 尊重配偶。在好友面前不批评配偶,尤其是在他(她)不在场的情况下。

10. 惊喜不断。用一些意想不到的细节给对方带来惊喜,一件礼物或一件对方喜欢的衣服。

11. 切记吻别。出门前和配偶吻别是必要的。

12. 要讲真话。永远开诚布公,但不要以令人不愉快的方式表达你的观点。

夫妻应该诚心合作,让爱情风险降到最低状况②:

爱情其实也是风险很大的投资,一旦失败,免不了伤痛,而处理得不好,比倾家荡产更令人长久地痛不欲生。因此,在初涉爱河时,我们应该知道,固然爱情重要的是过程和感觉,但我们也不要为失去的爱让自己一蹶不振,而这就要求我们必须先有所认识方能防患于未然。

1. 不要失去自我。别以为爱情就是两个人变成一个人。爱情最

---

① 转引自《参考消息》2004 年 10 月 7 日。

② 见《恋爱·婚姻·家庭》,2008 年第 9 期。

浓烈最美丽的时候,是因为对方能强烈地感觉到你与别人的不同个性,独特的自我正是你吸引对方的最基本原因。

2. 不要疏远朋友圈。朋友圈是你保持健康个性促进事业成长的基础,也是你在失去一段感情后获得安慰的地方和重获爱情的机会。

3. 不要使自己没有魅力。不要因沉迷于爱情而忘记了自我提升、忘记了修饰自我仪表、忘记了保持优雅的言行,这一切是你魅力的基础,没有了魅力,爱情也会渐行渐远。

4. 不要使自己失去对财产的意识。没有金钱是万万不能的,经济社会,你不能丢失生存的根本。经济独立会让你增加自信,会使你更快地获得幸福。

5. 不要忽视自己的身体。健康是第一财富,是最大的自由。如果你真想在婚前享受共浴爱河心身融合的快乐,别忘了做好保护措施,须知每一次的引产都是对自己身体的伤害,别等到因经常流产而体质虚弱,在今后感觉不到健康的快乐时才追悔莫及;或者是等你遇到相伴一生的人时才又心中不安。

6. 不要忽视亲情。爱情远不是全部,而亲情更长久,如果爱情要与亲情对决,那么你不要忘记最接近无私的爱是父母之爱,而最自私的爱其实是爱情。

请看下面这篇文章,题目是《"爱疗"胜过灵丹妙药》①:

现代医学研究发现,爱情不仅可使男女双方情感愉悦、心情舒畅,更能增强身体免疫力,甚至创造出许多医学奇迹。有国外医学家更称赞道:神奇的"爱疗"胜过灵丹妙药。

事例一,明朝末年,因丈夫张兴寻花问柳,致使少妇陆氏气成膨胀病。名医傅青主拾来三块鹅卵石,嘱张兴用文火夜以继日煎熬。陆氏目睹张兴日不离室,夜不脱衣,熬得人瘦眼红,终于化恨为爱,转悲为喜,病亦不用药而自愈。

事例二,发生在德国的一件事,更能证明"爱情医说"的巨大魔力。德国一家出口商行里,有位叫汉斯·维尼尔的经理,已瘫痪两年,连说

---

① 《医药养生保健报》,2008年5月5日。

话的能力都几乎丧失。就在病情恶化生命垂危之时,突然在病床前见到阔别 20 多年、原以为早已死去的未婚妻后,竟然奇迹般地逐渐恢复了健康。

那么,"爱疗"为何具有如此之大的神奇力量呢?

据中外医学家研究,"爱疗"之所以胜过灵丹妙药,其原因有如下几点。

其一,"爱疗"能够增强身体免疫力。纯洁的爱情可以兴奋身体的免疫系统,促使分泌出有益于健康的激素、酶和乙酰胆碱等物质。就是这些物质将神经细胞的兴奋程度、体内血液的流量和各免疫器官的功能调整到最佳状态,从而提高了身体抗病能力,有益于恢复健康。

其二,"爱疗"是天然的快乐剂。在人的脑部有一部分细胞膜上存在着吗啡受体,大脑的另一部分细胞往往可因温柔甜蜜的爱情而产生一种类似吗啡的天然麻醉剂。这种被称为内生吗啡的物质,可以通过细胞膜上的吗啡受体使人快速产生极为愉快的情绪,从而有助于战胜病魔。故内生吗啡又被誉为"天然的快乐剂"。

其三,"爱疗"使人心情愉快、精神振奋。纯洁甜蜜的爱情,使夫妻双方身心放松,可促进血液循环,加快新陈代谢,增进食欲,驱除烦恼,消除疲劳,令男女心情愉快,精神振奋。正是夫妻间的心理互补效应,有利于大脑皮层功能和身体免疫功能的生理协调,有利于身体内分泌的平衡,致使免疫力显著增强,为各种疑难杂症的康复创造了有利条件。

纯洁的爱情是人生的一种积极因素,能够有效地医治疾病。正如世界卫生组织马斯登·瓦格纳医生所说:"多年来,医学忘记了爱情是疾病防治的一个重要因素,这是非常错误的。"让我们珍惜夫妻间的恩爱之情,尽可能通过语言和行为把炽热的爱情奉献给对方,来让家庭温馨和睦。让夫妻双方都健康长寿吧!

丈夫应如何爱自己的妻子,宋华震写了一篇文章,题目是《做一个"三陪先生"》①,全文如下。

---

① 《恋爱·婚姻·家庭》,2008 年 6 月号。

有家室的男人要想使家庭安定团结且幸福美满，有三件事须用心去做，即在家中做好"三陪先生"。所谓"三陪先生"便是：陪妻说话、陪妻干家务、陪妻逛街或出游。

　　我做"三陪先生"多年，其中的心得体会颇多，愿毫无保留地奉献出来与诸君交流切磋。

　　别看"陪妻说话"是个简简单单的事情，要做得好，却有艺术技巧在里面。我的妻子生性憨直且富有"侠义之气"，遇到不合理的事她总是"眼睛里揉不得沙"地与事主发生冲突，其结果要么大获全胜，要么败下阵来。妻子每次回到家中喜怒哀乐的情绪溢于言表，这时的我既要当好听众又要做好公正的评判官，有时随她描述的情节而愤怒而开怀而忧虑。在与妻子感同身受之际，我还要站在"第三者"公正的立场上对她所说之事进行客观的评价。听妻子倾诉和宣泄是"陪妻说话"的重要方面，而主动挑起话头与妻子进行交流也同样重要。我的妻子喜欢看电视、读书报，我掌握她这一特点后，便留意她所读所看的那些内容，然后主动与她交谈书中剧中人物悲欢离合的命运，以及对这些"众生相"的人物进行或褒或贬的评说。通过被动或主动"陪妻说话"，我有这样的心得体会：陪妻说话越多，夫妻感情越好；夫妻感情越好，越有说不完的话啦！

　　如果说"陪妻说话"属于嘴皮上功夫，那么"陪妻干家务"可算是真刀真枪的实干。这种"动手动脚"的功夫完全体现在操持柴米油盐酱醋茶的琐碎家事中。而对家务，我与妻子始终遵循着"重男轻女"的基本原则：属于"重量级"的体力活和跑腿之事由我包揽，诸如买米买菜拖地板等；列为"女儿红"范围的轻便家事则由妻子承包，像擦洗家具门窗、衣裤的缝缝补补、洗刷晾晒等。平时我无论多忙，都要抽出一部分时间来陪妻子做家务。有人说"过不完的日子，干不完的家务事"。虽说家务活总是"老三样"地循环往复，但我却从中感受到了家庭的气息。原本家庭的形成就少不了一桩桩、一件件琐琐碎碎的事务。离开了基本的家务事，即使再有爱情的婚姻也只能是海市蜃楼，爱情总不能靠"喝西北风"来培养和发展感情。这是我在"陪妻子干家务"中的另一个心得。

　　早就听说了一些男同胞不愿陪妻子逛街，尤其是逛商场的轶闻。

据当事者说即使勉强陪妻子逛商场也常常是等在商场门口吸着烟左顾右盼,心里发急。我知道他们的苦衷。陪妻逛商场有两种不快:其一是心里发虚,恐怕自己荷包里的票子不够商家"杀猪"而买单时会令他们十分尴尬;其二是担忧妻子对货柜里的任何一件商品都发生兴趣,不仅加倍欣赏而且对价格问长问短,到头来一样东西也不买。这样费时费事的过程,会令他们产生厌烦和索然无味的情绪。我理解仁君们所受之苦,但我却抱着"越是艰险越向前"的心态想锻炼一下自己的承受能力。看看"杀猪"者会心狠到什么程度,看看妻子婆婆妈妈到怎样地步。其实不看不知道,一看也没吓一跳,"杀猪"者的招数遇到我这个货真价实的"贫困户"也只得放下"屠刀"进行公平交易;婆婆妈妈的妻子见我兴趣盎然地积极参与她的问长问短,竟把我当成了她的伙伴。"陪妻逛街"好处多多,能更好地了解妻子兴趣的同时,进一步加深了夫妻感情。我的这个心得体会来自于"陪妻走商场"的那一刻。

作为"三陪先生"的发起人,我的点滴经验仅供参考。也许诸位仁君还有"四陪"、"五陪"或更多陪妻的好经验,不管陪妻项目多少,我们的目标是共同的,那就是"安家兴家"。

### 解读与思考九

1. 一男一女经过自由恋爱,如何"合二为一"地生活在一起? 有三种选择:结婚;同居;做情人,定期约会。你对这三种选择是如何解读的? 你自己是如何选择的?

2. 家庭是什么? 男女结婚之后,为何非创建家庭和生儿育女不可? 一个人从娘胎生下来之后,必须经历两个家庭:一个是你的父母所创建的包括儿女们在内的大家庭;一个是你们夫妻自己创建的小家庭。结婚之后,应如何创建一个快乐幸福的家庭? 请谈谈你自己的看法。

3. 夫妻结婚之后,应该追求和创造什么? 本书认为,应该从审美主义出发,坚守道德观念,追求和创造和谐发展美的快乐幸福的夫妻生活。请你说说自己的学习体会。

4. 人世间存在一种永恒(永生不死)的爱情吗? 请你阅读书中转引的一篇文章,题目是《刻在墓碑上的征婚启事》,之后谈谈自己的学习心得和体会。

5. 从爱情婚姻生活来说,人世间最快乐、最幸福的夫妻关系是什么? 而最痛苦的夫妻关系又是什么? 请你在阅读本章之后,笔谈你自己是如何解读和深思的。

6. 何谓梦中的情人? 梦中的情人是如何在特殊的夫妻生活环境中产生的? 对爱情婚姻遭遇不幸的失败者来说,应如何经过艰苦曲折的努力奋斗,把自己梦中的情人转化成现实的情人,把失败者转化为胜利者,把爱情悲剧转化成爱情喜剧?

7. 何谓爱情、亲情和友情? 三者的区别和联系是什么? 为了追求和创造和谐发展美的夫妻生活,我们应如何正确处理爱情、亲情和友情三者之间的关系? 请用书中供应的学习资料,谈谈你自己的学习体会。

8. 请阅读书中题为《马云背后的女人》这篇文章,谈谈夫妻应该如何共同合作,正确处理爱情与事业的关系。

9. 审美主义和动物主义谁战胜谁,是能否追求和创造美满幸福夫妻生活的关键所在。为什么会产生家庭暴力? 为什么会产生爱情杀人犯? 请你阅读本书有关爱情杀人犯的篇章,以《爱情杀人犯的思想根源在哪里?》为命题,写一篇学习心得的小文章。

# 第九章 离婚与再婚

　　爱情婚姻并不是每个人自娘胎生下来就开始的,而是随着少男少女性的发育成熟之后一男一女"合二为一"的人生迫切需要而开始的。爱情婚姻的终结不是千篇一律随着夫妻双方生命的终结而终结的。爱情婚姻的终结有两种不同的情况:一种是随着夫妻双方生命的死亡而终结,另一种是因感情的破裂而人为地拆散或者因某种不可调和的对抗性矛盾而导致离婚。有的人离婚之后又再婚,有的人离婚之后过着独身的生活。有的人经过反复多次的离婚、再婚之后终于找到情投意合的伴侣,过着快乐的夫妻生活。也有的人在自己的人生道路上离婚、再婚数十次,也没有找到一个情投意合的伴侣,终生过着痛苦的婚姻生活。

　　本书最赞赏的爱情婚姻的幸运儿是一男一女经过恋爱结婚,他和她从肉体到精神的"合二而一"的走着一条和谐发展美的婚姻道路而永结同心,百年偕老。夫妻互敬互爱、相濡以沫一辈子,从肉体到精神上都已经"合二为一"(这是真正的好夫妻的定义),你的生命是我的生命的一部分,而我的生命又是你的生命的一部分。男女结婚,不仅是肉体上性爱的结合,而更加重要的是审美精神生活(两个灵魂)的结合。以美的胸怀延续着生活,以心灵之美战胜心灵之丑、人性主义战胜兽性主义、审美的人的自我战胜动物人的自我。

　　本章所讲的内容是离婚、再婚等。

## 离婚与再婚,是现代人追求爱情婚姻 自由的一种必然规律与必然走向

　　新时代男女爱情婚姻的变数愈来愈大,离婚率与再婚率也愈来愈

高,少年夫妻老来伴的金婚、银婚、钻石婚却愈来愈少。离婚与再婚,是现代婚姻追求自由的必然产物。

在远古野蛮时代,人类和其他各种野生动物一样,群居在深山密林里,过着群婚制婚姻生活。在那个时候,人类尚未产生文字和文化,当然尚未产生伦理道德,人们只能生活在动物主义的生活圈子里。人类自从发明了文字并产生了文化之后,开始走出动物世界向审美主义(人性主义)的文明世界进军,经历了100多万年的历史进程。先有了文字,之后才有了文化。文化,也称文明,它是人类为了生存和可持续发展所进行的生产劳动发明创造与生活斗争发展规律进程的文字总结。所谓物质文化(物质文明),指的是人们从事生产劳动及其发明创造和经济物质生活斗争的文字总结;精神文化是人们从事精神生产劳动发明创造和审美精神生活斗争的文字总结。人类拥有文字记载的大约七八千年(不到1万年)的文化有两种:一种是审美主义的推动历史前进的优秀文化,另一种是动物主义的在人类历史进程中开倒车的垃圾文化。这两种文化,相比较而存在、相斗争而发展,推动了人类历史的进步和可持续发展,也推动了人类爱情婚姻历史的进步和可持续发展,由野蛮时代的群婚乱伦制发展为文明时代的一夫一妻制。这在人类爱情婚姻史上,是一次大革命和大发展。文明社会的男女婚姻不仅受到审美主义道德文明的制约,而且受到国家法律的保护。一男一女相爱结婚,不仅要到国家政法部门登记领取结婚证,获得国家法律的承认,成为合法夫妻,而且夫妻情感破裂而离婚以及离婚之后又再婚,都要受到国家法律的认可和公正的管理。因此,离婚与冉婚,也非纳入国家法律的运转轨道不可。

所谓离婚,指的是夫妻感情破裂之后通过国家法律手段解除婚姻的一种婚姻形式。在中国1978年全国平均总的离婚率4.8%,改革开放三十年后的2008年,全国平均总的离婚率为21%。什么是再婚,再婚指的是丧偶或离婚之后再次择偶结婚(成家)的一种婚姻形式。

离婚与再婚应如何评价? 有人说好,有的人说坏,也有的人说不好也不坏。笔者认为,不能笼统地说好说坏,或者绝对地好与绝对地坏,应该说是因人而异,具体问题具体分析。例如,妻子"红杏出墙",丈夫痛苦极了,不得不同妻子离婚,这对于丈夫来说,离婚是极其痛苦的,是不得已而为之的;而离婚对"红杏出墙"的妻子来说,她从动物主义性爱出发点考虑问题,则认为是一种解放、一种快乐而为之。因她庆幸离婚,甚至请朋友聚会,庆祝离婚,享受离婚之后的快乐。而离婚之后,她的第一任丈夫(他是受害者)是快乐,还是痛苦?他应如何承受以及如何面对未来的婚姻?他是选择独身,还是另找配偶再婚?这一系列面临婚姻问题所做的选择,读者可想而知。

再婚有两种类型:一种是再婚的双方都结过婚,这叫做双方再婚;另一种是一方结过婚,这叫做单方再婚。

旧时代封建残余意识的世俗偏见往往是对再婚者(不论男女)都有偏见,这是毫不奇怪的。然而,在今天的新时代,对再婚者的世俗偏见已淡化了。

再婚者有什么不好?请看女作家菀云的看法:"一位 28 岁的文化局副局长才华横溢,追者甚多。可他偏偏爱上一位早年丧夫,带有一女儿的 40 岁寡妇,而且他的解释是:不但不是她缠我,而是我主动一再追她的!失去丈夫的女人最懂得爱,更知道怎么珍惜拥有。别人爱过有什么不好?没人爱过,恰恰才有问题!后来,他俩结婚了,恩爱异常。人们起初认为不合常规,久了,也就认为合情合理了。因为,事实是最好的证明。"①

夫妻为什么离婚?离婚的原因是什么?如何解决离婚带来的难题?离婚对夫妻双方、对人类社会造成什么影响?中国女性性科学研究专家李银河,经过了认真的社会调查,作出如下回答②:

在被访离婚女性的叙述中,包括离婚的原因、过程,离婚为当事人造成的心理压力,离婚对子女的影响,离婚后与异性的关系,等等。离婚过程中一个在中国具有特殊重要性的问题是住房问题,这在其他社会中很少见到。

离婚与再婚的原因是什么?

有的离婚是男方地位变化造成的,陈世美的故事仍有现代版本,一

---

① 引自菀云:《爱与成功》,作家出版社 2000 年版,第 90 页。

② 转引自李银河:《中国女性的感情与性》,今日中国出版社 1998 年版,第 185～186 页。

位离婚女性给我讲了他和丈夫21年的婚姻和痛苦的离婚过程。结婚时，她是干部身份，他是工人，她一次次利用自己娘家的社会关系帮助他改变了社会地位，使他也进入了干部行列，进入文化单位，成为一名从事文化工作的人，可他竟然在她为他做了这一切之后提出了离婚。她说："是他去法院提的离婚。我在家收到了法院的通知书。没多久，第二份传票又到了。我当时的反应很怪，人像傻了一样。这个男人真是良心丧尽。"她问我要不要看看她前夫长什么样，我同意了。我以为她去拿照片，她却拿来一个墩布。她用墩布擦湿了房间中间的一片水泥地面，那上面刻着一个套着绞索的秃顶男人头像，看去刀法娴熟——她是一位学过雕塑的画家。她用这种方法来抒发心中的愤懑。

一位再婚后又离婚的妇女说："婚后一开始还不错，那时他有外债，他两个孩子都小，还要养两个老人。那时我们厂效益不错，工资奖金都多。我就帮他还了债，帮着养他的父母。后来他俩孩子都工作了，俩老人都故去了，他马上就变了，觉得我们俩不是一个层次了（他是老师，我是工人）。先是寻衅打架，后是经济上分开，房钱都是他交一个月我交一个月。他还打我，他打我我也打他，他个子小，我身大力不亏，他没占过我什么便宜。在这点上他对我有意见。"

男方移情别恋也是离婚一大原因："那年我看出他已经和那个女人陷得很深，抱定了离婚的决心，我无力挽回了。我只好调整自己，他却视我为软弱。我想，如果为了迎合他而改变我自己，我就什么都没有了，我不能再拖下去点是空空地等待了。后来我主动谈到分手的问题。我不愿看到他那种痛苦的状态——那种想提又不敢提，想爱又不敢爱的样子。我一提，他马上就答应了，他就等我这句话呢。后来他看我很痛苦，又动摇了。他对我说，你既然这么痛苦，为什么不把我拉回来？我就苦笑：'你自己都不能把自己拉回来，我拉有什么用？'我们离婚那段时间，正是他在单位提拔的关键时刻，单位让我去说一说我们的离婚是不是他的错。我为了成全他，还去证明是我愿意离的，不是因为第三者。我对他做到了仁至义尽。"

"那年他以感情不和为由提出离婚。他是上法院提出的，其实他不去法院我也能同意离婚。当年他想跟我好的时候，朋友们都觉得他配不上我。有一次他说：'我顶多是个陈世美吧。'我说，他不是，陈世美还当过驸马呢。我跟他说过,如果要分手,你一定跟我说,我可以和你分手。有一次睡到半夜,他忽然把我扒拉醒,说,他特别喜欢一个人。我听后,既不想问她是谁,也不想问他们好到什么程度了。我只说:'你需要我做什么?'因为他说过他不想提离婚,我说我可以提。他听了就哭了,说我还不如打他一顿骂他一顿呢。我说,我这人不会撒泼打滚。有两次我偶然回家,不是有意抓他,两次都碰上同一个女的从我家出来。我觉得大吵大闹特别丢脸。他问我:'你为什么不闹?'我说:'你们是不是已经成熟了?我想保护自己,也保护你,不愿把事闹大,让别人看笑话。'他当时还挺感动的。可是后来又突然上法院去起诉。我认为,是属于你的东西就是你的,不属于你的拴也拴不住。"

男方的不体贴也会成为女性下决心要离婚的原因:"那几年他外出学习,我特别累,他也不懂得有句好话,他不懂我付出的劳动、付出的爱。那一阵是我们之间感情最冷淡、最危险的时候,也是我最需要有丈夫的安慰的时候,可他一点儿也不懂。"

有的婚姻是因为"女高男低"而产生危机的:"他并不喜欢我这个人和我的行为方式,后来他就搬走了,搬到厂里去住。我让他来,他恨我,不来。后来我们就签了个协议,同意离婚。开始我一直不同意,觉得过得还可以,他就非要离。因为我学历比他高,他觉得和我在一起特别累,认为学历上的差别难以忍受。他骨子里特别自尊,又特别自卑。"

有人的离婚是相互不宽容、忌妒心过强所致,当然,感情不好往往还是更深层的原因,或许二者是互为因果的:因感情不好,故不宽容;因不宽容,故感情受损。一位离婚女性这样讲起和前夫第一次吵架的经过:"有一天下大雪,我回不了家,就跟单位几个男同志学跳舞。学到九点多才回家,我很兴奋,一进门就说:你知道我为什么晚回来,我跳舞来着!他冷冷地问我跟谁跳舞了。我很不高兴,就说,他们单位要是有舞会,我也不反对别人和他跳舞呀。他就大吵:我不占别人的便宜,别人也不能占我的便宜。从那以后我们关系就不好了。感情不好什么事都能吵起来。"

一位离婚女性这样讲到她的前夫:"有些男人是真爱老婆,可那种爱叫人受不了,他好像把你当成他的一个什么东西似的。有一次我带丈夫去个舞会见见世面,那时的舞会还很正经,连迪斯科都没有。在舞会上他从头到尾板着个脸。我不跳时他就低头看书,有人请我跳时他就盯着看。从那以后,我再不跟他上舞场,我自己也不跳舞了。"

最后,缺乏感情是造成婚姻破裂的最主要原因:"我的婚姻是两边父母决定的。我没有真正的快乐,我不爱我丈夫,但是他很喜欢我,他总是像抓举一样把我抓起来。"

一位离婚女性讲到自己的压抑感:"刚结婚时,和他父母住一起,感到很压抑。他父母是工人,他也是工人。我一直在第一个男朋友(干部子弟)和他之间犹豫,等于是父母逼我和这个工人结的婚。"

一位结婚才一年多就已打算离婚的女性说:"我后来心就凉了。他要是爱我,不可能在结婚三个月的时候就走(出差),即使是为了工作。他出去一个月没怎么写信,偶尔有一个半个电话。最让我生气的是,他觉得这种做法很正常。"

有时关于感情的感觉是很细致微妙的,没有任何可用言语表达出来的明显原因,仅仅是一种感觉:"我离婚的决心很坚定。结婚以前我知道什么是高兴,什么是不高兴,知道天是蓝的,花是香的。可现在就连高兴时心里也是沉甸甸的,挺忧郁的。"

"我做的梦里都是他(丈夫)不理我,还梦见做爱,但感觉不愉快,后来就下决心要离婚了。"

"我在感情上需求特别多,家庭使我窒息。我这个人当不了家长,所以离婚时我放弃了孩子。"

"我原来那个丈夫已经被提拔上去了,新朋友还是一个普通职工,我妈就老说,原来那个丈夫有什么不好。我想,我找的是个丈夫,不是模范。"

我在调查中隐隐发现这样一种"规律":那些兄弟姐妹中有人离婚的人,其发生婚变的概率比兄弟姐妹家庭生活都"正常"的要大些。离婚好像是一种传染病,特别容易在一个家庭的成员中传播。这种"传染病"还不仅包括离婚,也包括独身等在一般人看来属于不"正常"的生活方式。例如,调查中一位离婚女性就说过:"我家三姐妹两个离婚,一个独身。"

离婚的过程如何?

一位离婚女性说:"我感觉周围的人离婚的很多,打到法庭去的却很少,多是协议离婚,我觉得这是社会变得文明起来的表现。"

有离婚女人讲到调解工作给她留下的坏印象:"街道的老太太就那么当着很多人问我:性生活怎么不好,是谁不能满足谁呢?我说,是他的要求比我多。她就说:那有什么不好呢?整个调解过程就像是一个拷问,一个折磨过程,要我把自己的隐私全部暴露出来。"

单位的调解过程有时在当事人看来也很滑稽:"我们单位一位负责调解的中年女同志对我说,你们俩都是党员,革命的道路上走到了一起,有什么解决不了的矛盾呢?我说,我的精神要求比较多。她说:精神是什么?我和她根本说不到一起去。"

一位女性讲了她离婚过程的艰难:"那次我又提出离婚的事,他拿出一把蒙古刀搁在我脖子上说:还离不离?离不离?我说不离了。后来他又自杀一次,不知是不是为了吓唬我,我也不知这是不是就是爱。他说过,世界上哪有什么爱,不就是过日子吗?还说我是看小说看多了。我一提离婚他就争孩子,争不清楚就离不了。"

另一位主动提出离婚的女性说:"头一次我提出离婚,他哭了,我心就软了。他觉得挺委屈的,因为我们毕竟没有根本的利害冲突。他认为我应该围着锅台转,顾家,我有逆反心理。是他妈妈坚决要离,他妈对我不好。现在他想复婚,可我觉得没有爱了,伤得太深了,没法愈合了。就像毛衣织坏了,就不想拆了重织,而想买点儿新线了。我犹豫过,回去过一次,到学校去看孩子,没想到碰上他了,他骂了我一句特别粗的话,我就对他彻底绝望了。"

在男性主动的离婚中,女性往往会受到很大伤害:"他家在法院有认识人,所以上法庭后,法庭的人对我态度特别不好。财产名义上有我一半,可我根本不知道他有多少财产。他是个个体户,连工商税务也搞不清他有多少财产,我怎么能拿到证据呢?我明知道他的财产不止这一点点,可只要我说他不止这些钱,他就说,我的买卖没赚钱,还赔钱呢。我只好就那么凑合着过。现在他们家又在打孩子的主意,想把孩子要回去,我真怕,怕最后结果是我什么也得不到。"

离婚的心理压力如何?

"我提出离婚后,因为我们是军婚,他们调查我有没有第三者,我发现他跟踪我。我的压力很大。他们单位的人都不理我了,觉得我是个坏女人。我从小一直是个好女孩,现在却被人当成坏女人、破鞋。无论走到哪儿,都有人指指戳戳的。后来我就去睡办公室了。他调查第三者无结果之后说,这更让他伤心,因为在没有别人的情况下,我就不愿和他过了。"这位女性很感慨社会风气的变化——现在离婚女人所受的压力小多了。

"我们离婚纯属他家干扰。他爱我,我不爱他,只有感激,是对他感情的回报。就因为我们离婚,我母亲临死都没看到我孩子,他家不让看。他是个一条道走到黑的人,接受不了我们离婚这个现实。他特别爱我,离婚五年了,他一直想跟我复婚。我一想到复婚,我妈临死没见到孩子那种痛苦的表情就出现在我面前,我就痛恨他。我恨他用各种手段折磨我,给我散布谣言。我是一个清白的女子,受了那么多折磨,那些轻薄女孩子反而过得特别快乐。我有过死的念头,后来又觉得不值得。我这个人表面和内心相反。一般都是心里流泪,表面上很不在乎,实际上很在乎。有一阵我都出现幻听了。月经期前后就想哭,感到特别凄凉。我这人又坚强又脆弱。我想在事业上奋斗出来让他们看看。后来我真考上大学的进修班。可连这都不管用,他们传我不是考上的,是跟人怎样。有次坐火车,他们一伙人坐在和我隔一个椅背的座位上,故意大声议论我。我听了气得要命,他们就特别高兴,说:看把她气的。我特别受不了的是,如果我真是那样淫荡的人倒也好,可我不是。"

"离婚后有一个月的时间,我精神恍恍惚惚的,有种灵魂出窍的感觉。原来我以为结婚就是两个人融为一体,相依为命,突然间那一半没有了,人好像都要站不稳了。有时我有一种感觉,好像人飘在天上,看着地上的自己在做着无意义的事情。"

一位女性为了情人离了婚,可情人又移情别恋了。她说:"那天和他了结了。我心里特别凄凉。当初离婚时,别人就劝过我,宁要不美满的婚姻,不要搞得更惨。"

另一位离婚女性讲到自己离婚后孤寂的心情:"那段时间,我上公共汽车给带小孩的让个座,孩子谢我一声,我都快流泪了。人要是没人喜欢,在茫茫人海里也是很寂寞的。"

有的女性会因为离婚对自己丧失信心,一位容貌美丽、各方面条件也都很好的离婚女性说："以后我再不会有那种被人倾心相爱的机会了，以后建立的家庭（如果会有的话）一定会更可怕的。我特别自卑，觉得抬不起头，不是因为自己是个离婚的女人，而是因为自己选择的不好，说明我是有问题的。我们也算是自由恋爱，断断续续拖了几年，结婚时也没人拿刀逼我，这婚姻确实是我选择的。不知为什么，我结婚时整整哭了一整天，可能是对这个婚姻的失败有预感吧。现在我心理上被打垮了，别人夸我我都觉得是假话，不是真话。"

这位女性还说："有一次我看到单位有一个男的穿得乱七八糟，邋里邋遢的，就问旁边一个女孩他是怎么回事。她说，能好吗，成天和老婆打架。我醒悟到，一个人家庭生活要是不正常，就会是这种狼狈不堪的样子。我想到自己肯定受不了别人的同情。我的痛苦憋在心里很长时间，有时和妈妈说一点儿。我相信感情易变，血缘不变。我觉得愧对母亲，她会说：看看，这是你自己选择的吧，是你自己要嫁给这个人的吧。"

一位在离婚过程中遭受惨重折磨的女性说："现在所有的男人我都害怕。从这事以后我对男人很少有好感。我觉得男的总是想让女的付出。"

不少离婚女性因此不能想象再次陷入婚姻："离婚后每月男方给200块钱，原来规定是工资的百分之几。我觉得当单身母亲很光荣，不能想象再去找朋友结婚，男人什么都让女人做，太累了。"

"离婚女人带个孩子，在婚姻市场上就掉了价。但是我决心不凑合。我也不能接受双方都有孩子的婚姻，经济上、精力上都达不到。再说，后妈难做，你觉得做得不错了，对方家里还是不可能满意。我决不会去自找麻烦。"

离婚会导致一些女性择偶标准的改变，一位离婚女性说："我可不愿意结了婚再离婚了，我也怕再找一个不如他的人。他（前夫）挺帅的，高高大大的。男孩高大使人有安全感，好像一棵大树一样保护着你。以前我找对象的标准是1米76以下的不要，他超过了1米8。现在我不考虑这个了，我主要看内在气质。"

也有一些女性在离婚后又得到了真正的幸福："我看不起的人都跟我离婚了，所以我那一段心情灰暗，觉得没有希望了。可是后来我认识了现在这个男朋友，他心特别细，对我感情特别好，特别爱我的孩子，老陪孩子玩。现在我们特别好。我特别感谢这次离婚。我整个人好像都变了，变成了另一个人。"

离婚对社会的效应和压力如何？离婚对社会的压力不宜用正面或负面来形容。

据媒体报道，美国人离婚办喜庆①。在美国，夫妻离婚或分居时举办庆祝活动已逐步成为一种时尚，越来越多的人开始愿意与朋友一起庆祝这个难忘的时刻。

专家认为，导致这种现象的原因是人们已逐步接受离婚的事实，同时也需要举行某种仪式，纪念生命中的这一重要时刻。

心理学家里纳·萨默博士说，她经常建议病人在夫妻关系结束时举办一个特殊的仪式，宣布单身生活的开始。她说："在条件许可的情况下，我劝离婚者更换住宅。如果条件不许可，我就劝他们对住房重新装修，特别是卧室，要购置新床单。"她认为，举办庆祝活动是一种很好的结束婚姻的方式。

很难确定离婚喜庆活动被大众接受的程度，因为有时活动的规模很小，参加的人也不多。但可以肯定的是，喜庆离婚的方式受到越来越多的人的欢迎。

夏洛特一年半前在自由女神像前举行了离婚庆祝活动。当时甚至重新举行了洗礼仪式，她的母亲象征性地恢复了她做姑娘时的名字。

30 岁的演员菲利普·泰伯去年 9 月举行了离婚仪式，他与共同生活 8 年的妻子离婚了，在离婚仪式的请柬上，他注明"离婚"两个字。

在安德鲁·马克斯的离婚庆典仪式上，80 位来宾品尝了美味佳肴，并在欢快的《离婚》乐曲声中翩翩起舞。37 岁的马克斯说："结婚是个喜庆的时刻。有时，离婚也应是喜庆的时刻。"

在举办离婚喜庆活动方面，西雅图一家报纸的出版者丹·萨维奇堪称先驱。8 年来，每年的 2 月 14 日，他都要组织活动，让重返单身生活的人们销毁属于前配偶的物品，庆祝新生活的到来。

---

① 见《参考消息》，2005 年 4 月 10 日。

无独有偶。离婚的庆典活动,不仅在美国兴起,而且在阿根廷流行①着!结婚举行庆典很正常。不可思议的是离婚也要举行庆典,而且这在阿根廷已经成为传统。在当地的酒吧和迪斯科舞厅,兴致勃勃地来参加离婚庆典的男男女女多得不得了。

近些年来,世界许多国家的离婚率都在上升。最近墨西哥甚至要举办首次"离婚展"。参观离婚展览的人可以进行心理和法律咨询,这有助于婚姻失败者轻松应对生活危机。

家庭解体对一些人来说是极大的打击;而对另一些人来说却是期盼已久的事,是开心和兴奋的由头。为离婚庆典提供服务的公司在阿根廷如雨后春笋般冒了出来。离婚庆典与平常年轻人的娱乐晚会没有什么区别,或者说更像生日庆典,因为也要送礼。从衣服到美容店的优惠券,什么样的礼物都有。总之,对离婚者的"新生活"有用的各种东西都可以成为礼物。当然,离婚庆典通常离不开用来活跃气氛的音乐和引人入胜的表演。

庆祝离婚的风俗其实不是阿根廷人,而是美国人想出来的。现在,拉美人好像也接受了这种做法。

离婚很值得胜利者庆祝吗?这必须从离婚的夫妻双方来考虑,而不能从男女单方面来考虑。离婚的结果是快乐或是忧愁,是喜剧或是悲剧?离婚研究者研究了大量的离婚事例得出的结论如下:

1. 夫妻双方的某一方,为了单方的经济利益或个人的情欲需要而提出离婚,而对方(另一方)在被伤害的情况下无可奈何地不得不离婚。离婚的结果是一方获得新的爱情的快乐,另一方则因被伤害而陷入无限的忧愁和痛苦中。

2. 离婚的双方都因志不同道不合,都各自为了自己的前途和个人利益,都从内心出发同意离婚而各奔个人的美好前程。双方离婚之后都感到一种解放了的快乐。

根据离婚研究者社会调查的结果,上述第一种离婚者——一方快乐与另一方痛苦的离婚者占绝大多数;而第二种离婚者——双方都感到了离婚是一种解放了的快乐,则占离婚者总体的极少数。

---

① 转引自《离婚的庆典风行阿根廷》一文,见《参考消息》2006 年 6 月 26 日。

世界上不存在快乐"幸福的离婚"。就离婚带给社会的效应和压力而言,主要的不是正面的积极的影响作用,而是负面的消极的影响作用。请看下面这篇文章①:

[法国《现代价值》周刊网站文章]题:不存在幸福的离婚(作者夏洛特·道内拉斯)

身为记者的阿加特·富尔尼奥因为从一些父母离异的成年人那里得到证明,进而对离婚给孩子造成的影响展开了深入调查。

35岁的斯特凡娜想要成为律师,为了"给他人之间的冲突找到解决办法"。53岁的克里斯蒂安已是儿科学家,希望"保护孩子不受父母所做蠢事的影响"。他们两个人和另外16名成年男女一样,都是"离婚家庭的孩子"。阿加特·富尔尼奥把他们所说的话收录到她的《我父母离婚的那一天》一书中。

作者注意去除了种种悲惨的和复杂的情况。然而,无论是20岁的心理学专业大学生路易,还是75岁的小说家亨利,他们始终对父母离婚有着十分痛苦的记忆。

法国每年有14万儿童面临父母离异。可是,针对父母离异子女的研究却十分罕见。为什么会有这样的沉默呢?阿加特·富尔尼奥问道,"我们力图掩盖怎样的失败呢"?社会学家埃弗利娜·叙勒罗指出,这个问题在我们国家还是禁忌。然而,难以否认,少儿问题专家们很久以来就知道了所说的问题。阿加特·富尔尼奥援引儿童精神病医生雅克·马耶的话说,"离婚人数在不断增多的同时,青少年的苦恼也在增多"。作者写道,"有一件事情是肯定的:对于孩子们来说,父母离婚绝非无关紧要"。

当作者被问到为什么写这本书时,她表示,"随着我对家庭和夫妻问题的调查,我发现离异家庭的孩子迫切需要表达意见。对于许多人来说,父母离异始终是一件难以被化解的大事"。

那么,父母离异对孩子会产生怎样的影响呢?首先,这会给孩子带来痛苦。应该充分地认识到,离婚使孩子处于被动地位:承受痛苦的是

---

① 见《参考消息》,2009年6月3日。

孩子。因此,他们要能够尽快摆脱这一处境,以便重新开始自己的生活。人们无法拟定离婚家庭孩子的生活模式。

相反,人们会发现这类孩子同样能够先于他人变得早熟和有责任。要知道,这种早熟有时让自己在其他方面变得迟缓,如让情感成熟变得迟缓。许多人都提到自己内心深处始终有一种创伤,就好像有种事情无法完全稳定下来。

此外,离婚给社会造成了怎样的影响呢?影响年轻人的三大问题如吸毒、青少年犯罪和肥胖与离婚人数激增同时发生,这难道是偶然吗?在一个没有提供价值标准和道德标准的社会里,离婚变成了一个加剧其脆弱化的因素。

在中国上海,有一个离婚俱乐部,让心碎者不再孤独。请读下列这篇通讯报道①:

[新加坡《海峡时报》5月20日报道]题:心碎者重整旗鼓的地方

烛光之下,男人们和女人们手拉着手,齐声呼喊:"今夜我们彼此相伴,今夜我们不孤单。"

这40个人素昧平生,但他们有两个共同点:都经历了失败的婚姻,都是中国某市的一个离婚俱乐部的成员。

自它2月中旬成立以来,已有200多名离异者加入这个私营俱乐部,不过主办者说,女性占其中的70%。这些人中有工程师、公司经理和记者,年龄从二十八九到六十出头不等。

但这个俱乐部的未来还有些不确定。在办好正式注册手续之前,它还属于在法律上的灰色领域经营。

作为俱乐部创始人之一以及负责人,王女士仍然每周举行聚会,聚会上提供茶点并有抽奖活动。俱乐部还组织出外旅行,例如五一节的浙江之旅。

成员们说,这个俱乐部发挥了政府未能承担的重要社会作用,帮助他们告别挫败感和孤独。

50岁的解女士几个月前刚跟丈夫离婚,因为她发现丈夫在和一个比他小16岁的女人交往。她说:"我必须走出家门,跟人接触。待在家

---

① 见《参考消息》,2006年5月24日。

里感觉太孤独了。"

10年来,世事发生了很多变化。离婚不再会损害事业,尽管许多人仍然感觉它是一种耻辱。随着越来越多的人接受不合则分的想法,该市的离婚率剧增,2004年有3.63万对夫妻正式离婚,离婚率几乎是10年前的两倍。在1980年,该市只有3300对夫妻离婚。

离婚俱乐部每周安排至少一次活动。女人通常会精心化妆,男人则西装革履。他们围成一个圆圈坐着,大家一起聊天,有时甚至唱歌跳舞。

俱乐部成立之后吸引了媒体的大量关注,政府也开始把目光投向这栋位于上海市区的白色小楼。市政府坚持让俱乐部登记注册,王女士已经把俱乐部的牌子摘下,在正式注册之前权且使用另一个名称。

在聚会时,最常谈论的话题便是上次婚姻的不幸。但王女士竭力鼓励成员们说点儿别的。本身也是离异人士的她说,俱乐部的目的是给人们提供一个论坛,让他们忘记过去的婚姻,开始寻觅新的感情。

同时经营另外几家企业的王女士说:"我想帮助这些离异者寻找第二次机会。"她每周选择30至40名成员参加聚会,试图让他们发现合适的对象。

有时会有专业的婚姻顾问参加聚会,解答关于爱情、婚姻甚至法律事务方面的问题。这些服务不是免费的,但每个成员的会费仅为280元。有些活动需要额外交钱。

专家们将离婚现象的增多归因于更加宽松自由的社会环境。一位中国学者说,政府放松了对社会的控制,公众也变得更能接受离婚现象。

### 如何避免离婚与挽救婚姻? 如何正确处理离婚之后由旧情人转化为新朋友的关系?

有一种男人因喜新厌旧而走上了抛弃旧情人寻找新情人的离婚之路。男人的外遇与男人的心态、社会地位和经济实力紧密相关。如胶似漆的蜜月告一段落后,男人心目中的偶像就被彻底打碎了。他们开始把注意力转向外界。这时,一旦遇到一个理解自己的女人,就可能与她产生情感纠葛。

男人寻找外遇,也和人类喜欢追求新鲜的心理特点有关。很多时候,男人另寻新欢,与其说是生理上的需要,不如说是心理上对原来的家庭产生了厌倦,因此迈出危险的一步。

你嫁的这个人,无论多么爱你,都是个普通人,有普通人的弱点,甚至劣根性。婚姻是两个人一起成长的路,不要因为一方的偶尔迷失就轻言放弃。在决定原谅还是不原谅前,一定要想清楚,怎样做才能让自己的生活更幸福。

请看下面这篇描写离婚之路的文章。题目是《离路》,作者薄缘①:

如果不培养自己修复情感和主动把握命运的能力,所有的情感岔道,终归会通向同一条索然寡味的离路——

> **5月10日周六 晴**
>
> 今天看起来和其他的日子似乎并没有什么不同,夕阳依旧灿烂,我照例做好饭等旭回来。他心事重重地吃完,看我一如往常地收拾桌子,洗碗,突然出声说道:"我要离开一段时间,和她。"我转头望着他。
>
> "如果相处好,我就和她一起过;觉得不好,我就回到你身边,死心塌地守你一辈子……"
>
> 可笑!我想笑,却笑不出来。
>
> "其实你早就知道了,只是装糊涂对不对?"他忽然盯着我问。
>
> 是的,我一直在装糊涂,但是,当他亲口说出来我仍旧心痛难忍。我早感觉他和那个女人的关系不寻常,但我一直都不肯相信,这样一个敦厚得甚至有点木讷的男人会出轨?怀疑的念头一经出现,立刻就被我扼杀了,有这猜疑的工夫还不如好好做一番事业呢!人类躲避灾难的本能也使我不愿去想会有不好的事情发生在自己身上。
>
> 可现在,一切都明白地发生了,我竟然没有哭,也没有骂,

---

① 转引自《恋爱·婚姻·家庭》,2008年9月号。

只是久久地迷惘地注视着这个我直到现在依然深爱的男人。

**某刊视点**：如果女主人公能在觉察到丈夫异样的时候及早作出努力，也许不会有今天这一步，是她的自信、漠视甚至自负，使她错过了挽救婚姻的最好时机。

5月18日周日　阴有小雨

今天锦给我打来电话。锦对我说，我碰到了一个好朋友，居然跟旭的情人是一个单位的！我就跟她聊了你们的事，你知道吗？旭的情人，本来是不想伤害你们的，所以并不敢太张扬，反而一直在退缩。没想到这种退让居然激起了男人的好胜心和占有欲，更加穷追不舍，而你，你可倒好，居然毫不约束你的丈夫，放任他放纵自己的感情，于是，她渐渐觉得心安理得。

我错愕良久，失神地放下电话，泪不知何时爬了满脸。

我知道我的婚姻出了问题，出了很大的问题，我们的爱情没了，而他，想尝试新的生活方式。在这一点上，他是真诚的，他不想欺骗我，也不知道该怎么处理，只好坦白告诉我，并听候我的裁决。

该不该放旭走？我曾经考虑了整整三天，最后得出了肯定的结论。不是我愿意放手，不是我认可了他那自私的选择，拒绝婚外恋诱惑是一个有责任感的人的本分，他若果然忘记了这本分，置十年感情于不顾，作出违背良心的选择，这样的人，我留他何用？

旭走的前夜，我们说了很多很多话，我清楚地感觉到他的矛盾与挣扎，他的心里毕竟是有我的，想到要离开我，他也一样难过和不舍。他甚至提出要我去见见她，也许两个女人见面交谈后，能找到一条解决问题的渠道。我听后，冷静地笑了笑，断然拒绝了。见她？一个第三者，她配吗？何况，问题出在我丈夫身上，也要由我丈夫自己来解决，与她无关，也与我无关。

然而，我显然高估了丈夫的自控力，或者是高估了我的魅力。他走后这几天，竟然一个电话都没有打回来，连一条短信也没有，仿佛我只是一只鸟，在他感情的天空，飞过就飞过，未留下一丝一毫的痕迹——怎么可以这样？难道我的理智和冷静是错的？

某刊视点：挽救婚姻需要双方积极主动地出击，而不是寄希望于出轨一方的理智和自制力。陷入感情漩涡中的人往往没有理智可言，而女主人公的放手和不作为事实上等于对婚外情的怂恿和对第三者的鼓励。她的冷淡和高傲，难免会给第三者一种感觉：这个人，你已经不在乎了，那么，我正好接过来，不必有丝毫不安。这就是面对婚姻危机，很多知识女性由于高傲和矜持会坐以待"离"，而一些农村妇女用一哭二闹三上吊或带一帮人把第三者打一顿的土法子却能挽救婚姻的缘故。当然，挽救婚姻最好用文明理性的方式，但一定要明确表达出你不愿放弃的态度。

### 6月5日星期四　多云

我收起了所有的镜子，因为我不想看到自己濒临崩溃的模样……

她离开了，我原以为这对于我和旭来说是个完美的结局和崭新的开始，却没料到，她走了，把旭的心也带走了，而我，从十七层地狱落入了第十八层！

她是聪明的，从旭的优柔寡断和摇摆不定中看出，就算他们结了婚，她也将始终生活在我的阴影之下，因为她永远不可能做到我的包容和忍耐，而旭也将对我抱愧终生。所以，她选择了辞职，去另一个城市开始新的生活，毕竟她还年轻。我得知这个消息后当然很高兴，以为只要她撤出，我和旭就可以从容修复婚姻的裂痕。我甚至第一次主动给她发了条短信，祝福她在外地多保重，早日遇到心仪的人，开始完美的恋爱婚姻生活。我还说，只要她从此不再和我丈夫联系，无论她需要什么帮助，我都可以答应并做到。

没想到这条短信却闯了大祸！旭看到这条短信后大发雷霆，疯了一般对我大叫大嚷，说我心机太深，一定是我逼走了她。说她是那么善良柔弱的女孩，一定是因为想让我心安才会选择离开，她一个人在异乡，日子该是多么凄苦……

那一刻，所有的怒气骤然爆发，婚后我们第一次吵得天翻地覆。这一个月来我的苦痛我的委屈他知道吗？十年爱情，八年婚姻，如今我竟成了多余的人！

这几天，他在我面前晃来晃去，不理我，也不看我，像是行尸走肉，了无生趣。他对我，是绝望了，而我对他，也无法再抱任何幻想。

然而，想到要彻底分开，过去的恩爱又一幕幕涌上心头，挥之不去。他曾经那么爱我，以我为中心，围着我转，我就是他的一切。我一直视这些为理所当然。可现在，他却连看我一眼似乎都需要很大的力气。当我们还有爱情和激情时，他的付出是快乐的，幸福的；一旦爱情和激情消失，同样的付出，却成了负担和折磨。

在婚姻中，我一直是强势的那一个，保护他放纵他原谅他；而他，就像一个习惯了依赖的孩子，逐渐失去了思考的能力和自我控制的意识。等他想回头时，身心已不受控制。想起来，他也曾跟我诉说过，希望我关注这潜在的危机，我却一再地忽视。她的出现使他获得了新生，他觉得自己找到了知音，抓住她不放，希望能通过她来改变生活现状和他的人生。现在，她的绝情令他痛苦，却无法再从我这里寻找安慰。看到他血红的眼睛，我又心疼又痛恨，离婚吧！我只想早点解脱！

我们最终选择了分开。

今天，他去了另一座城市——可是，他去哪里跟我又有什么关系呢？我们彼此都需要冷静，让心灵获得安宁。我也必须学会自救、重生。


某刊视点：十年爱情为何如此脆弱？女主人公的盲目自负和不作为固然是原因之一。但主要症结还是在男主人公旭的身上。旭的软弱和依赖性导致了他面对诱惑免疫力低下。

婚姻如旅途，天长日久走下去，难免有激情消退的一天，但旭没想过要自己努力去改变现状，而是指望别人来带着他改变。情人的出现宛如给了他一根救命稻草，他急于抓住她，希望借此走上一条风景美妙的岔道，改变自己平淡的现在和未来。可他没有意识到，如果不培养自己修复情感和主动把握命运的能力，所有的情感岔道，终归会通向同一条索然寡味的离路。

请看下面一个痛苦的爱情故事：

丈夫因一次偷情而八年忏悔，离开妻子八年的痛苦折磨，终于觉醒想回到妻子的怀抱，妻子能谅解他、宽容他和接受他吗？请读者自己去思索、去解读、去猜测并最终作出合情合理的判断！请看金明口述、安顿整理的《……真诚和眼泪能否换回前妻》①这篇文章：

这是一个男人的悲情自述：离婚后，他这才明白最爱的女人是妻子；生活有点儿像连环套，起点和终点有时难以区分，他希望终点成为新的起点，重新搭建因他偷情而摧毁的婚姻家园。然而，机会也许已经错过……

### 如果更耐心，我们不会离婚

我想讲讲自己的故事，我接受你的采访，目的是让我的前妻知道我在想什么。

我34岁那年认识她，她比我小10岁，大学毕业两年。当年的我是一个男孩的爸爸，孩子他妈离开我，嫁给一个比我更有钱的男人。我留下了孩子，放弃国家机关的工作，和几个朋友成立了一个小公司，第二年，我们的小公司运作良好，赚了不少钱。就在那时，我遇见她——我第二任妻子简。

她没有恋爱经历，很单纯，家教很好。有一点非常重要：她几乎没有钱的概念——离婚后我很看重这个，我再也不想找一个能跟着人民

---

① 转引自《恋爱·婚姻·家庭》，2009 年第 1 期。

币远走高飞的人。费了很多周折,我们结婚了。长话短说吧,前五年我们非常恩爱,她对我儿子非常好,超出我的期待;我们不好,是在结婚的第六年。

那时我已经从和朋友合伙的公司分出来,有了自己的公司。她也换了工作,专职做翻译,经常在家工作。公司很忙,应酬也很多,我对她的关注越来越少。可能因为日子清闲,又被我惯得特别任性,她常常纠缠我,说我忽略她,说我越来越不爱她,最后发展到特别神经质,说我有外遇。我特别烦,也没意识到她这样子可能和我做得不好有关,就觉得她变了,变得非常讨厌,一味去怪她。在这种心情下,两个人都不好过。这种时候,也最容易出现第三者。

我遇到了另一个女人晶晶。晶晶是我的同行,离婚了,比简大几岁。我发现我们有些共同语言,越走越近。我和晶晶的关系发生变化,是有一次一起出差。那天在长沙,妻子晚上不停地给我打电话,说她有预感,我这次出差会出事,打得我关了手机。这个女人拉我去酒吧,还有她的客户。我心里不痛快,喝酒没节制,结果喝多了。后来的事情特别庸俗,谁都能想象。我睡醒了,发现身边是晶晶。我觉得自己很可耻。我当时想,这回成真的了,我怎么跟妻子解释?从那天早晨我醒过来开始,就背叛了我的家庭和爱人。我希望有个成熟女人能照顾我、安慰我,我不想再去伺候一个长不大的、总在无理取闹的小丫头了!

偷情的事很快败露。我当时对晶晶很投入,她太会照顾人了,不仅仅是生活上,更重要的是精神上,完全不像简那样,总是想控制我。现在我想说一句话,说给正在重复我当年的男人们,别以为老婆的缺点在情人身上不会有,那是暂时的,等情人成了老婆,可能比老婆还不如……但当时我就是觉得情人好。

我干得最荒唐的事是给情人买了一套房子。我当时想的是,我们俩要在里面相依为命着终老,真可笑。后来的事实证明了我妻子的预言:几年后,这个女人遇见一个"更好"的人——那个人带她去新加坡,她带了一笔私房钱,其中也包括卖掉我买的那套房子的 100 多万元。

## 拿着旧钥匙,含泪打开旧家门

简是那种特别执拗的人,热爱浪漫故事,眼里不揉沙子。她没有我外遇的证据,也没有离婚的想法。但我想离婚,我和晶晶走得越近,就越不愿意回家。那时候妻子非常痛苦,她说:"金明,你有外遇。别说我污蔑你,我是你老婆,你怎么样我最清楚。"我时常深更半夜回家,她坐在客厅喝酒,她每天喝,把家里的洋酒全喝完了,加起来怕是有 20 多瓶……

我知道我特别缺德,那时候就知道,后来我们重逢,我更觉得当年太缺德了,从某种意义上说,她的今天是我造成的,我毁坏了她一生的幸福。但那时候我的心真狠,我说:"你闹吧,你越这样我越要离开你,不是为外遇,是因为我受不了你。"我真无耻、真不要脸,是吧?我自己也这么觉得。

有一天早晨,我故意把买房子的那些文件遗忘在写字台上,去上班了。上午 10 点钟,简到了我的办公室,把档案袋放在桌子上,说:"金明,离婚吧!嫁给你时我说过,如果我知道你有了别人,绝对不会在婚姻里多待一分钟。现在我知道了,你走吧!"我当时心里有个东西忽地往下沉了一下,说不好是轻松还是沉重,有点儿遗憾,也有点儿解脱的感觉。我说:"你回家吧,我们回家说。"我一说这话,她就哭了,说:"金明,我从此没有家了……"

2001 年,我们离婚了。我把房子留给了她,给了她一些钱,如果不是很奢侈地花,也能维持三五年吧,我不想她生活太委屈。我搬到了新买的房子,开始和晶晶同居。这不是我要说的主要内容,就告诉你结果吧。

从我们同居开始,矛盾就渐渐多了。我们摆脱偷情变成光明正大之后,一切都不一样了,我很快就感觉到,其实我并不了解她,她的生活远比简要复杂得多。2004 年夏天,我们分手了,因为她成了那个新加坡人的情人,被我发现了。而我发现的时候,她已经签好了卖房子的合约,准备走了。

一切突然变得现实起来了,我面临着没地方住,要被扫地出门。我当时觉得真滑稽,真活该,真是报应,可我还是问她:"你这是为什么?"她说:"我并不希望你离婚,我恨为了外遇离婚的男人,我就是丈夫有外遇而被抛弃的。男人为了外面的女人连结发妻子都能伤害,这个男人就绝对不是好东西!"我当时觉得真可笑,一个给别人做情人的人,居然能跟我讨论道德问题。我说:"我不是为了你才离婚吗?"她说:"我们在一起生活很累,我不适应婚姻生活了。"

话说到这份儿上,纠缠没有意思。我租了房子,搬走了,她很快就出国了。我觉得这是我的报应。我伤害了简,现在活该被人甩。

真的开始一个人生活,我发现我最想的人,是简。我这么说你别骂我,我说的是真话。这时我才意识到,她是真心对我的人,而且,真的是无条件的。

有一天我收拾抽屉,看到了一串钥匙。那是我们以前的家门钥匙。当时我的心情复杂极了,拿着钥匙开车回了我们原来的家。我一下就把门打开了,房间里还是老样子,所有的家具都没动,连床上的被子都还是原来的,厨房的咖啡壶里还有剩下的咖啡。看样子她还住在这里,只是不经常在家。那时我真是感慨万千,如果不是我出轨,我们现在也许过着非常平静的生活……而她始终没有换锁,难道她不知道我还有钥匙吗?

那天,我在客厅坐了一会儿,掉了一会儿泪,什么都没动,锁上门走了。

从那天开始,我开始对她的生活非常好奇,我想知道她过得怎么样,遇见了什么人,人家对她好不好,人家要是欺负她怎么办。想到这儿,我心里特别难受。

2007年夏天,我偶然碰见了原来的邻居。邻居告诉我,简搬回来住了,带着一个小孩,听说离婚了。我心里特别难过。那天下午,我拿着那串钥匙去了,可我的钥匙不管用了,迎面是一扇厚实的大铁门,新装的。我想敲门,但不敢,就那么站着,直到听见里面有钥匙响,赶紧跑下楼,在保安站岗的亭子背后躲着。过了一会儿,她出来了,推着一辆单薄的婴儿车,车上坐着个小女孩,大约两岁的样子。她从我眼前经过,非常专注地推着孩子……

那天,我太难受了,真的太难受了。几年不见,简从一个漂亮女人变成了一个中年妇女……

再见面才明白，我毁掉了最好的婚姻。

那天，我开着车漫无目的地在大街上转悠了好长时间，最后，我停在马路边上，给我们一个共同的朋友打了电话。朋友是律师，我开口就问："简是不是离婚了？"我这哥们儿说："小孩不到1岁就离了……"从律师那儿，我知道了简的一些经历。不知道还好，知道后更觉得这是我造的孽。

简单说吧，我们离婚之后，她自己过了半年多，经别人介绍认识了后来的丈夫，这人做印刷厂生意，独生子，离过婚，没有孩子。这人追简很费了一番工夫，但等真的追到手，一切反过来了，简怀孕后他们的关系越来越恶劣。这家伙带她找熟人看孩子的性别，一看是女孩逼着她放弃，说没儿子就绝户了。那时小孩都六个月了，她坚决不肯，回了娘家。最后两个人达成协议，约定孩子生下来就离婚。

我拿着电话，就像听一个伤心的故事，主人公是我当年爱过的女人。我破口大骂："这人怎么这么缺德，怎么干得出这种事？"律师听我这么说，沉默了，半天才说："其实都是你造成的。你要是不闹离婚，她没这么惨，她嫁给这个人，根本就是错误……现在一个人带孩子，靠当翻译不够活……"

那天回家，我睡不着，喝酒，越喝越难过，眼前都是当年我们在一起的事儿，我喝哭了。半夜，我打电话把律师叫醒，我说："我要娶她，给她的孩子当爸爸。"他说："你要想好了，就重新追她吧！她对你，还有感情，我知道。"

第二天下午，我就去了。真的站在家门口，又不知道该怎么办了。我站了好长时间，又听见有钥匙声，我站着不动。门开了，是她，拎着一袋垃圾。

她看见我，愣住了，张了张嘴，没说出话，眼泪就掉下来了。我说："我这钥匙不管用了……"她从我面前走过去，去扔垃圾，扔完走回来看着我。我真受不了。她也不说话，眼泪一直流也不擦，我伸出手想给她擦，她躲开了。

不说这些了吧，说后来。我死皮赖脸跟着挤进门去，她女儿在里面叫"妈妈"，她不能不进去。这个家还是老样子，就是原来的书房改成了保姆房,家里多了小孩子的玩具、婴儿车、小衣服和小孩特有的味儿……我们原来的卧室换成了更大的床,梳妆台没了,多了电脑桌,上面堆着她的工具书和乱七八糟的资料。

律师告诉我,她没什么钱,带孩子之余,给翻译公司做一些零活儿;有时候有公司需要会议翻译,她也去,孩子和保姆交给她妈看着,挣钱不多。

那天很巧,小孩儿正不舒服,她不理我,给孩子吃药。我从侧面看她,心里的感觉特别复杂。她是个好妈妈,肯定是,她的面部表情和刚刚对我的时候完全不一样,她看着孩子,脸上的线条特别柔和。我眼睛湿了,想起当年她跟我说:"金明,咱俩生一个孩子吧!我喜欢女孩,她长得会很漂亮。"可现在……

小孩儿吃完药,她把孩子交给保姆,转过身来问我:"你来干什么?"我说:"我来看看你。"她笑了一下,特难看、特轻蔑的笑,说:"这回你看见了,我成了单身妈妈,离开你,我终于倒霉透了。你看完就走吧,我们特别忙!"我知道她恨我,但那一瞬间我心里忽然静下来了,她没变,就连对我说话的态度都没变,只是好强。

我没再说什么,直接进了厨房,那是我非常熟悉的,一切也差不多是老样子。然后我说:"我走了,一会儿回来。"我去市场,买了鱼和虾,买了她爱吃的青菜、水果,保姆给我开了门。保姆说:"大姐说了,您还是走吧!"我说:"我给你们做点儿吃的,做好了就走。"保姆只能让我进去。

钻进厨房,忙着做菜,有一阵子我觉得我真回家了。那一瞬间,甚至有幸福的幻觉,想象着我们还是好夫妻,她带着孩子在房间里玩儿,我做菜给她们吃……这才是家,这才是生活。想到这些,我的眼睛又湿了。

我做好了菜,这个过程她始终不过来。她以前不这样,从前每当我做饭,她就站在厨房门边上陪我聊天,她是个爱说话的人。现在,她变得特别沉默。我把做好的虾剥开,剁成泥,装在小碗里,端到客厅的桌子上,我说:"这是给孩子的,拌饭吃。"她不看我,看着在沙发上玩儿的孩子。保姆站起来去盛饭,她也不说话,我看见她的眼泪又流下来。保姆招呼我:"大哥也一块儿吃吧!"我说:"我不吃。明天再来,你们吃!"

我走了,她不看我,不说话。我给了保姆一张名片,我说:"孩子要是有事儿,随时给我打电话,别管几点,我开车过来。"

从那儿出来,我就去我哥们儿的律师事务所。我把整个过程给他讲了,律师听得直难过,说:"你这是造孽啊!"他问我:"你不在乎她跟别人生了孩子?你能对她的孩子好吗?你要是再伤害她,她就没活路了。"我说:"我能。我不在乎。"律师说:"你这是为什么?是不是想赎罪?"我说:"不是,可能我还爱她。而且,我们俩现在一样了,都跟别人生过孩子了。这算什么?这什么也不算,她当初不是也没嫌弃我儿子?"律师说:"你努力吧,真成功了,我给你们操持婚礼!这也是一段佳话,你让我重新相信爱情了。"

你觉得我聪明吗?从做一顿饭开始唤起了她对以前的回忆,重新进入她的生活。我告诉你,我一点儿没动脑子,没用心计,当时,我就是想给她做一顿好的吃。

第二天,我还是去给她们做饭。保姆说:"大哥,您别来了,大姐说不让您来了!"我说:"没事儿,做好了饭就走,我不吃。"结果还是和前一天一样。

## 重搭婚姻大厦,前妻能接受我吗

我这样做饭到第四天,她终于站到厨房门边上了,说:"你这样很讨厌,你知道吗?"我说:"我知道,但是我挺心疼你的,想让你吃好一点儿。"她说:"你是神经病!我现在跟你没有任何关系,我是别人的前妻,人家孩子的妈。"我说:"不对!你是我的前妻,不管你后来又嫁给谁了。"她开始愤怒,说:"你赶快从我家滚出去,你没有资格在这儿。"我说:"我知道你恨我,现在我知道对不起你,我想改正错误。"她突然哭了,说:"你凭什么?你要改正错误,你当初不屑一顾地走了,你想过是不是错了吗?然后你被人甩了,你发现错了,你又回来道歉?我不需要!你要是没人甩掉,现在会觉得你错了吗?"我无言以对。她说的是对的,如果那个人没离开我,我还会有多少时间想起她?

我站着不说话。她走过去把煤气关掉,问我:"你到底要干什么?"我也不知道哪儿来的勇气,说:"我想重新跟你结婚,先谈恋爱也行!"她走出厨房,忽地拉开大门,说:"你现在就滚蛋! 不要逼我。你再来,我就报警!"我就这样被轰出去了。我后来又去过,怎么敲门,都没有人开。

　　这样过了两个多月,转机来了。一天夜里,我接到了保姆的电话,她说:"大哥,小孩儿发高烧,您能来吗? 我们叫不到出租车……"我用了不到一刻钟就赶到了。前妻看见我来,好像突然得救一样,那天我陪她们在儿童医院过了一夜。孩子输液,她让我走,我说等着送你们回家。后来我送她回家,我说:"我不进去了,你们赶快睡觉,下午我来接你们去医院再给孩子输液。"她也没拒绝。孩子病好,就要过春节了,我打电话问她:"春节想吃什么?"她说:"我们要回娘家住一段时间。以后,你就别来了。"春节过后我出差了,一走就是半个多月,回到北京第一件事就是去找她,结果吃了闭门羹。保姆给了我一封信,说:"大姐说了,再也不能让您进来了。"信里,她把我骂的很厉害。我给她打过很多电话,有时候她不接,有时候接了,也是告诉我她很忙,不让我多说。

　　前几天,她可能觉得我太烦人,终于在电话里跟我聊了一会儿。她问我:"你到底为什么要回来?"我说:"我知道我不配,但现在我知道什么是我想要的生活,谁是我真正想要的人。是我毁掉了我们本来应该拥有的幸福,现在我想重建。"

　　她听我说完,沉默了好一会儿,说:"现在,我有孩子了,你想过这个吗?"我说:"想了。我会善待孩子。既然亲生父亲不爱她,我愿意承担养育她的责任。"我听出她哭了,说:"那你能告诉我,你想要的生活是什么样的吗?"我说:"我希望的就是有一天我们俩都老了,还能拉着手,哪怕只有一杯茶了,也能一人一半静静地喝完……只有你,能给我这样的生活,也只有我,能给你这样的生活。"

　　她没再说话,随后挂断了电话。


　　中国的"小皇帝"离婚不犹豫。中国因人口太多而实行计划生育,每对夫妇只能生一个孩子,国际媒体把独生子女称为"小皇帝"。而中国的"小皇帝"是如何对待离婚问题的? 请看下面这篇通讯报道[①]:

---

① 　见《参考消息》,2007 年 11 月 29 日。

[路透社北京 11 月 28 日电]结婚 10 个月以后,两位 20 多岁的专业人士李雷(音)和王阳(音)决定结束这段婚姻,以便有更多时间与各自的情人在一起。

对于"你们有孩子吗"和"对财产有争议吗"等几个关键问题,两人的回答都是"没有",所以他们不到 20 分钟就办完了离婚手续。

中国显著的经济增长造就了一代"小皇帝",他们是中国独生子女政策下成长起来的年轻人,常常认为自己的需要高于一切。专家们说,在这一代年轻人中,很多人无法维持长久的婚姻关系,这是作为独生子女被娇生惯养的结果。

随着自我权利意识的扩大,有的夫妇迅速分手。咨询人士说,一些婚姻只维持了一周或者几个月。

中国在 20 世纪 80 年代初实行独生子女政策,以控制人口增长。该政策造成了一系列社会问题,如社会迅速老化,基于儒家传统思想的家庭观念不复存在等。

独生子女难以维系家庭的问题,在富有的中产阶级和上层社会中尤为明显。一些城市的离婚数据表明,约三分之一的离婚案与富有的"自我"一代年轻人有关。

这些年轻人的父母很多是在 20 世纪五六十年代的社会和经济动荡中成长起来的,在过去 20 年中国经济的迅猛增长中埋头工作,以创造更好的生活,当时他们的孩子刚好十多岁。他们忽略了对孩子的情感教育。在很多情况下,这些父母用金钱满足孩子的一切愿望。但作为家里唯一的孩子,父母的高期望值又使这些孩子不堪重负。

观察人士说,在中国精英阶层的婚姻中,积累财富似乎比培养感情更重要。因而当更有前途的对象出现时,像李雷和王阳这样的夫妻就会毫不犹豫地离婚。

这种生活方式与他们的父辈截然不同。在父母们看来,婚姻是一种义务,离婚是一种耻辱。如今,同居现象已很普遍,婚外性行为也正为人所接受。

心理学家说,这一代年轻人面临着与父辈们完全不同的现实。他们以自我为中心,而不重视别人或社会的需要。他们的父母服从领导和传统,在意别人的看法;他们则只听自己的。

目前,中国的"结婚大年"推进了离婚大潮。

请看下面一篇通讯报道①:

[英国广播公司 10 月 16 日文章]题:"结婚大年"中的离婚潮

"长假过完了,我们分手吧。"国庆黄金周结束后的第一天,张涛、王雯(化名)前往南京市鼓楼区民政局婚姻登记处大厅。他俩 29 岁,同龄,上大学时相识,一年前来这儿步入结婚殿堂,今天却来办理离婚手续。婚后没多久,他俩就难以和谐相处,面对各种矛盾,无法承受"退一步"之重。国庆黄金周长假,他俩冷静面对情感困境,最终选择了分手。国庆黄金周后第一天,南京至少有 60 对夫妻办理了"分手"手续,其中四成是三十五岁以下的年轻人,大部分是 20 世纪 70 年代末的第一批独生子女。谁都没有想到,国庆黄金周过完,出现新一股离婚潮。

2006 年被称为"结婚大年"。这一年里,有两个立春,三个情人节,狗年旺旺,又是个双数年,按国人习俗,这是百年难遇的大吉大利"结婚年",这一年嫁娶好合必定长长久久。男男女女未恋的赶紧恋爱,未婚的赶紧结婚,于是"闪婚"一族频频出现。

网上一条"46 小时结婚,100 天离婚"的新闻,至今点击率居高不下。一对今年旅游途中相识的男女,一时"天雷勾地火"而闪电恋爱,从见面到走进婚姻城堡,仅仅 46 小时。但速配的婚姻最终难以磨合,当两人的钱都用完了,婚后的情意不再浪漫,结婚证变成了离婚证。曾听一位很久没有谈过恋爱的北京女友说,她很想有人追求她。不错,被人追求的感觉是羊的,像美酒美食美景,置身其中,确实是一种享受。男人在追求女人时表现出的可爱,有哪个女人不缅怀、不回味呢,这是女人永远都舍不得放手的虚荣。然而,许下的诺言真不会更改?

上海 2006 年 1 月至 8 月,办理离婚手续的夫妇比 2005 年同比增长 19.6%,这 8 个月里结婚人数和离婚人数之比为 4.22:1。人都有受暗示的心理,都希望自己有控制未来不确定因素的能力。遇到"结婚大年",得到的信息是"婚姻将来会幸福",于是突击结婚,在仓促的婚姻中却隐藏着"定时炸弹",新鲜热情一旦过去,婚姻就难以维持了。曾经的痴男怨女,纷纷"婚姻大逃亡"。"大吉大利"只是一个好彩头,婚姻也

---

① 转引自,《参考消息》2006 年 10 月 16 日。

需要经营、需要储存，婚姻原本就是一座花园，怎能不经营。

　　其实，中国社会的离婚潮，虽在 2006 年波起浪涌，但这一波潮涌在早几年已经呈现趋势。杭州办理离婚登记，2003 年比 2002 年上升 36.7%；2004 年比 2003 年上升 73.6%；2005 年比 2004 年上升 12.6%。

　　据杭州市民政局社会事务处统计，离婚现象体现了两个趋势：离婚率年年上升，从相恋到结婚的日子越来越少；35 岁以下夫妻离婚率明显升高，离婚低龄化越来越明显。在年龄较轻的离婚人群中，文化程度较高、收入较高的人群，如公务员、律师、记者、医生、教师，他们崇尚合则结、不合则离的爱情观，遇到一点小挫折就选择离婚。北京最近对 120 对夫妻离婚理由的调查表明，婚外恋情是定时炸弹，此外家庭暴力、经济矛盾、性格不合、性生活不和谐、婆媳关系、孩子问题、不满对方不良嗜好等几大理由让 35 岁成为"离婚门槛"。

　　当今，男女草结草离的"闪婚"现象相当普遍。年轻人"不求天长地久，只求曾经拥有"，没有感情基础的婚姻是难以长久的。不过，如果说短时间认识就结婚很可能是冲动的结果，那离婚大半是理智的选择了。

　　当前，中国人冲破传统离婚观念的种种障碍，实现了结婚的自由和离婚的自由。请看下列这篇通讯报道①：

　　[美国《华盛顿邮报》4 月 7 日报道]题：中国人冲破离婚的旧障碍

　　33 岁的吴美芬(音)在怀孕 7 个月时发现丈夫有了外遇。

　　临产几天前，她从医院往家打电话，发现情敌有时住在她家。吴美芬说，她就是在那时决定离开丈夫的。2004 年她与丈夫离婚，什么也没有拿走，尽管中国法律规定，离婚后双方平分财产。吴美芬回忆说："我觉得跟他讨价还价是耻辱的事。我全都放弃了。"

　　离婚后吴美芬向上海的姐妹借钱，自己做买卖。现在她靠卖浴室瓷砖过得不错，开着一辆白晃晃的丰田汽车。

　　以前，离婚在中国不常见。但是现在，对于像吴美芬这样经济独立、认为离婚并不可耻的女性来说，离婚是很普通的事。现在，离婚的法律障碍已经不存在了——以前，夫妻需要单位领导允许才能离婚。

---

　　① 转述自《参考消息》，2007 年 4 月 9 日。

专家说,从广义上看,离婚的增加反映出中国接受了个人主义。上海社会科学院家庭研究中心的一位专家说:"过去我们总是考虑别人怎么看我们,以及家庭的名誉。随着人们观念的转变、社会对人控制的降低,人们急切地寻找幸福。现在人们注重爱情和生活质量。我认为这是健康的。"

近二十年,中国的离婚率急速上升。民政部的数据显示,随着中国接受西方观念,从 1985 年到 2005 年,离婚率增加了两倍多。像上海这样快节奏的城市,现在的离婚率是 1980 年的 7—8 倍。

过去,很多中国夫妇迫于家庭成员的压力待在一起。但是随着家庭观念的转变,这种压力减小了。过去,庭院式的住房里常常居住着众多家庭成员。现在这种情况已经被现代公寓和小家庭所代替。

同时,很多国有企业关闭了。这减少了传统的单位具有的影响力。单位控制着住房,而且结婚和离婚也曾必须经过单位批准。

1980 年以来,有关离婚的法律也曾几次修改。最近一次修改是在 2003 年。现在,人们几分钟之内就能办完离婚手续。

吴美芬说,过去,人们对你指指点点,好像你就是个妓女,真是很难生活下去,现在越来越容易适应了。人们还可以寻求其他渠道的帮助,比如离婚咨询中心。一家咨询中心的创始人舒欣(音)说:"在父母那个年代,当他们遇到婚姻问题首先是去找长辈或单位领导。"但随着手机和网络的普及,人们开始采用新途径向陌生人求助来解决自己的婚姻问题。

当前,能否通过治疗婚姻与充电婚姻,从而避免离婚危机?请看沈颖写的文章《治疗婚姻》[①]:

哪一种婚姻可以修复?到什么程度应该离婚?可修复的婚姻关系,包括还没有谈及离婚但痛苦难以忍受的婚姻,有没有指标可度量?西方研究人类情感交流的科学家的答案倾向于肯定。

婚姻出了障碍,西方人的标准做法是:一种是心理治疗,一种是药物治疗。就像中国人每星期去餐馆吃一顿一样的消费心理,只是消费的地方不是胃肠消化道而是心理、神经头脑的治疗。

---

① 见《南方周末》,2002 年 9 月 30 日。

中国人会觉得,婚姻怎么可以治疗?不过,在深圳、北京、上海,已出现了治疗婚姻的机构。但是接受治疗的人,包括心理医生自己,还笼罩着一团团疑云。

性格决定爱情、婚姻?让痛苦的两个人离婚也可以说是治疗成功?怎么把握婚姻测量中的数字化结果?

有不同意见的专家认为,把人们的恋爱行为以科学的方法进行研究,好比心脏科医生致力于如何防止心脏病突发一般。他们更赞同平日里注重保养。

性格对于智者而言,是一匹驯马;对于愚者来说,是一匹野马。

家庭治疗宗师 Minuchin 在他的书里说,结婚四十年,起码想过离婚二百次、捏死对方五十次,一段婚姻能否维持,全靠能否度过这些难关。

因此,他不会为夫妇刻画一个不能达到的理想境界,也没有介绍不切实际的沟通技巧,只集中在日常生活的小节中,让他们明白夫妻是相互舞动的二人探戈。

对于一对不能相容的夫妇,Minuchin 在治疗后有过这样的形容:菲利与罗兰将永远不能达到他们热恋时所期望的神仙眷侣,但是他们终于愿意面对每日生活的"正常苦恼"。如果说他们仍然存有矛盾,在很多地方仍然对彼此失望,不如说他们结了婚很久。

也许婚姻之道,就是学习互相包涵,互相改变,互相补足。

仕女家庭杂志(The Ladies Home Journal)调查了三万位妇女,反映出只有一个问题能与金钱问题抗衡,那就是"缺乏沟通"。研究员泰瑞·舒兹指出:"虽然许多妇女择伴是基于性吸引,研究却显示,若要她们再重选一次,她们说沟通能力是最重要的。"因此,聪明的现代妇女在择偶条件中,考虑沟通能力要比有性吸引力、相貌及个性良好等条件更重要。这也符合印度教的一条教义:找一个爱聊的人结婚,因为当你们年老的时候,这是唯一的优点。

李恩·华特是瑟顿大学的社会学教授。她说女人红杏出墙,是因为她们要在情感中寻求更深的爱。男人总是问她,他们能做什么以预防妻子有外遇,华特说:"多与她说话。"

女人应如何对待变了质而离了婚的男人？答案是，婚姻中女人的生命属于男人，女人的幸福是家庭美满，女人的寄托是狂热的爱情。然而，当女人被丈夫抛弃后，女人的生命属于自己，女人的归宿是经济生活的独立和忘我的工作。请看下面为了一个离婚女人而写的文章，题目是《我找回了失去的尊严》①：

结婚第四年，我被丈夫怡成突如其来的离婚要求吓呆了，他的离婚理由很简单："我不愿在家里白养着一个闲人。"我欲哭无泪，苍白无力地替自己辩解着："不是你叫我放弃工作，要锦衣玉食地养着我吗？"怡成轻蔑地冷笑："女人啊，真是悲哀。"此时我才发现自己的自尊在四年中已被他瓦解得支离破碎，我再也不是从前那个意气风发的计算机系毕业的学士了，而像一条使劲摇摆尾巴，乞求主人喜欢的狗。

昏睡了很久醒来，我挣扎着爬到窗前，拉起百叶窗：好一轮明月。沉闷的心一下子感到豁达多了，我能养活自己，不需要人怜悯我。我要舍弃使我丧失自立资本的金丝笼，把我那失去的自尊重新拾起来。

清晨，我把久已不用的身份证、高中毕业证、本科毕业证从箱底找出来，再次融入社会求职大军中。奔波了几天，我好不容易才在一外资公司觅得一份打字员的工作，并且还得试用一个月。坐在久违的乳白色电脑前，我产生了一股莫名的冲动，手指颤抖地打开电脑，一阵悦耳的音乐声中，蓝天白云闪现了，多么熟悉的画面啊，我又感到了四年前坐在电脑旁教徒弟们学习制作广告效果图的惬意。

摆脱美好的回忆回到现实时，我发现我的打字速度慢得惊人，我只得整天趴在电脑上苦练，直到十指肿痛，手腕发麻。两个星期后，我的打字速度竟然奇迹般达到每分钟90字，对此，主管陈先生很满意。第一个月，我平安地拿到了1200元工资。这是家外资公司，英语是员工必须懂的语种。在大学时代，我的英语深得老师赞赏，而此时却变得结结巴巴，有时甚至因一个单词把一句话悬在"半空"，尴尬的不知所措。我必须要在最短时间内恢复英语水平，不然我这份来之不易的工作就会被比我优秀的人替代，我购买了一套李阳的《疯狂英语》教材，吼了一个多月，才把与外籍员工交流的语言障碍消除。只要你对生活充满信

---

① 张秀文：《我找回了失去的尊严》，见《汕头日报》2000 年 3 月 14 日。

心,机会就会垂青你。一天,当我把打好的英文报告送到外籍经理先生办公室时,Smith 先生正愁容满面地同一男子用中文断断续续地解释着什么,我仔细聆听方知,邮电局在我公司购进的一台大型计算机出现了严重故障,影响了市区范围内所有营业网点的正常工作,而此机器还在公司的保修范围内,那男子要求公司派技术员火速去维修,但公司所有技术人员都到一家发电厂去对其大型计算机系统装配调试了,公司里暂时没有人有能力负责维修邮电局的主机设备。这使对方大为恼火,Smith 先生只能摇头耸肩表示歉意。此时,我产生了强烈的希望一试的念头,斗胆对 Smith 先生说:"请给我一次机会,我能解决问题。"Smith 先生露出惊奇的神色,他不敢相信一个打字员竟然有勇气自动请愿去维修大型计算机,我目不转睛地盯着 Smith 先生向我投递的怀疑眼光,他终于点了点头。

Smith 先生亲自驾驶着"奔驰"把我送到邮电总局机房。我没有高估自己的实力,我花了一个多小时排除障碍时已是满头大汗。Smith 先生这才长嘘了一口气,露出了宽慰的笑容,然后拍拍我的肩膀用他特有的平调汉语说:"真没想到,张小姐竟然是个深藏不露之人。"

第二天早会,Smith 先生宣布我为总经理助理时,许多资格比我老的职员脸上露出了狐疑,他们不明白一个才来两个月的打字员凭什么一跃成为月薪 3000 元的总经理助理。我做得正,行得稳,完全是靠自己的能力赢得 Smith 先生的赏识,毫无良心的不安。我向 Smith 先生点头微笑,表示感谢。

做了总经理助理以后,和怡成分手的阴影被整天繁忙的工作驱除了。

坐在宽敞明亮的经理办公室时,我已是一个事业有成并且独挡一面的女性,再也不是在男人庇护下躲避风雨的"金丝雀"。

8 月 20 日,市高新技术开发会议在某大酒店举行,我公司作为外商投资的高科技企业自然在受邀之列,当我着一袭长裙风采照人地穿越大厅过道时,吸引了众多的目光,忽然一张熟悉的面孔映入我的眼帘,是怡成。他也代表他的公司来参加会议。我连忙加快脚步,向厅里走去,但怡成快步跟上来说:"秀文,我想你想得快发疯了,你到哪里去了?"我回头蛮傲气冷冷一笑:"你不是过得很好吗? 你提出离婚要求,我答应你,明天我叫律师去找你办手续。"说完潇洒地挥挥手走开了。

晚上参加政府组织的酒会,我与一外商谈得正欢时,怡成突然出现在我面前说:"对不起,打扰了。"然后小声对我说:"我想跟你到酒吧谈谈。"我没有拒绝。

《致爱丽丝》钢琴曲缓缓地溢满了酒吧的每一个角落,怡成向我表示了悔意,但我没有答应他的重新和好的请求,虽然我对他尚存爱意,但曾经被怡成伤害的自尊告诉我:我不是他厌倦就可以放弃一边,心血来潮时就可以重新拾回来的物品。

当我在离婚协议书上签上我的名字时,我有一种如释重负的感觉。拉开窗帘望着窗外绵绵如丝的细雨、匆匆的行人、急逝的小车……我有一种超然感:原来女人除了在男人羽翼下生活外,还有另一种更潇洒、更轻松的活法。

夫妻从相爱到离婚,经历了从欢乐到痛苦的历程。离婚之后,应如何从痛苦的圈子中自我解放出来,应如何正确处理由旧情人转化为朋友的关系。这里,有不少离婚者找到了一条充满美的阳光的小途径——不是再继续离婚之前的斗仇斗恨,而是重新通过对话和努力,做一种新的异性朋友。然而,要做到这一点,需要主观上努力创造一些条件。

请读者阅下面《婚姻解体后的爱》[①]这篇文章:

[哥伦比亚《一周》周刊 12 月 3 日一期文章]题:爱情结束之后的爱

### 格洛丽亚一家

有人说爱与恨之间只有一步之遥。也许正因为如此,很多人认为分居或离婚之后就应该避而不见,相互指责。格洛丽亚·佩雷斯就是这么想的,但今年 1 月份当父母对她和 3 个妹妹说出他们决定离婚时,父母的平静让格洛丽亚很吃惊。在 20 多年的婚姻和无休止的冲突之后,父母就离婚后的一些问题达成了一致,例如财产怎么分,孩子跟谁。

---

① 转引自《参考消息》,2003 年 12 月 22 日。

父母商定,22岁的长女格洛丽亚跟父亲,其他3个孩子跟母亲。父母离异11个月以后,所有家庭成员之间都建立起了深厚的友谊。他们每个周末都聚在一起共进午餐,每天都互相通话,全家人一起参加活动。格洛丽亚说:"离婚并不是痛苦的。相反,现在比他们在一起的时候好多了,他们不再争吵,见面的时候都很轻松,我们大家都很开心。"

45岁的律师纳塔利娅·马丁内斯已经和现任丈夫的前妻成为好朋友,大家常常一起欢庆节日。更多的家庭像他们一样在分手之后找到了新的相处模式,而不是相互仇恨。很多人这么做是为了不让孩子们受到伤害。

## 说"再见"不容易

但不是所有的夫妻都能做到这一点。专家指出,要想从情人变成朋友,需要两个人的感情同步,也就是说,当两个人都对婚姻感到厌倦的时候,很容易分手。但如果只有一方想分手,而另一方却仍爱着对方的话,那就是一场悲剧了。

律师阿尔瓦罗·皮尼利亚说,很多人认为婚姻是一辈子的事,这种根深蒂固的思想往往使分手变得十分痛苦,许多人觉得离婚就是失败,他们会说:"我的生活毁了。"如果在婚姻关系中争吵打闹不断,分开后也很难维系正常的交往,"双方看问题的方式有很大差异,所以分开以后,在这方面仍然会有困难"。

当然,最好是所有的夫妻都恩恩爱爱,幸福地生活在一起。在实际生活中要说"再见"不是一件容易的事,没有一个能够友好分手的方式。心理学家玛丽亚·埃莱娜·洛佩斯认为,一切都取决于整个感情历程。两个人协商离婚和一方抛弃家庭或有第三者出现的结果是截然不同的。如果是第三者造成的离异,那么离婚后的关系就很难处理,洛佩斯说:"另一方会觉得对方背叛了自己,会无法忍受自己一无所获而对方却带着个28岁的姑娘招摇过市。"在这种情况下,当事人心中一般都会充满怨气和报复心,丧失起码的自信。

如果双方互存怨恨,就会通过操控金钱和与子女共处的时间来互相折磨。皮尼利亚说:"应该支付抚养费的一方就会通过拒绝付款来施压,而掌控时间的另一方也会阻挠对方探视子女。"

有些人会走极端,要么将从前的配偶理想化,认为这个世界上再也没有人比他(她)更好,要么就将对方妖魔化,认为对方是世界上最糟糕的伴侣,谁也受不了他(她)。

此外,经济困难,害怕孤独、负罪感和傲慢心理等因素也会阻碍双方在离婚后保持友好的关系。

## 从爱人到朋友

要想成功地从爱人过渡到朋友,需要做很多工作。首先应该寻求专业人士的帮助来摆脱痛苦。玛丽亚·埃莱娜·佩斯就常常帮助病人正确看待悲伤和痛苦,并寻求解脱的办法。她说:"只要用心去做,你就会发现,其实痛苦持续的时间远比想象的要短。"她强调,充分安排个人时间也非常重要,可以和其他朋友一起出去,参加一些娱乐活动,多想想将来。她说:"离婚不总是悲剧。有时也是一种解脱,是发展的机会。"

具备特殊个性的人更能换一个角度看待离婚和爱情结束之后的生活。要做到这一点,就要思想开通,愿意作出让步,能够协商并达成协议,而且两个人都应该是为孩子考虑得比自己多的人,能够理解分手不是没有爱的结果,而是大家很难在一起生活。要明白孩子既需要父亲也需要母亲,尊重各自与孩子之间的关系是十分重要的。

也有专家指出,有必要改变人们对爱情和婚姻的固有观念,学习新的相处模式。心理学家卡洛斯·莫利纳说:"应该在情感和人际关系的问题上加强教育,让人们掌握更多的方法来应对社会情感方面的难题。"

如果明白了爱不是永久存在的,爱是会改变的,是自由的,有时是抛弃,有时是被抛弃,也许心中的痛楚就不会那么深了。专家认为,有必要改变人们对电视剧和歌曲里大肆宣扬的浪漫爱情的看法,要从"没有你我就没法活下去"变成"没有你我也能活,甚至可能会获得重生"。

这并不容易,但如果能够做到,不但对离异者和子女有益,也会使社会受益,因为相互之间建立起健康友情而快乐的人会越来越多。

## 再婚好不好？如何正确解读再婚？再婚者应如何正确处理新创立的夫妻关系？

一个离婚的再婚者所追求的婚姻生活的目标是什么？是金钱，还是人格？金钱有两面性，既可能是天使，也可能是魔鬼。下面讲的这个离婚再婚事件揪动了人心。在金钱物欲势力咄咄逼人的进攻面前，女主人公被丈夫抛弃了，她的丈夫并非不爱她，他之所以提出离婚再另结新欢，是因为另结新欢可以得到一笔巨额的财富。面临金钱与人格的选择的时候，她的丈夫只要金钱而不要人格。而女主人公经历艰难的思想斗争，最终得到了明智的答案：要人格不要金钱，金钱有价，人格无价。请看下面这篇通讯报道：

这是最近发生在上海滩的一件离婚案。

原被告夫妻双方均是下岗工人，另一方是一位阔老板的遗孀。当丈夫决意为遗孀的 600 多万元财产抛弃妻女时，妻子要求丈夫给她一年的时间。一年来，她发愤图强，由一个钟点工成为一个拥有 20 名员工的净菜配送中心经理。在法庭上，当丈夫和大款遗孀以协议方式一致要求"买断"这桩婚姻时，妻子凛然拒绝。她用一个女人灵魂之美的独立人格宣告：

### 六百万元财产诱使他变成负心汉

1996 年 1 月的一天，上海市的街道上，宋云霞在街口足足伫立了几个小时。

自从丈夫下岗以后学会了开车，云霞便多了一块心病，她担心丈夫的安全。不管多晚，她只有听到丈夫轻轻的脚步声，心里的石头才能落地。这几天，丈夫一直没有回家，她等啊等，盼啊盼。白天，一连打了几十个传呼，也没有半丝回音。

她心里急得发慌，晚上再也坐不住了，穿上大衣，迎着呼呼的北风，到街头上去寻找。天都快亮了，也没有看到丈夫那熟悉的身影。冬天的黎明真寒冷啊，她觉得身上的血都快结冰了。两肩微微发抖……

此时,宋云霞的丈夫张征远正坐在成都飞往上海的飞机上。一年来,他的感情世界就一直在两个女人间徘徊,他痛苦、犹豫、彷徨。这次四川之行,他觉得自己再也不能等了……离婚已迫在眉睫。

他预感到,回到上海,等待他的将是一场风雪……

一下飞机,他径直回到自己的家中。

征远不敢正视云霞,他突然跪下说:"云霞,给我一次机会吧,今生今世,我也只能有这么一次机会了。我们离婚吧,那个女人将用她的财产帮我实现做老板的梦想。我要做老板,我还要出国……出国!"

她不相信自己的耳朵。

蓦然间,她猛地走到征远的跟前说:"张征远,不管你以什么理由提出离婚我都无法接受,但我正视,只是现在丹丹懂事了,我们的事必须多为女儿想想。若你坚决要求离婚,一年以后,你可以正式向法院起诉!"

## 宋云霞为自己失落的感情悲哀

她出身在知识分子家庭,10岁时死了父亲,家境贫寒。

1983年,她考入了业余大学。班里有个男生叫张征远,他乐于助人,成绩很棒,这个戴眼镜有才气的高个男孩长得不帅,却稳重、潇洒、讨人喜欢。每次考试,他是同学的义务老师,对云霞更是百问不厌……

1985年他们结婚了,婚后女儿丹丹也出世了。云霞在一家服装工厂工作,年年被评为先进,拿到业大文凭后,被调到厂计划科工作。征远是另一家厂的工会干部。两人工资虽然不高,但小家庭安排得井井有条。家用电器谈不上高档,却一应俱全。在生活上,两人相互关心,平时征远是一个地道的"围裙丈夫"。一次,云霞买了几只进口香蕉,带回家征远硬是不吃,一元多一个,他说太贵了,留给丹丹吃吧!还说以后再不要买这样贵的东西了。她觉得,征远善解人意的心比黄金还珍贵。人生在世,不就是为拥有这样的伴侣吗?征远在外也逢人便说,云霞是他的最佳选择。

1994年初,云霞成了富余人员下岗了。不久,征远的单位搬到郊区,他也下岗了。两人每月收入合计只有500元。

两人一筹莫展,征远从亲戚处东拼西凑了 8000 元学习驾驶,拿到执照后便在一家建材店打工。

"征远那时每月 1500 元收入,就是人辛苦一点儿,我在百货商厦做导购,有六七百元收入,我们日子过得很紧巴。"云霞回忆说。

不久,云霞为了照顾女儿,辞了百货商厦的工作,当了一名钟点工。她一天做两家,图的是离家近,时间还由着自己。

那时,建材老板的生意也越来越好。1995 年初,老板租下了一个约 2000 平方米的厂房,投资 300 多万元建了建材城。规模扩大了,征远不仅开车还替老板招租,他的头衔是黄金建筑材料装潢公司开发部经理。他以男人特有的精明与能干,颇得老板的首肯。天有不测风云。1995 年 4 月的一个阴晦的雨夜,老板酒后驾车与一辆大卡车相撞,经抢救无效而死亡。

那年,老板的遗孀吕清只有 28 岁。征远以前跟吕清接触不少,追悼会后,征远便听说吕清要转让商城,他认为这是一个绝好的机会,"一定要想办法让吕清转让给自己"! 他对自己充满信心。从这以后他就设法找吕清,可是一连数天,往吕清家打了十几次电话都没有人接,可是不久,吕清却主动约了他。他开车直奔一幢小洋房。门铃响过之后,门开了,吕清含笑而立。

"我听说你要把商城转让,可否转给我?"征远试着问。

"我考虑好了,我物色了一个人,打算把所有财产交给他管理,他是我的未婚夫。"吕清得意地说。

征远碰了钉子,没想到吕清这么快找到了后路,他真为老板鸣不平。

他正准备摔门而走,突然吕清一把抓住了他的手腕。

"大哥,我认识你多年了。你是我认识的男人中最好的一个。我喜欢你体贴老婆,做事精明,我想把商城全让你经管。只要你答应做我的老公! 一切财产全归你。"征远没想到吕清这样大胆向他提出这样的要求,一时措手不及。他想了想,认真地说:"吕清,我有一个好妻子,我们结婚 10 年从没发生争吵。在感情上我离不开她,你要为我们家想想。若你不同意转让,我替你管好商城,财产还是你的,好吗?"

"不! 我这个人一向固执,我等你。三年,五年。现在我已有 600

多万元的固定资产,当年我的舅舅与我丈夫一起做生意,现在他们已将公司开到了美国,我将资金投入一部分,一方面可以增值,另一方面可以去国外,只要你许诺同她离婚,云霞的问题,我想可以用钱来补偿她!"征远被吕清这些话击倒了。

## 面对背叛的丈夫,她昂首开始了自己的生活之路

那天,征远不知是怎么回到家的。

对财富的渴望,注定征远会不顾一切地去争夺;对夫妻感情的怀恋,也注定征远不会立即提出离婚。一年多来,在两个女人之间,征远小心翼翼维系着关系。

四川之行是征远在吕清的要求下为见吕清的舅舅而去的。这次征远给她舅舅留下了一个较好的印象,双方商谈了公司合作意向及出国办公司的设想。当然,当时征远的身份是吕清的未婚夫。

回上海前吕清已向征远下最后通牒:赶快办离婚手续。并限期3个月。

云霞不同意离婚,她要征远一年后再提出。吕清知道后发怒了,与征远闹得不可开交。征远向云霞提出离婚后,他不敢看云霞沮丧的样子,更担心吕清纠缠不清,便在外租了房子,夫妻分居了。

开始,云霞处在极其紧张、惶惶不可终日的矛盾中。结婚10年,每一条路,都是她挽着征远走,风雨有人关照,跌倒有人搀扶,冷暖有人知,虽然艰苦,虽然坎坷,但她不尚浮华,不慕虚荣,小家庭倒也安逸祥和。而现在,她这个十分自爱自尊的女人,怎么也想不到丈夫竟会把她推到了感情的悬崖边上。

之后,云霞突然清醒过来了,像发烧昏迷后突然退了热,她对自己说:"赶快走出感情的迷津,坚强地生活下去吧!"

征远离家后,家里只剩2000多元,一天深夜,女儿发高烧,她咬咬牙背着女儿一步步往医院走,从医院出来她浑身像着了火。她没舍得叫计程车,背女儿回了家,家里的钱要一分分算着用,懂事的女儿也不再伸手向她要一分钱了。

一天,她突然收到一封信,上面这样写道:

云霞大姐：你好！

我以十分歉疚的心情给你写这封信。我文化程度不高，信写不好请你原谅。征远现在也不常常来我这里，是我逼他离婚，他才这么做的。我现在不管在感情上还是建材店都离不开他的。大姐，听征远说你会同意离婚的，能不能尽早呢？你下岗工资少，我丈夫留下几百万，你可以开一个价，我补贴你。现在只要能得到征远，我什么都愿意。我们谈妥后，我会将钱交给你的。

祝好！

"吕清，你要夺走我的丈夫，是因为你有钱吗？记住，我一生可以吞下冷落，但不能吞下轻视与侮辱！"她给吕清回了信，明确表示自己的态度。

云霞决心离开家庭，自己到社会上去闯，于是辞了两份钟点工，她在报纸上看到，某杂志社招聘广告业务员，她试着考试，被录用了。她决心两条腿走路，一方面做广告业务，另一方面寻找机会涉足商场，做自己感兴趣的事。经过一番市场调查，她得到一条信息，市场对半成品净菜的需求量较大，而现在的净菜公司在数量及质量上跟不上要求，要办一个净菜配送中心的设想很快变成现实。她向银行贷了款，公司作为一个私营企业被批准注册了。

她凛然拒绝施舍，走过苦难的婚姻。

1997年3月初，在征远正式向云霞提出离婚整整一周年之后，云霞打电话约征远商谈离婚之事。双方本来准备去民政局办理离婚手续，可是征远提出要补偿云霞50元万人民币，遭到云霞的拒绝。征远便决定通过法院解决，以法律形式，判令补偿50万元给云霞，这样征远作为原告先起诉离婚。

云霞接到法院的传票后如约而至。

她对法官说："张征远给我打电话，他说要通过法律形式让我接受50万元，对此问题我已考虑妥当，我不能接受这50万元巨资。我们夫妻矛盾，并不是感情问题，这是很关键的。他要过另一种不同的生活，我答应他,我要求他给我一年时间。这段时间内我克服了常人难以想象的困难,在事业上迈出了第一步。一年的时间不算长,但我已从一个弱者变成了一个强者。我这样做,是为了在法律上能够与他有平等的地位,在经济上起码有一个良好的开端。"

半个月以后,他们的离婚案开庭了。

一身名牌西装像潇洒绅士的张征远,眼睛深处却流露出一种无奈和沉重。

庭前,他递给法官一张纸条,上面写着:

我们双方经慎重考虑,愿以人格担保,请求法律给予承认:(1)张征远与宋云霞离婚并非感情不好,吕清的插入造成双方感情破裂。若今后吕清与张征远发生矛盾,应由吕清负全部责任。(2)现吕清已存的600多万资产包括房子,由张征远支配使用。(3)张征远与宋云霞之间,张补偿宋50万元,补偿女儿生活费18万元,若宋不予接受,由法院判决。

这是一张奇特的协议,张征远一方面要求离婚,另一方面又要求法院判决,追求的是什么结果?开庭前两分钟,吕清说:"我一人做事一人当,请求法律不要追究张征远的责任,我能养活宋云霞和她女儿,也希望这些钱给宋云霞后可以让张征远内心得到平衡,因为他是爱云霞的。"

开庭时双方陈述了恋爱婚姻经过,宋云霞同意离婚,双方争执交点仍在财产上。

张征远对宋云霞说:"希望你能接受这些钱,这是一个负心丈夫对一个妻子所尽的一点儿补偿,我希望你今后幸福。今天我已将钱拿来了。"他晃了晃手中的支票。

坐在被告席上的宋云霞站起来说:"谢谢你的恩赐。我无法接受这笔巨款,你收回去吧!"

接着,她向法庭陈述理由:"第一,这笔钱并非我们婚后的共有财产。第二,这68万元实质是吕清用来交换我的丈夫的,这不是荒唐的买卖吗?第三,我现在已有自己的公司,下岗只是暂时的,一年时间丰富了我的人生,我无条件接受离婚,我甚至不要原告补贴女儿的生活费。"

云霞激动地拿出营业执照，执照上的董事长是宋云霞。

原告席上的张征远目瞪口呆，久久望着云霞。分居以后，他们彼此变得陌生，从她的脸上，他看到了一份自信和力量。

"你开公司需要一定资金啊！再说你也一定是借款经营的呀！"张征远还是努力劝说。

"对，我是向银行贷款的。但我相信只要努力，总有收获，劳动果实是靠自己创造的，坐享其成难以促成大事业！"

双方很快达成协议。协议均按照宋云霞坚持的意见遵行。最后，张征远无可奈何地在协议上签了名。

宋云霞的公司，现在已发展到 20 名员工，她的生活除了工作就是女儿，离了婚反而轻松了。


每对青年男女新婚的时候都希望永结同心、百年好合、白头偕老。然而，从现代人的生活实践来看，这和谐发展美的百年夫妻只占少数，对大多数人来说，由于主客观原因的发展变化而难以做到并充满着变数，现代人的离婚再婚率不断升高……

今天社会的离婚率和再婚率的不断升高，好不好？本书认为，不能笼统地评估说好或不好，应该说，有好有坏，因人而异。新婚燕尔并共枕多年，突然有一天劳燕分飞，生活突然变了一副面孔，熟悉的一切终于要结束了，你或爱或恨，心底的苦楚只有自己知道，也许等到夜深人静的时候，你才能静止心底的潮汐，透过平整的海面，看到你这条婚姻之船所驶过的痕迹。人世间最难判断对或错的事情首推爱情，局外人更难以介入这座婚姻的围城。夫妻总是最好的朋友，而今离开相爱多年的"最好的朋友"，心中的苦楚自己一定会一清二楚……局外人很难进行评说。

综合以上论述，得出一个结论：经过了离婚的再婚者，一定要慎重处理好新的夫妻关系。


**解读与思考十**

1. 什么是离婚与再婚？为何说离婚与再婚，是现代人爱情婚姻追求自由的必然产物？在中国封建社会，对离婚者和再婚者是如何指责和贬值的？

2. 在今天的西方社会,兴起一种离婚者的欢乐的庆典活动,这种庆典活动有何现实意义？请你用审美主义与动物主义谁战胜谁的理念思维给它以正确的评价。

3. 离婚总是痛苦的,有的离婚双方都痛苦,有的离婚一方快乐而另一方痛苦。如何避免离婚和挽救离婚？如何正确处理离婚之后由旧情人转化为新朋友的关系？请你谈谈自己的学习体会。

# 第十章　人类爱情婚姻模式的过去历史、今天现实和未来走向

　　人类爱情婚姻模式,指的是有关人类爱情婚姻的男女组合的各种模式,各种有关爱情婚姻组合的社会群体的发展趋向。例如人类尚未走出野蛮动物世界的原始社会的深山密林里的过着群婚生活。人类从走出野蛮的动物世界并向文明世界进军以来,有100多万年的历史了。在这种伟大的历史进程中,人类的各种爱情婚姻模式也在相比较而存在、相斗争而发展着,从群婚制到血缘结亲婚姻模式,从族外结亲婚姻模式到专偶婚姻模式,从一妻多夫制到一夫多妻制,再从一夫多妻制到一夫一妻制。本章所讲的是人类爱情婚姻模式的产生发展的必然规律和今后的必然走向。

## 人类爱情婚姻模式的过去历史

　　远古时代的初民处在蒙昧时代,那时人们的婚姻关系是群婚制。那时候的人类尚未出现文字或文化,居住在深山密林的山洞里,过着群婚生活。那个时候,还未产生文字和文化,人们不懂文化道德,不知道什么是礼义廉耻,大家都按照弱肉强食、你死我活、适者生存、天然抉择、胜者为王、败者为寇的生存方式生存着。

　　远古时代有一种神婚说的记载,即神与人通婚的说法。《史记》记载云:"炎帝神农氏母曰女登,为少典妃,感神龙而生炎帝,人身牛首。"《诗经·商颂》中说:"天命玄鸟,降而生商。"以上都说明人和神通婚而生下儿子(帝王)。这种人和异类结合的婚姻模式的特点是只知其母而不知其父,其实,是一种以母权制为主导(主体)的一种婚姻模式。

　　随着生产力的不断发展,在劳动生产上出现人类社会的分工,如男

女分工,青壮年和中老年劳动分工。例如,老人看护照顾小孩,青壮年外出打猎或采集果实。这样一来,人们便按照年龄划分为不同的社会群体。于是,不同年龄社会群体之间的男女在婚姻配偶关系上自然地产生了距离。因此,人们在对待择偶婚配关系问题上便逐步限制在同辈年龄相近的男女之间择偶婚配。社会发展出现新的情况,婚姻模式向年龄相近的血缘婚姻模式转化或转变。

所谓血缘婚姻模式,指的是按照血缘关系构成的婚姻模式。古代的血缘婚姻模式只是排除了父女间、母子间这种不同辈分的男女杂婚关系。至于同辈男女之间,如兄弟姐妹之间,可以亲上加亲,结成夫妻关系。这种婚姻模式的典型模式是:一群兄弟与一群姐妹之间互为共夫共妻。他(她)们的子女很自然地形成群体共有,以男性长辈为共父,但仍"知母不知父"(按照现代人的婚姻观,这是一种乱伦行为。)这种由亲血缘结成的婚姻模式使丈夫过着多妻生活,同时妻子也过着多夫生活。

我国古代文献记述了兄妹配婚的神话传说。唐末李冗的《独异志》记录了女娲兄妹自相婚配的故事:"昔宇宙初开之时,只有女娲兄妹二人在昆仑山,而天下未有人民,议以为夫妻,又自羞耻。兄引与其妹上昆仑,咒曰:天若遣我兄妹二人为夫妻,而烟悉合;若不,使烟散。于烟合其妹即来就。兄妹乃结草为扇,以障其面。"[1]以上说的是在一场毁灭性洪水灾害之后,在大地上只剩下伏羲和女娲两兄妹,为了繁衍后代,他们结为夫妻。

血缘婚配是一种全球性生理文化现象。希伯来神话描述了亚当与夏娃偷吃禁果之后,共生下了两男两女,并让他们交叉配婚,老大与三妹结合,老二与四妹配对。在古希腊神话中,众神之父宙斯与他的妻子赫拉,既是夫妻,又是兄妹。到了20世纪初,我国一些少数民族的婚俗中,还可以看到血缘婚姻模式的遗存,如云南傈僳族便实行族内通婚,同一个家族内的男女,除了亲生父母和亲兄弟姐妹外,均可通婚。

由于生产力的发展和科学的不断进步,人们逐渐认识到由血缘关系结成的婚姻模式的危害性,许多由血亲关系结成的夫妻都生下了怪

---

① 转引自邵伟华:《八字婚姻》,中州古籍出版社 2005 年版,第 3—4 页。

胎,有的亲兄妹结婚生下的不是正常的婴儿,而是一个怪物或一块可怕的"怪肉"。于是,由于科学的进步和生产力的迅速发展,不可避免地宣告血缘结亲的婚姻模式的灭亡,而由族外婚姻模式取代了血缘结亲的婚姻模式。

所谓族外婚姻模式是指由不同血缘关系构成的不同社会群体之间同辈(年龄相近)男女互相结亲通婚的一种婚姻模式。这种婚姻模式(婚姻制度)排除、否定并取代了过去那种造成恶性循环的血缘结亲的婚姻模式。

族外婚最初产生的婚姻模式是一种"走婚"模式。这是一种以母权为中心的"走婚"模型,如男子看中了女子,经女方同意,可以到女子家过夜,享受夫妻性生活,第二天早晨离开妻家。这虽然是一种对偶婚的最初模式,但男女双方都没有固定的配偶,因而所生子女"知母不知父"。在以母权制为中心的氏族社会,母权在家庭和社会中占主导地位。这种以母权为中心的"走婚"模式,今天在我国云南少数民族地区仍被保留和遗传下来,其中最典型的是位于四川与云南交界处的泸沽湖畔的纳西族人和摩梭人的婚姻模式。下面这篇通讯报道①,描述了泸沽湖畔摩梭人的婚姻生活,题目是《中国西南的"女人国"》。

[德国《每日镜报》3 月 8 日报道]题:中国的女人择偶

早晨 6 点左右,落水村主街:"这里热闹非凡。男人急匆匆地离开情人的房子,往自己家里走,也就是回到他们的母亲那里。"一位西方观察家惊奇地看到,父系世界在摩梭人那里是多么混乱。没有人结婚,成年人爱他们想爱的人。母亲发号施令,父亲几乎不起什么作用,女儿看起来比儿子更金贵,她们可以继承财产,子女随母亲的姓氏。

摩梭人生活在中国西南部云南省和四川省交界地区的高山里,人口约 3.5 万人,其中大多数男女老幼都生活在亚洲最大的高山湖泊之一的泸沽湖岸边。他们捕鱼,做手工活,种庄稼,也有人开上了汽车。孩子,特别是女孩接受良好的中小学教育。人们对财富和声誉不是特别感兴趣。

偶尔有民族学家或游客关注摩梭人,例如阿根廷医生兼记者里卡

---

① 见《参考消息》,2009 年 3 月 11 日。

多·科勒目前就写了一本介绍摩梭人的书,题目是《天堂是女性的》。他欣喜地写到,到了摩梭人聚居区,就到了"女儿国"。那里到底多么像天堂,这无法确切测量。科勒也不是科学家,他的写作是消遣性和叙述性的。但有一点很清楚:摩梭人无拘无束。

摩梭人自己认为,原因在于他们中没有人结婚。然而,性和爱并不是禁忌。亲属关系跟从母系或者按照母亲的居住地确定。他们不知道发怒,不会打人骂人。科勒写到:"在家族内外,进攻性的行为都被看做是侮辱性的。任何暴力行为都遭到拒绝。"

由于爱情和性生活往往不能持续终生,因此摩梭人说,实行"走婚"更好、更明智、更健康。在幽会和跳舞时选中了男人的女人为此提供"花房"。男人则同意和女人共度一夜、几周或者几年。但是对于嬉皮士们的幻想来说,这一切又太仪式化了——被选中的男人要面见女族长,他同女族长的那位女儿、姐妹或外甥女的交往要得到女族长的同意。激进的女权主义者也会感到失望:做饭和收拾家务是女人的事情。摩梭妇女说,这些事她们做得"更快更好"。但在置办大件东西时她们也让男人做决定。

如果男人工作的话,他们的工资要上交给女族长。许多人在快乐漫长的一天中打牌、聊天、和自己或他人的孩子嬉戏。今天,作为少数民族的摩梭人受到一定保护并拥有一定特权,例如他们被允许最多生育 3 个孩子。科勒这本书归结出一条道理:每种行为、每个字母、每条社会规则都是各个社会自己的发明。一切也可以是另一种样子。

由于生产力的不断发展和社会文明的进步,一种进步的婚姻模型——对偶婚姻产生了。最初的对偶,是指一个女子可在一群男子中选择一个配偶,做她的主要丈夫;同理,一个男子也可以在一群女子中选择一个女子做她的主要妻子。不论男女,除主要配偶外,还有若干配偶。最初的对偶婚时代,以母权为中心,男方必嫁到女方去,所生子女必从母姓。后来又由母权为中心转变为以父权为中心,女方必嫁到男方去,共同过夫妻生活,所生子女必从父姓。以上讲的是对偶制婚姻模式的产生的初期发展模式。

随着社会生产力的迅速发展和社会文明的进步以及人们的生活水

平的不断提高,男人在生产中所起的作用愈来愈大,而女人则大多数在家庭中生养和教育孩子以及料理家务。这时候,女人的社会地位由女神(主宰地位)变成家庭妇女(从属丈夫)。因此,人类婚姻模式发生了根本的变革。由女权为中心的对偶制婚姻模式转化为以父权为中心的对偶制婚姻模式。从族外婚男嫁女的从妻居转化为女嫁男的从夫居,以母权为中心的对偶制家庭被以父权为中心的专偶制家庭所取代。从此,实现了按父系确定世系和财产的继承制度。从此,一夫一妻制的专偶制婚姻模式诞生了! 一夫一妻的婚姻模式的诞生,是人类历史文化的伟大进步,它的诞生使人类文明世界变得更加五彩缤纷!

以上讲的就是人类爱情婚姻模式的过去历史。

## 人类爱情婚姻模式的今天现实和未来走向

我们先看看世界上经济最发达的国家——美国,今天的爱情婚姻模式如何。由于经济生活的发展变化,推进了家庭的结构、地位与社会功能的发展变化。据美国人口最新数字显示,美国由已婚夫妇组成的一夫一妻制家庭比例已从 20 世纪 50 年代的近 80% 降至今天的 50.7%。这意味着美国 8600 万单身成人很快将成为新的多数群体。他们现在就已占了劳动力的 42%、购房者的 40%、选民的 35%,而且也是一个购买力最强的消费群体。与过去相比,美国人结婚的年龄更大,不结婚而同居者的婚姻模式迅速发展,同性恋家庭增加,婚姻破裂后的再婚者减少。一度被许多人视为非主流的东西现在成为正常现象。由挣工资的爸爸和当家庭主妇的妈妈组成的家庭现在仅占所有家庭的 1/10。人口普查局说一个世纪以前,几乎家家户户都是一对夫妇加孩子的家庭,如今这种家庭的总数已减到 25%,估计 2010 年会降到 20%。到那时,将近 30% 的住房将由单身者独居。

我们再看看英国人的现实婚姻情况如何。英国的一夫一妻制的传统家庭的婚姻模式正在走向消亡! 请看下面的调查显示[①]:

[英国《每日电讯报》4 月 16 日报道]题:传统家庭的消亡(记者哈

---

① 见《参考消息》,2009 年 4 月 17 日。

里·沃洛普)

据国家统计局说,如今,更多人独自生活,更多孩子由单亲父母抚养,成年孩子与父母一起生活的现象比以往任何时候都多。

一位专家说,这次年度深层次的调查研究证实,核心家庭已成为"古董"。

这份涉及面极广的调查报告还显示,英国人近年来变成这样一个情况:工作地点离家更远,去海外度假的次数更多,家里塞满了小电器。

不过,这份社会趋势报告也表明,英国近年来发生的最大变化涉及孩子的抚养和婚姻问题。

报告统计的数据显示,年龄在 30 岁以下的成年女性有 30% 在 25 岁以前已生育,不过其中已婚的只有 24%;生育首次替代婚姻成为成人生活中第一件头等大事。这与他们的父辈形成了鲜明的对比。而在 1971 年,3/4 的女性在 25 岁前已成婚,半数已生育。统计数据还显示:

△独自生活的成年人的比例在二三十年内增加了一倍,从 6% 增至 12%,原因不外乎配偶死亡、离婚或年纪较大时才结婚;

△单亲家庭的比例在 1971 年至 2008 年间增加了近两倍,从占总数的 4% 增至 11%;

△传统核心家庭(只包括父母和子女的家庭)所占比例同期从 52% 降至 36%;

△已婚夫妇的数量自 1895 年以来实际上已降到最低水平,2006 年在英格兰和威尔士有 23.7 万对已婚夫妇,与第二次世界大战高峰期的 47.1 万对已婚夫妇相比减少了很多;

△约 166 万个孩子由未婚父母抚养,高于 10 年前的 100 万个。由已婚父母抚养的孩子从 957 万个降到了 832 万个。

在这些数字公布的两个月前,官方统计数字还显示,英国每年怀孕的少女人数已上升至每 1000 人中有 42 人,尽管政府为解决这个问题投入了 2.86 亿英镑。这些数字凸显了英国作为"欧洲少女怀孕中心"的地位。

著名的家庭问题专家和儿童心理学家理查德伍尔夫森说:"家庭生活的基本特征在过去 30 年里发生了显著变化,由父母两人和 2.4 个孩子组成的传统核心家庭已经变成了古董。在 1971 年那会儿,单亲父母家庭要承受着各种各样的社会和道德压力。现在情况不同了。"

"未婚同居现象现在得到的社会认可高于以往任何时候。"

伍尔夫森说,不能说在传统家庭以外抚养的孩子一定不幸福,但他补充说:"你必须问一问今天的孩子将创造怎样的家庭。他们将去往何处?"

[埃菲社伦敦10月5日电]英国国家统计局发表报告称,近年来英国的结婚率大大降低,如果目前的趋势保持下去,24年之后已婚夫妻将成为英国的少数人群。

10年来同居伴侣的数量达到230万对,增长65%,而结婚夫妻却减少了4%,达到1210万对,单身母亲的数量增加了8%,达到260万人。

目前在伦敦的家庭中,单身母亲家庭已经占有22%,这一比例高于全国其他地区。

此次对家庭结构进行调查的同时也对健康问题进行了研究,结果发现,任何两种性别的结合都能够带来健康状况的改善。

报告指出,结婚还对死亡率产生影响,34岁单身男子的死亡率是同龄已婚男子的2.5倍。离异或丧偶多年的男性死亡率比同龄已婚男性高1/3,单身、丧偶和离异的女性死亡率也高于已婚女性。

父母处于婚姻状态的子女17岁时仍然在校读书的可能性较高。单亲家庭的子女患慢性病的危险也高于传统家庭的子女。

报告的撰写人之一、伦敦经济学院人口问题专家迈克·墨菲指出,关于死亡率的数据表明,健康和家庭之间有着密切的关系。

墨菲认为,婚姻带来的一些好处可以用财富因素来解释,因为在高购买力人群中,婚姻的结合比简单的同居比例更高。

有专家提醒人们注意,每两对同居父母中,就有一对在孩子未满5岁之前就分手了。

尽管保守党强调支持传统婚姻来避免这种社会状况进一步加剧,但工党政府更倾向于保障选择同居者的权利。

不仅在美国和英国,而且俄罗斯也同样出现着这种新型的婚姻模式——只要同居,不要婚纱和戒指(结婚)。在整个欧洲,结婚的人在减

少,同居的人的数量已超过正式结婚。请看下面这篇报道①:

[俄罗斯《新消息报》3月19日文章]题:没有婚纱和戒指

叶连娜和德米特里婚后共同生活了4年,生有一个女儿,后来和平分手。德米特里搬回自己的妈妈家住。但现在他们在一起已两年,没有办理任何复婚手续,形式上他们仍是离婚的夫妻。

高级经济学院人口研究所副所长扎哈罗夫介绍说,最近几年尤其流行同居。目前,俄罗斯有近一半的情侣选择同居。20世纪90年代,与正式登记结婚的相比同居只占1/5到1/4。

马林娜和安得烈在一块儿幸福生活了15年。两人收入丰厚,相亲相爱,但没想到过要用法律的形式固定这种关系。女儿出生了,也没有父亲的姓登记注册。但没想到安德烈车祸中不幸丧身。可怜的马林娜甚至没有接到死亡通知书。通知书发给了另外一个女人——安德烈的妻子。马林娜也无法继承财产,她上诉法庭但即便有邻居作证也无济于事,证件上的印章比"事实婚姻"更有说服力。

在欧洲,结婚的人越来越少,同居的数量已超过正式的婚姻。人口研究所所长伊戈尔·别洛博罗夫说:"瑞典、爱沙尼亚和法国同居的情侣占60％。"俄罗斯18－24岁的年轻人中也存在着类似情况。他谈到,同居者尤其不愿生孩子,是造成人口状况恶化的原因之一。而且父母同居状态下出生的孩子,成年后也多半会认同并选择同居,因为他们在自己的生活中没有见过同居之外的关系。他痛心地说:"有1/3的孩子是非婚生子女。"

家庭心理医生萨维茨卡娅对同居现象深恶痛绝,她认为往往是出于生理需要,是一种"永远单身、永远不长大"的心理在作祟。她断言,同居没有发展前途。

扎哈罗夫通过研究发现,同居持续得越久,就越有可能走向婚姻。他说,在经过3年的共同生活后,近75％的同居者会正式登记确定关系,同居5年后仍继续同居的人寥寥无几。

专家们指出,同居有着来去自由的洒脱,可以轻松解除彼此的关系,但除不受法律保护外,同居的弊端也变得越来越明显。例如,不能

---

① 见《参考消息》,2009年4月16日。

以共同名义申请贷款。而且,由于临时性和没有义务束缚的特点,同居者潜意识里对未来的担忧会更为强烈。

同居对已不年轻和富裕的人有利,因为可以避免离婚划分财产的纠葛。心理学家伊戈尔·瓦金说:"由于害怕对簿公堂分割财产,人们不愿结婚,这种担心随着年龄的增长而加强。"实用心理学中心主任克柳奇尼科夫认为:"同居是务实主义者注定的选择,也是感情不够稳固的象征。"心理学家卡拉巴诺娃说,以前同居被认为是非法的,现在这种限制已不复存在。

专家们发现,近年来,同居不仅对男人有吸引力,越来越多的女人也开始心甘情愿地选择这种生活方式。首都一家心理中心的负责人卡尔塔绍娃说,当代女性同男性一样追求独立,经常有这种情况,即女人不需要钱,因此得到男人的财产对她没有诱惑力。她认为,即便有时女性说服男人登记结婚,也主要是出于一种心理上安全感的需要,想让男人承担起某种责任。

请看下面这篇关于传统家庭正在走向崩溃①的文章:
[俄罗斯《共青团真理报》2月11日文章]题:莫斯科:传统家庭正走向崩溃(作者尼基塔·米罗诺夫)

在俄罗斯首都莫斯科,很多孩子虽衣食无忧,但并不幸福。他们难得见到终日为工作疲于奔命的父亲,很少有机会在祖母怀中撒娇,走亲访友的次数相当少。俄罗斯的社会学家惊呼:首都普通家庭的生活正偏离正常轨道!

## 今非昔比

社会学家里马舍夫斯卡娅院士介绍说,莫斯科,母亲独自抚养孩子是司空见惯的现象。有50％以上家庭的父亲都是早出晚归。

莫斯科生活费用高昂。虽然收入不菲,但支出同样可观。人人都不愿过得比他人差,何况,只要有时间和精力,找份兼职或是外快并非

---

① 见《参考消息》,2008年3月12日。

难事。父亲们通常同时做两三份工，直至深夜才回到家中。

孩子们心中慈祥祖母的形象也已渐行渐远。在莫斯科，许多老太太没能享受含饴弄孙的乐趣，而是老骥伏枥，继续职场打拼。虽然莫斯科的平均退休金为 5300 卢布（约合 200 美元），是普通地区的两倍，对于此地的生活水平而言，这点钱显然是杯水车薪，而她们能胜任的工作非常多，教师、清洁工、看门人、保姆……俄罗斯女性的勤勉好强在她们身上体现得淋漓尽致。

这也怨不得她们，莫斯科几世同堂的家庭堪称凤毛麟角。在俄罗斯其他地区，一大家子住在一起是件很平常的事情。祖母帮助年轻父母持家，给孩子讲童话，这类启蒙教育是普通幼儿园所无法提供的。

但莫斯科的麻辣祖母可顾不上这一切。所以，养育孩子的重担都落在年轻母亲身上。2006 年，家庭教育研究所对"莫斯科的家庭"这一课题进行了研究。有上千户家庭接受了调查，60％的单身母亲和 1/3 的妻子对培养孩子对体育的爱好感到发愁，近 40％的母亲对操持家务感到烦恼。因为她们大多数都有工作，同时还得整理房间、准备一日三餐、带孩子外出游玩，自然会觉得分身乏术。

## 蜗居生活

最新统计显示，莫斯科人均居住面积仅为 8 平方米，远低于 18 平方米的宜居指标，仅有 36％的莫斯科家庭拥有 3 居室住房。

这与莫斯科寸土寸金的地价有关。俄罗斯舆论研究中心的数据很能说明问题：一户中等收入家庭，如用 30％年收入购房，只能买到 3.2 平方米！所以，人们只能忍受蜗居的煎熬。

在莫斯科，57％的家庭或属于丁克，或是孩子已长大成人。很多年轻人不愿意要小孩。他们认为，生儿育女与现今莫斯科的流行生活方式格格不入。社会学家库奇马耶娃指出，年轻人通常将事业和自我价值实现放在首位，缺乏精力和时间来养育后代。他们从小就被灌输要好好学习、努力工作、出人头地。在遍地都是机会的莫斯科，这似乎并不难，家庭自然就成了牺牲品。

## 不婚主义

在俄罗斯,6%的伴侣选择同居,而在莫斯科,这一比例高达10%,有些机构甚至认为是20%-30%。原因很简单:莫斯科的生活节奏更快,同居似乎更适合,也更方便。不必锲而不舍地追求、不必前往婚姻登记处排队、更不必劳心费神地操办婚礼。只要情投意合,便可搬到一起;如果合不来,也无须办理离婚手续,只要分开即可。

同居现象普遍的第二大原因是房价太高,在莫斯科购房实属不易,而身为挣钱主力的男子难免会患得患失:花了半辈子才能挣一套房,如离婚,面积就将缩水一半,实在是得不偿失,于是打定主意"不入围城"。

莫斯科30%的新生儿是非婚生育的,大多数为移民后代。2007年,首都共有10万个这样的婴儿呱呱坠地,他们能幸福吗? 妈妈是俄罗斯人,爸爸则来自阿塞拜疆。今天在这里,明天不知道。

一些移民渴望正式婚姻,孩子通常是他们要求关系合法化的理由。原因很简单,这样获取俄罗斯国籍会容易些。显然,这类婚姻的牢靠性令人生疑。

2002年人口普查显示,近50万莫斯科男子和40万女子不能准确说出自己的婚姻状态,因为他们只是跟对方居住在一起,甚至连同居情侣都算不上。专家认为,这正是传统家庭制度崩溃的第一个信号。

## 离婚普遍

莫斯科女子步入婚姻殿堂的年龄越来越晚。20年前,有一半女子在24岁以前结婚,如今25岁至34岁才出嫁的女子已占到38%。社会学家说,俄罗斯人正在向西方靠拢,先"享受生活",再专注事业,最后才结婚生子,但高龄产妇生出的孩子出现各种疾病的几率显著升高。

莫斯科女性的平均生育年龄为34.5岁,而男子当父亲的平均年龄则为36.7岁。以至于莫斯科市政府不得不取消年轻家庭住房保障优惠计划的年龄门槛。过去,已生育夫妻年龄之和要在70岁以上才能享受到这一福利,如今,在此门槛以下的已生育夫妻堪称凤毛麟角。

2007 年,莫斯科有 808 万对新人结成伉俪,而有 4.8 万对夫妻劳燕分飞,而且离婚率还在持续升高。

库奇马耶娃女士指出,近年来,人们对离婚的观念发生了变化,它被视为很正常、很普遍的现象,主要原因是莫斯科女性变得更为独立。与俄罗斯其他地方的女子不一样,她们眼界更开阔、收入更高,能在维持自身开销的同时养育孩子。

70%的离婚案是女方首先提出的。她们之所以如此决断,与物质利益不无关系:既能获得赡养费,也能分得大部分房产(孩子通常会被判给母亲)。

我们再看今天的穆斯林世界,一夫多妻的婚姻模式虽然合法,但不盛行,当今正在被滚滚向前进的历史车轮所淘汰①。

[埃菲社开罗 7 月 7 日电]一夫多妻制在穆斯林世界虽然合法,但并不盛行。因为实施一夫多妻制要比想象的困难许多。

35 岁的哈桑属于埃及的中产阶级,过着富足的生活,但是他的生活却是一分为二的,因为他有两个妻子、两套房子、两部汽车、两个家、两部手机以便分别与两个妻子联系。

"我所做的一切都严格按照伊斯兰教规,我不会做任何错事。"哈桑说。他是一个虔诚的穆斯林,每天清晨他都要从在清真寺里诵经开始一天的生活。

一些穆斯林国家已经限制或者取消了一夫多妻制。有的国家规定,只有原配妻子同意,丈夫才能娶第二个妻子。但是埃及不属于这种情况。

哈桑的第一个妻子法拉赫并不知道第二个妻子克里斯蒂娜的存在,后者是一个 25 岁的欧洲女孩。

克里斯蒂娜已经皈依伊斯兰教,并与哈桑生下一子。她甚至接受了一些在其他女人看来无法接受的条件,如每周只有两晚可以与丈夫睡在一起,而且永远不包括周末。

克里斯蒂娜必须从哈桑那里争分夺秒地抢夺爱。为此,哈桑不得

---

① 见《参考消息》,2009 年 7 月 13 日。

不想尽各种办法,精心安排作息表,避免让原配妻子怀疑。

负责多家公司技术支持的哈桑有很多出差机会,这使得他可以借出差之名与年轻的克里斯蒂娜相聚。

哈桑说,除了法拉赫的家人外,他的朋友们都知道他有两个家庭。他知道,一旦法拉赫了解实情就会逼迫他离婚。但是,哈桑并不想离婚,因为他与法拉赫还有一对年纪尚幼的子女。他与克里斯蒂娜的孩子也只有3个月大。

哈桑总说自己拥有一颗平常心,但他也得操心如何对原配妻子守住这个秘密。他曾询问过清真寺的教长自己该怎么办,教长建议他如实地告诉法拉赫。"很多次我都想要对她说出真情,但每次谈话一开始我就又退缩了。"哈桑坦言。

这个夏天,哈桑将带着他的第一个家庭到布格度假。回来途中他将借口到巴塞罗那公干,与克里斯蒂娜和他们的孩子团聚。

笔者认为,这种一夫多妻的婚姻模式,必将被时代的车轮远远地抛弃在后面,消失得无影无踪……


一种现代人的分偶式——情人自由制的模式正在兴起。按照在一夫一妻制婚姻模式中,结成婚姻关系的夫妻就必须居住在一起。今天,人们对男女之间的相处方式,又努力进行创新和多重选择。请读者阅读詹宏志写的文章《为什么要住在一起?——男女关系的多重选择》①:

——男女两情相悦,忍不住想要有更多的时间相聚,于是,他们开始"住在一起"。

——在原始初民社会里,根据漫画家的奇想,男人看上了女人,只要一棍把她打昏,拖回洞里,从此就"住在一起"。

——后来,人类文明发展出新的社会制度,男人女人必须结婚,才有权利"住在一起"。

——婚姻制度经历了几千年,近二三十年,反对这种形式主义的枷锁,主张只要男女看得顺眼,大家就收拾行李,搬家"住在一起"的观念

---

① 转引自《同居乐无穷》,吉林人民出版社1998年版,第147—155页。

盛行。

## 现象之一：分偶

分偶：Apartnersship，是一个新词，也是一种新的男女关系形态。

这个词实际上是由 Apart（分开）和 Partner（配偶）两个字所组成，指的是一种"既分且偶"的男女关系。

据笔者所知，最早发现这种关系并诉诸讨论的，可能是纽约时报所属的星期天杂志"New York Times Magazine"。

两年多前，它率先发表了"分偶"的专题报道，也创造了"分偶"一词。这本杂志说，他们听说"有一些"男女持续十几年的固定约会，甚至有共生的子女，爱情至老弥坚，却仍坚持独居，不愿"住在一起"。

这本杂志的编辑们先是觉得有趣，想做一点报道；不料在调查采访之后，发现大纽约区维持这种男女关系的人口竟然高达 50 万人！也就是说，纽约时报杂志所面对的不是一些好玩的个案，而是一个全新的、暗潮汹涌的社会现象。

为什么这么多人不愿意做配偶，宁愿做分偶？

根据这份杂志的访问，这些独居的男女异口同声地表示，同居关系（包括结婚和同居）使一对男女每天十之七八的时间面对对方丑态的一面，两个人同时心情很好、精神饱满、容光焕发的时间并不多。"分偶"则有同居之利（选择对方状态最好的时刻在 起，相处成为一种快乐而不是负担），却无同居之弊（不必看对方蓬头垢面、刷牙、上厕所等丑态）。

纽约时报还发现，分偶的关系实际上维持得很长而且稳定；分偶男女虽然也可能和其他男女约会，但"外遇"的平均频率反而比同居或者婚姻男女低。换句话说，"分偶"男女对彼此更为忠贞；尽管他们并没有忠贞的义务，通常也不言及忠贞。

"分偶男女"约半数拥有共生的子女，或归男或归女，或从父姓或从母姓，要看当初谁要孩子。但也有一半的"分偶"，选择不要孩子。

"分偶"现象的浮现，使 20 世纪 80 年代的男女关系更趋多样化。

20 世纪 60 年代以前，婚姻几乎是男女要"住在一起"的唯一途径。

经过嬉皮时代的性革命,70年代差一点儿淘汰了婚姻——结婚成为另一种落伍的、违反自然的、封建的行为。

到了80年代,至少在美国,婚姻关系又有复苏的迹象;但也只是一部分人回头选择这种浪漫"怀旧形式",婚姻已经不再是、也不可能是男女关系的唯一选择了。

一男一女两情相悦,现在有三种选择:戴戒指结婚、搬家同居或者定期约会做"分偶"。三种选择其实又只是两种不同:"住在一起"或"不住在一起"。

## 现象之二:离婚

"分偶"现象指出的事实是,即使是两情相悦的男女,也可能宁愿选择"不住在一起"。

另一个日益升高的社会现象——离婚——显示的是,愈来愈多曾经选择"住在一起"的人,终究不能持续下去。

离婚现象到底有多严重?

以从事民意测验闻名于世的《盖洛普民意测验公司》不久前出版了一本专著《盖洛普两千年大预测》(Forecast 2000),书中运用各种技术,试图辨认正在塑造世界未来的主要趋势。在该书所指出的九种最具影响力的力量中,有一种就是"摇曳不定的家庭",指的就是"离婚"。

离婚,已经成为新的社会现实生活的一部分。根据《盖洛普两千年大预测》的统计,在美国社会,到1982年,情况已经演变成每两个新的婚姻就有一个将以离婚收场,往后似乎还会更严重。

离婚甚至不再是年轻人的专利,到了1982年,全美国每年有15万名55岁以上的老公公和老太婆离婚。(他们大部分都共同生活了二三十年)

台湾多年来家庭结构还算稳定,可是近两年的统计数字却显示离婚案件数量高速增长,已经成为社会结构改变的一个暗层活动。也就是说,台湾和欧美国家某些地区一样,都要面临离婚人数愈来愈多、离婚现象愈来愈普遍的情形。

描述离婚现象的愈演愈烈,有一个有趣的例子。那就是美国南加州大人类学家保罗·包海南(Paul Bohannan)所做的"离婚产业"研究。

离婚产业(divorce industry)是包海南教授杜撰的新词,指涉及一切直接或间接耗费在离婚上的人力、物力和财力。

以包海南的标准,离婚产业包括打离婚官司的律师、法官、侦探(在台湾,这一行业改名叫做"征信调查")、心理辅导顾问、家庭咨询专家以及其他直接处理离婚事务的专家。不只如此,离婚双方必须变卖房产以利瓜分,就得付拖客或房地产公司一笔佣金;甚至,有些离婚男女不愿再看到对方的颜面,聘请修缮照片专家(photo retoucher)来变造历史,把离婚冤家的身影从全家福照片中彻底涂销,也要一笔花费。这一类的消费,都被包海南教授归入了所谓的"离婚产业"。

离婚产业的规模有多大呢? 根据这位南加大人类学家的估计,在美国,离婚业和美国工业重镇的汽车业规模差不多一样大!

这个吓人的数字说明了一件事:男女经过恋爱长跑(或短跑),辛辛苦苦地得到"住在一起"的权利,然后他们却又花费极大的经济代价,来取得"不住在一起"的自由。

为什么不住在一起?

离婚现象动摇了"住在一起"的承诺,反映了有愈来愈多的人在同居的过程里感觉到痛苦,宁愿背弃誓盟,不再"住在一起"。"分偶"现象干脆不做"住在一起"的承诺,反映了有一群人不再相信"住在一起"有任何意义,宁愿"聚少离多",不要"长相厮守"。

两个现象都发出同一个问题:为什么不住在一起? 或者是,为什么长久住在一起愈来愈困难?

社会学家提出了成打的理由来解释男女同居的条件变化,在这些理由当中,挑选列举出三个不同类型的代表性解释。

**解释1:社会的形态改变了**

社会的形态改变了。在传统农业社会里,男女劳动的分配几乎是齐一性的;社会生活形态也是封闭的,大致上男女"住在一起"所组成的家庭单元是最严密的组织。社会的族群组织也有严格的监督和约束效果,男女"住在一起"的条件是不容易也不太容许被打破的。

新的工商社会生活形态,家庭单元反而不见得是家庭成员花时间最多的地方,男女接触的机会非常频繁,情感变化的可能性也在激增;社会不再是婚约男女严厉的监督者,尤其在都市,大众的生活方式相对独立,个人行为受干涉的机会较少,男女关系的破裂变化较少受到社会压力。

### 解释2:妇女的角色改变了

在男女关系的发展过程中,女性角色的变化可能比男性的变化更重要。新的社会形态的变迁过程逐渐建立一个事实:女人愈来愈不"需要"男人。

过去,女性需要男性,因为男性是"赚吃者"(bread-winner);女性无法在社会上有正常收入,只有向男性提供洗衣、烧饭、生孩子的"服务",来换取吃饭的条件。这种依存关系,使男女"住在一起"以一种不平等的方式维持长久的均衡。(女作家李昂的小说《杀夫》,对这样的男女关系维系基础有深刻地描绘)

现在,以台湾为例,女性就业人口占全部就业人口的36%。女性本身的经济独立条件,与男性已经相去不远;今年六月号的《光华》杂志更出现一篇专文,讨论某些行业女性正逐渐淘汰男性的现象——妇女的角色真的改变了,她们不再是"第二性",她们是自己的"第一性"。

女性不需要男性,男女关系的维持就必须建立在平等的基础上。女性不必再有失去床头人的恐惧(情感的伤害是有的,但不再是卖入青楼或流落街头的恐惧),同居关系中有一部分依靠"恐怖平衡"来维持的,当然就瓦解了。

### 解释3:生活的期待改变了

胡适先生在他的"口述自传"中,描述他们徽州人多出外经商,所以有"一世夫妻三年半"的谚语。胡适说,在外经商跑埠的徽州人,经常三年才回家一趟,住了三个月,又得外出,夫妻聚少离多,一辈子夫妻也才相聚三年半而已。

三年半当然是句象征性的略语,却不难倒回去推算夫妻共同生活的"期望值"是 40 年。也就是说,按照中国人约略的经验统计,一对夫妻共同生活最多不过 40 年(表示平均寿命期望值不到 60 岁)。

一位美国人类学家以这样的观点来解释离婚,他说,300 年前的英国,一对夫妻共同生活的平均数大约是 30 年不到,但 300 年后的美国,夫妻共同生活的期望值却是高过 50 年。这位人类学家说,如果共同生活的男女发现彼此并不适合,在过去,你只要忍耐 30 年,现在你得"再忍耐"20 年,是可忍,孰不可忍? 共同生活的男女一念及此,当然就长痛不如短痛了。

这个说法或嫌褊狭,却最可以解释老人离婚率的增加。年过 50 岁的老人,在过去可能被认为是油尽灯枯了;现在,他们可能觉得人生刚刚开始,恋爱可以重新选择呢!


多年来,人们一直在探索最理想的婚姻模式,以提高生命的质量。在普通婚姻中,夫妻居住在同一屋檐下,需要彼此适应和容忍;而平时分开、节假日相聚的宾客婚姻成为一种新的探索方式。

请看下面这篇文章,它说的是一种创新的婚姻模式——宾客婚姻模式的诞生①,全文如下:

[俄罗斯《共青团真理报》文章]题:宾客婚姻

阿廖娜谈起她的婚姻,一脸得意:"一切都妙不可言。我跟丈夫现在是宾客婚姻。我们买了第二套房,平时各住各的,周末才到对方家中做客。你也知道,我是夜猫子,习惯晚睡晚起,他正好相反,过去没少吵架。如今,一切矛盾都迎刃而解,我们好像又找回了当年初识时的浪漫。"

对于这种婚姻形式,有人艳羡,因为双方再度拥有了自由;有人反对,称之为对传统夫妻关系的颠覆;有人嗤之以鼻,认为只不过是一时新鲜。

在过去,夫妻分居肯定会被视为感情变冷、婚姻触礁的信号。如今,世易时移,宾客夫妻在西方风靡一时,就连登记表格都恭敬地为此

---

① 见《参考消息》,2009 年 1 月 28 日。

专辟一栏,赶时髦的俄罗斯人也竞相效仿。

心理学家尤利娅·乌鲁沙泽说,多年来,人们一直在探索最理想的婚姻模式,以提高生命的质量。在普通婚姻中,夫妻居住在同一屋檐下,需要彼此适应和容忍。而宾客婚姻是一种新的探索。

## 甘苦自知

许多事业有成、但公务繁冗的男子选择将妻子与小孩儿送去郊外别墅居住,自己平日在城里打拼,周末赶去同家人团聚。

乍看上去,这样做有其诱人之处:孩子能够呼吸到大自然的新鲜空气,妻子可以专心料理家务,而丈夫也会因想念家人而归心似箭。

不过,问题也会如影随形,这便是妻子缺乏安全感。她们毕竟身处郊外,会担心英俊多金的丈夫抵挡不住城中美色的诱惑。

卡佳说:"我有时会莫明其妙地吃醋,尤其是他的手机不在服务区时。我会不顾一切地将孩子扔给保姆,驾着他送我的奔驰车去城里找他。"

有时,夫妻相逢时,妻子会将积攒一周的牢骚发泄出来,而丈夫因为忙碌数日,希望耳根清净,于是龃龉横生。丈夫会认为妻子无法理解自己,便开始寻找艳遇,婚姻也由此变得岌岌可危。

青睐宾客婚姻的还有一些知识分子,他们希望有舒适的创作环境,同时也不想妨碍对方的生活。作家著书时希望幽居独处,相反,艺人则需要不停地与社会接触以碰撞出灵感的火花。主持人弗拉基米尔婚后一直住在单身公寓里,他交友甚广,作家、政客和同行都是他的座上宾,家中台球室里总有人在挥杆,餐桌前也是高朋满座,还有吉他助兴。他说,妻子不想把家里变成嘈杂的沙龙,他索性就搬了出来。

年轻夫妻勇于尝试这一模式。他们有各自的朋友圈子和作息时间,并独立负担自己的生活,也没有孩子的负累。不过,也有人是不得已而为之,妻子有陪伴多年的宠物狗,但丈夫恰好对狗毛过敏。

对于两情相悦,但理想主义尚存的夫妻而言,宾客婚姻是很好的形式。安娜与米哈伊尔结婚8年,一直分居圣彼得堡和莫斯科两地,只能在节假日团聚。经过努力,两人终于在莫斯科安家,但他们的记忆中只有鲜花、烛光晚餐和美妙的性爱,却对柴米油盐感到不胜其烦。这段婚姻几近崩溃,为挽救感情,他们毅然决定再次分居。

有时,夫妻因不和而分居,由于多年相处,不可能完全不相往来,也会发展成这样的形式,这不失为挽救破裂关系的好方法。

叶夫根尼娅已经决定同丈夫离婚,但手续尚未办完,她却被公司派往德国办事处工作两年。丈夫几乎每周都去德国探望她,她也开始频频回国。当任期届满时,她已经身怀六甲了。

正如她所说:"一旦突然失去一直拥有但并未珍惜的东西,才会在瞬间意识到它的可贵。"

## 催生问题

不过,宾客婚姻也催生了一系列问题。

首先是孩子,他们不愿意父母分开,尤其是 10 至 12 岁以下的小孩。普通意义上的婚姻能带给他们安全感,培养对世界的信任感。若是突然转换,他们会觉得难以接受,这不利于性格的形成,他们往往会因此变得郁郁寡欢。

选择宾客婚姻的多是"70 后"。他们是危机一代。他们发现,过去父母教导的许多东西都是不正确的,新时代有新的法则。巨大的心理落差令他们并不反感孤独,有时甚至愿意亲近它。

他们并不将家庭视作避风的港湾,而是当成了一种负累。这种人思维活跃,见过世面,很少为道德价值观所束缚,他们习惯于活在当时和当下,而很少考虑长远。或者是昔日的阴霾令他们不敢一下子全心付出,而是希望借此慢热的形式,来追求感情的细水长流。

心理学家认为,宾客婚姻只是一种过渡阶段。因为夫妻选择分居,其实意味着他们在潜意识中一直没有放弃寻找更合适的伴侣。真正相爱的人,一定会希望天天同床共枕。

如今,人们开始大谈家庭制度的衰亡,宾客婚姻便是很好的证明。不少人对婚姻的原始形式感到不满,但又找不到新的模式。然而,旧有的家庭制度虽然面临重重挑战,但它毕竟经受住了若干个世纪的考验,仍然具有生命力。

# 关于现代人性自由、性解放与性观念的发展变化

人类爱情婚姻制度在今天青年男女心中正在被重新定义——男女之间的爱情能天长地久吗？请读者阅读下面的文章①：

[美国《基督教科学箴言报》文章]题：什么让爱情天长地久(作者玛丽莲·加德纳)

每年 2 月 14 日，众多紧张不安的情人节求婚者会提出一个可能改变他们一生的问题："嫁给我好吗？"如果回答是肯定的，情侣们就会开始一段旅程。他们希望，这段旅程可以走一辈子。

并非所有的情侣都能梦想成真。不过，想在围城之外看看婚姻靠什么来维系的人也许能从一部与众不同的摄影杂记中获得启发。这部杂记名为《与子偕老：美国的持久婚姻》，作者是摄影家罗伯特·法斯。这些照片正在纽约"92 街 Y"(闻名全美的著名文化社区中心——本报注)的艺术中心展出，同时刊登在 www.longmarriedcouples.com 网站上。

法斯的创作计划开始于 1997 年给他结婚 47 年的父母拍照。从那以后，他周游美国，拍下许多人以为正在消亡的一部分人群：结婚 40 年以上的夫妇。他的创作对象最年轻的已近六旬，最年长的将近百岁。

法斯说："许多人想知道维持婚姻的秘诀。据我所知并没有一个特别的秘诀。与其说有什么秘诀，不如说这是一代人的观念。他们是把婚姻视为永久誓约的最后一代人。人生就是如此。他们对生活目标没有太多规划。他们走入婚姻，认为自己一辈子就这样了。"

法斯的采访对象大部分对自己的另一半表示满意。虽然有些人并不幸福，或者夫妇一方感到不满，但他们只是少数。

有许多夫妇谈到生活中经历的不满、困难或不幸，这也在意料之中。但是，有些人怀疑，今天的年轻人是否会像上一代那样心甘情愿献身于婚姻。

他们说："如果遇到困难或不满，或者一方遇到自己更喜爱的人，现

---

① 见《参考消息》,2006 年 4 月 19 日。

在的年轻人说声'拜拜'就分手了。"法斯补充说:"那些老夫妻觉得这是社会发展中的一个不幸转变。"

当他问:"婚姻还有必要存在吗?"答案五花八门。有些人认为这项制度一直在被重新定义,另一些人则感到婚姻制度岌岌可危,需要得到保护和巩固。

有些人已经在生命旅途中赋予婚姻新的含义。另一些人则坚守自己婚姻角色的基本定位。无论对婚姻定义如何,法斯在众多婚姻持久的人中间看到了"某种无私",这种无私使他们的婚姻得以维系。

经过 8 年的采访,法斯依然很乐观。他说:"婚姻不一定适合所有人,但这是一项伟大的制度,一个很好的选择。这些夫妇如果能给我们某种启示,那就是:婚姻给一种更强烈的满足感和成就感提供了基础。"

法斯的一位采访对象名叫萨莉。1948 年,她在丈夫马库斯说出"嫁给我好吗"这几个字的时候说了"好"。而今,受益于 57 年婚姻生活的她向情人节的情侣们——以及所有其他人——提出一个建议。

她说:"有一句话能够挽救婚姻,它不是'我爱你',而是'也许你是对的'。"

请看我们中国人性自由、性解放、性观念的发展变化①。

[埃菲社北京 10 月 28 日电]中国经济发展最快的上海和广东在性解放方面也走在全国前列,在对待同性恋和性骚扰等一些过去避而不谈的问题方面,这些地区人们的态度都更为开放。

广东中山大学新近成立了学生同性恋社团"彩虹社"。经过 1 个月的考虑,中山大学珠海校区终于为"彩虹社"的建立开绿灯。该社团主席廖明珠(音)指出,社团致力于"促进为同性恋、双性恋人群建立宽容、平等和互相尊重的氛围"。

"彩虹社"的成立得益于中国高校中日益浓厚的对此问题的尊重态度。中国人民大学性社会学家潘绥铭教授的研究指出,中国高校中有89%的年轻人表示"能够接受或忍受同性恋人群的存在"。

该社团的一名成员艾晓明(音)指出,在珠海同性恋问题不是个怪问题,"如果你说你是个同性恋,不会觉得难为情"。他强调:"与外面世

---

① 见《参考消息》,2006 年 10 月 31 日。

界相比,校园环境对同性恋来说更宽容。在这里我们没有压力,会更多地表达自己的愿望"。

2005年,上海复旦大学成为中国第一所开设"同性恋研究课程"的学术机构。现在,上海市当局正在研究出台一部反对性骚扰的法律草案。

据报道,这部作为《妇女权益保障法》实施办法的法律草案规定,讲"黄段子"、发送包含淫秽内容的电子邮件或骚扰性的肢体语言都将被视为性骚扰行为。

一经上海市人大常委会审议通过,这部法律草案就将成为中国历史上第一部明确了"性骚扰"含义的法规,因为虽然目前这一问题经常被提起,但却从未以法律的形式确定下来。

2005年,上海市第一中级人民法院审理了该市首例性骚扰案。当广东的大学为同性恋人群敞开胸怀的时候,上海则在加强立法,斩断性侵犯的根源。这一切都证明了中国在对待性问题上的开放态度。

最近进行的一次网络民意调查显示,以羞涩、保守和温顺为特点的中国妇女如今都在追求让自己变得越来越具有吸引力,而且尽可能地性感。

一名网友表示,"我们中国女性不介意谈论性或者隆胸等话题"。而上海市计生委的调查指出,25%的女性对自己的性生活不满意,而且会公开表达出来。

[台湾《联合报》10月27日报道]大陆著名性学家李银河日前发表的文章认为,换偶①是少数成年人自愿选择的娱乐活动或生活方式,是公民的合法权利。这番大胆谈话,被众多网民批为"歪理性说",认为她的论点是"伪社会科学"。

李银河从法律、道德等方面论述自己的观点。她说,从法律方面来说,中国《刑法》中的"聚众淫乱罪"条文与宪法保护的公民人身权利(其中包括性权利),有明显矛盾之处,应该尽早改变。在道德方面,李银河认为换偶与婚外情、包二奶的性质不同,换偶是男女平等,也不违反婚

---

① 换偶,指的是为了男女性爱的快乐,男女双方自愿互相交换配偶,韩国警方曾经破获一个网上"换偶"的秘密组织。

姻道德。

大陆网友批评李银河的"换偶说",是"压力社会所呈现的病态",违背了婚姻的契约精神。

中国人关于性自由、性解放和性观念的今天与未来走向如何？请看性学研究专家李银河调查研究的文章①：

李银河说，被访问的女性对性持有十分不同的看法，有正面看法，也有反面看法；有的认为它很重要，有的认为它很不重要；有的认为它很美，有的认为它很丑；这些观点与传统观念和现代观念有着千丝万缕的联系。一位女性还分析了家庭背景对人们性观念的影响，她说："知识分子家庭和工人家庭不同，工人家庭的孩子很保守，知识分子家庭的孩子倒很开通。"这的确是我在调查中得到的印象。

## 性在生活中极为重要

"性是重要的，比吃饭睡觉重要，因为它和感情有关。"

"性是重要的，不能没有。只要有婚姻关系，有感情，就会有这种需要。人总是会有这种需要的。"

"我觉得性是一个比较重要的不可缺少的东西，是享受，是平衡。"

"我认为性是重要的，不是可有可无的，它和人的生命状态有关。总的来说，我认为性是一件正面的事。"

"性是生理本能，是美好的东西。当我全身被爱抚的时候，我会觉得我的每一个细胞都在高兴。如果没人爱抚，就会忍不住难受。我觉得性是很美的东西。"

"我觉得这件事是最好的，别的都不能比。人不应该没有性。没有异性朋友，生活就不会过得很好。除非老了，做不了这些事了。"

"正常的性不觉得脏（肛交脏）；如果两人互相喜欢就觉得很神圣。"

有的女人对性的重视程度是因性对象的不同而异的："我和他（情人）好的那几年就觉得性挺重要的，不能想象以后没有了怎么办。和我前夫在一起时就没这种感觉。"

---

① 李银河：《中国女性的感情与性》，今日中国出版社 1998 年版，第 278～287 页。

另一位也有类似说法:"我原来不知道这件事有这么好,跟他在一起后才体验到了。我们两个人都把这件事当做生活中值得去做的事情。"

有一位已不年轻的女性认为,年龄的因素很重要:"年轻时性重要,老了就没重要性了。年轻时,有这种冲动时,如果那时能碰到一个自己喜欢的人,那是很幸福的。"

一位女军人说:"我看只要是有关人的研究,就比研究打仗有意义。人吃饱喝足以后,性就该越来越重要了。"

## 性只是正常的生理需要

"性是一个正常的事情,就像吃饭睡觉一样。"

"我觉得性就是一种生理需要,是每个人都需要的东西。但它也因人而异:条件允许的可以放纵一些,不是什么坏事。我认为性是重要的,相当于吃饭睡觉一样。比起吃饭睡觉,性不是更不重要,也不是更重要。就像早上起来肚子饿了要吃饭一样。应顺其自然。"

"性是很正当、很自然的。"

"性是自然的,是水到渠成的事情。"

"我觉得性是个顺其自然的事情,没有觉得它有多重要。我觉得对性既不用追求,也不用躲。按照正常生理发展,人这辈子该干什么就干什么。人为压制它就不好。有的女人一辈子生七八个孩子,身体反而特别棒,一直到五六十、七八十身体都特别棒。"

"一个人的生活中没有性生活挺可怕的。"

一位年近四十的单身女性讲了她对性关系的看法:"在 25 到 30 岁之间那段时间里,我在一些事情上感到很矛盾。从人道主义讲,应当允许人在彼此需要时快乐一下;但社会太复杂了,会引起负作用,给人低下的感觉。人到了某个年龄,就会有欲望,有了欲望就应该顺其自然,违反它对人是一种损害;但是人又不能像动物一样随随便便。"

一位四十多岁还没有过性经验的女性说:"我倒不觉得性很重要,或者有性经验一定会非常好,我也知道很多已婚的女人并不喜欢性生活,我只是觉得,一生不结婚我不觉得遗憾,但终其一生不能有性这件事,没有这种体验,我会终生遗憾的。"

## 性在生活中并不重要

不少女性持有性在她们的生活中并不重要的观点。

一位离婚多年,一直过着严谨的单身生活的女性说:"性就是一个生理的正常的需要而已,有它没它无所谓。有它挺好的,没它也能过。没离婚时,我和丈夫也很少做这事,他也没让我觉得美满。我没觉得受到性欲的扰乱,也没觉得可惜。听说有的女人有'受不了'这种感觉,我不能理解。有人暗示过,我现在这样很亏,应该放松一点儿,解放一点儿,应该有性生活,不会受到人们的谴责,可我不愿意。"

一位双性恋者认为,对她来说,性在生活中并不是最重要的,她说:"如果社会发展的是我理想的样子,有优美洁净的环境,人们都身心美好,我就不会把精力用在性上,不论是对男人还是对女人。性不是主要的,它在生活中并不重要,精神远远在这之上。"

"我们同房很少,他经常很晚不回家,打牌什么的。这件事在我们的生活中不重要。感情好不好更重要一些。"

"我认为,只要是在规则之内就是正常的,我在这方面比较保守。性在我的生活史里始终没占过重要的地位。我觉得它不是最重要的,精神和感觉更重要。当然,它也不是没有一点儿重要性,如果两人在性上不协调,爱也就失去了生理基础。"

"性是两人关系中的一个因素,但不是很重要的因素。当然我也不是主张完全的精神恋爱,柏拉图式的。我爱人说:有你睡在我身边,就是不一样,哪怕什么也不做。心里感到特别安宁,有一种依赖感。我们俩就是这样,你靠靠我,我靠靠你,马上就感觉很好。"

一位性生活不和谐的女性说:"听其自然。我认为性不是很重要,所以也没觉得我现在这样有什么不好,不觉得太遗憾。性像是一个工具,增进感情不是靠这个。我最满足的性方式就是被人抚摸,这对我来说就是最舒服的了。"

一位离婚女性这样说:"性在我的生活里占的分量不大。过去长期压抑的结果使我变得更重精神。经常有人来告诉我,他们爱我。我不接受他们的爱,但也不讨厌这种人。我看得出来,他们帮助我时,不是帮助同性的那种方式,是把我当做一个可爱的女人,我觉得这对我就够了。我们都从心里惦记着对方,这就够了。"

一位幼年期受过性骚扰的女性说:"我对性一直很淡漠。我从没主动过。他提出来我也能满足他,但他觉得我不热情。我在生理上能够觉得有需要,但心理上厌恶这件事。我觉得这件事只是满足人的生理需要。"

有的女性认为人没有性生活是可以的,尽管这样的生活是不完美的:"人可以没有性生活。我只是觉得,如果没有性的吸引,人就会萎靡,就会变得排斥异性。"

## 性是丑恶和肮脏的

有人受某方面的影响,认为性是人性的弱点。一位双性恋者对性的看法:"传统的基督徒是反对同性恋的。信徒比非信徒多一个灵。信徒也有肉体,也就有本能。我觉得自己的肉体是软弱的,没有办法,所以必须认罪。肉体就是这样的,人有时会管不住它。人背离了神就陷入俗世;背离了灵就陷入了肉里。"这位在决定与一个男人结婚的前夕,与他发生过性关系,她由此得出人性软弱、性是人性的弱点的看法。

一位单身女性转述了女友认为性很丑恶的观点:"我知道这事比较早,可我有许多同学都很书生气地对待这件事,对异性的吸引都不太懂,快结婚了对要发生的事还不知道。有人结了婚就跑来找我说:人皮底下原来是个畜生,这件事丑恶得不得了。有的人婚后很长时间一直觉得这事丑恶,以致影响到夫妻的关系。"

在不少女人的性观念中,总有认为它"很脏"的感觉;但也有人讲到自己克服这种感觉的经历:"做事时只要跟着感觉走,就不会觉得脏、下流、污秽。"

一位离婚女性讲到自己性观念的变化过程:"我觉得人的性观念和时代有关。我成长起来的环境使我一直认为性不好,对它的态度首先是否定,可又不得不接受,所以就很不喜欢这件事。后来,我的性观念有很大的转变,是离婚后才转变的,从批判它转到颂扬它,颂扬它的美,不认为它是脏的、丑的，觉得应当从中提炼美感，使它变成美的体验。但我也不赞成公开说这件事，把它变成诗，宣传它，不赞成性研究热，因为这是个人体验的东西，是国民素质问题。谁也没有办法在这件事上教别人，硬教是侵犯人权。我不喜欢性专家的说教。"

## 性是应当节制的

有人持有性是应当节制的观点，这一观点带有传统文化的印迹："我认为，不管男的女的，这件事做多了肯定不好。女的也会伤元气，要不为什么每次做完了会感到很疲倦呢？"

一位单身女性的看法是："女人做这种事是一种消耗，即使结婚后，性生活也不应太多，这是从健康长寿的角度看的。"这位女性对男人的性也这么看："我理想中的男人这方面也应节制。只图一时快乐，长远看是不好的。打个比方，吃得太好的人同吃得清苦的人相比就更容易生病。"

关于节制和适度，一位女性是这样理解的："什么叫适度？我认为如果双方都想做的时候做这事就是适度，不想做时强要做就不适度。比如，白天干活不太累，身体情况也不错，就想做；太劳累的时候就不想做。俗话说，温饱生淫欲，我理解就是这个意思。"

人在生活中对各种享受、各种价值会有取舍，这是很自然的。比如有人好美食，有人却满足于一般的营养摄入；有人喜欢郊游，有人却宁愿待在家里。在性的问题上，有人喜欢有人不喜欢、有人看得重有人看得轻，在我看来也属正常。在性方面要有节制的观点是很有中国文化特色的，这种态度和福柯的"极限体验"（包括同性恋、施虐受虐及生殖器外的肉体快感的体验）相映成趣。我想，中国人对性的态度同"中庸"思想是一脉相承的，中国人凡事好中庸，讲究节制。其中是否有体质的因素尚待定量研究（胡适曾说，中国人"身体不如人"，不知有无根据）。在 19 世纪的西方，人们也曾相信，即使是婚姻内的性生活对身体也是有危害的，因此使那个时代的人们因自己的性活动和性渴求而变得十分痛苦；由于权威的说法声称性活动会遭天谴，这种痛苦就更加剧烈。

至于说到"性是人性的弱点,是肮脏丑恶的",相信这种观点的人也应当受点启蒙教育。在维多利亚时代,人们相信性活动是肮脏的事情,最好不想它,也不去搞懂它。西方19世纪的婚姻手册中表明了这样一种态度:好女人并不从性中感受快乐,她只是将性交视为生育的手段。在持这种观点的人看来,性快乐是包裹着生育这粒苦药的糖衣,这层糖衣没有什么重要性;而如今,这糖衣却喧宾夺主,取代了药这一主体。

早在公元1世纪,犹太历史学家约瑟夫(Josephus)就指出:"除了由丈夫和妻子组成的、以生儿育女为唯一目的的自然婚姻之外,法律不承认任何其他性关系"。古希伯来文化是人类历史上第一种对性采取极端消极态度的文化,它强调指出,性的唯一目的就是生育,与生育无关的一切性行为都应当禁止。圣·格雷格里指出:"如果性交的目的是为了快乐,而不是全部为了繁衍种族时,你应该忏悔"。受它的影响,形成了基督教的禁欲主义传统。基督教对性行为的态度可以概括为三个方面:第一,理想的境界是完全禁欲,教士必须服从这一理想;第二,禁止夫妻生育之外的任何形式的性行为,连梦里遗精都是罪过,而罪孽最深重的则是手淫;第三,夫妻的性生活也要有节制,如在星期三、星期五和星期日性交是错误的,还有许多宗教节日前后禁止性交。

关于性的目的是生育还是快乐,一向被基督教当做一个非常严肃的问题,其基本观点是认为,为生育是可以允许的,正当的;为了快乐是不可允许的,不正当的。这一观点及其理由是由奥古斯丁在《婚姻与性欲》一书中表达出来的,他的观点后来成为天主教的教义。这种观点认为:虽然结婚是好的,但是通过性欲而出生的人本身带来了原罪。在奥古斯丁的定义中,性欲就是"强烈的欲望",其中包含有性交的"发热"和"混乱的色欲"的意思;在性兴奋和性高潮中含有淫荡、性爱和快乐成分。奥古斯丁通过诅咒性欲,抨击了性冲动的要害。他谴责任何为了满足色欲的性行为,认为这种行为是可耻的;他认为不是为生育的性生活包括避孕是特别罪恶的,因为这种性交纯粹是为了满足色欲。他指出,就连厚颜无耻的人也把性欲的满足看做害羞之事,羞于被人看见。由此他得出结论:我认为性交所伴随的害羞就是原罪的惩罚。除此之外还能有什么别的解释呢?(转引自凯查杜里安,第612~613页)按照奥古斯丁的观点,避孕和非生殖性的性行为都是不能接受的,因为它们没有达到生殖的目的。

这种观点也是逐步形成的,并非一直如此。弗洛伊德将这一观点的发展过程分为三个时期:"与性本能的发展史相呼应的,我们也可以试图把文化的发展过程区分作三期:在第一期里,种种不能导致生育的性行为方式,也能自由自在地去做;到了第二期,除了能达成生育的那一种,所有其他满足性欲的方法都将被压制;然后是第三期,这时便只有'合法的'生育才能是性目标了。我们目前'文明的'性道德便是这第三期的代表。"

美国有的高校风行的性自由与性开放,他们允许男女学生同居一室,他们的性自由、性解放已突破了底线①。请看下列一篇报道:

[美国《波士顿环球报》网站 2008 年 4 月 2 日报道]题:仅仅是室友:美国大学突破最后的界线,允许男女生同居一室(记者彼得·施沃姆)

在伍德斯托克时代(指 20 世纪 70 年代——本报注),大学男女生混住一栋宿舍楼曾引起轰动,《生活》杂志声称,这是"大学校园里的一场亲密革命"。在接下来的 20 年,各大学又允许男女生混住一层,使得大学生彼此间亲密起来。下一步,共居一室以及共用一个卫生间将使男女生更加亲近。

现在,一些大学跨过了最后的门槛,允许男女生共居一室。在学生活动分子的敦促之下,美国现在有 30 多所高校采取了这一做法。

宾夕法尼亚大学、斯基德莫尔和伊萨卡学院以及俄勒冈州立大学已允许不同性别的学生成为室友。纽约、哈佛和斯坦福大学的学生们也呼吁设立不分性别的宿舍。

克拉克大学现在有 30 多名学生住在男女合住宿舍。该大学的一名主管丹尼丝·达里格朗说:"这肯定是全国各大学今后的一种趋势。这是一个全新的世界,我们要跟上时代的步伐。"

学生和大学官员们表示,尽管这一趋势不可避免地让人们往性方面去想,但是,大多数同居一室的室友仅仅是朋友关系。

---

① 转引自《参考消息》,2008 年 4 月 5 日。

大多数学校并不鼓励同学们男女合住,有些学校坦率地承认,一些同居一室的男女生的确发生了性关系。

支持者认为,这一趋势对于同性恋和变性的学生而言是个重大进步,消除了他们认为已经过时的性别界线,尤其是对于有很多异性朋友伴随着他们长大的这一代人而言。他们认为,传统的住宿政策侵犯了学生们的权利。

但是,一些观察人士对男女混住并不认同。大多数学校认为,此举并不明智,没有必要这样做。

很多学校都设立了男女共用的卫生间,并为男女同性恋学生以及少数变性学生设立了专门的房间。有些学校已经允许男女大学生在校内同居一室。大多数学校仍保留男女分楼层的做法,然而,出于实际需要以及道德原因考虑,很多学校并不愿意让男女同学同居一室。

西方发达国家的某些专家认为,当前,一夫一妻制的传统的婚姻模式已开始土崩瓦解,而代之以各种各样形形色色的新的婚姻模式。笔者不同意这种看法,请看今天的中国,一夫一妻制仍然是中国人爱情婚姻的最主要的婚姻模式。请看下面这篇通讯报道①:

[美国《纽约时报》11 月 7 日文章]题:距离产生美(作者:历史学教授斯蒂芬·孔茨)

## 已婚家庭成为少数

自从人口普查局公布数据表明已婚家庭现在已在社会中占少数之后,我的电话就一直响个不停,人们问我:“我们如何挽救婚姻? 我们如何让美国人明白,婚姻是他们一生中最重要的一个情感纽带,一个能获得支持、鼓励和满足的地方?”

我想,这些问题本身就是错误的。事实上,这些问题在历史上的大部分时间里都是不可思议的。只是到了 20 世纪,美国人才把所有的情感需求都通过婚姻来满足。因为这种转变,我们许多人在婚姻中发现

① 见《参考消息》,2006 年 11 月 13 日。

了我们的高祖父母从来没有发现的乐趣。但是,我们同时也忽略了婚姻之外的其他乐趣。这让婚姻的这种关系背负了沉重的负担,并在这一过程中让我们的社会关系变得越来越贫乏。

今年公布的一项调查结果表明了我们对婚姻的依赖程度。亚利桑那大学和杜克大学的三位社会学家发现,1985年至2004年之间,美国人觉得可以倾诉衷肠的人明显减少了。人与同事、大家庭家中的成员、邻居和朋友之间的关系也不再那么亲密了。与1985年时相比,2004年时有更多的人表示,他们唯一的亲密关系就是与配偶之间的关系。

事实上,没有其他的人可以求助、完全依赖配偶与之讨论重大问题的人由5％增加到了9.4％,几乎增长了一倍;而找不到任何人可以倾诉的人是原来的3倍。

## 感情出口的变迁

解决这种孤立状态的唯一办法就是不要过于依赖婚姻来满足我们的情感需求。直到100年前,大多数家庭还都认为,把婚姻和小家庭置于邻居、大家庭、公民义务和宗教之上的做法是违反社会惯例的,甚至是近乎病态的自私行为。

神职人员抱怨说,现在的已婚男人更关心的是如何取悦他们的妻子而不是上帝。约翰·亚当斯曾说,"对公益事业的热情"应当"高于所有的私人情感"。在英国和美国,伦理学家则哀叹婚姻之爱的"泛滥",这种爱鼓励了"男人和女人之间永远亲密无间"。

从中世纪到19世纪早期,人们在日记和信件中使用"爱"这个词时更多的是在提到邻居、兄弟和教友的时候使用,而并非提到自己的配偶。当蜜月刚刚兴起时,新婚夫妇通常会带上亲属或朋友一同前往。维多利亚时代的小说和日记对于兄妹之情和同性友谊的描写与对婚姻关系一样地热情。

在维多利亚时代,人们拒绝承认正派的男人和女人强烈的性欲,这反倒让人们的情感有了更多的出口,其中包括身体上的接触。一个男人在提到与男性朋友躺在床上,"安静地入眠"时,觉得是再正常不过的事情。维多利亚时代的已婚女人在有女性朋友来访时,把自己的丈夫赶下床也是件很平常的事,而两个女人会整晚尽情地倾诉自己的内心情感。

然而,到了20世纪初期,工业化经济给社会风气带来很大的变化,它淡化了人们对邻居和亲属的社会义务,而在社会上形成如下观点,即人们只能通过婚姻来培养浪漫爱情来满足自己内心最深层次的需求。在弗洛伊德学说的影响下,社会开始以怀疑的态度看待同性之间的亲密关系,并鼓励人们拒绝朋友和亲属的情感需求,因为他们会抢走给配偶的时间和爱。

20世纪50年代中期,随着美国中产阶级崇尚"归属感",认为婚姻和亲子关系可以满足一个人所有的需求的观点更是到达顶峰,女性被告知,婚姻和母亲这个角色可以为她们提供完全的满足感,同时,社会则鼓励男性让妻子照料他们的社会生活。

但是许多男性和女性都发现,这种情况让他们感到窒息。20世纪60年代,重新加入劳动大军行列的女性欣喜地在家庭之外重新建立了与社会的联系和友谊。

经历过这段时期的一位女性告诉我:"与其他的人进行真正的对话,与办公室的同事一起出去,或让父母和老板之外的人来家里玩,真是让人兴奋。"

女性带头抛弃20世纪50年代时婚姻至上的观念,促使许多男性重新发现了前人认为理所当然的东西——男人需要与同性进行深层次的情感交流,而不仅仅是对自己的妻子倾诉心声。研究人员很快发现,在小家庭之外还有知己的男女朋友的人,远比那些单纯依靠配偶获得支持的人更健康。

## 后工业时代的到来

那么,为什么我们在这方面似乎又在倒退呢?这并非因为大多数人自愿接受小家庭的孤立状态——事实上,因特网上"虚拟"社区的兴起表明了一种对扩大社会交往的深深渴求。

似乎正是后工业化时代的经济发展让我们重新依赖婚姻。研究人员发现,60%的现代美国人已婚夫妇都有工作,而1970年时,这个比例仅为 36％,现在一对双职工夫妇每周平均工作 82 小时。这大概说明了,为什么美国人下班后花在与其他人交往的时间自 1965 年减少了近 25％。而他们工作后的空闲时间都花在家庭上,马里兰大学的苏珊娜·比安基上个月公布的一项调查结果表明,今天的父母与孩子们相处的时间比 40 年前的父母还多。

随着美国人失去更广泛的面对面的社会联系,他们越来越依赖婚姻进行深层次的交流,因而一旦这种关系破裂,他们更容易陷入孤立状态。

现在的解决办法就是,努力发展婚姻以外的其他社会关系并提高这些关系的期望值。不要指望婚姻成为我们摆脱工作压力的唯一救命稻草。我们需要调整工作和社会生活,这样我们就可以与他人建立关系,其中包括那些单身或者离婚的人。

人类的各种爱情婚姻模式是不断发展变化、多种多样与无奇不有的。即使在一夫一妻制的传统模式中,也包孕着许多奇特婚姻的小模式。请看下面一篇来自阿根廷媒体的报道,标题是《24 岁小伙迎娶 82 岁新娘》①:

据阿根廷媒体 29 日报道,9 月 28 日,阿根廷中部圣菲省省会圣菲市举行了一场轰动全国的婚礼。新郎是一名年仅 24 岁的帅小伙莱纳尔多·瓦维兄,而新娘是一名已 82 岁高龄的老太太阿德尔法。据悉,这段年龄相差 58 岁的"婆孙恋"始于莱纳尔多 15 岁时,当时刚刚丧母的他与母亲的生前至交阿德尔法住到了一起,从此日久生情,并于 6 年前订婚。

## 双双说出"我愿意"

9 月 28 日上午 8 时左右,位于阿根廷中部圣菲省省会圣菲市的市政厅刚刚开门,便迎来了一对办理结婚手续的特殊新人。只见新郎留着浓密的络腮胡子,戴着一副棕色蛤蟆镜,穿一身黑色西服,显得成熟

---

① 见《汕头日报》,2007 年 10 月 3 日。

而又潇洒。新娘留着一头棕发，戴着一副浅色墨镜，身穿一件白狐大衣，显得高贵而又端庄。令人难以置信的是，两人的年龄竟然相差58岁。

据悉，新郎名叫莱纳尔多·瓦维克，现年24岁，目前失业。新娘名叫阿德尔法·沃佩斯，现年82岁，她此前从未结婚，身边也无儿无女，并早已退休多年。为了躲避媒体的追逐，他们特意将结婚登记时间比原计划提前了一小时，然而嗅觉灵敏的记者还是闻讯赶来。随后，在大批亲友的簇拥下，82岁的阿德尔法和24岁的莱纳尔多手牵手进入教堂，在大批记者的围观下，双双说出"我愿意"，现场欢呼祝福声一片。走下红地毯时，莱纳尔多小心地搀扶高龄的妻子，还细心地为她整理头发，疼爱之情溢于言表。

## 在全国引起轰动

婚礼结束后，新娘阿德尔法激动地告诉记者："此时此刻，我非常高兴，因为万事尽如人意。拥有伴侣的感觉真是太好了。莱纳尔多就是我的全部，他热情、善良、有教养。自从他一出生时，我便认识他。可以说，我是看着他长大的。"新郎莱纳尔多则表示："我爱她，她是我生命中的唯一，她便是我心目中的理想伴侣。她在我生命中是非常特殊的人，就像你们看到的，她非常具有活力。"

据悉，这段"婆孙恋"一经曝光，便在阿根廷全国引起轰动。

这是一种合法的婚姻模式，是一夫一妻制中一种超年龄的非传统的婚姻模式，简称为超龄婚姻模式。

请看下面这篇安居写的文章，标题是《到五十岁，我同你结婚》[①]。此文的主题是提倡晚婚，晚婚也是一种婚姻模式，问题是现代人为什么要晚婚？晚婚为了什么？有什么好处？这不仅是爱情婚姻模式有关的自由选择与自由抉择的问题，也是地球村人类应如何快乐生存和可持续发展的一个带有全人类战略性的大命题。下面把该文引述如下：

---

① 转引自《爱情·婚姻·家庭》，2008年第5期。

到五十岁,我同你结婚。这样说,我绝不是赌气,也不是你所谓的经历沧桑,看透人心的愤世嫉俗。事实上,我很清醒,也很真诚。

　　当媒妁之言、父母之命的约束已经解脱,当天长地久、海枯石烂的誓言形同虚设,你同我的结与离,本质上,已经不受任何外在条件的束缚。爱情和婚姻,有了前所未有的自由,同时也受到前所未有的追问和考验。我无心去做轻易的尝试,也无力去做无谓的牺牲。所以,我想知道,除了传宗接代的生物使命外,我们,还因为什么而结婚?

　　作为男人,从体能、智力到能力,你完全可以优秀到一个人生存。那么,你为什么要选择同我结婚?因为我和你在同一个城市,甚至又恰好在同一个街道的同一家公司上班,所以,你可以省却很多来回奔跑的时间和车费?因为你的同事、朋友,个个成双成对儿女成行,你眼见着不好回避他人善意而略带同情的关怀?因为每天早出晚归,你身心憔悴,期望回家便有一桌热气腾腾的饭菜等候着?因为穿了几天的袜子,往床角一扔,第二天就有人默不出声拿出去洗了?因为孤独在家时,有人陪你说话;外出游玩时,有人为你守空房?你只是在享乐的同时,很无意地送出了一个小小的精子,便有人为你孕育他,用十个月时间小心翼翼地呵护他,然后痛苦万分地生出他,跟了你的姓,还要从此一心魂系于他,鞠躬尽瘁,死而后已。

　　而作为女人,我有自己的事业和工作,吃不饱,也不至于饿死。我又为什么要同你结婚?只是因为父母的催促,同事的攀比,逢年过节亲戚好友言语暧昧的问候?受了老板的压迫,可以胆气十足地与之叫板,而不怕被炒了鱿鱼,便无家可归挨冻受饥?上街时有人拎包,马桶坏了,不需四处奔波告之无门?生病受伤,有人能帮着拨打120,不至于叫天天不应叫地地不灵?夜深人静,听到门外盘旋不定的脚步声,不至于吓得缩于床角彻夜不眠?上下班路上,看人家拖家带口,可以更为理直气壮,抬头挺胸地掠过?夜晚孤寂之时,更可以心安理得地对你纠缠不休?

　　如果仅仅是这样,我们没有必要现在就结婚。我们以后会遇到更多、更好、更细致入微、更体贴的诱惑。物质的相依,在年轻时,还不能成为维系我们婚姻的坚不可摧的纽带。只是,当一栋别墅,就可以换取一个女子最美丽的青春年华;一本存折,就可以让陈世美死而复生之时,我们已很难看清楚什么是爱情,什么不是。爱情不是贫穷,爱情不是虚荣,爱情也不仅仅是需要。当一些人为了结婚而离婚,另一些人又在离婚后继续结婚时,我们又怎么能分清什么是爱情,什么是婚姻?

如果,爱情纯粹和自己的感觉有关,那么,我陪你一起坚守,一起享受时间赐予我们的信任和自律,以及信任和自律带给我们的爱和幸福。如果,爱情还和生活和别人有关,那么,我给你反悔的机会,也给自己的心灵留下一条退路。

一纸婚书,不是铜墙铁壁。锁在城里的人想出来,依然可以畅通无阻。这种防君子不防小人的虚设,我们不需要拿来欺骗彼此。不确定,不唯一,我们来去自由。可是,我们依然选择在一起,紧紧相依。那么,这就是我想要的结婚理由。

到五十岁,我同你结婚。不论疾病、痛苦、灾难,我都陪你一起走过。不再不甘,不再反悔。因为,年龄给予我们的威胁,让我们渐渐明白:死生契阔,与子成悦,执子之手,与子偕老,除了纯粹的相爱,或许还可以有这样的理由——相依为命。

上述文章有独特的创见,也有一定的代表性,它反映了现代人对爱情的追求和婚姻观念的发展变化。人为什么结婚?结婚有什么好处,又有什么坏处?好处很多,坏处也不少,而此文作者认为最大的坏处是束缚了人的自由和快乐享受特别是我爱谁就可以爱谁的自由和快乐享受。还可能妨碍你对事业的追求奋斗……因此,上文作者提出一种奇特的婚姻模式,50岁前不结婚,可找情人同居。如此这般,男女双方既可以自由快乐地"合二为一",也可以自由快乐地"一分为二"。为什么50岁才结婚?因为50岁后结婚进入了老年,你的身边需要有一伴侣相助,你的生命需要一个美的归宿。读者!你同意此文作者所提出的这种婚姻模式吗?请你发表自己的意见和看法。

据日本网上公布的数据显示:25岁-29岁的妇女中60%尚未结婚,而30岁-34岁的妇女中32.6%未婚。25岁-29岁的男性和30岁-34岁男性未婚率分别为75%和略低于50%。据统计,2005年,日本全国人口有记录以来首次出现了减少,官方为此感到吃惊,并采取了一系列措施,鼓励日本人民应该多生育。

日本单身家庭的数量,即将超过由夫妻和孩子组成的标准家庭的数量。据国立社会保障及人口问题研究所统计,2005 年日本有单身家庭 1446 万户,标准家庭 1465 万户。该所预计:到今年年底,前者将升至 1462 万,后者将降至 1449 万;到 2025 年时,前者将增至 1716 万,而后者将降至 1200 万。这就是说,今后单身家庭将成为日本各种家庭类型中的主流形态。对日本来说,家庭模式的这种变化是前所未有的,它必将成为社会的问题。

日本人口出生率持续下降,人口规模缩减,这已经在国内引起恐慌和当局的关注。目前到了结婚的年龄的日本人将进入围城的时间推得愈来愈晚,或者更加令人不安和惊慌的是干脆不结婚,而不结婚的人数有不断增加之势。日本政府认为,这是造成出生率急剧下降的原因。

目前最令人担忧的是许多日本女人不愿当妈妈。日本的女人为什么不愿当妈妈? 为了自己能过着自由快乐幸福的生活,简单地说,是为了享受生活。请看下面这篇通讯报道,题目是《日本女人不愿当妈妈》①:

[美国《华盛顿邮报》网站 8 月 28 日报道]题:日本妇女厌恶双重妈咪的角色(记者布莱恩·哈登)

"我从未遇到过一个日本男人说不希望我做妈妈。"

方山多佳子说,这就是她一直未婚的原因所在。今年 37 岁的她在东京过着舒适的生活,住着自己的房子,在有线电视网有一份可心的工作,还有一群亲朋好友。

对于日本和东亚其他兴旺发达的国家来说,这是个可怕的预兆。相关的数字已为这些国家的政府敲响了警钟,亚洲妇女正在推迟结婚和生育的年龄。

在日本,到 30 多岁仍保持单身的妇女所占比例自 1980 年以来已翻了一倍还多。新加坡、韩国和中国的发达城市北京和上海也呈现类似的趋势。

女性迟迟不愿走入婚姻殿堂,一直被人口学家视为该地区出生率陡降的主要原因。2008 年在美国中央情报局全球生育率排名榜上落

①　见《参考消息》,2006 年 8 月 28 日。

在最后的 10 个国家或地区中,有 6 个都在亚太地区,其中包括日本、新加坡和中国的台湾、香港。韩国的排名也接近最后 10 名。

里昂证券亚洲公司发表的一项报告《妇女闹"罢工"》指出,每个已婚妇女生育孩子的数量 30 年来一直保持恒定。"这表明生育率的下降几乎完全是由于不结婚或不要孩子的育龄妇女数量增加所致。"

各国领导人也日益认识到,职业妇女越来越不情愿自己的生活因为孩子而受到拖累。

日本首相福田康夫今年 5 月在接受采访时表示,"我们需要动员全社会的力量,以便让妇女和家庭在工作之余有能力抚养孩子"。

今年,福田政府正在推动"工作与生活平衡"计划,着手解决日本尽人皆知的工作过劳问题。它迫使企业不让员工(主要是男性)夜间加班,其目的在于提高家庭生活的质量,进而生育更多的孩子。

日本的社会出现一个严重的问题,就是单身女性越来越多。请参阅下面这篇报道①:

[美联社东京 11 月 16 日电]不管她有多独立、多时尚或多受欢迎,长期以来日本的未婚女性永远是失败者——在节假日里独自忍受寂寞,梦想着自己永远不会有的孩子,害怕在聚会上遇到永远无法避免的问题:"你还没结婚吗?"

然而现在,越来越多的日本女性开始用坚定的"没有"来回答这个问题。她们也试图帮助其他女性处理这种困扰。

如今,对日本女性来说,婚姻无疑失去了一些吸引力,这意味着日本社会和就业状况也相应地发生了改变。根据政府统计数据,在过去 10 年里,年龄在 25 至 29 岁之间的日本女性中,未婚的比例从 40% 上升到 54%;年龄在 30 至 34 岁之间的女性中,未婚的比例从 14% 上升到 27%。

如今,日本的男人也在推迟结婚年龄,但他们往往用经济原因来解释这种行为:他们很难找到一份有稳定收入、作为婚后生活保障的工作,或是他们对承担家庭责任感到犹豫不决。

但很多日本女性不愿结婚的理由却很简单,只是因为男人们大多

---

① 见《参考消息》,2004 年 12 月 5 日。

希望他们的妻子高高兴兴地放弃工作，专心服侍丈夫、照顾孩子。

一位 38 岁的日本单身女性在接受采访时说："我们并非从一开始就想单身。我们想要一个好的婚姻，但无法找到合适的结婚对象。男人们还没有改变过去的想法。对他们来说，女人变得太强大了。"

对提倡早婚、批评晚婚女性自私的日本社会来说，如今的趋势是对传统观念的大逆反。在 20 世纪 80 年代，到 25 岁还没结婚的日本女性就会被称为"圣诞蛋糕"——日本人在 12 月 25 日吃的蛋糕到第二天就会被扔掉。随着晚婚趋势的盛行，如今社会又把注意力集中到 31 岁还没结婚的女性身上。这样的女性常常被称为"除夕面条"。

婚姻失去吸引力正对日本的国家政策产生强劲冲击。政府担心，生育率的急速下降会导致未来劳动力不足。

最主要的问题是人们根本不结婚。年轻女性有自己的工作，不愿接受一份不能给她们带来更舒适的生活的婚姻。日本职业女性的经济实力使她们拒绝接受传统文化对女性的要求。

在早稻田大学研究性别差异的小仓近子教授说："女性在寻找一个能让她们做自己想做的事的婚姻伙伴。她们想要一个经济上和精神上都完美的婚姻。没有很多男人能符合这个要求。"

结婚后，很多女性都发现不能指望丈夫来帮助她们煮饭洗衣。

政府调查显示，男人平均每天只花不到 10 分钟的时间来做家务，而职业女性在这方面要花两个小时的时间。

耶鲁大学政治学教授弗朗西斯·罗森布卢特说，日本公司的终身雇佣制要求员工用忠诚和长时间工作来换取工作的稳定性，这是日本女性很难在家庭和职业之间找到平衡的主要原因。

现年 38 岁的美食家拜司香织说："日本女性的选择越来越多样化，婚姻不再是通向幸福的唯一道路。"她和其他朋友建立了一个网页，向独身女性推荐饭店和旅馆。

38 岁的离婚女性盛山悦子说，在今天的社会中，很多单身女性可以自己决定嫁还是不嫁，她们不再向社会压力屈服。

许多单身者认为单身是一种幸福。单身生活已成为日本年轻人中的时尚流行现象。年轻人不愿意为社会的可持续发展承担繁衍后代的社会责任，这给日本社会带来诸多不良的影响。不断下降的出生率意味着日本将变成一个老龄化社会,支撑这个社会的青年壮年将越来越少,一场社会危机可能即将来临……

在今天的地球村里,不仅是经济比较发达的日本流行着独身主义、晚婚与不婚,而且在西方世界经济发达国家,如美加英法德等国家,也流行着独身和独身主义、晚婚与不婚。在中国,随着社会主义改革开放30年来经济上的高速发展和人民物质生活的普遍提高,西方的性自由性解放与性文化的思潮不断传入,随之而来的同日本和西方经济发达国家一样,在白领阶层中也同样流行着独身和独身主义、晚婚和不婚。不要结婚,只要同居;不要一夫一妻制,只要情人自由制,等等。然而,中国的国情和日本、西方经济发达国家的国情不同,中国是拥有 13 亿人口的超级大国,也是世界上最大的发展中国家。目前仍在实行计划生育政策,每对夫妇只许生育一个孩子,中国还没有像日本那样由于整个国家民族的人口萎缩而产生心理恐慌。为了保证 13 亿中国人过着快乐、幸福的生活,我们既要防止全国人口的快速增长,也要防止像日本那样因独身和独身主义、晚婚和不婚而带来的整个社会因人口萎缩而造成的社会危机。

人类因爱而美丽,地球因爱而精彩!

**解读与思考十一**

1. 什么是地球村人类爱情婚姻模式?回忆、反思人类过去的几千年历史,从原始社会的群婚制到今天的一夫一妻制,经历了哪些主要的婚姻模式?请你加以简述和点评。

2. 人类爱情婚姻模式的今天现实和未来走向如何?请你说说自己是如何解读的。

3. 阅读本章之后,对比一下日本和中国,这两个国家人民有关爱情婚姻的现实情况的共同点和不同点以及未来走向如何?你是如何解读的?请简单评述。

# 后　记

我是一个教师，一辈子从事教育工作和美学研究笔耕生涯。1956年，作为辽宁大学中文系本科生的我，幸运的碰上了新中国第一次美学热。当时全国高校师生们几乎都卷进了这场美学热。我更加兴致勃勃地参加了以美是什么为中心命题的大辩论。什么主观派、客观派、主客观统一派、还有神秘派、缘分派、情感派、移情派以及可遇不可求等形形色色五花八门的美学学派……师生们都争论得面红耳赤，公说公有理，婆说婆有理，结果并没有得出大家一致公认的结论，那热火朝天的场面使我兴奋不已，我被这场美学热吸引住了，非常乐意接受这场美学热的启蒙教育并生吞活剥地啃下中国古代传统美学和从国外引进的西方美学的许多书籍。记得当时我这个懵懵懂懂的小青年写下人生第一篇小文章，我当时简单朴素地认为，美是生活中一种能引起人们心中喜乐爱恋的人生最可贵的东西。经过了半个世纪的流水年华，今天看来这种观点何其天真幼稚，似一棵小草，然而，我自己觉得她很可爱。更加值得我庆幸自己的人生机缘的是从那个时候开始，我爱上了美学，永不分离地同她结下了不解之缘。

这场"热"，对我的人生的信仰追求和价值取向，对我这一辈子的人生实践和生命的心路旅程至关重要，对确立我的美战胜丑、人性战胜兽性、审美主义战胜动物主义、审美的人的自我战胜动物的人的自我的世界观、人生观和价值观有里程碑式的重要意义。从今以后，我爱上了以美育人的研究工作，也爱上了我爱人人、人人爱我、以人为本、以美育人的人类最崇高最壮丽的教育事业。在大学毕业时，我自觉自愿地选择和走上了教师的职业岗位——在人类的思想灵魂中播种美的种子。《圣经》里有神话传说是"上帝造人"。我个人认为，教师不仅传授科学文化知识，而且应该教书育人。其实，教师就是"上帝"，是专职做教育人、改造人和创造人的最神圣的以美育人的工作的。正如孔子所说的，"君子成人之美，不成人之恶"，"己欲立而立人，己欲达而达人"。从此，我也确定了自己的人生三部曲——在美的灯塔光辉照耀下，读书，教书和写书，探索美、追求美和创造美，这是我的人生最大的快乐幸福。

半个世纪以来，我主攻美学美育理论创新工程的探索研究，在退休之前我的教书生涯中，发表和出版一系列有个人独特创见的论著约100多万字。今天，为了我们中华民族的伟大复兴，为了拯救人类与拯救教育，为了追寻和构建一种"修身、齐家、治国与平天下"（孔子语）这种审美主义的人类最高理论学说，而终极的伟大目标是为了构建一个和谐发展美的人类新世界，我把自己半个世纪来为了这个伟大的目标锲而不舍地探索研究的收获成果和我所走过的坎坷曲折多次与死神擦肩而过的心路历程进行反思总结，从退休之年1991年开始到2009年为止，我用18个春秋日夜兼程，呕心沥血，艰苦奋斗，终于写成《地球村人类最高理论学说的探索研究》三部曲。全书145万字，今天终于由出版社出版了，我的内心无比高兴！现把"三部曲"的内容提要介绍如下：

第一部书名：《论和谐发展美的人类新世界——地球村的人类应走向何方？》全书35万字，内容提要如下：

本书在地球村文化史上第一次提出审美主义这种人类最高理论学说的立论主张，开辟了人文科学独特创新理论研究的一条先河。本书认为，审美主义与动物主义，是当今核威慑时代条件下的两种全球化的理论思潮，两者相比较而存在，相斗争而发展，推动着人类历史的进步和可持续发展。当今地球村人类内部面临互相仇视互相残杀的动物主义战争所造成的生存危机，这种生存危机是教育的失误也即教育危机所造成的。此刻地球村的人们站在十字路口上，非作最后一次的选择和抉择不可！要么盲目继承人类几千年来动物主义的恶性的互相仇视、互相残杀的你死我活、弱肉强食、胜者为王、败者为寇的动物主义思想最后因核战争而自我灭亡；要么高举审美主义和谐发展美的伟大旗帜，消灭当今世界的一切战争，为了拯救人类而必先拯救教育，努力构建一个和谐发展的人类新世界，实现全世界永久和平与可持续发展。审美主义和动物主义两者谁战胜谁，今天正处在历史大决战时刻。美战胜丑、人性战胜兽性、审美主义战胜动物主义、社会主义战胜资本主义、审美的人的自我战胜动物的人的自我,这是人类历史发展的必然规律和必然走向。如何构建一个和谐发展美的人类新世界。是本书的中心主题。

美是什么? 美对人的生命、对人生的前途命运为何至关重要? 这是贯穿全书的核心命题。一个人有两条生命:一条是肉体生命(物质生命);一条是精神生命(灵魂生命)。灵魂生命必须依存于肉体生命,受肉体生命所决定与制约;然而,灵魂生命反而先导、指引和支配肉体生命,对肉体生命起着最后的决定性作用。美是人类所信仰追求和劳动创造的人的灵魂生命最需要最本质的能唤起人们心中喜乐爱恋的人生最可贵的东西。没有美,就没有人的灵魂生命。一个人的生命的本质(素质)是由美所决定的。一个人如果不知道美为何物,不懂得美之所以为美和人之所以为人这个人生真谛,这个人就不是一个审美的人、崇高的人和真正的人,而是一个披着人皮的动物的人,一个没有摆脱动物性低级趣味的卑贱的人。一个国家、一个民族或一个政党的领导人,如果不知道美为何物,不知道自己的国家民族或政党的真正的美的希望和明天的快乐是什么,那么,他们一定看不到自己的前途,也不可能驾驭自己的命运,那么,他们最终只有带领自己的国家、民族或政党走向没落和失败,走向黑暗和死亡!

本书作者是一位 80 岁的退休老教授,也是新中国诞生 60 周年的历史见证人。他亲身经历了 57 年反右和文革十年这两次暴力的政治运动和政治灾难。在"文革"这场大浩劫中,他被"枪毙"了(假枪毙)一次,打"死"了两次("死"而复活)。他说:"别人的书是用笔和纸写成的,而我的书是用我的鲜血和生命在生死搏斗中写成的"。在这场生与死的大搏斗中,作者终于寻找到美是什么这个真正的科学的定义。正因为如此,他的书写得真实而生动,独特而创新。本书总结了新中国 60 年审美主义与动物主义谁战胜谁的这段历史,既有成功的经验,例如社会主义和资本主义谁战胜谁的经验,建设有中国特色的社会主义的经验,特别应该指出的是总结了中国社会主义改革开放三十年的成功的基本经验。本书在总结成功的经验的基础上,也总结并指出了失败的经验和教训,例如毛泽东同志到了晚年所犯的严重错误。

本书的读者对象:(1)国家党政干部和政府公务员;(2)高等院校审

美主义基础理论大学生课本;(3)教育工作者和政治工作者;(4)特别关注地球村应走向何方的专家学者和"以天下为己任"的读书人、教书人和写书人。

第二部曲书名:《青年人生美学——人是什么,如何做人?》。全书55万字,内容提要如下:

本书填补了审美主义科学理论创新研究的一项空白,它开辟了从属于美学的一种创新的学科——青年人生美学。所谓青年人生美学,就是专门研究青年人应如何审美做人的科学。美是什么,如何审美?人是什么,如何做人?人生百年,人从大自然走来,终又回归大自然去。一个人应如何活着,应如何活得有质量有意义而又快乐幸福。如何珍惜生命、热爱生命与美化生命,创造自己生命的辉煌和永恒,如何使自己一生所追求和创造的美永远地活在人们心中。这是本书的写作动机和目的。一个人活着,应努力追求和创造两个个人家园——一个是美的精神家园,一个是美的物质家园。可是在当前市场经济条件下,在金钱和物欲势力向我们咄咄逼人地进攻的情况下,许多人都拼命追求个人物质家园而美的精神家园却被忽略了。本书的重中之重和急中之急是扭转这个危险的局势,千方百计地教育读者,特别是青年读者,应如何通过学习和辛勤的劳动,努力耕耘和创造这片充满美的希望和快乐阳光的个人精神家园,从而更进一步追求和创造人的灵魂生命和肉体生命两者的和谐发展美。本书讲了24个专题,如美是什么、审美与做人、人性与兽性、灵魂与肉体、信仰与追求、前途与命运、爱情与婚姻、友谊与亲情、金钱与人格、幸福与痛苦等,诸如此类在你的人生之路上必定碰到而又非正确处理不可的人生永恒主题。这是一本针对青年人进行美之所以为美和人之所以为人的自我教育的人生教科书。一书在手,受益终身,以美育人,其乐无穷!与美同行,灵魂永生!

本书的读者对象:(1)新时代青年必读;(2)大学生人生美学课程必读;(3)教育工作者必读;(4)文艺创作者必读;(5)国家党政干部和政府公务员必读;(6)十分关注人应该如何活着,如何活得快乐幸福的读书人教书人和写书人必读;(7)父母教育子女必读。

第三部曲《青年爱情美学》内容提要(略)。

我写"三部曲"好像打一场18年的惨烈战争,是要付出很大的牺牲和代价的。1991年退休之后，我本可以重返大学讲台，除了每月领取退休金外，还可以增加讲课金的收入。那时候我们的一男一女两个孩子出国留学，很需要我和我的老伴（也是教师）在经济上支持他们。然而为了崇高伟大的以美育人的事业，为了这场写书的"战争"，我只能付出巨大牺牲和代价，努力进行忘我拼搏！今天，终于把这场打了18年"战争"的胜利品奉献在我的亲爱的读者面前！我的心潮汹涌澎湃！

　　一本书通常只有一个作者，他总是从一个审美的高度和视角来取材、写作并渗透作者自己的灵魂与心血的。然而，一本书可能有成千上万的读者，大家可以从不同的生活阅历、不同的审美高度和审美视角以及不同的心灵需求来撷取不同的花果。再加上作者本人生活圈子、生活阅历以及他所生活时代的局限性，因此，本书的缺点错误在所难免，欢迎读者批评指正！